Dani Parthum

DR. NO und die Unschuldigen

Lieber Matthias

im Zweifel für die Wahrheit! Oder nicht?

Herzlichst dani

Dani Parthum

DR. NO
und die Unschuldigen

Der Prozess gegen
sechs Ex-Vorstände der HSH Nordbank

Inhalt

Bibliographische Informationen der Deutschen Nationalbibliothek:
Die Deutsche Nationalbibliothek verzeichnet diese Publikation in der Deutschen Nationalbibliographie; detaillierte bibliografische Daten sind im Internet abrufbar:
http://dnb.d-nb.de

Herstellung und Verlag: BoD - Books on Demand, Norderstedt
Covergestaltung: brandproject.de
Fotonachweise: alle nicht gekennzeichneten Fotos stammen von Nikolaus Herrmann und Dani Parthum, das Porträt auf S.364 hat Ralf König fotografiert

http://drnounddieunschuldigen.de
Zur Druckausgabe ist auch ein eBook erschienen.

ISBN 978-3-7347-5904-8

Vorwort

Als zu Beginn des Jahres 2009 klar wurde, dass die HSH Nordbank AG kurz vor dem Kollaps stand und nur durch unmittelbare Finanzhilfen ihrer Anteilseigner, letztlich der Steuerzahler in Hamburg und Schleswig-Holstein, vorläufig gerettet werden konnte, begann die Ursachenforschung. Seit Anfang April 2009 befasste sich die Staatsanwaltschaft Hamburg mit den Geschäften der Bank. Wo anfangen und wo aufhören? In einer ersten Strafanzeige war die Staatsanwaltschaft auf einen Sachverhalt hingewiesen worden, den ihr damaliger Vorstandsvorsitzender bei einer Anhörung durch den Haushaltsausschuss der Bürgerschaft am 17. Februar 2009 selbst vorgetragen hatte: Den in den Jahren zuvor vollzogenen Aufbau eines „Credit Investment Portfolios", von ihm etwas euphemistisch als „Kreditersatzgeschäft" bezeichnet. Das bestand aus plötzlich – aufgrund der Finanzkrise – unverkäuflich gewordenen Kreditderivaten mit einem Volumen von 30 Milliarden Euro. Nonnenmacher wörtlich kurze Zeit später in einem Interview mit der FAZ:

„Wir müssen feststellen: Es fehlte dort einfach die angemessene Risikokontrolle. Das Kreditersatzgeschäft, in dem Sprengsätze steckten, hatte am Ende ein Volumen von 30 Milliarden Euro. Es wurde vor allem in Luxemburg aufgebaut, fern von der Risikokontrolle der Zentrale. Man hat die Gefahr unterschätzt und dafür einen extrem hohen Preis bezahlt."

Eine Staatsanwaltschaft ist keine Bankenaufsicht. Die über längere Zeit entstandenen systematischen Kontrollmängel in einer Landesbank können allenfalls ein Ausgangspunkt strafrechtlicher Überlegungen sein, nicht aber Thema einer Anklage. Das in 2008 unverkäuflich gewordene Portfolio in Höhe von ca. 30 Milliarden Euro, das zum drohenden Zusammenbruch der Bank maßgeblich beigetragen hatte, blieb außerhalb der staatsanwaltschaftlichen Betrachtung. Bei der Feststellung eines strafrechtlich relevanten Sachverhalts kommt es nach wie vor auf individuelle Schuld an.

Die Staatsanwaltschaft hat sich in ihrer im Dezember 2011 erhobenen Anklage konzentriert auf die Ende 2007 durch den damaligen Vorstand der HSH Nordbank AG beschlossene Transaktion Omega55. Sie war eine von insgesamt zwölf Transaktionen, mit denen die HSH Nordbank AG Ende 2007 Kredite mit einem Volumen von insgesamt 17,31 Milliarden Euro aus ihrer Bilanz herausverlagerte und die Eigenkapitalquote künstlich heraufsetzte. Vertragspartner waren andere Großbanken, die – vermittelt über Zweckgesellschaften in Irland oder Off-Shore-Gebieten – die Risiken dieser Kredite scheinbar übernahmen. Nach wenigen Monaten wurden diese Transaktionen wieder rückabgewickelt und der vorherige Zustand wiederhergestellt. Wirtschaftlich eigentlich alles sinnlos. Sie „dienten lediglich der Verbesserung der genannten Quoten zum Jahresultimo", wie es ungeschminkt in einer Vorlage des Vorstandes an den Risikoausschuss des Aufsichtsrats vom 7. April 2008 heißt – also der Aufhübschung der Bilanz und der so fingierten Darstellung einer höheren Eigenkapitalquote. Jede dieser wirtschaftlich völlig sinnlosen Transaktionen dürfte Millionen Euro an Kosten (Prämien und Anwaltshonorare) verschlungen haben.

Omega55 hatte allerdings eine Besonderheit. Der Vertragspartner, die französische Bank BNP Paribas, war etwas gewitzter als die anderen Kontrahenten der HSH. Die BNP Paribas hatte ihre Freude an den Hamburgern. Sie übernahm von der HSH Nordbank AG zwar Kredite in einem Volumen von 2 Milliarden Euro. BNP Paribas ließ sich jedoch auf diese Dienstleistung gegenüber der HSH Nordbank AG nur deshalb ein, weil die HSH sich wiederum bereit erklärte, für einen von der BNP Paribas zusammengestellten CDO namens Omega55 eine Ausfallkreditzusage in Höhe von 400 Mio. Euro zu übernehmen. In diesen CDO packte im Laufe des Jahres 2008 die BNP Paribas nun Bonds von Lehman Brothers, der isländischen Landsbanki und Instituten ähnlichen Kalibers, sodass die „Kreditfazilitäten" schnell gezogen wurden (die HSH Nordbank AG die aus dem CDO resultierenden Verluste unmittelbar ausgleichen mußte). Die Banker aus Paris ließen die Banker aus Hamburg als Waisenknaben zurück.

Zu den Journalisten, die bei der Aufklärung des Skandals um die HSH Nordbank AG frühzeitig und wirklich investigativ tätig waren, gehörte ein Trio von „NDR Info", bestehend aus den jungen Journalisten Peter Hornung, Jürgen Webermann und Dani Parthum. Sie waren es, die Informanten auftaten. Als erste hielten sie die „Credit Application" zu Omega55 in den Händen und berichteten über diese Transaktion. Dani Parthum ist dem Thema treu geblieben und hat sich der unsäglichen Mühe unterzogen, jedem Tag des Prozesses, in dem über die Anklage der Staatsanwaltschaft verhandelt wurde, als Zuhörerin beizuwohnen. Den im Prozess anwesenden Journalisten war die Benutzung eines Laptops untersagt worden. Die Gründe hierfür sind mir nicht bekannt. Ihr dennoch entstandener umfangreicher Bericht beruht auf handschriftlichen Notizen. Eine Mühe war es mit Sicherheit auch deshalb, weil Wirtschaftsstrafprozesse, die sich über ein Jahr hinziehen, gähnende Längen mit sich bringen. Die Verfahrensbeteiligten können sich gegen gelegentliche Ermüdungen vielfältig behelfen, und sei es nur, indem sie sich durch Wortmeldungen wachreden. Der zur Stille verdammte Journalist – Dani Parthum beklagt an einer Stelle ihres

Buches ihr Empfinden dieser Situation für jedermann einfühlsam – kann das nicht. Das nun vorliegende Buch zeigt, dass Dani Parthums Aufmerksamkeit dennoch zu keinem Zeitpunkt nachgelassen hat.

Dieses Buch ist deshalb von besonderer Bedeutung, weil der Prozess gegen die früheren Mitglieder des HSH-Vorstandes durchaus darauf angelegt ist, ein neues Blatt aufzuschlagen. Wie weit reicht das Terrain unabhängigen unternehmerischen Entscheidens, das Privileg der sog. Business-Judgement-Rule, und wo beginnt die Pflichtverletzung, die einen strafrechtlichen Vorwurf (in der Regel den der Untreue) begründet?

Das ist die Frage, die letztlich der Bundesgerichtshof wird beantworten müssen. Das inzwischen vorliegende schriftliche Urteil (nachlesbar bei Juris) zeigt, dass Strafjuristen in der Lage sind, die auf Undurchschaubarkeit angelegten Finanztransaktionen des modernen Bankgewerbes auf den Begriff zu bringen. In diesem Falle ist das den Richtern des Landgerichts exzellent gelungen. Dennoch bleibt der Widerspruch weiterhin fühlbar, den Dani Parthum schon im Hinblick auf die mündliche Urteilsbegründung in ihrem Buch deutlich artikuliert und der sich bei der Lektüre der schriftlichen Begründung strukturell wiederholt.

Der Leser der ersten 347 Seiten gewinnt bei Fortschreiten der Lektüre Blatt für Blatt immer zwingender den Eindruck, hier solle eine (wenn auch im Ergebnis vielleicht milde) Verurteilung begründet werden. Die Erwägungen, mit denen dann auf gerade einmal viereinhalb Seiten für den verdutzten Leser die Freisprechung begründet wird, präsentieren sich als regelrechte Überraschung! Das ist eine jähe Wendung, die eher in einem schwedischen Kriminalroman zu erwarten ist, aber nicht in einem Urteil des Landgerichts Hamburg. Die Strafkammer stützt sich in ihrer plötzlichen Begründung des Freispruchs auf den Beschluss des Bundesverfassungsgerichts vom 23. Juni 2010, demzufolge eine den Tatbestand der Untreue ausfüllende Pflichtverletzung „klar und evident" vorliegen müsse. Dieses Evidenzerlebnis hätte die Strafkammer des Landgerichts Hamburg angesichts der Eindringlichkeit ihrer Feststellungen möglicherweise haben können, hatte sie aber offenbar nicht. Ihre Überlegungen sind jedenfalls allesamt nachvollziehbar. Deshalb soll hier, wenn auch meine Sympathie einem anderen Ergebnis eher gegolten hätte, keine Urteilsschelte betrieben werden. Die Verteidiger haben mit großem Einsatz für das erreichte Ergebnis gekämpft. Der Freispruch wird dennoch bis zur Entscheidung des Bundesgerichtshofs über die Revision der Staatsanwaltschaft an einem seidenen Faden hängen.

So oder so: Es ist zu erwarten, dass der Bundesgerichtshof den Handlungsrahmen für leitende Manager von Banken (und Aktiengesellschaften) neu absteckt, jedenfalls präzisiert. Dafür bietet ihm das Urteil des Landgerichts Hamburg ausreichend Stoff. Mit dem Buch von Dani Parthum sind wir über die Verhandlung, die zu diesem Urteil geführt hat, bestens unterrichtet.

Gerhard Strate,
Hamburg, im März 2015

Prolog

Alles fing mit einer Strafanzeige des Hamburger Rechtsanwalts Gerhard Strate im März 2009 an. Darin warf er Verantwortlichen der HSH Nordbank Untreue in einem besonders schweren Fall vor. Mehr als vier Jahre später, am 24. Juli 2013, standen tatsächlich sechs frühere Vorstände der Landesbank von Hamburg und Schleswig-Holstein, der HSH Nordbank AG, in Hamburg vor dem Strafgericht - wegen schwerer Untreue und Bilanzfälschung. Sie arbeiteten zu dieser Zeit längst nicht mehr für die Landesbank, die seit 2008 mit Steuer-Milliarden am Leben gehalten wird; sie waren zurückgetreten, entlassen worden oder hatten kündigt.

Die Vorwürfe, die die Staatsanwaltschaft Hamburg gegen die Ex-Banker erhob, konzentrierten sich auf ein einziges Finanzgeschäft zwischen der HSH und der französischen Investmentbank BNP Paribas, genehmigt Ende 2007: Omega55. Es fiel in eine unübersichtliche und für die HSH sehr ambitionierte Zeit. Die Vorstandsriege sollte im Auftrag der Mehrheitseigentümerinnen Hamburg und Schleswig-Holstein die Landesbank 2008 als erste ihrer Art an die Börse bringen. Die Ausläufer der Finanzkrise aber zogen seit Anfang 2007 Milliardenverluste in den Banken nach sich, auch in der HSH. Diese Verluste zehrten am Eigenkapital. Eine fatale Entwicklung kurz vor dem Börsendebüt. Denn Ratingagenturen und Investoren lieben finanzkräftige Firmen, nicht strauchelnde. Die Vorstände suchten deshalb nach Lösungen, die sich häufenden Verluste zumindest optisch am Jahresende 2007 zu glätten. Eine Lösung sollte Omega55 sein. Dieser Bankdeal war insgesamt 2,4 Milliarden Euro schwer und vermeintlich so konstruiert, dass über einen legalen Bilanztrick das Eigenkapital der HSH zum Jahreswechsel 2007 um etwa 128 Millionen Euro höher ausfiel. Geld war mit Omega55 dagegen kaum zu verdienen.

Und obwohl dieses Finanzkonstrukt sehr umfangreich und komplex war, allein der Hauptvertrag soll 700 Seiten umfasst haben, unterschrieben es die sechs erfahrenen Banker nacheinander und im „Eilverfahren". Jeder Vorstand für sich, ohne darüber miteinander gesprochen zu haben. Und, so stellte es sich für die Staatsanwaltschaft Hamburg dar, ohne angemessen geprüft und ohne Warnungen von Mitarbeitern wahrgenommen zu haben. Schwere Untreue sei das, durch vorsätzliches, grob pflichtwidriges Verhalten, befanden die Staatsanwälte. Zudem sollen zwei der Ex-Vorstände einen Teil des Geschäftes bewusst falsch bewertet haben. Das führte dazu, dass die HSH im ersten Halbjahr 2008 einen Gewinn auswies, obwohl längst ein Verlust aufgelaufen war. Der Vorwurf: Bilanzfälschung.

Die Staatsanwaltschaft Hamburg ermittelte zwei Jahre. Ihre Ermittlungsgruppe „091" tauschte sie sogar einmal aus. Im Januar 2012 erhob sie Anklage. Die 8. Große Strafkammer des Landgerichts Hamburg ließ die Klage nach einjähriger Prüfung am 23. April 2013 zu (AZ 608 KLs 12/11). Sie erachtete die Angeklagten einer „gemeinschaftlich begangenen Untreue für hinreichend verdächtig"[1]: Eine falsche Darstellung in der Quartalsbilanz zum 31. März 2008 wurde zumindest für möglich gehalten und billigend in Kauf genommen, schrieb die Strafkammer. Den ersten Verhandlungstag[2] datierte sie auf den 24. Juli 2013.

Das auf juristisch hohem Niveau geführte Verfahren endete ein Jahr später, nach 62 Prozesstagen. Am 9. Juli 2014 sprach die 8. Große Strafkammer die sechs Männer frei. Eine Überraschung. Denn die durchaus begangenen Pflichtverletzungen der Angeklagten seien „nicht evident" beziehungsweise „nicht gravierend" und die Bilanzfälschung „nicht schwerwiegend" genug für eine Verurteilung, würdigten die Richter die Sachlage. Ein zweifelhaftes Urteil, denn das rechtliche Konstrukt der gravierenden Pflichtverletzung ist umstritten und die Strafkammer begründete am Urteilstag ihre Argumente für die Freisprüche seltsam realitätsfern und teils lapidar. Noch ist das Urteil nicht rechtskräftig. Die Staatsanwaltschaft legte umgehend Revision ein.

Die vorliegende Dokumentation ist eine Schilderung meiner persönlichen Eindrücke vom Verfahren. Damit können Sie sich selbst eine Meinung über die Verhandlung und das Urteil bilden und wie Landesbanken zumindest im Jahr 2007 agierten. Ich war an fast jedem Verhandlungstag im Gericht und habe darüber auf www.diedeutschenbadbanks.de geblogged. Im Buch werden sie 19 Protagonisten und 32 Zeugen begegnen, sich mit kompliziertem Bankervokabular konfrontiert sehen, schwieriges Juristendeutsch ertragen und verwirrende Ausführungen sortieren müssen. Die Plackerei aber lohnt sich:

Sie tauchen im Strafprozess in das Innere einer Landesbank ein - in das Chaos, das Ende 2007 dort herrschte. Sie lernen die Leichtfertigkeit kennen, mit dem Milliardengeschäfte eingegangen und eine wirksame Aufsicht vernachlässigt wurde, und unter welchem extremen Zeitdruck die Mitarbeiter schufteten. Sie erhalten Einblicke in die Arbeitsweise und Qualifikation des seinerzeitigen Vorstands und werden begreifen: Die HSH ist nicht einfach ein Opfer der Finanzkrise, auch wenn die Angeklagten nicht müde wurden, sich in dieser Weise zu rechtfertigen. Die HSH ist vor allem ein Opfer ihrer Führungskräfte, der Vorstände und regierenden Politiker in den Aufsichtsräten. Sie folgten fromm

1 Pressemitteilungen des Oberlandesgerichts unter http://drnounddieunschuldigen.de
2 Das Verfahren erhielt das Aktenzeichen 608 KLs 12/11.

dem Zeitgeist und einer fiktionalen Finanzmathematik, ignorierten Fakten und bank-kaufmännische Erfahrungen, begegneten warnenden Mitarbeitern mit Desinteresse; sie glaubten wohl mehr als sie verstanden und die Vorstände kassierten hohe Gehälter und Boni, ohne für ihr Tun bisher zu haften.

Die Dokumentation wirft aber auch ein Schlaglicht auf einen Gerichtsbetrieb, der wenig daran interessiert zu sein scheint, die Allgemeinheit am Aufarbeiten von - für die Gemeinschaft bedeutender - Straftaten teilhaben zu lassen, obwohl die Öffentlichkeit eines Strafverfahrens zu den Grundfunktionen des deutschen Rechtsprinzips gehört. Die Bedingungen der Berichterstattung waren journalistisch kaum vertretbar. Ich musste mich für die Berichterstattung auf meinem Blog sogar vor einem Pressegericht verantworten, berichtete dennoch weiter.

Eine vitale Eigenheit von Weblogs ist, dass Leser ihre Meinung kundtun können. Einige dieser Kommentare möchte ich Ihnen im Buch nicht vorenthalten. Sie stammen vor allem von zwei Bloglesern. Der eine ist mir bekannt; er saß selbst ab und zu im Gerichtsaal. Der andere Meinungsfreudige gab sich leider nicht zu erkennen. Ich habe die Kommentare ausgesucht, die meine Beobachtungen und Schilderungen ergänzen und das Thema weiterbringen.

Wir als soziale Gemeinschaft müssen dafür Sorge tragen, dass Bankhäuser nicht weiter eine Spielwiese machtversessener Manager, einflussreicher Kapitaleigner und manipulierbarer Politiker sind - auf unser aller Kosten. Banken erfüllen eine elementare Funktion in unserer Wirtschaftsordnung und sollten dem Wohle der Allgemeinheit dienen, nicht dem Wohle weniger. Die Erkenntnisse aus diesem Untreue-Prozess um das Kreislaufgeschäft Omega55 sind ungeachtet des Urteils und seiner juristischen Bewertung wie Aufarbeitung ein wichtiger Baustein, um die degenerierte Banken- und Finanzwelt zu begreifen und das bestehende Finanzsystem grundlegend zu erneuern.
Das geht uns alle an.

„Das Problem des demokratischen Kapitalismus besteht drin, dass er Kritik braucht, dass er von ihr lebt. Wenn er nicht der Kritik ausgesetzt ist, zerfällt er."

(Tomáš Sedláček)

Dani Parthum
Hamburg, April 2015

Die entscheidenden Gesetze

§ 93 AktG - Sorgfaltspflicht von Vorständen (Business-Judgment-Rule)
(1) Die Vorstandsmitglieder haben bei ihrer Geschäftsführung die Sorgfalt eines ordentlichen und gewissenhaften Geschäftsleiters anzuwenden. Eine Pflichtverletzung liegt nicht vor, wenn das Vorstandsmitglied bei einer unternehmerischen Entscheidung vernünftigerweise annehmen durfte, auf der Grundlage angemessener Information zum Wohle der Gesellschaft zu handeln. [...]

§ 266 StGB - Untreue
(1) Wer die ihm durch Gesetz, behördlichen Auftrag oder Rechtsgeschäft eingeräumte Befugnis, über fremdes Vermögen zu verfügen oder einen anderen zu verpflichten, missbraucht oder die ihm kraft Gesetzes, behördlichen Auftrags, Rechtsgeschäfts oder eines Treueverhältnisses obliegende Pflicht, fremde Vermögensinteressen wahrzunehmen, verletzt und dadurch dem, dessen Vermögensinteressen er zu betreuen hat, Nachteil zufügt, wird mit Freiheitsstrafe bis zu fünf Jahren oder mit Geldstrafe bestraft.

§ 263 StGB - Betrug, besondere Schwere der Schuld
(3) In besonders schweren Fällen ist die Strafe Freiheitsstrafe von sechs Monaten bis zu zehn Jahren. Ein besonders schwerer Fall liegt in der Regel vor, wenn der Täter [...]
1. [...]
2. einen Vermögensverlust großen Ausmaßes herbeiführt oder in der Absicht handelt, durch die fortgesetzte Begehung von Betrug eine große Zahl von Menschen in die Gefahr des Verlustes von Vermögenswerten zu bringen, [...].

§ 400 AktG - unrichtige Darstellung / Bilanzfälschung
(1) Mit Freiheitsstrafe bis zu drei Jahren oder mit Geldstrafe wird bestraft, wer als Mitglied des Vorstands [...]
1. die Verhältnisse der Gesellschaft einschließlich ihrer Beziehungen zu verbundenen Unternehmen in Darstellungen oder Übersichten über den Vermögensstand [...] unrichtig wiedergibt oder verschleiert, [...].

Die Protagonisten

Die 8. Große Strafkammer

Dr. Marc Tully[3], Vorsitzender Richter
gelernter Bankkaufmann, Schnelldenker und -versteher, sich seiner Selbst sicher, redegewandt, beherrscht, ironisch, klare Fragetechnik

Volker Bruns, beisitzender Richter (Beisitzer)
zurückgenommen, fragte häufig mit vielen Kommas, fasste vielschichtige Gedanken locker aus dem Kopf zusammen, schrieb sich Zettelchen mit Tully

Dr. Malte Wellhausen, beisitzender Richter
eher beobachtend, zurückhaltend, fragte selten, sprach sanft

Laienrichter - eine Schöffin und ein Schöffe
hörten zu, notierten sich kaum etwas, fragten nichts

Die Ankläger

Karsten Wegerich, Staatsanwalt
wortgewaltig, angriffslustig, schlagfertig, stritt sich manches Mal mit Verve mit Verteidigern, überlässt anderen ungern das letzte Wort

Maximilian Fink, Staatsanwalt
ausgleichend, schrieb häufig am Laptop mit, stärkte Wegerich argumentativ den Rücken

Die Urkundsbeamtin

die Justizhauptsekretärin notierte sich fast alles per Hand, was der Vorsitzende Richter Tully ihr diktierte; Tully nannte sie scherzhaft „meinen M-1-Leiter" in Anlehnung an die Hierarchie der HSH

---

3 sprich: [**talli**]; Dr. Marc Tully wurde im laufenden Untreue-Verfahren zum Vorsitzenden Richter am Hanseatischen Oberlandesgericht Hamburg berufen.

Die Angeklagten und ihre Verteidiger

Hans Berger, 63[4], Vorstandsvorsitzender
Bergers Ruf ist der eines Sparkassendirektors, freundlich und zugewandt
vertreten durch:
Otmar Kury, Hamburg
geistreicher Anwalt, manches Mal temperamentvoll

Peter Rieck, **60**, stellvertretender Vorsitzender, Immobilien-/Schiffsvorstand
gilt als clever und bestens vernetzt in Politik und Wirtschaft
vertreten durch:
Prof. Norbert Gatzweiler, Köln
ficht mit Worten, hat gern Recht, angriffslustig

Joachim (Jochen) Friedrich, **49**, Kapitalmarktvorstand
hat sich im Bankgeschäft hochgearbeitet, zurückhaltend, angepasst, emotional
vertreten durch:
Wolfgang Prinzenberg, Hamburg
intellektuell, routiniert

Hartmut Strauß, 64, Risikovorstand
gehört zu den Old-School-Bankern, gewissenhaft, kaufmännisch, scheu
vertreten durch:
Reinhard Daum, Hamburg
patent, sachlich, versuchte im Prozess eigene Impulse zu setzen

Prof. Dirk Jens Nonnenmacher, 50, Finanzvorstand
hoch aufgeschossen, selbstüberzeugt, liebt Fachjargon
vertreten durch:
Prof. Heinz Wagner, Ahrensburg
äußerst höflich, rechtschaffend

Bernhard Visker, **47**, Vorstand Firmenkunden
fleißiger, sachlicher Fachmann, freundlich, unaufdringlich, ernst
vertreten durch:
Gaby Münchhalffen Köln
robust, sicher mit Formalitäten, wenig in der Öffentlichkeit

4 Alter zu Prozessbeginn

DER PROZESS BEGINNT

Mittwoch, 24. Juli 2013

Tag 01: Auftakt nach Maß ins juristische Neuland

Er war ein heißer Sommertag, dieser 24. Juli. Schon in den Morgenstunden zeigte das Thermometer über 30 Grad. In dieser Hitze begann also das jahrelang vorbereitete Strafverfahren gegen die sechs früheren Vorstände der HSH Nordbank AG - wegen schwerer Untreue beziehungsweise Bilanzfälschung. Ich hielt einige von ihnen für schuldig. Schuldig, die Landesbank der norddeutschen Länder Hamburg und Schleswig-Holstein mit ins Verderben gewirtschaftet zu haben, ohne Zweifel zu kultivieren, ohne innezuhalten und ohne Selbstreflexion - dafür großspurig, selbstgefällig, opportunistisch. Das hatten meine Recherchen für den Radiosender NDR Info ergeben. Jetzt wurde den Bankern der Prozess gemacht. Ob aber auch für das, wofür ich sie für schuldig hielt? Die Anklageschrift knüpfte ihren Vorwurf nur an ein einziges Finanzgeschäft, das die Vorstände Ende 2007 genehmigt und die HSH kurze Zeit später mit an den Rand des Ruins manövriert hatte. Es wurde unter dem Codenamen Omega55 bekannt.

Geduldsprobe

Ich war jedenfalls nervös. Nach Jahren würde ich die Vorstände wiedersehen und ich war dabei, mich auf ungewohntes Terrain zu begeben. Als Wirtschaftsjournalistin berichte ich gewöhnlich nicht aus Gerichtssälen. Weil ich aber durch meine Recherchen soviel über die HSH wusste, wollte ich mit eigenen Ohren hören, was vor Gericht zur Sprache kommt und selbst sehen, wie das ist, mittendrin in einem Strafprozess zu sein. Ich wollte mir eine eigene Meinung bilden und nicht auf sporadische Presseerzeugnisse und magere Gerichtsmitteilungen angewiesen sein. Also berichtete ich vom Prozessauftakt für die Hörfunkwellen der ARD. Für 9 Uhr hatte ich mich mit zwei Kollegen vom NDR vor dem Eingang des Hamburger Landgerichts verabredet, eine Stunde vor Beginn des Spektakels. Ich wollte nichts und niemanden verpassen.

Die Kontrolle an der Sicherheitsschleuse dauerte mir deshalb viel zu lang. Ohne Schleuse aber kein Zutritt zum Gericht. Alle Journalisten, Besucher, Anwälte und auch die Angeklagten mussten sich einzeln scannen lassen wie am Flughafen. Eine umständliche Prozedur. Entsprechender Rückstau. Endlich, gegen halb zehn, stand ich im zweiten Stock vor dem Großen Sitzungssaal 300 - dem Ort des wichtigsten Wirtschaftsprozesses des Jahres.

Große Anspannung

Immer mehr Journalisten fanden sich ein. Die Anspannung stieg minütlich. Ich schätzte, mehr als 40 Kollegen, Kameraleute und Fotografen waren gekommen. Sie fingen zusehends an, sich vor der Tür zum Zuschauerraum zu drängeln. Zwar waren extra Presse-Plätze reserviert worden und jeder hatte sich namentlich anmelden müssen. Aber würden diese Plätze reichen?

Ich wollte auf jeden Fall sehen, wer von den sechs Ex-Bankern wann kam, wollte aus ihren Gesichtern lesen und beobachten, wie sie sich geben, ob sie sich grüßten oder wegsahen oder versuchten, Anzeichen von Stress zu verbergen. Also stellte ich mich mit in die Schlange vor dem Presseeingang und saß als eine der ersten ganz vorn auf den reservierten Stühlen.

Sie sehen sich kaum an

Der bekannteste unter den sechs Angeklagten traf als erster im Gerichtssaal ein: Ex-Finanzvorstand **Dirk Jens Nonnenmacher**. Betont ruhig bahnte sich der hochgewachsene, schlaksige Mann mit dem gegelten Schopf einen Weg durch die auf ihn gerichteten Kamera-Objektive, vor und hinter ihm schützend ein Anwalt. Hochmütig sah er über die Journalisten hinweg. Im Gerichtssaal schritt er sofort mit einem aufgesetzten Lächeln lässig zum Fenster, maß mit jedem Schritt das Terrain ab. Er nahm sich Zeit. Für was eigentlich? Immer noch lächelnd ging er dann zu seinem Platz in der ersten Reihe, setzte sich aber nicht hin, sondern blieb stehen. Ein typischer Nonnenmacher-Auftritt.

Bernhard Visker, Ex-Vorstand für Firmenkunden, erschien als Nächster. Ein attraktiver, sportlicher Mann mit Glatze und Sinn für modische Details. Eine Anwältin begleitete ihn. Er grüßte Nonnenmacher kurz, strebte zu seinem Platz in der zweiten Reihe und setzte sich sofort hin; blickte ernst und konzentriert. **Peter Rieck**, Ex-Vorstand Immobiliensparte, folgte auf Visker. Rieck nahm wie Visker sofort Platz. Dann tröpfeln **Joachim Friedrich**, Ex-Vorstand Kapitalmarkt, und **Hans Berger**, Ex-Vorstandschef, in den Gerichtssaal. Berger wirkte schmaler als zu seinen Vorstandszeiten, gealtert, dabei ist er erst Anfang 60. Friedrich schien sich wegducken zu wollen, so zurückhaltend ließ er sich auf seinem Stuhl nieder - ein Mann um die 50, elegant gekleidet, sympathische Erscheinung.

Sie alle redeten kaum ein Wort miteinander, manche grüßten sich kurz per Handschlag, keiner wandte sich an Nonnenmacher für einen kurzen Plausch.

Als Letzter erschien **Hartmut Strauß**, Ex-Risikovorstand. Strauß hatte seinen Posten wegen gesundheitlicher Probleme aufgegeben. Zwar wirkte der Ex-Banker zart und klein, krank sah er aber nicht aus. Stracks ging auch er zu seinem Stuhl in der zweiten Reihe. Insgesamt wirkte die Stimmung unter den einstigen Kollegen frostig. Sie schienen sich nicht viel zu sagen zu haben, wechselten nur wenige Blicke. Erst als die Richter und Schöffen den Saal betraten, standen alle sitzenden Angeklagten auf.

Hochkarätige Strafverteidiger
Vertreten werden die Ex-Bankvorstände von erfahrenen und bundesweit bekannten Strafverteidigern. Hans Berger setzt auf den Hamburger Juristen **Otmar Kury**, derzeit Präsident der Hanseatischen Rechtsanwaltskammer Hamburg. Peter Rieck und Bernhard Visker greifen auf dieselbe Kölner Kanzlei zurück, das Ehepaar **Gatzweiler** und **Münchhalffen**. Und für Dirk Jens Nonnenmacher streitet der emeritierte **Rechtsprofessor Heinz Wagner**.

Und dann war es so weit. Die Vertreter der Anklage, die **Staatsanwälte Karsten Wegerich und Maximilian Fink**, betraten den Saal und nahmen links vom Gerichtspodest Platz. Die 8. Große Strafkammer folgte kurz darauf pünktlich 10 Uhr. Mit dabei eine Protokollantin, ein Ersatzrichter und ein Ersatzschöffe. Beinah geräuschlos sortierte sich das Gericht auf seine Plätze. Und auch die Gerichtszeichnerin positionierte sich strategisch günstig schräg gegenüber den sechs Angeklagten, um sie gut sehen zu können. Fotografen und Kameramänner durften noch rasch den Moment festhalten. Und dann eröffnete der Vorsitzende Richter den Strafprozess.

Die Angeklagten sitzen in den beiden vorderen Reihen. ©Christian Carisius/dpa

10:00 Uhr

Drei Berufs-, zwei Laienrichter, eine Frau und ein Mann, bilden die 8. Große Strafkammer des Landgerichts Hamburg. Den **Vorsitz führt Dr. Marc Tully.** Der promovierte Richter gilt als versierter und kenntnisreicher Fachmann, wenn es um Wirtschaftsdelikte geht; er selbst absolvierte eine Banklehre. Zu seiner Richtervita zählen Urteile über die Hamburger Osmani-Brüder wegen Beihilfe zur Untreue und Betrugs und über die Millionen von Alexander Falk, Erbe des gleichnamigen Stadtplan-Imperiums. Tully spricht zu einem vollen Saal, viel Presse, wenige Bürger, unter ihnen der frühere Wirtschaftsminister von Schleswig-Holstein, Dr. Werner Marnette. Und auch die HSH Nordbank ist vor Ort; sie hat zwei Rechtsanwälte als Beobachter geschickt: einen aus der Bank, einen externen Anwalt. Sie werden den gesamten Prozess begleiten.

10:05 Uhr

Richter Tully nimmt die persönlichen Daten der Angeklagten auf und will gerade das Wort an sie geben, als sich die **Strafverteidigerin** von Bernhard Visker, **Gaby Münchhalffen**, meldet und beantragt, die 15-seitige Kurzfassung der Anklageschrift nicht zu verlesen. Sie enthalte wertende Adjektive wie offensichtlich, erkennbar mangelhaft und unangemessen.

10:18 Uhr

Tully unterbricht die Sitzung und berät sich mit seinen vier Richterkollegen etwa zehn Minuten lang. Die Richter lehnen anschließend den Antrag ab. Tully ordnet an: Die Kurzfassung der Klageschrift wird verlesen, wie sie ist.

10:35 Uhr

Daraufhin steht **Staatsanwalt Karsten Wegerich** energisch auf und verliest kraftvoll eine halbe Stunde lang die kurz gefasste Klage.

Die Staatsanwälte Maximilian Fink und Karsten Wegerich (r.).

Die Schrift ist gespickt mit Begriffen der Bankerwelt wie value-at-risk, Liquiditätsfazilität, Single Tranche Collateralized Debt Obligation STCDO, SPV, side letter ... Wegerich rattert Zahlenkolonnen herunter, die wohl kaum jemand im Saal nachvollziehen kann. Die gesamte Anklageschrift umfasst 606 Seiten, hinzu kommt eine Sammlung mit Zeugenaussagen, Dokumenten, eMails und Vernehmungsprotokollen. Zusammen ergibt das mehr als 260 Ordner.

Die Staatsanwälte werfen den sechs Angeklagten vor, in der Zeit zwischen dem 17. Dezember 2007 und dem 20. Juni 2008:

> *„gemeinschaftlich die ihnen kraft Gesetzes und Rechtsgeschäfts obliegende Pflicht, fremde Vermögensinteressen wahrzunehmen, verletzt und dadurch dem, dessen Vermögensinteressen sie zu betreuen hatten, Nachteil zugefügt zu haben, wobei sie einen Vermögensverlust großen Ausmaßes herbeiführten, […]"*

Dirk Jens Nonnenmacher und Joachim Friedrich wird zudem Bilanzfälschung nach § 400 Abs. 1 Nr. 1 AktG angelastet:

> *„gemeinschaftlich als Mitglieder des Vorstandes die Verhältnisse der Gesellschaft einschließlich ihrer Beziehungen zu verbundenen Unternehmen in Darstellungen oder Übersichten über den Vermögensstand unrichtig wiedergegeben zu haben."*

11:15 Uhr
Richter Tully erklärt, dass die Beklagten zunächst keine Angaben zur Sache machen wollen. Es meldet sich der Anwalt von Peter Rieck, **Norbert Gatzweiler**, und propagiert eine Stunde lang eine Besetzungsrüge. Er findet, die 8. Große Strafkammer des Landgerichtes sei nicht zuständig für dieses Verfahren. Wegen des Rotationsprinzips hätte eine andere Kammer das Verfahren übernehmen müssen. Alle anderen Verteidiger schließen sich der Rüge an. Der Saal überhitzt immer mehr. Wir Zuschauer stöhnen.

12:32 Uhr
Der Vorsitzende Richter bleibt ruhig, trotz gefühlter 40 Grad im Saal. Besetzungsrügen gehören zu solchen Verfahren wie Pöbeleien zu Bundestagsdebatten. Keck fragt Tully zurück, ob Verteidiger Gatzweiler „herausbekommen hat, welche Kammer zuständig ist", wenn nicht die Achte, also seine? Gatzweiler antwortet irritiert: „Nein". Der Saal quittiert das mit Lachen.

Mittagspause. Richter Tully hat Hunger.

13:35 Uhr
Tully setzt den Prozess fort. Die Besetzungsrüge soll unter den Kollegen beraten und dann das Ergebnis allen bekanntgegeben werden. Die meisten Journalisten sind tatsächlich geblieben. Ich sauge alles auf.

13:50 Uhr
Strafverteidiger Gatzweiler möchte jetzt, dass ihm die Laienrichter, also die Schöffen, 14 Fragen beantworten. Er will damit testen, ob sie für diesen Prozess unbefangen sind. Gatzweiler will zum Beispiel wissen, ob die Schöffen für die HSH gearbeitet haben, ob sie dort Konten hatten oder sie schon spekulative Geldgeschäfte getätigt und dadurch Geld verloren haben. Richter Tully nimmt die Fragen auf und sagt, die Schöffen werden die beantworten, die sie beantworten müssen. Das werde nachgereicht.

14:00 Uhr
Richter Tully macht jetzt grundsätzliche Anmerkungen zum Fall, zu seiner Rechtsauffassung und wie es im Prozess weitergeht. Tully stellt unumwunden klar, was er von der Welt der Banker mit ihren Milliardentransaktionen und schnellen Entscheidungen hält. Der Prozess werde sich im „Ameisentempo fortbewegen", sagt er. „Daran werden Sie sich gewöhnen müssen. Im Eiltempo geht hier nichts." Ironie wird diesen Prozess also begleiten. Das hat er nötig. Und weiter: Dass der Straftatbestand der Untreue nicht eigennütziger Natur sein muss, sondern auch bei uneigennützig getroffenen Entscheidungen greife, und dass er finde, dass bei komplexen Finanzgeschäften die Risiken umfänglich geprüft werden müssten auf Grundlage von Tatsachen und Informationen. Fahrlässigkeit könne hier schon Untreue bedeuten.

Der Vorsitzende Richter erklärt den Angeklagten auch, dass für den Vorwurf der Untreue der Zeitpunkt der Entscheidungsverfügung durch die Vorstände entscheidend sei und nicht der Zeitpunkt, an dem der Bank ein Vermögensschaden entstanden sei. Er gibt zudem zwei Dinge bei diesem Verfahren zu bedenken: Dass es *erstens* bisher keine gesicherte gerichtliche Rechtsprechung zu einem solchen Fall gebe, zur Kredituntreue bei Finanzgeschäften. Er betrete hier mit seiner Kammer „juristisches Neuland". Und *zweitens*, dass in einer sozialen Marktwirtschaft auch unternehmerische Risiken eingegangen werden müssten; das dürfe nicht kriminalisiert werden.

14:45 Uhr
Der beherrscht auftretende Richter möchte jetzt die Angeklagten näher kennen lernen, genauer ihren beruflichen Werdegang, um sie besser einschätzen zu können. Privates interessiere ihn dabei nur am Rande, sagt Tully lächelnd, wie

Verdienst und Freizeitinteressen. Und wenn er das wisse, wolle er als nächstes das Finanzgeschäft Omega55 von „hinten her“ aufarbeiten, auf Grundlage der schriftlichen Vorlage, die die Vorstände unterschrieben haben.

gg. 15:30 Uhr
Der Vorsitzende Richter beendet den ersten, schweißtreibenden Prozesstag. Die Journalisten strömen in ihre Redaktionen und ich eile zum Ü-Wagen des NDR und zu meinen beiden Kollegen, um den nächsten Radio-Bericht über die Eindrücke vom - wie wir ihn ab jetzt nennen werden - HSH Prozess zu texten, aufzunehmen und an die Rundfunkanstalten zu schicken.

Mammut-Prozess
Für die Suche nach der Wahrheit hat die 8. Große Strafkammer des Landgerichts Hamburg erst einmal 40 Verhandlungstage angesetzt, bis Ende des Jahres. Vermutlich wird die Zeit nicht reichen. In ihrer Anklageschrift schlägt die Staatsanwaltschaft allein 46 einfache Zeugen vor, dazu 6 sachverständige Zeugen. An Beweismitteln sind Verträge, Protokolle, Geschäftsberichte, Dokumente der Bankenaufsicht und vieles mehr zu sichten - wie auch mehr als eintausend eMails.

Wie Omega55 funktionierte - oder auch nicht

Das Bankgeschäft Omega55[5] bestand aus zwei Teilen, die durch Verträge aneinander gekoppelt waren: BNP-**A** und BNP-**B** hießen sie in der HSH. Hinter den beiden Teilgeschäften standen mehrere Zweckgesellschaften. Bei Teil-A ging es um rund 2 Milliarden Euro, bei Teil-B um 400 Millionen Euro. Ein Netz aus mindestens 25 Verträgen hielt sie zusammen. Um aus diesen Verträgen die Rechte und Pflichten der beteiligten Bankhäuser HSH Nordbank und BNP Paribas (BNPP) herauszulesen, brauchten Sachkundige Wochen.

Im Folgenden schildere ich Omega55 vereinfachend und wie ich es verstanden habe. Tatsächlich war das Finanzgeschäft viel verästelter:

Teil-A - die Eigenkapitalentlastung:
Mit diesem Teilgeschäft wollte die HSH ihre Bilanz aufpeppen. Sie hatte zu viele Kredite vergeben. Problem: Für jeden gewährten Kredit muss sie wie jede Bank einen Teil ihres Eigenkapitals reservieren - als Verlustvorsorge. Wegen der hohen Kreditvergabe fiel in der HSH-Bilanz 2007 das noch freie Eigenkapital ziemlich niedrig aus. Kein potentes Signal für den anstehenden Börsengang. Also gründete die HSH eine Tochter in der Steueroase Jersey Islands, die Zweckgesellschaft **Mathias Ltd.** In diese schob sie - einfach gesprochen - rund 2 Milliarden Euro ihres Kreditbestandes, größtenteils Kredite aus der Immobiliensparte. Die französische Investmentbank **BNP Paribas** wiederum versicherte die Kredite dieser Mathias Ltd. über eine so genannte **Kreditausfallversicherung** gegen Verluste. Solche Versicherungen heißen „Credit Default Swaps", kurz: **CDS**. Grob funktionieren sie so: Kann beispielsweise ein Bauherr aus dem Kreditpool seine Schulden nicht tilgen, entschädigt die BNPP die HSH-Zweckgesellschaft Mathias Ltd. dafür - und somit letztlich die HSH.

Das war das Grundgeschäft, das die HSH von vornherein wohl im April 2008 wieder kündigen wollte.

<u>Vorteil BNPP:</u> Sie erhielt von der HSH eine hohe Prämie für die Verlustabsicherung - zwischen fünf und zehn Millionen Euro. Die BNPP forderte zusätzlich von der HSH, mit ihr einen zweiten Teil abzuschließen, den B-Teil, in dem die BNPP Verlust-Risiken loswerden wollte.
<u>Vorteil HSH:</u> Weil die BNPP bei Verlusten der HSH-Tochter Mathias Ltd. einsprang, sollte das in der HSH-Bilanz 2007 etwa 128 Millionen Euro Eigenkapital freisetzen. Ein schönes Bilanzlifting für den Börsengang. Hatten die HSH-Vorstände zumindest gedacht.

---

5 Das Dokument ist im Anhang wieder gegeben.

Rechtslage: Teil-A ist - für sich genommen - eine „Kapital-Entlastungstransaktion“[6], wie sie Banken zu jener Zeit am Jahresende einsetzten. Ein legaler Bilanztrick, den die Bankenaufsicht unter der Bedingung duldete, dass er mindestens ein Jahr lang lief. Die Bilanzaussage wird dadurch allerdings verzerrt. Im Fall von Omega55 wollte die HSH Teil-A aber nur bis April 2008 aufrecht erhalten. Die HSH hatte Ende 2007 mindestens zehn solcher Bilanzliftings am Start mit einem Gesamtvolumen von mehr als 17 Milliarden Euro.[7]

Teil-B - die Liquiditätsfazilität inklusive der Single Tranche Collateralized Debt Obligation, STCDO:
Mit diesem Teilgeschäft wollte sich die französische Investmentbank BNPP etwas Gutes tun. Hinter Teil-B verbargen sich drei Zweckgesellschaften, die der BNPP gehörten. Die größte: **Omega Capital Funding Ltd.** Auf diese Omega Ltd. übertrug die BNPP ihrerseits Kredite von 2 Milliarden Euro. Dazu addierte sie aus einer anderen Zweckgesellschaft das Abbild der HSH-Kredite aus der Mathias Ltd. (Teil-A) Damit lag in der Omega-Gesellschaft ein 4 Milliarden Euro Kreditbestand. Diesem Kredittopf stellten anschließend sowohl die BNPP als auch die HSH so genannte Liquiditätsfazilitäten jeweils über 2 Milliarden Euro zur Verfügung. Damit sollten eventuelle Zahlungen aus den Kreditgeschäften aufgefangen werden. Fazilitäten lassen sich mit dem Dispo eines Kontos vergleichen. Dem aber nicht genug.

Die Franzosen schichteten in die Omega Ltd. zusätzlich ein komplexes Kreditderivat in Höhe von 800 Millionen Euro: eine **Single Tranche Collateralized Debt Obligation**, kurz **STCDO**. In diesem Wertpapier hatte die BNPP Kredite und Anleihen von 161 Firmen gebündelt; verbrieft, wie es heißt. HSH und BNPP erteilten dieser Verbriefung ebenso jeweils eine Liquiditätsfazilität, einen „Dispo“, über 400 Millionen, für den Fall, dass der Wert der STCDO schwankt, so wie die Kilopreise gegen Ende des sonntäglichen Hamburger Fischmarkts. Wertschwankungen mussten die beiden Bankhäuser über diese Fazilitäten ausgleichen.

Im Ergebnis bedeutete das für die HSH: Sie gewährte der BNPP über die Omega-Gesellschaft insgesamt einen 2,4 Milliarden hohen Dispo. Vertragslaufzeit: ein Jahr mit jährlicher Verlängerung, sechs Mal hintereinander; macht sieben Jahre. Die BNPP ließ sich in einem Nebenvertrag[8] von der HSH Nordbank zusichern, dass diese der Bankenaufsicht BaFin von Omega55 bis April 2008 detailliert berichtet. Das tat die HSH aber nicht, sie kündigte vielmehr vor dem vereinbarten Termin Teil-A.

6 RWA-Entlastungstransaktion, RWA=„Risk Weighted Assets“, Risikogewichtete Aktiva
7 vergleiche Urteil LG Hamburg vom 9.7.2014, S. 293
8 Diese Nebenabrede wurde im „side letter“/„non reliance letter“ formuliert.

Vorteil BNPP: Sie bürdete der HSH Risiken aus ihrem heiklen Kreditpaket über die Liquiditätsfazilität auf - 400 Millionen Euro. Das ist in etwa der Gegenwert des Passagierflugzeuges A380. Sie durfte wohl zudem bestimmen, wann sie den „400-Millionen-Dispo" in Anspruch nehmen darf.
Vorteil HSH: Sie erhielt durch dieses 2,4 Milliarden Teilgeschäft die vermeintlich dringend benötigte Kapital-Entlastung in Teil-A, dazu eine Prämie.
Rechtslage: Ein vielschichtiges, aber legales Bankgeschäft. Einjährige Liquiditätsfazilitäten mussten 2007 *nicht* bilanziert und *nicht* mit Eigenkapital „unterlegt" werden. Allerdings war Teil-B - sich jährlich verlängernd - auf insgesamt sieben Jahre terminiert (Teil-A auf weniger als vier Monate).

Kernprobleme beim Omega-Deal für die HSH

Die beiden Teilgeschäfte waren über zwei Nebenabreden miteinander verbunden - dem „side letter" und „unwind letter", wobei der „unwind letter" der entscheidende war. In diesem garantierte die HSH der BNPP, bis zum 31.1.2008 auch Teil-B abzuschließen, sonst hätte die BNPP den Vertrag auf Kosten der HSH rückabwickeln dürfen. Durch diese Kopplung des A-Teils an den B-Teil soll die HSH zu *jeder* Zeit die **Verlustrisiken** aus ihrem 2-Milliarden-Kreditpool behalten haben. Denn die Mathias Ltd. hatte ja eine Art *Abbild* der HSH-Kredite an die Omega-Gesellschaft weitergeleitet. Die HSH wiederum gewährte der Omega Ltd. einen „Dispo" in gleicher Höhe, bei dem es die BNPP in der Hand zu haben schien, wann sie ihn einlöst. Das aber bedeutete: Das wirtschaftliche Risiko der Kredite drehte sich über die Zweckgesellschaften im Kreis und landete über die Liquiditätsfazilität wieder bei der HSH.

Konnte **Teil-A** also trotz dieses Risikokreisels wirksam sein und sein Ziel erreichen? Zumal die HSH die Kreditversicherung zwischen ihrer Tochter und der BNPP schon nach drei Monaten kündigen wollte. Um eine rechtlich legale Entlastung zu erreichen, hätte die Versicherung ein Jahr bestehen müssen.

Bei **Teil-B** lag der von der Staatsanwaltschaft postulierte Knackpunkt für die HSH in der **Bilanzierung** der 400-Millionen-Euro-Liquiditätsfazilität für die komplexe Verbriefung, der STCDO - nicht in der Bilanzierung der 2-Milliarden-Liquiditätsfazilität für den Kreditpool. Die HSH bilanzierte die 400-Millionen falsch, so der Klagevorwurf. Statt die Fazilität anteilig zum jeweiligen Marktpreis der STCDO zu bewerten, stand sie stabil wie ein Kredit mit **400 Millionen Euro** in den Büchern der HSH - und damit zu hoch. Denn der anteilige Wert der STCDO für die HSH lag im März 2008 bei **nur noch 288 Millionen Euro.** Die HSH hätte den Wert der Liquiditätsfazilität also nach unten korrigieren müssen, so hätten es die internationalen Rechnungslegungsstandards IFRS verlangt. Das aber tat die HSH in ihrer Quartals-Bilanz nicht. Deshalb wies sie zum 31.3.2008 einen Gewinn statt eines Verlustes aus.

Und noch etwas wog aus meiner Sicht schwer: Die Vorstände hatten mit der **Liquiditätsfazilität** für die von Anfang im Wert stark schwankende STCDO eine folgenreiche Zusicherung gegeben: Die HSH musste *jederzeit* in der Lage sein, der Omega Ltd. bis zu 400 Millionen zu überweisen, um die Wertänderungen der STCDO auszugleichen. Diesen Betrag hätte sich die HSH leihen müssen; ihre Zahlungsfähigkeit war seit Mitte 2007 aber extrem angespannt. Mit der STCDO im B-Teil wurde die ohnehin dramatische Liquiditätslage der Bank also zusätzlich verschärft.

Die Franzosen nahmen schließlich 2008 mehr als 300 Millionen Euro davon in Anspruch. Im November 2008 geriet die HSH auch deswegen in einen existenzbedrohenden Notstand, Berger trat zurück und die HSH bat Bund und Länder um Milliarden.

Untreue-Vorwurf der Staatsanwaltschaft

Die HSH-Vorstände sollen mit Omega55 bewusst ein zu hohes, wirtschaftliches Risiko eingegangen sein, das sie vorher nicht sorgfältig und gewissenhaft abgewogen hatten, weil sie sich nicht umfassend und banküblich über Chancen und Risiken, Widersprüche und Mängel in der Omega-Vorstandsvorlage informierten. Verstießen sie damit gegen ihre Sorgfaltspflichten als Geschäftsleiter und verursachten einen Vermögensschaden großen Ausmaßes?

Auf der nächsten Seite habe ich Omega55 gezeichnet - vereinfachend und wie ich es verstanden habe. Und was soll ich sagen: Es war ein irres Ding, dieses Omega55.

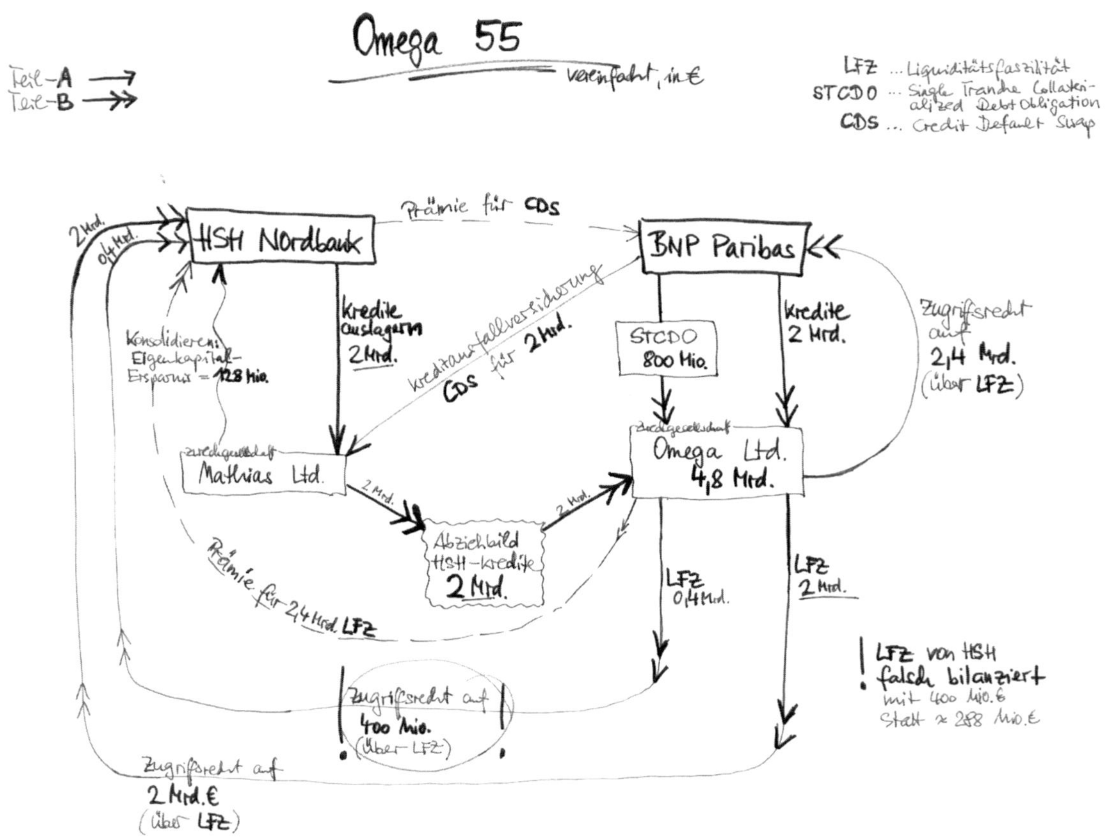
Omega 55
vereinfacht, in €
Teil-A
Teil-B
LFZ ... Liquiditätsfaszilität
STCDO ... Single Tranche Collaterialized Debt Obligation
CDS ... Credit Default Swap
HSH Nordbank
BNP Paribas
Prämie für CDS
Kredite auslagern 2 Mrd.
kreditausfallversicherung CDS für 2 Mrd.
STCDO 800 Mio.
Kredite 2 Mrd.
Zugriffsrecht auf 2,4 Mrd. (über LFZ)
Konsolidieren: Eigenkapital-Ersparnis = 128 Mio.
Zweckgesellschaft
Mathias Ltd.
Zweckgesellschaft
Omega Ltd. 4,8 Mrd.
2 Mrd.
2 Mrd.
Abziehbild HSH-Kredite 2 Mrd.
Prämie für 2,4 Mrd. LFZ
LFZ 0,4 Mrd.
LFZ 2 Mrd.
2 Mrd.
0,4 Mrd.
Zugriffsrecht auf 400 Mio. (über LFZ)
Zugriffsrecht auf 2 Mrd. € (über LFZ)
! LFZ von HSH falsch bilanziert mit 400 Mio. € statt ≈ 288 Mio. €

Montag, 29. Juli 2013

Tag 02: Ex-HSH-Chef lehnt Mitschuld ab

Zweierlei war für diesen 2. Prozesstag angekündigt: Der frühere Vorstandschef Berger wollte sich zum Vorwurf der Staatsanwaltschaft äußern und die Große Strafkammer die Vorstände besser kennen lernen. Eigentlich eine unverfängliche Angelegenheit, offenbar aber nicht vor Gericht. Bevor Richter Marc Tully das Wort an den ersten Angeklagten gab, wies er sämtliche Besetzungsrügen vom Prozessauftakt zurück, weil sie unzulässig und unbegründet seien. Und auch das Ansinnen von Verteidiger Gatzweiler lehnte die Strafkammer ab, wonach die Schöffen vierzehn Fragen beantworten sollten. Dann war Hans Berger an der Reihe.

Berger hatte das, was er der Großen Strafkammer sagen wollte, schriftlich vorbereitet. Eine halbe Stunde lang las der ehemalige Vorstandsvorsitzende der HSH Nordbank seine Gedanken vor - eine Rechtfertigungsschrift[9], gerichtet an das „Hohe Gericht". Seine Stimme wirkte brüchig und leise, er selbst körperlich schmaler als zu seinen Amtszeiten. Berger trat im November 2008 zurück, nachdem er als HSH-Chef überraschend einen Verlust von mehr als 360 Millionen Euro bekanntgeben musste - vorrangig verursacht durch Omega55. Noch im September 2008 hatte Berger von einem hohen, zu erwartenden Gewinn gesprochen. Die HSH bat den Bund um Staatshilfe. Für Berger rückte der damalige Finanzvorstand und Mathematiker Dirk Jens Nonnenmacher nach.

In fünf Akten wies Berger nun jegliche Mitschuld und Verantwortung für das Geschäft Omega55 zurück - und im Grunde auch für die desaströse Lage

9 vergleiche auch Urteil LG Hamburg, vom 9.7.2014, S. 291

der HSH. Welche Verantwortung er als Vorstandsvorsitzender seiner Meinung nach trug, darauf ging er nicht ein.

Schwieriges Umfeld

Als erstes erklärte er die geschäftspolitischen Herausforderungen seit der Fusion der Landesbanken in Hamburg und Kiel im Juni 2003 zur HSH Nordbank und bis zu seinem Rücktritt Ende 2008. Die Politiker haben für 2008 den Börsengang gewollt, sagte er. Das hieß für die Vorstände: Die Bank musste viel Geld mit neuen Geschäften verdienen. Dafür sollte aber möglichst wenig eigenes Kapital eingesetzt werden, weil die HSH ohnehin wenig davon hatte und die Neugeschäfte schon zu viel Kapital banden. Verschärft wurde die Situation durch die Vorläufer der Finanzkrise. Sie griffen seit Jahresbeginn 2007 ungestüm nach der HSH. Ende 2007 versuchte der Vorstand dann vieles, um die rasch sinkenden Eigenkapitalbestände zu stärken - unter anderem durch Omega55.

Mit leicht bebender Stimme fügte Berger an: „Der Vorwurf, der Vorstand habe persönliche Ziele verfolgen wollen, ist völlig inakzeptabel."

Unbeteiligt

Dann ging er auf das Finanzgeschäft selbst ein. Er sagte: „Ich war in keiner Weise an den Vorbereitungen von Omega55 beteiligt." Das sei Sache von Kapitalmarktvorstand Joachim Friedrich und dem Immobilienvorstand Peter Rieck gewesen, aus dessen Ressort Kredite aus der Bilanz mithilfe von Omega55 teilweise ausgelagert wurden. Die hohen Bestände an Neugeschäften bei gleichzeitig schwacher Eigenkapitalausstattung war der „Öffentlichkeit nicht zu vermitteln", erklärte sich Berger.

Von Nebenabreden nichts gewusst

Er sei auch nicht über wesentliche Absprachen mit der BNP Paribas, mit der Omega55 abgeschlossen wurde, informiert gewesen. Den Brief, in dem die Nebenabreden zum Geschäft stehen, kannte er nicht, den so genannten „side letter". In diesem Brief hatte die BNP Paribas entscheidende Bedingungen für den Deal gestellt

Nach internen Vorgaben gehandelt

Berger habe sich zudem an interne Vorgaben für solche Geschäfte gehalten. Demnach sieht die „Kompetenzrichtlinie" der HSH vor, dass bei „Eilbeschlüssen" - und Omega55 war von Mitvorstand Peter Rieck als „Eilbeschluss" ausgegeben worden - *zwei* Vorstandsunterschriften genügten. Damit galt der Beschluss als rechtsverbindlich genehmigt. Seine Unterschrift für die Freigabe des Geschäfts sei also gar nicht mehr nötig gewesen, sagte Berger, weil vor ihm bereits Immobilienvorstand Rieck und Risikovorstand Strauß unterschrieben hatten. Seine Unterschrift will Berger dann auch nur als „zur Kenntnisnahme“ verstanden wissen, mehr nicht. Er habe Omega55 geprüft und für aufsichtsrechtlich in Ordnung befunden. Berger sagte auch, er konnte nicht sehen, dass die Risiken, die die BNP Paribas der HSH im A-Teil abnahm, im Teil-B von der HSH wieder zurückgenommen werden sollten. Für ihn sah es so aus, als seien die Risiken zwischen den Banken verteilt. Deshalb habe er das Risiko möglicher Verluste aus dem B-Teil als „vertretbar“ wahrgenommen.

Börsengang ahoi

Bei seinem gesamten Handeln habe er sich „von der Geschäftspolitik der Bank leiten lassen“, sagte Berger zum Schluss seiner Rede.

(Und die hieß bekanntlich: Hübsch machen für den Börsengang.)[10]

Vom Sparkassendirektor zum Vorstandschef

Bergers beruflicher Werdegang ist typisch für viele Vorstände der HSH Nordbank. Er lernte das Bankhandwerk bei der Landesbank Schleswig-Holstein, bildete sich intern im Sparkassennetzwerk weiter, wurde 1986 Vorstand der Sparkasse Kiel. Zehn Jahre später wechselte er in den Vorstand der Landesbank in Kiel, also dorthin, wo er einst gelernt hatte. Im Fusionsjahr 2003 übernahm er deren Vorsitz. Mit der Fusion wurde Berger stellvertretender Vorstandschef der HSH. 2007 rückte er an die Spitze. Nur ein Jahr später trat Berger zurück; er ist heute pensioniert.

Zusammengefasst war Hans Berger als Vorstandsvorsitzender der HSH also unbeteiligt an Omega55, er hat intern alles richtig gemacht, hat zur Kenntnis genommen, sich verlassen und Vorgaben der Politik umgesetzt. Selbstkritik hat der Ex-Banker am 2. Prozesstag damit nicht gezeigt.

Blog-Kommentar

31. Juli 2013 @10:50 von: bescheidwisser

Die Vermutung, dass Herr Berger nur zu gerne der erste Vorstandschef gewesen wäre, der eine Landesbank an die Börse bringt, liegt mE sehr nahe - und das wäre ja sicher auch mit persönlichen Vorteilen für ihn verbunden gewesen.

Wenn bei der Bearbeitung des Geschäfts eklatante Versäumnisse vorgekommen sind, dann trifft den Gesamtvorstand zumindest ein „Organisationsverschulden“, denn er ist für die Einrichtung des ordnungsgemäßen Geschäftsbetriebes zuständig und dafür verantwortlich.

10 Anmerkungen der Autorin in Klammern.

Tag 2

Keiner ist Schuld

Nach Hans Berger, der eine halbe Stunde lang erzählt hatte, warum er nicht verantwortlich zu machen sei für das Omega55-Geschäft, erteilte Richter Tully den anderen Angeklagten Redezeit.

Herausgekommen dabei: Keiner ist Schuld.

Reglos

Dirk Jens Nonnenmacher begann seine Selbstvorstellung mit seiner akademischen Karriere. 1989 erhielt er sein Diplom als Mathematiker, 1990 Promotion, drei Jahre später Habilitation. Forschung im In- und Ausland, 2003 Honorarprofessur in Heidelberg, dann Stationen bei der Dresdner Bank und DZ Bank. Im Oktober 2007 heuerte er bei der HSH an. Er sollte als Finanzvorstand den Börsengang umsetzen, 2008 wird er HSH-Vorstandsvorsitzender. 2011 trennte sich die Bank mit einer 4-Millionen-Euro-Abfindung von ihm. Er soll heute als selbständiger Berater sein Geld verdienen. Zum Anklagevorwurf nahm Nonnenmacher nicht direkt Stellung. Auch äußerlich war ihm keine Regung anzumerken - wie so oft. Aber er erklärte seine Aufgaben als damaliger Finanzvorstand: So sei er für das Finanz-Controlling, Rechnungswesen für Steuern und die Bewertung von Vermögenspositionen zuständig gewesen.

(Aus diesem Grund trifft ihn auch der Vorwurf der Bilanzfälschung der Staatsanwaltschaft. Nonnenmacher war nach seinem Aufgabenprofil als Finanzvorstand ressortzuständig für die Bilanzierung der HSH durch das Rechnungswesen und vertraut mit der Relevanz komplexer Verbriefungen wie in Omega55.)

Verbittert

Joachim Friedrich wurde als einziger emotional. Der gelernte Industriekaufmann hat sich über ein Betriebswirtschaftsstudium an der privaten Eliteuniversität EBS in Östrich-Winkel und ein Trainee-Programm bei der Investmentbank JP Morgan empor gearbeitet. Anschließend war er Global Head Fixed Income der DZ Bank. Als Kapitalmarktexperte fing er im Mai 2007 bei der HSH an. Im November 2009 wurde Friedrich entlassen. Der Manager unterhält heute eine eigene Firma.

Seine Entlassung, sagte Friedrich mit belegter Stimme, könne er immer noch nicht nachvollziehen und akzeptieren. Die Ermittlungen haben ihn zudem persönlich sehr belastet. Den Anklagevorwurf wies Friedrich strikt zurück. Er hatte „alle Informationen vorliegen, um eine verantwortliche Entscheidung zu treffen“. Für Friedrich war Omega55 ein „vorteilhaftes, strategiekonformes und steuerbares Geschäft". Deshalb halte er seine Unterschrift immer noch für richtig und verantwortlich - basierend auf seinem damaligen Kenntnis- und Wissensstand.

Gefehlt

Hartmut Strauß ist wie Hans Berger ein Landesbanker durch und durch. 1975 fängt er nach seinem BWL-Studium bei der NordLB eine Banklehre an, zwei Jahre später wechselt er zur Hamburgischen Landesbank, wird rasch Führungskraft und ist zuständig unter anderem für das Kreditrisikomanagement, die Revision, das Rechnungswesen. Im Jahr 2000 wird Strauß zum Vorstand für Luftfahrtfinanzierung und Leasing berufen. Nach der Fusion der Hamburgischen Landesbank mit der Landesbank Schleswig-Holstein im Jahr 2003 erhielt er den Posten des Finanz- und Risikovorstands, ab 2007 war er ausschließlich Risikovorstand. Krankheitsbedingt schied Strauß 2008 aus der HSH aus und ist seitdem im Ruhestand.

Auf den Anklagevorwurf ging der pensionierte Risikofachmann nicht direkt ein. Am Ende seiner Kurzvorstellung sagte er aber einen Satz, der aufhorchen ließ: Als HSH-Vorstand habe er „auch Fehlentscheidungen getroffen".

Geschwiegen

Bernhard Visker und **Peter Rieck** sagten selbst nichts. Sie ließen ihre Verteidiger für sich reden. Das Verteidigerpaar Gaby Münchhalffen und Norbert Gatzweiler, das die Angeklagten vertritt, ist für seinen Stil bekannt, ihren Mandanten das Schweigen nahe zu legen.

Statt **Bernhard Visker** wandte sich also Verteidigerin Münchhalffen an das Gericht. Sie wies mit Nachdruck den Vorwurf der schweren Untreue zurück. Visker sei ein „sorgfältig handelnder Kaufmann, der seine Pflichten nicht verletzt und auch die HSH nicht geschädigt" habe. Er habe weder „eigennützig noch vorsätzlich gehandelt". Für Visker waren die Mängel in der Vorstandsvorlage „nicht erkennbar", er war nicht ressortzuständig und er „konnte auf die Mitarbeiter vertrauen". Viskers berufliche Vita stellte Verteidigerin Münchhalffen nicht vor. Wieso blieb unerwähnt.

Dabei ist Visker berufliche Vita unverfänglich. Gemäß Urteil und eigenen Recherchen begann Visker 1988 bei der Hamburgischen Landesbank eine Banklehre. Danach berufsbegleitendes Studium an der Universität of Wales. 2001 stieg er zum Stellvertreter Schiffsfinanzierungen auf und wurde 2003 Leiter Immobilien in der fusionierten HSH. Ab Januar 2007 rückte er in den Vorstand auf, zuständig für Firmen- und Immobilienkunden. Visker kündigte als Einziger der Angeklagten im August 2011 selbst. Heute ist er geschäftsführender Gesellschafter der Münchner ABG Unternehmensgruppe.

Nach Gaby Münchhalffen ergriff als Letzter Verteidiger Norbert Gatzweiler das Wort für seinen Mandanten **Peter Rieck.** Dem Vorwurf der Untreue trete Rieck mit Nachdruck entgegen, sagte er. „Die Anklageschrift verstelle den Blick auf die Tatsache, dass die Vorstände nicht eigennützig gehandelt haben, sondern als Angestellte der Länder" mit dem Ziel, mit Wegfall der Gewährträgerhaftung die Liquidität der Bank sicherzustellen, sagte Gatzweiler. Riecks beruflicher Werdegang war dem Verteidiger ebenfalls wie bei Münchhalffen keine Erwähnung wert.

Rieck heuerte nach seinem BWL-Studium 1978 bei der Landesbank Schleswig-Holstein in Kiel an. 1995 Wechsel zur Investitionsbank Schleswig-Holstein. Nur drei Jahre später zog er an die Elbe und wurde stellvertretender Chef der Hamburgischen Landesbank. Nach der Fusion der Hamburgischen Landesbank mit der Landesbank Schleswig-Holstein blieb er Mitglied des Vorstands. 2007 wurde er stellvertretender Vorstandschef der HSH. Rieck wird gemeinsam mit Friedrich 2009 entlassen und betreibt seither in Hamburg eine Beraterfirma.

Stattliche Gehälter und Boni für die HSH-Crew

Es ist schon erstaunlich: Da werden sechs Männer als Vorstände berufen, die die Bankenaufsicht als vorstandsfähig einstuft und die für diesen Job fürstlich entlohnt wurden, aber keiner übernimmt Verantwortung für sein Handeln als Vorstand, wenn es darauf ankommt. Keiner übernimmt wenigstens im Nachhinein eine Teilschuld.

Im Krisenjahr 2007, ist im Geschäftsbericht 2008 zu lesen, erhielt der HSH-Vorstand mehr als 4,1 Millionen Euro feste Vergütung, dazu Tantiemen in Höhe von mehr als 3,6 Millionen Euro. Welche Vergütungen davon auf die Angeklagten entfiel, schlüsselte der Geschäftsbericht nicht auf.

zwischendrin

Wer hat wann unterschrieben?

Das entscheidende Dokument im Verfahren ist die in Englisch gehaltene Vorstandsvorlage, die die Angeklagten unterschrieben und damit Omega55 genehmigten: die „credit application“[11]. Zu ihr gehörten eine Einschätzung der Abteilung Neue-Produkte-Neue-Märkte und ein Votum der Riskofachleute. In welcher Reihenfolge die Angeklagten diesen Kreditantrag genehmigten, ist ein wichtiges Detail im Verfahren - vor allem für die Verteidigungsstrategien der Anwälte.

Zwischen dem 17. und 20. Dezember 2007 haben die Angeklagten wie folgt gezeichnet:

1. **Peter Rieck**, Vorstand Immobilien, am **17. Dezember**
er hat die Sache zum „Eilbeschluss“ erhoben
2. **Hartmut Strauß**, Risikovorstand, unterschrieb auch am **17.**
3. **Hans Berger**, Vorstandschef, erhielt die Vorlage am **19.**
4. **Bernhard Visker**, Vorstand Firmenkunden, ebenfalls am **19.**
5. **Dirk Jens Nonnenmacher**, Finanzvorstand, ebenso **19.**
als Letzter unterschrieb
6. **Joachim Friedrich**, Kapitalmarktvorstand, am **20. Dezember**

Die Unterschriften in der Vorstandsvorlage.

Die Anklageschrift weist Joachim Friedrich als zuständigen Ressortvorstand für Omega55 und Peter Rieck als Ressortvorstand des betroffenen Bereiches Immobilien aus. Rieck war Vorstand für die Immobiliensparte, aus der die meisten Kredite für Teil-A stammten. Friedrich dagegen verantwortete die Kapitalmarktsparte. Seine Mitarbeiter hatten in London in der Financial Institutional Group (FIG) das Geschäft ausgearbeitet, in Abstimmung mit der Rechtsabteilung, dem Credit-Risk-Management, der Abteilung Neue-Produkte-Neue-Märkte (NPNM), dem Rechnungswesen, dem Accounting. Das heißt: Die zuständigen Ressortvorstände haben als erstes und als letztes unterschrieben.

11 Sie finden die Vorstandsvorlage im Anhang des Buches.

DIE WICHTIGSTEN ZEUGEN

Mittwoch, 31. Juli 2013

Tag 03: Erster Zeuge sagt aus

Als ersten Zeugen hat das Gericht den Mann geladen, der in der Londoner HSH-Niederlassung die Vorstandsvorlage für das im Zentrum der Anklage stehende Geschäft Omega55 federführend koordiniert hat. Es ist der **Bankkaufmann Marc S., 37 Jahre** alt. Richter Tully betonte, dass gegen S. nicht ermittelt werde, und er die Wahrheit zu sagen habe.

Marc S. erschien in Bankermontur - dunkler Anzug, randlose Brille, blau-grün gestreifte Krawatte; ein Mann mit früh ergrauten Haaren und weichen Gesichtszügen. S. antwortete zögernd, wog seine Worte ab, sprach leise. Er hatte sich einen Rechtsbeistand mitgebracht, einen Anwalt. Mit seinen früheren Vorgesetzten vermied er Blickkontakt, obwohl er seitlich zu ihnen saß. Ein Verteidiger hatte das angeregt, dass die Zeugen den Angeklagten und Verteidigern nicht den Rücken zukehren, wenn sie der 8. Großen Strafkammer gegenüber sitzen, sondern dass sie seitlich Platz von ihnen nehmen.

S. gab an, er habe 1998 bei der HSH eine Banklehre absolviert und sei im April 2006 zum **Gruppenleiter der Niederlassung London** befördert worden, der Financial Institutional Group FIG. Die erste Befragung von Marc S. führte der Vorsitzende Richter Marc Tully, unterstützt von Richter Volker Bruns. Ich gebe die Befragung im Folgenden nur in Auszügen, sinngemäß und zusammengefasst wieder:

Die Berufsrichter Volker Bruns, Marc Tully, Malte Wellhausen (v.l.).

Richter Marc Tully: An was erinnern Sie sich bei Omega55?
Marc S: Omega55 war artverwandt mit einem Geschäft, das wir vorher gemacht hatten. Außerdem habe ich es als Neugeschäft eingestuft. Ungewöhnlich war, dass ich in London damit beauftragt wurde - von meinem Vorgesetzten Luis Marti Sanchez -, weil für Geschäfte, die das Eigenkapital der Bank entlasten sollten, eigentlich eine andere Abteilung zuständig war. (Eine Abteilung der HSH in Kiel.)[12] Mit solchen Transaktionen hatte ich selten zu tun. Meine Aufgabe bei Omega55 war die Vorlage für den Vorstand zu koordinieren und gemeinsam mit meinen drei Mitarbeitern den Analyse- und Bewertungsprozess zu steuern.

Omega55 war 2007 auch nicht das einzige Eigenkapitalentlastende Geschäft. Wir hatten mehrere abzuarbeiten, wie „Ruby", eine Transaktion mit der Investmentbank Lehman Brothers und „St. Pancras" mit der Hypo Real Estate. Eigenkapital-Entlastungen waren ein sehr prominentes Thema zu dieser Zeit, und sie wurden regelmäßig am Ende eines Jahres vorgenommen.

Tully: Gab es allgemein die Aufgabe, nach Kapitalentlastungen zu suchen?
Marc S: Der Niederlassungsleiter in London, Sanchez, sollte Ausschau halten, wie man das Eigenkapital von Risiken entlasten könnte. Ich sollte mit meinem Team dabei helfen.

Tully: An wen hatte Marti Sanchez direkt zu berichten?
Marc S: Ich glaube an Kapitalmarktvorstand Friedrich, ich vermute das.

Tully: Wann ist Omega55 ins Gespräch gebracht worden und wem oblag das Projektmanagement?
Marc S: Oktober 2007 war das. Es war aber keine Abteilung federführend. Es wurde bei uns verwaltet. Ich habe am Ende viel koordiniert, aber ohne offizielle Anweisung, das zu tun.

Tully: Omega55 bestand aus zwei Teilen, Teil-A und Teil-B. Mit Teil-A hat die HSH Risiken an die BNP Paribas abgegeben und damit ihr Eigenkapital *ent*lastet. In Teil-B wiederum hat die HSH Risiken von der BNP in die eigene Bilanz aufgenommen, ihr Eigenkapital also *be*lastet. Worin liegt da die wirtschaftliche Sinnhaftigkeit?
Marc S: Wenn die BNP Paribas Risiken abnimmt, zahlt die HSH dafür an sie eine Prämie (für Teil-A). Bei Teil-B ist es umgekehrt. Da zahlt Paribas eine Prämie an die HSH. Als Risikoversicherer ist die HSH aber Verlustrisiken ausgesetzt.

12 Meine Anmerkungen/Erklärungen bei Zeugenbefragungen gebe ich in Klammern wieder.

Bruns: Warum wurde Teil-A mit Teil-B verknüpft?
Marc S: Weil dieses Geschäft eine günstigere Risikoentlastung für die HSH war als andere Maßnahmen.

Tully: Haben die Vorstände während der Planungsphase über Omega gesprochen?
Marc S: Soviel ich weiß, gab es viele Telefonate zwischen meinem Vorgesetzten Marti Sanchez und Kapitalmarktvorstand Friedrich. Besonders besprochen wurde die Risikoentlastung, wie sie aufsichtsrechtlich zu bewerten sei. Das wurde in der Rechtsabteilung bearbeitet. Omega55 war ein prominentes, ambitioniertes Projekt in der HSH und es wurde immer wieder diskutiert, ob die Entlastung des Eigenkapital aus aufsichtsrechtlicher Sicht wirklich funktioniert. Wurde kontrovers diskutiert. Die Rechtsabteilung hat letztlich gesagt: Ja, es ist aufsichtsrechtlich eine Entlastung.

Tully: Wieso wurde die Abteilung Neue-Produkte-Neue-Märkte (NPNM) eingeschaltet?
Marc S: Das habe ich angestoßen, damit Omega55 abgebildet werden kann. Und es war auch immer von beiden Teilen die Rede, von Teil-A und Teil-B. Der Fokus von NPNM lag aber auf dem A-Teil, weil die Liquiditätsfazilität in Teil-B nichts Neues für die HSH war, kein neues Produkt.

Tully: Wann hat Rechtsabteilung Omega55 beurteilt?
Marc S: Soweit ich mich erinnere - Mitte Dezember. Wir haben immer kommuniziert, dass es bei Omega55 Teil-A und Teil-B gibt. Für die Rechtsabteilung war das eine wesentliche Frage, ob das Rückholen von Risiken aufsichtsrechtlich okay ist. Das hat die zuständige Juristin Vera S. geprüft. Für mich war aber klar, dass Omega nicht nur die Bilanz entlastet, sondern auch belastet.

Tully: Ist das nicht ein inhärenter Widerspruch? Erst *Ent*lastung von Risiken dann *Be*lastung mit Risiken?
Marc S: Für mich ist das kein Widerspruch. Weil die Entlastung des Kapitals in der Immobiliensparte anfällt (über Teil-A) und die Belastung in der Sparte Kapitalmarkt (Teil-B) und jeder seine eigenen Budgets und Zielvorgaben hat.

Tully: Schaut keiner auf das Gesamtbild der Bank?
Marc S: Die BaFin[13] erhält von uns eine Gesamtquote. Die Steuerung der verschiedenen Abteilungen und Sparten wie Immobilien, Kapitalmarkt oder Financial Institutional Group korrespondiert zu den vereinbarten Zielvorgaben,

---

13 Bundesanstalt für Finanzdienstleistungsaufsicht

Geld zu verdienen. Nicht jedes Geschäft wird geprüft, ob es aufsichtsrechtlich okay ist und ob es die Bank als Ganzes im Eigenkapital beeinflusst.

Tully: Hat die zuständige Mitarbeiterin der Rechtsabteilung auch Teil-B geprüft?
Marc S: Ja, die Rechtsabteilung hat gegensätzliche Wirkungen von Omega55 geprüft. Und dann sagte die zuständige Juristin Vera S.: Die Eigenkapital-Entlastung kann vorgenommen werden.

(An dieser Stelle fragte Richter Tully leider nicht nach, ob das „Ja“ aus der Rechtsabteilung auch bedeutet habe, dass Omega insgesamt aufsichtsrechtlich in Ordnung und günstig für die HSH war, oder nur Teil-A. Würde die Rechtsabteilung Omega55 als Ganzes so bewertet haben, hätte das den Vorstand entlastet. Die genannte Juristin Vera S. verneinte die Version von Marc S. später bei ihrer Zeugenbefragung, siehe 17. Tag.)

Tully: Hielten Sie das, was die Rechtsabteilung gesagt hat, für sinnvoll; war es plausibel für Sie?
Marc S: Ich habe die Einschätzung zur Kenntnis genommen. Die Frage habe ich mir aber auch mit meinem gesunden Menschenverstand gestellt.

Tully: Wurde mit der Rechtsabteilung auch erörtert, wie Omega55 zu bilanzieren ist?
Marc S: Das war ein wesentlicher Punkt der Analyse und es wurde entschieden, dass Teil-B[14] wie eine Art Kredit behandelt werden soll. Die BNP Paribas meinte, Teil-B wäre wie ein Kredit zu verbuchen, und die HSH sah das genauso.

(Wird ein Geschäft als Kredit erfasst, werden nur tatsächliche und wahrscheinliche Verluste in der Gewinn- und Verlustrechnung GuV sichtbar. Kreditderivate wie Verbriefungen werden anders behandelt. Bei ihnen müssen Wert- beziehungsweise Preisschwankungen in der GuV sofort erfasst werden. Diese hängen von Angebot und Nachfrage ab.)

Tully: Wurden die Vorstände vorab über Omega55 informiert?
Marc S: Kapitalmarktvorstand Friedrich wurde informiert, zu anderen kann ich nichts sagen.

14 Hier ist vermutlich die 400-Millionen-Liquiditätsfazilität für die STCDO gemeint.

Für Marc S. war damit der erste Tag gegen vor Gericht gegen 14 Uhr zu Ende. Er wurde mit dem Hinweis, man sehe sich am nächsten Verhandlungstag wieder, entlassen.

Der Seitenwechsler

Marc S. ist ein Zeuge von herausragender Bedeutung. Er hatte bei der HSH 1998 seine Lehre als Bankkaufmann absolviert, wurde 2006 Gruppenleiter in der Niederlassung London. Gruppenleiter war damals die unterste Führungsebene in der HSH, genannt auch M3-Leiter. Darüber rangierten die Bereichsleiter M2, die Abteilungsleiter M1, zu guter Letzt der Vorstand.

S. hat inzwischen beruflich die Seiten gewechselt und die HSH 2011 per Aufhebungsvertrag verlassen. Er arbeitet inzwischen bei der Nachfolgerin des Bankenrettungsfonds Soffin, der FMSA. Das birgt eine gewisse Ironie, weil die HSH ohne die rettenden 30 Milliarden Euro Soforthilfe des Soffin Ende 2008 nicht überlebt hätte.

Handschriftliches im Gerichtssaal

Im Gerichtssaal ist es uns Journalisten - und auch dem Publikum - übrigens nicht erlaubt, Laptops zu benutzen. Nur die Strafkammer, Staatsanwaltschaft und Verteidigung dürfen technisch voll ausgerüstet sein. Wir Beobachter sind gezwungen, per Hand mitzuschreiben. Erstaunlicherweise fertigen aber auch die meisten Verteidiger und auch die Richter ihre Notizen handschriftlich an; nur **Staatsanwalt Fink** tippte unermüdlich auf seiner Laptop-Tastatur, was ihm wichtig erscheint.

Blog-Kommentare

1. August 2013 @ 17:38 von: bescheidwisser

Danke für die Zusammenfassung, das ist sehr interessant !
Schade, dass der Richter nicht danach gefragt hat, ob die Prämien bei diesem Geschäft aus der Sicht von Herrn S. im marktüblichen Rahmen gelegen haben.

1. August 2013 @ 20:44 von: Dani

Doch das hat er! Ich staune. Marc S. aber hat darauf ausweichend und für mich nicht eindeutig nachvollziehbar geantwortet. Das hänge von zu vielen Dingen ab wie Marktstimmung, Volumen, Rating der Bank etc. S. hat manchmal nur ein, zwei Sätze auf Fragen gesagt. Für meinen Geschmack zu wenig. Als Journalist in so einem Prozess nicht selbst Fragen stellen zu dürfen, ist eine besondere Art der Geduldsprobe.

Dienstag, 6. August 2013

Tag 04: Schlagabtausch und Erinnerungslücken

Tag der Verteidiger

Die Anwälte von Bernhard Visker und Peter Rieck - **Gaby Münchhalffen** und **Norbert Gatzweiler** - haben die Richter an diesem Tag weder ins Fragen noch den Zeugen Marc S. ins Reden kommen lassen. Mindestens zwei Drittel der Zeit seiner Befragung nutzten die Verteidiger zum Stellen von Anträgen oder Einlegen von Widersprüchen und Einfordern von Kammer-Entscheidungen. Richter Tully entschuldigte sich dafür bei dem geladenen Zeugen Marc S., „dass es manchmal länger dauert in einem Strafprozess, weil es Auseinandersetzungen über Dinge gibt, die dazu führen, dass man nicht sofort weiter machen kann".

Zeuge mit Erinnerungslücken

Es war aber auch der Tag eines Zeugen, der sich oft nicht erinnern und manches wesentliche Detail in der Vorstandsvorlage zu Omega55 nicht erklären konnte. Dabei hat er die Vorlage koordiniert und vorab mit unterschrieben. Außerdem wusste der Zeuge, dass es an diesem Verhandlungstag um *das* entscheidende Dokument des Prozesses gehen würde, um den mehrseitigen, englischen Schriftsatz, auf dem Omega55 dem Vorstand vorgelegt worden war und den die sechs Vorstände nacheinander im Eilbeschluss und Umlaufverfahren unterschrieben haben. Er hatte ihn vom Richter beim letzten Termin in Kopie erhalten. Marc S. war also bekannt, um was es ging. Dennoch offenbarte er Wissenslücken. Aus Selbstschutz? Oder wusste er es wirklich nicht. An seiner Mimik ließ sich die Antwort nicht ablesen.

Skizze, wie Omega funktioniert

Speziell wurde Marc S. auf eine Grafik angesprochen, die zeigt, wie die HSH Nordbank und die BNP Paribas an Omega55 beteiligt waren, und welche Zweckgesellschaft mit wem wie in Beziehung stand. Es war eine Skizze[15], wie das Geschäft prinzipiell funktionierte. Diese Skizze lag den Prozessbeteiligten allerdings nur als Kopie einer Kopie vor, so dass Namen, Bezeichnungen und Pfeile nicht mehr gut leserlich waren. In dieser Grafik konnte der Zeuge aber weder die Beteiligten benennen, noch irgendwelche anderen Angaben machen.

Da drängte sich mir die Frage auf: Wieso kann ein Fachmann - und der Zeuge zählt sicherlich dazu - zumindest nicht rudimentär erklären, was diese Skizze aussagt und an welchen Stellen die HSH auftaucht?

---

15 siehe Urteil LG Hamburg vom 9.7.2014, Az. 608 Kls 12/11, 5550 Js 4/09, S. 162

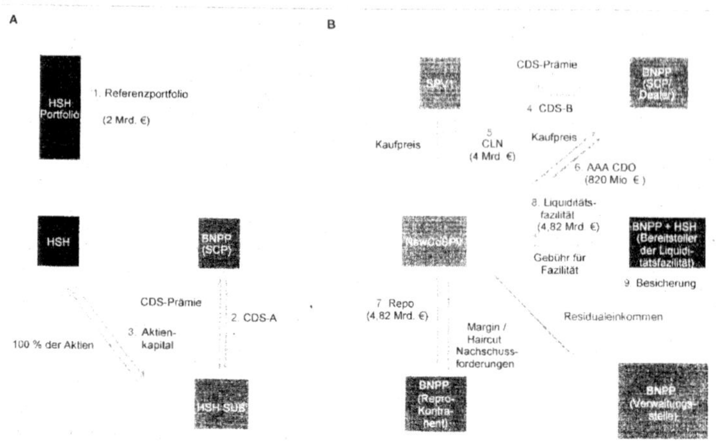

Die schlecht zu lesende Skizze mit dem Firmengeflecht hinter Omega55. Vorstandsvorlage

Der fragende **Richter Volker Bruns** reichte dem Zeugen daraufhin statt der qualitativ schlechten Skizze ein anderes Schaubild, das der Zeuge als die Skizze aus einer Powerpoint-Präsentation[16] der BNP Paribas erkannte, in der das Finanzgeschäft Omega55 dargestellt wurde. In dieser Präsentation schien die gleiche Skizze abgebildet zu sein wie später in der Vorstandsvorlage der HSH. Aber auch bei ihr konnte Marc S. die Beteiligten nicht benennen und auch sonst sagte er, könne er die Skizze nicht inhaltlich erklären, das Geschäft nicht „rekonstruieren".

Fast entschuldigend schob er hinterher: Seine Mitarbeiter haben die Skizze in die Vorstandsvorlage eingefügt.

(Diese Skizze aus der Vorstandsvorlage - und der BNP Paribas-Präsentation - wird im Verfahren noch zu einiger Prominenz kommen. Einige Fachabteilungen wie Recht und Rechnungswesen erhielten offenbar ausschließlich diese Skizze, um Omega55 zu bewerten. Ein bisschen wenig.)

Bank ohne Rechtsgutachten-Praxis

Außerdem erklärte der Zeuge auf die Frage des Richters, ob ihm die Rechtsabteilung ein schriftliches Gutachten über die aufsichtsrechtliche Prüfung von Omega55 vorgelegt habe, dass kein Gutachten erstellt worden sei. Wenn, dann gebe es eMails. Es sei nicht üblich, Rechtsgutachten zu erstellen, fügte er an.

16 vergleiche Urteil LG Hamburg vom 9.7.2014, S. 127ff, S. 336

Richter mit wenig präziser Fragetechnik

Der Banker Marc S. wirkte diesmal auf dem Zeugenstuhl weniger fachkundig als bei seiner ersten Befragung am 3. Verhandlungstag. Das könnte aber auch an der Art der Fragen gelegen haben. Für die Fragen war diesmal nicht der Vorsitzende Richter Tully, sondern der zweite Richter der 8. Großen Strafkammer zuständig, Volker Bruns. Manche Frage gerieten ihm etwas konfus; er fasste bei wichtigen Sachverhalten teilweise auch nicht nach. Irgendwann hielt es der **Verteidiger** von Joachim Friedrich, **Wolfgang Prinzenberg**, nicht mehr aus und bat den Richter, doch manches Mal nachzufragen. Auch **Staatsanwalt Karsten Wegerich** war mit der Fragetechnik nicht gänzlich einverstanden und bat das Gericht, selbst Fragen formulieren zu dürfen. Dem gab der Vorsitzende Richter statt und Wegerich kam zum Zug, was dann wiederum die Verteidiger nutzten, um Wegerich raubeinig zu sagen, er solle doch bitte Bewertungen in seinen Fragen aussparen.

Der 4. Prozesstag war gespickt mit Detailfragen und -antworten, mit Pausen, umfassenden Verteidigerreden und manch' verwundertem Blick des Vorsitzenden Richters Mark Tully, woraus sich gut erkennen ließ, wie es vor Gericht zugeht. Wobei der Vorsitzende Richter keine Lautstärke brauchte, um die mitunter erhitzten Gemüter der Prozessbeteiligten wieder auf Normaltemperatur abzukühlen. Wenige prägnante Worte reichten dafür. Zumindest für eine Weile. Und der Zeuge, der Organisationsschwächen in der HSH entlarvte, konnte manches nicht erklären - oder wollte es nicht.

Blog-Kommentare

7. August 2013 @ 18:14 von: bescheidwisser

[...] Ich gehe mal davon aus, dass der einzelne Mitarbeiter schon bemüht war, seine Arbeit ordentlich zu erledigen und ausführlich Stellung zu nehmen. Zumal dies bei Juristen täglich Brot sein sollte. Die Frage ist nur, ob dies noch möglich war, wenn gleichzeitig mehrere Geschäfte von der Komplexität eines Deals wie Omega-55 begleitet werden mussten - was bei dem betreffenden Mitarbeiter in der Rechtsabteilung ggf. so war. Der Untersuchungsausschusses in Schleswig-Holstein[17] hat festgehalten (S.56):

> *„In quantitativer Hinsicht bedeutete dies, dass auf der Marktseite etwa viermal so viel Mitarbeiter beschäftigt waren wie auf der Marktfolgeseite, während in Deutschland ansonsten insoweit etwa eine Gleichverteilung vorherrschte."*

Dieses Missverhältnis als „Systemfehler" geht sicher auf Vorgaben des Vorstandes zurück und kann hier dazu beigetragen haben, dass ein Mitarbeiter in der Rechtsabteilung schlichtweg keine Chance mehr hatte, die Geschäfte in Form von ausgearbeiteten Gutachten zu beurteilen.

---

17 Abschlussbericht PUA HSH Nordbank, Schleswig-Holsteinischer Landtag, Drucksache 17/1675 vom 15.8.2011, S. 56

8. August 2013 @ 10:35 von: Dani
So, wie ich den Zeugen verstanden habe, werden generell keine Rechtsgutachten für einzelne Geschäfte erstellt. Er sagte ja, das sei nicht üblich.

In den gesetzlichen „Mindestanforderungen an das Risikomanagement, MaRisk" steht jedenfalls eindeutig, was Vorstände zu tun haben:

> *"Alle Geschäftsleiter (§ 1 Abs. 2 KWG)[18] sind, [...], für die ordnungsgemäße Geschäftsorganisation und deren Weiterentwicklung verantwortlich. Diese Verantwortung bezieht sich [...] auf alle wesentlichen Elemente des Risikomanagements. Die Geschäftsleiter werden dieser Verantwortung nur gerecht, wenn sie die Risiken beurteilen können und die erforderlichen Maßnahmen zu ihrer Begrenzung treffen [...]."*

---

18 Das Kreditwesengesetz, KWG, beschreibt, wer als Geschäftsleiter im Sinne des KWG fungiert. Die MaRisk beziehen sich auf diese Definition.

Tag 4

Ex-HSH Vorstände reden miteinander

Zum Prozessauftakt herrschte noch Eiszeit zwischen den früheren Kollegen. Sie tauschten bei dieser ersten Begegnung kaum Worte aus, nur einige reichten sich zum Gruß die Hand. Eher ignorierten sie sich. Kühl war die Atmosphäre, distanziert. Jeder für sich. Kein Team. Am 4. Tag nun ein zartes Annähern.

In einer Lüftungspause fanden sich die Herren zum ersten Mal zusammen, diskutierten miteinander und gönnten sich sogar kleine Vertraulichkeiten, wie Peter Rieck, der Hartmut Strauß die Hand auf die Schulter legte.

von links: Verteidiger R. Daum, B. Visker, D.J. Nonnenmacher, H. Strauß, P. Rieck

Tag 4

Verteidigungsstrategie: Jeder für sich

Wie wird die Verteidigungsstrategie der Ex-HSH-Vorstände aussehen? Wie werden sie sich gegen den Vorwurf der Untreue stemmen und auf welche Art werden die erfahrenen Strafverteidiger versuchen, ihre Mandanten heraus zu hauen? Diese Fragen haben sich im Vorfeld viele gestellt.

Zum Prozessauftakt wiesen alle Angeklagten entweder selbst oder über ihre Anwälte den Untreue-Vorwurf als „inakzeptabel“ zurück und plädierten auf unschuldig. Und weiter? Nach dem 4. Prozesstag kristallisierten sich für mich folgende Verteidigungsstrategien heraus:

1. Jeder kämpft für sich - bis auf zwei.
Die Anwälte scheinen sich untereinander nicht kurzgeschlossen und eine gemeinsame Verteidigungslinie zumindest abgesteckt zu haben.

2. Zwei gehen auf Konfrontation, die anderen versuchen Kooperation.
Bernhard Visker (Ex-Firmenvorstand) und Peter Rieck (Ex-Immobilienvorstand) haben die Verteidiger **Münchhalffen und Gatzweiler** engagiert. Die Anwälte betreiben in Köln eine gemeinsame Kanzlei und sind miteinander verheiratet. Sie sitzen im Prozess nebeneinander und sind diejenigen, die sichtbar auf Konfrontation zur Strafkammer gehen. Gaby Münchhalffen stellt fortlaufend Anträge, rügt das Gericht, unterbricht mit Anmerkungen die Befragungen und Reden des Vorsitzenden Richters. Norbert Gatzweiler steht ihr darin in nichts nach. Er schließt sich ihren Anträge an und umgekehrt. Beide diskutieren ausgiebig mit dem Gericht selbst Kleinigkeiten in einem teils rauem Ton. **Gatzweiler** redet auch gern ohne Mikrofon dazwischen, von anderen fordert er aber ein, sie mögen doch bitte laut und deutlich sprechen.

Die Verteidiger von Nonnenmacher, Friedrich, Strauß und Berger dagegen bemühen sich meist um einen ausgesprochen höflichen Ton gegenüber der Großen Strafkammer. Sie haben bis jetzt kaum Anträge gestellt. Wenn sie etwas sagen wollen, zeigen sie kurz auf oder bitten um das Wort. Sie schlagen vor statt zu fordern wie Münchhalffen und Gatzweiler.

3. Die Verteidiger sind sich nicht grün.
Als die Anwälte Münchhalffen und Gatzweiler an diesem 4. Prozesstag massiv den englischen Schriftsatz von Omega55 monierten - wegen der Übersetzung, bewertender Fragen, unleserlicher Skizzen etc. - meldete sich der Anwalt Nonnenmachers, Heinz Wagner, und meinte sinngemäß: Er könne die Aufregung jetzt nicht verstehen, und er bitte das Gericht, mit der Befragung fortzufahren.

Blog-Kommentar
9. August 2013 @ 20:27 von: bescheidwisser
Nun - im Vorstand versammeln sich generell nicht die „fünf Freunde", sondern es ist eher mE ein Haifischbecken. Warum soll sich das ausgerechnet vor Gericht ändern ?

Freitag, 9. August 2013

Tag 05: Quälende Beweisaufnahme

Die gängigen Medien haben sich aus der Beweisaufnahme des HSH-Prozesses ausgeklinkt. Das Gericht beschäftigte sich seit dem dritten Tag in der Befragung von Marc S. mit komplizierten Detailfragen. Es ging um RWA-Entlastungen, Single Tranche Collateralized Debt Obligations, CDOs, Call Options, Liquiditätsfazilitäten, Backstopps, CLN's, Tranche sizes ... Vieles, was der Zeuge erklärte, ergab für mich erst durch die nächsten Zeugen einen Sinn.

Bankerdenglisch ohne Ende

Das Vokabular der Banker ist dazu quälend und der Öffentlichkeit nur schwer zu vermitteln. Die großen (Wirtschafts-)Blätter schickten kaum mehr Reporter in den Gerichtssaal, die Nachrichtenagenturen dpa und Reuters entsandten nur für die ersten Stunden Redakteure. Spätestens ab Mittag beobachtete nur noch ich als Journalistin das Geschehen im Landgericht. Mich interessierte, wie sich die Richter voran arbeiteten, was die Zeugen sich trauen würden zu sagen, wie sich Verteidiger und Angeklagte verhielten. Wie überhaupt ein Strafprozess abläuft. Ich wollte das Puzzle selbst zusammensetzen, auch wenn die Stunden auf den harten Stühlen im Zuschauersaal lang wurden und ich zu vieles auf Anhieb nicht verstand. Ich blieb. Auf was die Redaktionen warteten? Auf Dirk Jens Nonnenmacher alias Dr. No. Dass er sich erhebt und zum Untreue-Vorwurf äußert. Zwar polarisiert der Mathematiker mit seinem Auftreten und seiner Vergangenheit als späterer Vorstandschef der HSH. Er steht aber keineswegs im Zentrum dieses Verfahrens. Da stehen andere, wie Ex-Immobilienvorstand Peter Rieck, Kapitalmarktprofi Joachim Friedrich und vielleicht noch Hans Berger als Vorstandsvorsitzender des Jahres 2007. Die Namen und Gesichter dieser Männer aber sind der Öffentlichkeit nicht so präsent.

Satz für Satz durch die Vorstandsvorlage

Bei der Beweisaufnahme mit Marc S. ging die 8. Große Strafkammer auch an diesem Verhandlungstag das entscheidende Dokument, die Vorstandsvorlage zu Omega55, Satz für Satz weiter durch. Die Richter ackerten sich durch die Absätze, Grafiken und Rating-Tabellen. Und der Zeuge zog mit. Er wirkte an diesem Tag kompetent und kooperativ, aber auch stets bemüht, nichts zu sagen, was ihn belasten könnte. Vorsichtig und überlegt antwortete er, kein einziges Mal impulsiv.

Weil die Vorstandsvorlage zu Omega55 in englischer Sprache gehalten ist, deshalb auch „credit application" heißt, hatte die Verteidiger von Peter Rieck, **Norbert Gatzweiler**, gleich am ersten Befragungstag von Marc S. verlangt, dass die „credit application“ für den Zeugen als deutsche Übersetzung vorliegen müsse. Der Prozess finde schließlich in Deutschland statt und Gerichtssprache sei deutsch.

Lesen mit verteilten Rollen

Der Vorsitzender Richter lehnte dieses Ansinnen aber insofern mit dem Hinweis ab, wenn alle Prozessbeteiligten Englisch sprächen, sei es in Ordnung, wenn das Original zu Rate gezogen werde und dazu eine Übersetzung. Und so verlief die Befragung von Marc S. direkt zur Vorstandsvorlage so: **Richter Bruns** las die ersten Sätze der Vorstandsvorlage in Englisch vor. Danach zitierte der dritte Richter **Malte Wellhausen** die deutsche Übersetzung, ergänzt um Verbesserungen von Nonnenmachers Anwalt Wagner. Denn dieser wiederum hatte angemahnt, die Übersetzung sei in vielen Punkten fachlich falsch. Anschließend bat Richter Bruns den Zeugen, zu erklären, was die Sätze inhaltlich bedeuten, was unter dieser Grafik und jener Tabelle zu verstehen sei. Diese Prozedur wurde an diesem 5. Tag leicht modifiziert. Richter Bruns las nur noch die englische Fassung vor und fragte gleich.

Das Gericht sprach unter anderem an, welche Abteilung berechne, wie hoch bei Geschäften wie Omega55 die Kapitalentlastung ausfalle; wie wahrscheinlich er eine Kündigung von Teil-A im April 2008 gehalten habe, welche Bedeutung eine „Tranchen-Size“ in einer Verbriefung wie der STCDO in Teil-B habe und wann die Vertragsunterlagen zu Omega55 vollständig vorlagen. Und: Richter Bruns fragte Marc S., ob der Begriff „corporates“ - englisch für Unternehmen - in der HSH auch „financials“ - also Banken - mit einschloss. (Dieser Aspekt sollte im weiteren Prozessverlauf immer wichtiger werden.) Marc S. antwortete darauf sinngemäß: Der Begriff „corporates“ beinhalte bei CDOs auch „financials“, also Banken. Er verstand und verstehe unter „corporates“ folglich Handel, Industrie und Banken.

Das hieße: Wenn in einem Finanzprodukt der HSH wie bei der STCDO in Teil-B von Omega55 von „corporates“ die Rede war, war für den Zeugen Marc S. damit auch von „financials“ die Rede, also von Anleihen und Kredite von *Banken*, nicht nur von *Unternehmen*.

(Die Angeklagten wollen das gänzlich anders verstanden haben, denn die hohen Verluste bei Omega55 verursachten vor allem die Banktitel im Geschäft. Dazu aber später mehr.)

Verteidiger fahren Richter Tully über den Mund

Je länger dieser Verhandlungstag dauerte, umso öfter beanstandeten die Strafverteidiger die Richterfragen und gingen dazu über, sich lauthals einzumischen, manche gestellte Frage selbst zu beantworten und sogar den Richtern reinzureden. Der **Anwalt** von Risikovorstand Strauß, **Reinhard Daum**, zum Beispiel, hielt es nach der Mittagspause nicht mehr aus und fing an, mit Richter Bruns zu diskutieren.

Bruns wollte die Aussagekraft einer Tabelle in der Vorstandsvorlage und die dort aufgeführten Ratings verstehen. Ratings sind wie Schulnoten für Bankgeschäfte. Ein dreifaches A signalisiert ein extrem sicheres Geschäft, ein dreifaches C ein Schrottpapier. Bruns fragte beim Zeugen mehrfach nach, ob es zum Beispiel zutreffe, dass trotz gutem Ratings ein Kredit ausfallen könne. Daum erzürnte das offenbar. Er warf ein, das tue nichts zur Sache. Und: Er wisse nicht, was der Zeuge hier soll; seine Rolle sei ihm nicht klar. Soll er kommentieren oder Historie darstellen, sei er Sachverständiger oder Informant? In das Hin-und-Her mischte sich Anwalt Wagner, Strafverteidiger Kury und Staatsanwalt Wegerich mit ein, bis der Vorsitzende Richter ordnend eingriff.

Nonnenmacher verschiebt Statement

Wer weiter schwieg, war Nonnenmacher. Und er wird wohl auch in den nächsten Wochen nicht öffentlich erklären, wie er den Anklagevorwurf und seine Rolle bei Omega55 sieht. Frühestens Mitte September wolle Nonnenmacher etwas dazu sagen, so Anwalt Wagner, wenn die Zeugin aus der Rechtsabteilung befragt worden sei. Eigentlich wollte sich der Ex-Finanzvorstand nach Aussage des ersten Zeugen „einlassen“, wie es bei Gericht förmlich heißt. Daraus wird also vorerst nichts.

Blog-Kommentare

12. August 2013 @ 20:20 von: bescheidwisser

Bei dieser Art von Strukturen spielt das Konzept der Korrelation zwischen den einzelnen Risiken eine entscheidende Rolle – für die initiale und für die laufende Bewertung. Eine niedrige Korrelation bedeutet ein unabhängiges Verhalten einzelnen Kreditrisiken: Wenn A ausfällt, fällt nicht notwendigerweise auch B aus. Wobei die konkrete Bestimmung sehr schwierig und mit vielen Annahmen verbunden ist.
In der Krise jedoch ging die Korrelation hoch - vor allem sicher zwischen den Banken, da deren gegenseitige Abhängigkeit und starke Verbundenheit erkannt und entsprechend bewertet wurde. Dadurch konnte es bei diesen Strukturen - auch bei guten Ratings - zu starken Marktwertverlusten kommen, selbst wenn der einzelne Kredit noch nicht ausgefallen war.

14. August 2013 @ 14:36 von: Dani

Das Gericht hat bei Marc S. hin und wieder versucht, sich in diese Tiefen vorzufragen, z.B. woran sich „Spreads“ berechnen lassen und ob S. sich erinnern kann, was der Markt für Teil-B bezahlt hätte. Hier zog sich S. auf fehlendes Erinnern zurück.

Tag 5

Nachmittags im Gerichtssaal: hitzig und bissig

Wer es im Prozess als Zuschauer oder Journalist bis in die Nachmittagsstunden schaffte, dem boten sich immer wieder furiose Einblicke in die Psyche und Taktik der Verteidiger und Staatsanwaltschaft - und in die Gemütslage mancher Angeklagten.

Verteidiger und Staatsanwalt herrschen sich an

So lieferte sich an diesem 5. Prozesstag **Verteidiger Daum** nicht nur mit Richter Bruns ein hitziges Zwiegespräch, sondern auch mit **Staatsanwalt Wegerich** einen heftigen Wortwechsel. Die Männer stritten sich, wer wen wann beim Reden unterbrechen darf. Bisher war Daum durch Höflichkeit aufgefallen. Diesmal aber warf er seine guten Manieren über Bord und fuhr sogar dem Vorsitzenden Richter Tully über den Mund. Dieser klärte kurzerhand die Situation wie ein Schiedsrichter und ordnete eine Pause an. Aber nicht nur die Anwälte gaben sich am Nachmittag manches Mal anders als in den ersten Stunden des Tages, wenn die mediale Aufmerksamkeit größer ist.

Die Angeklagten zeigen Nerven

Gewöhnlich strebten bei Pausen einige der Herrschaften nach draußen, andere blieben sitzen, einige tauschten sich untereinander aus. Diesmal aber fingen die Angeklagten an, hitzig über die Aussagen des Zeugen und die Fragen von Richter Bruns und Staatsanwalt Wegerich zu debattieren. Unverständnis und Ärger war von der Ferne herauszuhören. Friedrich als Ex-Kapitalmarktvorstand ereiferte sich, Visker und Nonnenmacher vertieften sich im Zwiegespräch, bei dem vor allem Nonnenmacher engagiert gestikulierend auf einen ernsten Visker einredete. Und das nur, weil die Richter die Vorstandsvorlage durcharbeiten wie einen Knetteig.

Den Zeugen Marc S. sah nur Ex-Vorstand Rieck kurz lächelnd an. Alle anderen ignorierten ihn nach meiner Beobachtung. Die Befragung ihres früheren Mitarbeiters machte den Ex-Banker sichtlich zu schaffen. Während draußen die Sonne sommerlich schien und die Gedanken der Passanten vor dem Landgericht vielleicht um Eiscreme, ein kühles Bad oder abendliches Picknick kreisten, kämpften hinter den großen Fenstern im stickigen Plenarsaal sechs Männer um ihre Ehre, Zukunft, Integrität.

Es war jede Minute zu spüren.

Montag, 12. August 2013

Tag 06: Nicht viel Neues

Für den früheren HSH-Mann Marc S. war es der vierte Tag im Untreue-Verfahren. Es werden vermutlich zwei weitere Tage folgen. Denn wenn die 8. Große Strafkammer ihre Fragen gestellt hat, sind Staatsanwaltschaft und Verteidiger an der Reihe. Wirklich Neues hat sein Auftreten an diesem Tag nicht ergeben - nur manches Widersprüchliche.

Richter Bruns formulierte einige abschließende Fragen zur Vorstandsvorlage von Omega55 und ging dann dazu über, mit dem Zeugen eMails aus den letzten Dezembertagen 2007 und das so genannte „Second Risk Assessment" durchzusprechen. Das Assessment[19] war Teil der Vorstandsvorlage und eine Analyse der Risikoabteilung. In diesem „Second Risk Assessment" untersuchten die Fachleute, welche Verluste mit Omega55 verbunden sein könnten und wie diese zu bewerten seien. Bruns interessierte sich allerdings kaum für Details dieser Risikoprüfung. Er wollte statt dessen S.' Meinung hören:

Richter Bruns[20]**:** Teilen Sie die Ansicht, dass Omega55 einen besonders hohen Komplexitätsgrad hatte?
Marc S.: Einen überdurchschnittlich hohen Komplexitätsgrad ja, aber es war kein besonders hoch komplexes Geschäft.
Bruns: Hat jemand in der HSH eigentlich einen Summenstrich unter Omega55 gezogen, also was es kostet und einbringt?
Marc S.: Davon gehe ich aus. Auf die sieben Jahre Laufzeit bezogen.
(Der Zeuge weiß aber nicht, wer das gewöhnlich tut.)
Bruns: Im Teil-A gibt die HSH Risiken an die BNP Paribas ab, die sie in Teil-B, in der STCDO, wieder zurücknimmt. Hat das Omega55 unattraktiver gemacht?
Marc S.: Nein, im Gegenteil. Es hat das Geschäft attraktiver gemacht. Weil vermutlich die 400-Millionen-STCDO ein besseres Rating hatte als der transferierte 2-Milliarden-Kreditpool aus der Immobiliensparte.

(Diese Aussage, Teil-B habe Omega55 attraktiver für die HSH gemacht, wirkte widersprüchlich zu der Antwort des Zeugen aus der ersten Befragung. Da hatte Marc S. angedeutet, Zweifel an der Aussage der Rechtsabteilung gehegt zu haben, dass Omega55 aufsichtsrechtlich okay sei, also die Entlastung des Eigenkapitals in Teil-A tatsächlich eintrete und durch Teil-B nicht abge-

19 Votum der Risikoabteilung, siehe Anhang

20 Vernehmung auszugsweise, zusammengefasst und sinngemäß basierend auf meinen Notizen.

schwächt oder gar aufgehoben wird, siehe Tag 3. Beim genauen Betrachten löst sich der vermeintliche Widerspruch aber auf. Der Analyst unterscheidet zwischen aufsichtsrechtlichen Belangen und wirtschaftlichen Chancen. Mit der aufsichtsrechtlichen Bewertung scheint er sich nicht recht angefreundet zu haben. Dass aber mit Omega55 Geld zu verdienen war - oder es anderweitig vorteilhaft für die HSH war - davon ist S. offensichtlich überzeugt gewesen.)

Mittwoch, 14. August 2013

Tag 07: Marc S.: „Ich war erschöpft."

Zeuge S. gab an diesem Tag einen intimen Einblick in sein Arbeitspensum, das er zu Zeiten des fraglichen Omega55-Geschäftes zu bewältigen hatte - und in seinen Gemütszustand. Er sagte, er sei sehr erschöpft gewesen, so kurz vor Weihnachten, er hatte drei Tage durchgearbeitet und war wohl deshalb zu diesem Zeitpunkt etwas gleichgültig gegenüber Omega55.

Der wieder erwachte „tote" Deal

Der Zeuge sprach über den 21. Dezember, dem letzten Arbeitstag im Jahr 2007, zu dem Omega55 unbedingt noch unter Dach und Fach gebracht werden musste (für die Bilanz 2007). In einer eMail, die ihm Richter Bruns vortrug, hatte S. von einem Kollegen erfahren, dass der „Deal mit BNP Paribas tot ist". Eine Stunde später hieß es dann, ebenfalls per eMail: Der Deal sei „closed", also von HSH und BNP genehmigt.

Richter Bruns interessierte nun, warum Omega55 „tot" gewesen sei, und was es in dieser einen Stunde wiederbelebt habe. S. erwiderte, dass er „erschöpft" gewesen sei und nichts mehr mit Omega55 zu tun hatte, weil er an einem Geschäft mit der Investmentbank Lehman Brothers saß. Er könne deswegen dazu nichts sagen. Er habe deswegen auch nicht auf die eMails reagiert.

Really crazy times

Nur drei Tage zuvor, am 18. Dezember, war Analyst S. noch in einer ganz anderen Stimmung gewesen, einer höchst furiosen. Da schrieb der Gruppenleiter in einer eMail an zwei seiner engsten Mitarbeiter in London, Zitat:

> *„Um ehrlich zu sein, das ist echt verrückt. Die Bank stürzt sich in ein Geschäft, ohne es zu verstehen und noch verrückter, der einzige Jurist geht zu den Spice Girls und der Leiter 'Origination' vergnügt sich auf einem langen 'Geschäftsessen' mit Wein. Und wir haben nur noch drei Tage Zeit, drei Geschäfte abzuschließen. Bin ich irre oder läuft hier was falsch?"*
> (eigene Übersetzung[21], Original in englischer Sprache)

Bei den drei Geschäften, die der Zeuge zwischen dem 18. und 21. Dezember abzuarbeiten hatte, handelte es sich nach seiner Aussage sehr wahrscheinlich um „St. Pancras" mit der Hypo Real Estate (HRE), einem Abschluss mit der US-Investmentbank Lehman Brothers und vielleicht um Omega55. Er könne

21 vergleiche auch Dey, Andreas:„Wahnsinn" und „Hexenjagd" bei der HSH, URL: http://www.abendblatt.de/hamburg/article119038517/Wahnsinn-und-Hexenjagd-bei-der-HSH-Nordbank.html Stand: 20.3.2015

sich an Details aber nicht mehr genau erinnern, sagte Zeuge Marc S.

(Bei den Geschäften, der Zeuge erwähnte, bewegte die HSH jedes Mal Milliarden. Der Deal, der den Codenamen „St. Pancras" erhielt, war ausgerechnet ein Geschäft mit dem inzwischen verstaatlichten und zerschlagenen Münchner Immobilienfinanzierer HRE. Omega55 und „St. Pancras" ähnelten sich. Ziel bei beiden war das optische Aufmotzen des Eigenkapitals in der Bilanz 2007 für wenige Monate, ohne tatsächlich die Verlustrisiken zu senken.)

Enges Zeitfenster

Die eMails dokumentieren den zeitlichen Druck, unter dem Omega55 ausgearbeitet wurde. Denn eigentlich hatte die HSH ein anderes Überkreuzgeschäft geplant, mit dem sie ihre Bilanz verschönern wollte: „Ruby". Dieser Name stehe für eine Zweckgesellschaft, die Lehman Brothers seit dem Jahr 2000 in Dublin, Irland, betrieb: die Ruby Finance Public Limited. Lehman aber habe „Ruby" plötzlich aus Reputationsgründen platzen lassen, obwohl die HSH-Vorstände das Geschäft längst genehmigt hatten, erzählte der Zeuge.

Nur zwei bis drei Wochen später hätte dann Omega55 unterschriftsreif vorgelegen, so Zeuge S. „Ruby" sollte dabei ebenso wie Omega55 das HSH-Eigenkapital entlasten. Auch bei „Ruby" sei geplant gewesen, die ausgelagerten Risiken zurück zu nehmen. Unterschied zu Omega55: Bei Omega wurden Firmen- und Immobilienkredite ausgelagert, bei „Ruby" sollten es Kredite von Banken sein. Das aber schien der US-Investmentbank Lehman Brothers offenbar zu heikel zu werden angesichts der zündelnden Finanzkrise. Sie wollten wohl nicht „am Ende doof aussehen", schätzte Marc S. den überraschenden Geschäftsabbruch ein.

BNP Paribas schlug Omega55 schon im Sommer vor

Während der Zeuge über die besonderen Zeitumstände Ende 2007 berichtete, erwähnte er beiläufig eine interessante Neuigkeit, die er am 8. Verhandlungstag erneut aufgriff. Offenbar hatte der Leiter der Londoner Niederlassung **Luis Marti Sanchez** die BNP Paribas angesprochen, ob man nicht ein Eigenkapital-Entlastungsgeschäft zusammen abschließen wolle.

(Sanchez ist das, was man gemeinhin einen alten Hasen und Auskenner nennt; er soll mit Investmentbankern aller globalen Bankkonzerne bestens vernetzt sein, mit seinem Wissen und Kontakten Millionen verdienen, auch bei der HSH. Sanchez gilt manchem aber auch als zwielichtiger Charakter. Die HSH selbst stellte Presseberichten[22] zufolge im März 2010 Strafanzeige gegen ihn.

22 u.a. Manager Magazin, 10.3.2010: „HSH stellt Strafanzeige gegen Ex-Manager"

Er soll die verantwortlichen Vorstände unter anderem bei Omega55 hinters Licht geführt und nicht pflichtgemäß über die Risiken aufgeklärt haben. Schwere Untreue lautete auch hier der Vorwurf. Die Ermittlungen wurden eingestellt.)

Die BNP Paribas hatte der HSH also im Sommer 2007 das Geschäft Omega55 präsentiert. Damals war es aber für die HSH offenbar nicht interessant genug; sie verfolgte es nach Aussagen des Zeugen S. nicht weiter. Vielmehr setzte die HSH auf die US-Investmentbank Lehman Brothers und handelte mit ihr die Eigenkapital-Entlastung „Ruby" aus. Als die Investmentbank dann von der monatelang vorbereiteten Transaktion im November 2007 sehr kurzfristig zurücktrat, griff die HSH auf das Angebot der BNP Paribas zurück - auf Omega55.

Hexenjagd unter Mitarbeitern

Das seit dem Jahreswechsel 2007/2008 Verluste produzierende Omega55-Geschäft löste innerhalb der HSH dann 2008 eine regelrechte „Hexenjagd" unter den Kollegen aus, erzählte der Zeuge. Zumindest nahm Marc S. das so wahr, als sich die Bank in der ersten Jahreshälfte 2008 intern mit den Risiken von Omega kritisch beschäftigte.

(Schon im Januar musste die HSH Nordbank an die BNP Paribas mehr als 62 Millionen Euro aus der 400-Millionen-Euro-Liquiditätsfazilität überweisen, um die Wertverluste der STCDO auszugleichen; im Februar waren es schon mehr als 100 Millionen.)

Zwei Fraktionen bildeten sich über dieser internen Verlust-Aufarbeitung heraus, erzählte der Zeuge weiter: Die eine, die nach Lösungen suchte, um die Verluste zu begrenzen. Zu dieser Fraktion zählte Marc S. sich selbst und die Vorstände. Die andere Fraktion suchte nach Schuldigen. In diese Gruppe ordnete Zeuge S. die Rechtsabteilung ein. Analyst S. selbst fühlte sich aber weder verfolgt noch angeprangert.

Und sonst? Mächtig Zoff hier

Nonnenmachers **Anwalt Wagner** hat sich herausgenommen, **Staatsanwalt Wegerich** lautstark anzublaffen und ihm ins Wort zu fallen. Wagner hatte während der Befragung durch Richter Bruns dem Zeugen ein Dokument vorlegen wollen. Welches konnte ich nicht erfassen. Daraufhin mischte sich der Staatsanwalt ein. Die Rangelei gipfelte darin, dass Wagner den Staatsanwalt fast anschrie „...darf ich jetzt weitermachen?" Den Vorsitzenden brachte das nicht aus der Ruhe. Bei Richter Tully ist ohnehin schwer zu sagen, ob er manchmal ironisch vor sich hin grinst, während er den Saal scannt, oder ob er konzentriert Verteidiger und Angeklagte beobachtet und der Zeugenbefragung folgt. Er schafft es jedenfalls immer, mit nur wenigen, bewussten Worten die sich erhitzenden Gemüter zu beruhigen. Nebenbei lutscht er Bonbons und schreibt sich ab und an Zettel mit seinem Richterkollegen, der rechts neben ihm sitzt, mit Volker Bruns. Ein bisschen wie in der Schule.

Den Zeugen Marc S. hat die Strafkammer für zwei weitere Termine geladen.

Blog-Kommentare

18. August 2013 @ 22:11 von: bescheidwisser

Und welche Beweggründe hatten Lehman Brothers, dass sie Schäden für Ihre Reputation durch dieses Geschäft befürchteten ? Wurde danach gefragt ?

19. August 2013 @ 7:50 von: Dani

Ja. Aber S. hat es verklausuliert beantwortet. So wie ich den Zeugen verstanden habe, bestand das Referenzportfolio für „Ruby" nur aus Anleihen und Krediten von/mit Banken. Da die Finanzkrise sichtbarer wurde, wollte Lehman vermutlich nicht ausgerechnet die Ausfallrisiken von Bankkrediten übernehmen. Wie es der Zeuge sagte: Lehman wollte nicht doof aussehen, doof wohl im Sinne von: Nicht gemerkt haben, das Banken arg ins Straucheln geraten sind und Ausfälle mehr als absehbar waren ...

Mittwoch, 21. August 2013

Tag 08: Das Kreuz mit den Fragen

Schon die Fragen des zweiten Richters Bruns an den ersten Zeugen im HSH Prozess führten bei den Verteidigern manches Mal zu Groll, auch zu großem. Der Vorsitzende Richter Tully fühlte sich deshalb am 7. Verhandlungstag dazu genötigt, sowohl die Verteidigung als auch die Staatsanwaltschaft aufzufordern, stringentere Fragen zu stellen. Tully sagte außerdem gleich zur Tageseinstimmung: Er werde bei den Fragen an den Zeugen Marc S. weiterhin großzügig verfahren, großzügig in dem Sinne, dass er auch manipulative Fragen zulasse, ungeschickt gestellte Fragen, Mutmaßungen und Fragen, die möglicherweise unzulässig wären. Denn, so Tully, der Zeuge lasse sich nach seiner Wahrnehmung nicht davon beeinflussen oder verwirren.

Alle reden durcheinander

Diese richterliche Großzügigkeit war auch an diesem 8. Prozesstag nötig und gipfelte darin, dass Tully einmal ausrief: „Bitte nicht alle durcheinander reden!“ Auslöser des Ordnungsausrufes war **Staatsanwalt** Wegerich, der dem Zeugen Fragen stellen durfte. Und **Karsten Wegerich** wählte in den Augen der Verteidiger häufig nicht den richtigen Zungenschlag. Sie beanstandeten seine Fragetechnik. Sie sei bewertend und stelle Meinungen als Tatsachen hin. Trotz dieser Zänkerei konnte der Staatsanwalt die Umstände weiter konkretisieren, unter denen Omega55 abgeschlossen wurde.

Mangelnde Gesprächskultur in der HSH?

So erzählte Zeuge Marc S., dass sein Vorgesetzter in London, Luis Marti Sanchez, ihm nicht erzählt hätte, warum die Investmentbank Lehman Brothers die monatelang vorbereitete Entlastungstransaktion „Ruby“ plötzlich im November 2007 fallen ließ. Wegerich zitierte daraufhin aus der staatsanwaltschaftlichen Vernehmung von Marti Sanchez, in der er sinngemäß erklärt haben soll, dass „Ruby“ von Lehman Brothers abgelehnt worden sei, weil es Bedenken zum regulatorischen Teil gegeben habe. Daran könne er sich nicht erinnern, antwortete Zeuge S. Er hat wohl auch nicht nachgefragt, denn S. erinnerte sich auch an kein Gespräch mit Sanchez über die Absage von „Ruby“.

(Ist das glaubhaft? Da arbeiten viele Mitarbeiter an einem Milliardengeschäft, und derjenige, der es koordiniert, fragt nicht nach den Gründen, warum das Geschäft plötzlich nicht zustande kommt - obwohl sein Chef nur geschätzte fünf Meter von seinem Schreibtisch entfernt sitzt? Gab es in der Bank keine Nachbesprechungen auch im Sinne des Qualitätsmanagements und keine offenen Worte? Drückten die Hierarchien so stark auf die Gesprächskultur? Verstand sich die Abteilung nicht als Team?

Festhalten lässt sich jedenfalls: Marc S. arbeitete in London seine Aufgaben ab, die anderen Kollegen in London, Kiel und Hamburg offenbar ihre, ohne in regelmäßig alle wesentlichen Details und Unstimmigkeiten zu klären, sich abzustimmen. So stellt es sich jedenfalls dar.)

BNP Paribas diktierte Konditionen - oder doch nicht?

Staatsanwalt Wegerich beließ es dabei und interessierte sich für die Kosten und Erträge, die für die HSH Nordbank mit dem Abschluss von Omega55 verbunden waren. Selbst habe er Daten dazu nicht in die Vorstandsvorlage eingetragen, erklärte der Zeuge. Vielmehr habe einer seiner Kollegen die Zahlen nachgeliefert. Deshalb stand in der Vorstandsvorlage für Omega55 auch nichts Konkretes dazu, wie viel die Transaktion letztlich kosten würde. Für Teil-A war lediglich zu lesen, die Kosten für die CDS-Absicherung des 2 Milliarden Kreditpools würde die Margen aus diesen Krediten übersteigen. Und bei Teil-B hieß es vage: Es sei damit zu rechnen, dass die HSH einen zusätzlichen Ertrag von 3 Millionen Euro pro Jahr erzielen werde.[23]. Als es in der Befragung um diesen Aspekt ging, merkte Staatsanwalt Wegerich an: „In der Tat ist in der Vorstandsvorlage selten von Kosten und Erträgen die Rede."

Dass die BNP Paribas der HSH die Vertragskonditionen diktieren konnte, so, wie es der Niederlassungsleiter London Marti Sanchez gegenüber der Staatsanwaltschaft ausgesagt haben soll, bestätigte der Zeuge dem Staatsanwalt aber nicht. Er habe eine andere Wahrnehmung gehabt, die aus Gesprächen mit der Controlling-Abteilung resultierten, erklärte er.

(Hätte sich der Zeuge aber nicht selbst bei anderen Banken informieren müssen um abzuschätzen, ob eine Bank Konditionen diktiert, sie also zu hohe Preise verlangt? Wuchs den Londoner Mitarbeitern die Arbeit über den Kopf?

Marc S. damaliger Vorgesetzter, der schon mehrfach erwähnte Luis Marti Sanchez, zweifelte jedenfalls vor dem Parlamentarischen Untersuchungsausschuss zur HSH Nordbank in Kiel das Fachwissen der HSH-Mitarbeiter an:

> *„Vielleicht das Wichtigste für mich war damals 2006, dass man schon bemerkt hat, man hat Deals gemacht, die einfach nicht verstanden wurden."*
> (Abschlussbericht Schleswig-Holsteinischer Landtag, S. 317[24])

Ein gewichtiger Vorwurf des früheren Niederlassungsleiters. Ungeachtet dessen aber hat ausgerechnet Marti Sanchez von London aus komplizierteste Ge-

---

23 siehe Urteil LG Hamburg, vom 9.7.2014, S. 202ff

24 Schleswig-Holsteinischer Landtag, Drucksache 17/1675 vom 15.8.2011

schäfte für die HSH eingefädelt, darunter Omega55, „Ruby“ und „St. Pancras“. Und er hat die Geschäftspolitik der Bank mitgetragen, die er im Kieler Untersuchungsausschuss dann anprangerte.)

Ein verärgerter Zeuge

Nach eineinhalb Stunden Befragung durch die Staatsanwaltschaft wirkte der bis dahin geduldig antwortende Zeuge Marc S. angeschlagen und müde. Er rieb sich mit geschlossenen Augen die Stirn, schüttelte manchmal ungläubig den Kopf. „Ich musste viel Kritik aushalten, glauben Sie mir“, sagt er Richtung Staatsanwaltschaft, als die ihm vorhielt, ob es nicht wünschenswert gewesen wäre, in die Vorstandsvorlage mit aufzunehmen, wie viel „ökonomisches Eigenkapital“ für Omega55 zur Verfügung gestellt werden musste, und ob interne Grenzen dafür einzuhalten waren.

(Das ökonomische Eigenkapital kann als Verlustpuffer für ein Geschäft verstanden werden, das die Bank intern aus Umsichtigkeit und Risikobewusstsein für das jeweilige Geschäft „reserviert“.)

S. konnte die Fragen dazu nicht beantworten. Er kenne keine „einzuhaltenden Grenzen“. Die Befragung durch Staatsanwalt Wegerich nagte so sehr am Zeugen, dass er Wegerich mit deutlich verärgerter Stimme unterbrach, als dieser hartnäckig nachbohrte, wer denn entschieden habe, wie Omega55 zu bilanzieren sei, die Rechts- oder Kreditabteilung oder NPNM? Eine Antwort gab der Zeuge nicht wirklich, S. wiederholte, dass die Rechtsabteilung sich dazu geäußert habe er aber nicht mehr wisse, wie es zur Bilanzierung gekommen sei.

Staatsanwalt Wegerich machte unbeirrt weiter, las dem Zeugen eMails vor, um S. Aussage gegenüber dem Gericht vor fünf Tagen zu präzisieren, warum es für die Liquiditätsfazilität in Teil-B keinen eigenen NPNM-Prozess gegeben habe. NPNM habe entschieden, sich auf Teil-A zu konzentrieren, erklärte dazu der Zeuge. Denn für Teil-B sei kein NPNM-Prüfprozess erforderlich gewesen, weil eine Liquiditätsfazilität kein neues Produkt für die HSH war.

So ähnlich hatte sich S. am 3. Verhandlungstag auch geäußert. (siehe S. 40)

Ex-Niederlassungsleiter London entzieht sich Zeugenaussage

Der damalige Vorgesetzte des Zeugen, der Spanier Luis Marti Sanchez, gehörte im Grunde zu den Kronzeugen der Staatsanwaltschaft. Sein Name wird in diesem Untreue-Verfahren noch öfter fallen. Selbst aussagen vor Gericht wollte er nicht. Er lebt im Ausland und hat über seine Anwältin erklären lassen, dass er nicht zur Befragung „kommen brauche“, so formulierte es Richter Tully gleich am 3. Prozesstag vorsichtig.

Vor dem Parlamentarischen Untersuchungsausschuss des Kieler Landtags zur Aufklärung der HSH-Beinahpleite hatte Marti Sanchez allerdings einmal persönlich Stellung genommen - nach mehrfacher Terminverschiebung. Vor dem Untersuchungsausschuss in Hamburg erschien er nicht. Im Abschlussbericht des Kieler Untersuchungsausschusses[25] heißt es auf S. 251:

> *„Angesichts des milliardenschweren Volumens der Omega-Transaktion dürfte allein der verantwortliche Niederlassungsleiter, Luis Marti Sanchez, mit einem sechsstelligen Erfolgsbonus von der Durchführung des Omega 55 Geschäfts persönlich profitiert haben. Einer direkten Befragung zu den Omega-Geschäften und seiner diesbezüglichen Rolle hat sich Luis Marti Sanchez durch zahlreiche Terminabsagen und Krankmeldungen geschickt entzogen. Seinen einzigen Auftritt vor dem HSH Untersuchungsausschuss nutzte er zudem dafür, um der Bank sogenannte „Steuerdeals" vorzuwerfen, ohne hierfür jedoch nähere Einzelheiten oder stichhaltige Beweise liefern zu können. Insgesamt sind wir deshalb zu der Einschätzung gelangt, dass die Aussagen von Luis Marti Sanchez in sich zweifelhaft waren und ihnen somit keine weitere Bedeutung beizumessen ist."*

Berichterstattung raus aus Google

Ende August 2014 erhielt ich eine Anfrage des Assistenten von Luis Marti Sanchez. Er schrieb mich höflich per eMail an, ob ich den Blogeintrag „*Das Kreuz mit den Fragen*" aus der Indexierung durch Google herausnehmen könne. Der Bericht würde die Geschäfte der Firma in Hamburg, für die Sanchez neuerdings arbeitet, erheblich erschweren. Ich habe dieses Ansinnen abgelehnt aber angeboten, eine Gegendarstellung zu veröffentlichen. Diese steht auf der Website zum Buch: http://drnounddieunschuldigen.de

Blog-Kommentare

21. August 2013 @ 19:57 von: bescheidwisser

Sehr interessant ! Danke für das Update.
Die Staatsanwaltschaft scheint tiefer nachbohren zu wollen - zu den genannten Punkten werden die übrigen Zeugen sicher noch etwas sagen können. Nach dem Geschäftsbericht 2007 erhielt die HSH Nordbank im November 2007 von der BaFin die Zulassung für den IRB Advanced Approach zur Ermittlung der Eigenkapitalunterlegung von Ausfallrisiken ab dem 01. Januar 2008 - und hätte damit mit der Steuerungsgröße „ökonomisches Eigenkapital" auch in Bezug auf Omega 55 arbeiten müssen.

Zum ökonomischen und regulatorischen Eigenkapital der HSH im Vgl. zu anderen deutschen Instituten finden sich Angaben auf S.9 dieser Studie der Universität Augsburg: http://www.fim-rc.de/Paperbibliothek/Veroeffentlicht/228/wi-228.pdf

---

25 Schleswig-Holsteinischer Landtag, Drucksache 17/1675 vom 15.8.2011

22. August 2013 @ 7:40 von: Dani
Davon hat der Zeuge nichts erzählt. Die Staatsanwaltschaft „belehrte“ ihn aber, dass es sehr wohl Grenzen in der Bank gegeben habe hinsichtlich des ökonomischen Eigenkapitals, die wohl andere Entscheidungswege verlangt hätten als im Eilbeschluss ein 2,4 Milliarden Euro Geschäft in Kraft zu setzen.

Tag 8

Geschrei und harte Worte im Gerichtssaal

Am Nachmittag dieses 8. Tages ging es noch einmal hoch her. Nach der Mittagspause übergab Richter Tully das Wort an die Verteidigung, nachdem die Staatsanwaltschaft fragen durfte. **Verteidiger Wolfgang Prinzenberg,** Anwalt von Ex-Kapitalmarktvorstand Friedrich, richtete als erster dann teils suggestive Fragen an den Zeugen Marc S. - wie diese drei, die ich sinngemäß wiedergebe:

Prinzenberg: Gab es Versuche, etwas Falsches in die Vorstandsvorlage zu schreiben, um etwas zu vertuschen?
Marc S.: Nein.
Prinzenberg: War es üblich, sich auf die Einschätzung der Rechtsabteilung zu verlassen?
Marc S.: Ja, das war alternativlos. So waren die Prozesse und Arbeitsabläufe in der HSH Nordbank ausgerichtet. Es gab keine schriftlichen Gutachten.
Prinzenberg: Wie hat Ihnen die Rechtsabteilung Bescheid gegeben, dass sie Omega55 für „in Ordnung“ hält? Per eMail oder Telefon?
Marc S.: Das weiß ich nicht mehr. Dazu gibt es keine Unterlagen.

Prinzenberg las dem Zeugen auch eine eMail vor, in der sich ein anderer HSH-Mitarbeiter über eine „Unwucht in der Organisation“ in der Londoner Niederlassung beklagte, und dass die „Zusammenarbeit zwischen Global Market[26] und Kiel suboptimal“ sei. Marc S. erwiderte darauf, dass das, was der Kollege da geschrieben habe stimme, aber dass es sich bei den aufgetretenen Fehlern nicht um Fehler handelte, die in seiner Abteilung entstanden waren.

Verteidiger behandelt wie Kinder

Die sich immer wieder aufschaukelnde Anspannung zwischen Verteidigung und **Staatsanwalt Wegerich** - unter anderem durch Zwischenfragen - entlud sich kurz nach diesem Wortwechsel urplötzlich. Wegerich hatte einen Zwischenruf der **Verteidigerin Münchhalffen** mit den Worten kommentiert: „Rufen Sie bitte nicht dazwischen, nur weil sie sich langweilen!“ Worauf Verteidiger **Prinzenberg** aufgebracht schrie: „Sie behandeln die Verteidiger wie eine Bande sich im Dreck suhlender Kinder!“

Richter Tully unterbrach daraufhin die Sitzung und schlug den Streithähnen vor, die Sache zu klären. Nacheinander. Daran hatten beide kein Interesse.

---

26 Mit „Global Market“ war vermutlich die Financial Institutional Group (FIG) in London gemeint, also die Organisationseinheit, für die Marc S. arbeitete.

Freitag, 23. August 2013

Tag 09: „Der Eilbeschluss war mein Vorschlag."

Die Verteidigung durfte erneut den Zeugen Marc S. befragen. Heraus kam zumindest ein spannendes Detail. Die Vorstandsvorlage für das Omega55-Geschäft trug bekanntlich den wesentlichen, handschriftlichen Vermerk „Eilbeschluss", geschrieben von Immobilienvorstand Peter Rieck. Marc S. erklärte, wenn auf einer Vorstandsvorlage Eilbeschluss stehe, könnten gemäß der entsprechenden internen Kompetenz- beziehungsweise Zuständigkeitsrichtlinie der HSH zwei Vorstände allein die Vorlage und damit das jeweilige Geschäft genehmigen; es würden dann nicht, wie üblich, die Unterschriften aller Vorstände gebraucht.

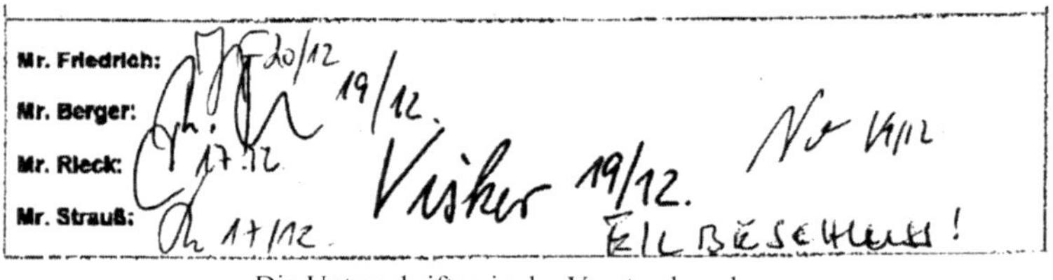

Die Unterschriften in der Vorstandsvorlage.

Vieles war noch in Arbeit bei dieser größeren Transaktion

S. erinnerte sich weiter: Es sei sein Vorschlag gewesen, Eilbeschluss unter die Vorlage zu schreiben, um den Prozess zu beschleunigen, weil noch vor Jahresende viele Unterlagen für Omega55 zu prüfen gewesen seien. Seiner Meinung nach hatte auch jeder der Vorstände die Befugnis, eine Vorlage als „Eilbeschluss" zu deklarieren. Warum nun ausgerechnet Rieck die Omega55-Kreditvorlage zum „Eilbeschluss" erhob? Keine Ahnung, sagte S., weil er gerade im Hause war?

Zuvor hatte der Bankkaufmann zu verstehen gegeben, dass es sich bei Omega55 um „kein Standardgeschäft" gehandelt habe. Es sei eine „größere Transaktion" gewesen, bei der sicher externe Anwälte die Gegenpartei, BNP Paribas, beraten hätten, vor allem bei den Nebenabreden, die getroffen wurden und die Teilgeschäfte verbanden (zum Beispiel über den „side letter").

Die entscheidenden Nebenabreden[27]

Ex-Vorstandschef Berger hatte in seinem Eingangsstatement bestritten, dass er die Nebenabreden zu Omega55 kannte. Es gab immerhin zwei davon: Im „side letter" oder „non reliance letter" sicherte die HSH der BNPP zu, Omega bis

27 vergleiche Urteil LG Hamburg, vom 9.7.2014, S. 13

zum 30.4.2008 der BaFin zu melden. Die entscheidende Nebenabrede aber verbarg sich im Abwicklungsschreiben, dem „unwind letter“. Darin verpflichtete sich wiederum die HSH, bis zum 31.1.2008 auch Teil-B mit der BNP Paribas abzuschließen. Wenn nicht, darf die BNPP die Kreditabsicherung aus dem Teilgeschäft A rückabwickeln - auf Kosten der HSH. Diese Nebenabreden verbanden Teil-A und Teil-B.

Auflösungstendenzen im neuen Jahr

Allzu lang hielt die HSH an Teil-A von Omega55 aber nicht fest. Bereits im April 2008 kündigte sie die Kapitalentlastung, also keine vier Monate später, nachdem sie das Geschäft abgeschlossen hatte. Die frühe Kündigung hatte die Vorstandsvorlage angedeutet. Auch drei weitere Transaktionen, an denen Marc S. im Dezember 2007 unermüdlich gearbeitet hatte, löste die Bank zwischen April und Juni 2008 auf, berichtete der Zeuge. Dazu gehörten die bereits erwähnten Deals mit Lehman Brothers und das Geschäft „St. Pancras“ mit der Hypo Real Estate. Alles Arrangements, die das Eigenkapital der HSH pünktlich zum Bilanzstichtag 31.12.2007 entlasten sollten.

Der Ex-Kollege und der Auftritt der Freshfields-Anwälte

Was die Verteidiger weiter interessierte war zum einen ein privates Treffen von Marc S. mit seinem Vorgesetzten **Luis Marti Sanchez**, als dieser die Bank verlassen hatte. Und: Die Befragung durch die Anwaltskanzlei Freshfields Bruckhaus Deringer. Diese Kanzlei arbeitet seit Jahren mit der HSH eng zusammen - ist quasi ihre Hauskanzlei - und wurde 2009 vom Aufsichtsrat beauftragt, das Missmanagement um das Omega55-Geschäft, das Kreditersatzgeschäft und mögliche Pflichtverletzungen der Vorstände zu untersuchen. Die Staatsanwaltschaft soll sich in ihrer Klageschrift unter anderem auch auf das daraus entstandene, geheim gehaltene Gutachten stützen.

Tendenziöses Gutachten oder Wahrheitsbeleg?

Bei den Fragen der Verteidiger dazu drängte sich der Eindruck auf, sie wollten die Seriosität des Gutachtens anzweifeln. Der Zeuge erzählte, dass er von den Freshfields-Anwälten zuerst am Telefon befragt worden sei, später noch einmal in London einen ganzen Tag lang. Bei diesem Gespräch hätten ihm eine von der Bank gestellte Rechtsanwältin und ein Kollege beigestanden. Am Gesprächsprotokoll, das Freshfields dem Zeugen S. später übersandte, (sieben bis zehn Seiten) korrigierte S. einiges. Weil er „den Gesamtzusammenhang ordentlich darstellen wollte“, und: Damit „meine Aussagen auch stimmten“.

Anwalt Gatzweiler wollte daraufhin von Marc S. wissen, ob es bei der Befragung durch Freshfields um das Sammeln von Fakten gegangen sei? Nein, antwortete der Zeuge prompt. Gatzweiler: Ob ihm Vorhaltungen gemacht worden seien? Ja, so S., es wurde die Vorstandsvorlage zu Omega55 kritisiert und er hatte den Eindruck, dass die Befragungen Alibisitzungen waren, in denen Freshfields vorgefertigte Meinungen abklopfte.

Geheimgutachten zu möglichen Pflichtverletzungen

Das so genannte Freshfields-Gutachten umfasst fast 450 Seiten. Der **Aufsichtsratschef der HSH**, **Wolfgang Peiner**, gab es im April 2009 in Auftrag. Es sollte die Sorgfaltspflichten der HSH-Vorstände gemäß § 93 Aktiengesetz untersuchen. Die HSH hütet dieses Gutachten wie ein Staatsgeheimnis. Es listet erhebliche Schwächen der Bank auf und kommt für die Vorstände Rieck, Strauß und Friedrich zu dem Ergebnis, dass sie die Vorstandsentscheidung zu Omega55 auf nicht informierter Basis getroffen haben. Kurz: Sie haben ihre Pflichten verletzt.[28] Die Gutachter kommen aber auch zu dem Schluss, dass weder Aufsichtsrat, Wirtschaftsprüfer, Berater oder die Aufsichtsbehörden Signale der Vorsicht an die Vorstände ausgesendet hatten.

Marc S. wurde noch einmal für den 2. September geladen.

28 Abschlussbericht PUA Landtag Schleswig-Holstein, 15.8.2011, Drucksache 17/1675, S. 129f

Mittwoch, 28. August 2013

Tag 10: Alles wartet auf Dr. No

Wann wird Ex-Finanzvorstand Dirk Jens Nonnenmacher seinen Standpunkt zu den Vorwürfen der Anklage kundtun?

Das ist die große Frage, die sich die Hamburger Presse mit jedem weiteren Prozesstag stellt. Nonnenmacher ist der prominenteste der sechs Angeklagten. Er gilt vielen als das Sinnbild für verantwortungslos handelnde, selbstgefällige Banker, die sich sogar angesichts der Milliardenschäden für die Volkswirtschaft durch ihr Tun von oben herab äußern und ungeniert ihre Boni einstreichen. Im Untreue-Prozess ist Nonnenmacher allerdings einer von sechs Angeklagten, auch wenn der Großteil der Medien ihn zum Hauptbösewicht stilisiert.

Anfangs hieß es ...

Nonnenmacher wolle erst einmal abwarten und sich später äußern. Dann hieß es: Dr. No - so nennen ihn die publikumswirksamen Medien oft - werde dann etwas sagen, wenn die Juristen der HSH-Rechtsabteilung befragt worden seien. Vergangene Woche meinte Nonnenmachers Verteidiger Wagner: Für diese Woche habe sein Mandant ein Statement vorbereitet. Richter Tully wiederum sagte: Am 2. September ist noch einmal kurz der erste Zeuge geladen. Danach habe Verteidiger Wagner Zeit für eine „Einlassung“ seines Mandanten. So heißt das bei Gericht, wenn Angeklagte etwas zum Tatvorwurf sagen. Sich einlassen. Gerichtsunerfahrene mögen hier grinsen. Wie ich.

Nonnenmachers Versteckspiel ...

... ist nicht nachvollziehbar. Er muss eigentlich ein Interesse daran haben, seine Sicht in den Zeitungen, Magazinen und im Internet zu lesen. Denn was dort steht, hält Einzug in die Archive. Auf der anderen Seite: In den Vernehmung der Parlamentarischen Untersuchungsausschüsse in Kiel und Hamburg zur Aufarbeitung der HSH-Krise hat er offen Schwächen der Bank und Mängel bei Omega55 zugegeben. Seine Selbstverteidigung vor Gericht wird dagegen kaum in diese Richtung laufen. Hier einige Aussagen Nonnenmachers, zitiert in den Abschlussberichten der Parlamentarischen Ausschüsse:

Zum Geschäft Omega55:

„Die Bank hätte die aufsichtsrechtlichen Mindesteigenkapitalquoten auch ohne das Geschäft Omega 55 eingehalten. Ziel sei es gewesen, selbst gesteckte Ziele im Hinblick auf die Eigenkapitalquoten zum 31. Dezember 2007 und den weiteren Stichtagen einzuhalten. [...] Gleichwohl habe die Bank sowohl bei der Eingehung dieser Transaktionen wie bei ihrer späteren Handhabung nicht so agiert, wie sie es hätte tun sollen. Die Kreditvorlage an den Vorstand habe - nach heutiger Kenntnis - Mängel aufgewiesen. [...] Die Omega-Transaktion sei aber ein Symbol für die damaligen Schwächen in den Kernprozessen der Bank. Das interne Kontrollsystem habe versagt.“
(Bericht PUA Hamburgische Bürgerschaft, 3.3.2011, Drucksache 19/8300, S. 108)

Zum Risikomanagement der HSH:

„Schon nach wenigen Wochen und Monaten in der Bank sei ihm klar geworden, dass im Bereich des Risikomanagements 'ungeheurer Weiterentwicklungsbedarf' bestanden habe. So sei ihm sofort aufgefallen, dass die Bank beispielsweise kein Kreditkomitee und kein von den Aufsichtsbehörden freigezeichnetes internes Marktrisikomodell hatte. Mit der Funktionstrennung von CRO und CFO ab Oktober 2007 sei man 'rein funktional' schon weitergekommen. Wie der Aufsichtsrat im Zusammenhang mit der Weiterentwicklung der Risikofunktion eingebunden war, vermochte Herr Prof. Dr. Nonnenmacher nicht zu sagen: 'Dass da Schwächen sind, hat sicherlich die Flowers-Gruppe sehr klar beurteilen können mit Blick auf den Börsengang.'“
(Abschlussbericht PUA Landtag Schleswig-Holstein, 15.8.2011, Drucksache 17/1675, S. 177)

„... dass die HSH Nordbank bis zum Jahr 2008 erhebliche Schwächen in Bezug auf das Risikomanagement aufgewiesen hat. Das betraf vor allem die gesamte Risikokultur der Bank. Eine Risikokultur, die sich sowohl negativ auf die Organisation und die Prozesse zur Risikoüberwachung als auch auf Einzelfallentscheidungen ausgewirkt hat.“
(Abschlussbericht PUA Landtag Schleswig-Holstein, 15.8.2011, Drucksache 17/1675, S. 321)

Freitag, 30. September

Tag 11: „Omega55 war intellektuell interessant."

Endlich der zweite Zeuge. Es geht voran beim Sammeln der Puzzleteile.

Geladen war **Dr. Michael S.**, ein ehemaliger **Jurist** der HSH. 2007 arbeitete Dr. S. als Gruppenleiter in der **Immobiliensparte** in Hamburg und war damit dem Angeklagten Rieck unterstellt. Michael S., um die 40, sah jungenhaft aus, lächelte oft leicht unsicher und stockte bei manchen Fragen. Im Schlepptau hatte auch dieser Zeuge einen Anwalt, einen so genannten Zeugenbeistand.

Die Immobiliensparte hatte 2007 enorm viele Kredite neu vergeben. Damit beanspruchte die Sparte einen großen Teil des Eigenkapitals der HSH für sich, einen zu großen Teil mit Blick auf den Börsengang. Denn das hieß auch: Die Sparte hatte zuviel Risiko in die Bücher gepackt. Also erhielt Michael S. den Auftrag, „London" anzusprechen, wie man die Kredite und die damit verbundenen Verlustrisiken zum Jahreswechsel 2008 loswerden könnte.

London mit Kontakten in die Zockerbanken

Am 10. und 11. Prozesstag wollten die Richter von Dr. S. unter anderem wissen, wer ihm in der Bank gesagt habe, dass er sich an die Londoner Niederlassung wenden solle? Für Kapitalmarktgeschäfte a la Omega55 seien doch die Mitarbeiter in Kiel zuständig gewesen? Wer ihm das gesagt habe, daran erinnerte sich der Zeuge nicht mehr; er meinte aber, es wäre sein unmittelbarer Vorgesetzter gewesen, sowie **Spartenvorstand Peter Rieck**. Zu Rieck hatte der Zeuge wohl einen kurzen Draht, weil sie an anderer Stelle in der HSH schon zusammengearbeitet hatten. Ohne die Auslagerung von Verlustrisiken zum Beispiel aus der Immobiliensparte wäre die HSH in eine problematische Situation gekommen, meinte der Zeuge, weil das auf das Rating der Bank gedrückt hätte. Und ein niedrigeres Rating wäre für die HSH ein teureres Problem gewesen als eine Transaktion wie Omega55.

Was die Londoner denn besser konnten als Michael S., fragte **Richter Tully**. Er habe Erfahrung mit Syndizieren von Krediten, auch habe er schon mal eine einfache Verbriefung strukturiert, berichtete der Zeuge, damit aber seien seine „persönlichen Erfahrungen zu Ende". Für ihn saß mit Niederlassungsleiter Luis Marti Sanchez ein Mann in London, der sich auskannte, ein kreatives Team und entsprechende Kontakte zu Investmentbanken hatte, was damals keine einfache Sache war, so der Zeuge.

Weil Verbriefungen wegen der platzenden Immobilienblase in den USA Ende 2007 nicht mehr liefen, musste man über anderes nachdenken, zum Beispiel über Kreditausfallversicherungen wie in Teil-A von Omega55.

Das interessante Omega
Der Zeuge war jedenfalls darüber informiert, dass Omega55 aus zwei Teilen bestehe. Mit Teil-A sollten die Verlustrisiken in der HSH-Immobiliensparte sinken, weil die BNP Paribas einen Teil davon absicherte. Für diesen Teil-A stellte Michael S. mit seinem Team passende Immobilienkredite im Volumen von rund 2 Milliarden Euro zusammen. Der Zeuge erklärte ehrlicherweise, dass er zuvor keine Ahnung von solchen Finanzgeschäften hatte, als er die Vorstandsvorlage zu Omega55 las. Es sei für ihn „intellektuell interessant" gewesen zu sehen, wie so etwas funktionierte.

Für ihn stellte sich auch nicht die Frage, ob Omega55 tatsächlich wirksam sei. So viele Fachleute hätten daran gearbeitet, Kapitalmarktleute, Juristen, Wirtschaftsprüfer etc. Auf Nachfrage von Richter Tully, was an Omega55 „intellektuell interessant" gewesen sei, wich der Zeuge leicht fahrig aus.

Komplex gleich effizient. Oder doch nicht?
Für ihn war auch nicht die Frage, *warum* es einen zweiten Teil gebe, basierend auf einer verschachtelten Zweckgesellschafterstruktur, erklärte Michael S. Daraufhin warf Richter Tully ein, dass bei der Durchsicht der Unterlagen die erste Frage gewesen sei, die *er* sich gestellt habe, warum die HSH auf so eine komplizierte Struktur für Teil-B setzte, wenn es auch einfacher ginge? Ich dachte, es gehe um Effizienz, antwortete der Zeuge, dass Teil-B die Effizienz des Geschäfts für die HSH erhöhe. Viele Gedanken habe er sich darüber aber nicht gemacht, so der Zeuge. Und: Dass er nicht sagen könne, warum London den Teil-B „effizient" fand.

Den anderen vertraut
Er habe jedenfalls wahrgenommen, dass Omega55 letztlich ein ganz anderes „Produkt" gewesen sei als die ursprünglich angestrebte Entlastung des Eigenkapitals durch Teil-A. Ob ihn interessiert habe, wo die Risiken geblieben seien, fühlte Richter Tully dem Zeugen auf den Zahn. Er habe sich unter anderem auf die Meinung der HSH-Rechtsabteilung verlassen, sagte S., und auf die Arbeit externer Anwälte, die die Verträge geprüft haben.

eMails um Mitternacht
Der Jurist schilderte ebenfalls wie der erste Zeuge Marc S. den großen Druck, der auf den Mitarbeitern und ihm um die Jahreswende 2007 lastete. Alle hätten extrem hart gearbeitet. Es habe ein „Übergewicht an Arbeit" gegeben, weil es bei solchen Deals ja vor allem Rechtsfragen seien, die geklärt werden müssten. Die für Omega55 zuständigen Juristen Vera S. und Sascha E. wirkten auf den Zeugen in dieser Zeit „sehr gestresst". Trotz der Zeitenge sei erwartet worden,

dass eine Lösung her müsse, man seine Sachen abarbeitete; ob um jeden Preis, wisse er aber nicht, so der Zeuge.

Am Donnerstag, den 20. Dezember 2007, um Mitternacht, schrieb Zeuge Michael S. selbst noch eMails und fragte nach, ob die Vorstände Omega55 unterschrieben haben, er wolle loslegen ... Von seinem unmittelbaren Vorgesetzten habe er sich zu dieser Zeit eine stärkere Führung und mehr Präsenz erwartet, räumte S. auf eine Frage von Richter Bruns ein. Er sei unzufrieden gewesen, die Situation war anspruchsvoll, auch in organisatorischer Hinsicht.

Emotionale Ausbrüche und fehlende Führung

Richter Bruns griff an dieser Stelle ein und deutete einen Konflikt zwischen dem Zeugen und **Kapitalmarktvorstand Friedrich** an, die der Zeuge bei seiner staatsanwaltschaftlichen Vernehmung zu Protokoll gegeben hatte. Welcher Konflikt das gewesen sei? Er habe 2009 die Bank per Aufhebungsvertrag verlassen, erzählte Zeuge Michael S., weil er den Eindruck hatte, dass er mit seiner Karriere nicht vorankam. S. war 2008 von der Immobiliensparte in die Kapitalmarktabteilung gewechselt und unterstand damit Friedrich als neuen Vorgesetzten. Er habe auch mit Menschen, die sehr emotional seien, Schwierigkeiten zusammenzuarbeiten, erklärte Michael S. weiter. (Ihm war dabei ein gewisses Unbehagen anzumerken.) Und solche Situationen habe es gegeben. Friedrich sei zudem von außen gekommen und hatte keine starke ressortübergreifende Erfahrung, was aber notwendig gewesen wäre, so der Zeuge.

Selbst sei er aber auch einmal emotional geworden gegenüber der bei Omega55 zuständigen Kollegin der Rechtsabteilung; er habe sich im Ton vergriffen, weil seiner Meinung nach einmal so und dann wieder gegenteilig entschieden wurde, wodurch sein Team viel Zeit verlor. Das habe ihn aufgeregt, wofür er sich später zwar telefonisch entschuldigte, er sich dafür aber noch heute zu schämen schien, weil, wie gesagt, er emotionale Ausbrüche im professionellen Umgang nicht mag. Es ging bei diesem Hin und Her um die Frage, wie der Finanzdeal zu strukturieren sei, damit die regulatorische Wirkung entsteht.

US-Subprime-Krise als Zyklus

Richter Bruns wollte von Michael S. noch wissen, wie in der HSH auf die Subprime-Krise in den USA reagiert wurde. An bestimmte Beschlüsse dazu erinnerte sich der Zeuge aber nicht. Wohl habe es Gespräche mit Vorständen gegeben, zum Beispiel mit **Spartenvorstand Rieck**. Es habe aber die Stimmung vorgeherrscht, es sei ein vorübergehendes Phänomen. Dass ein fundamentaler Schock komme, darüber habe man in der Bank nicht gesprochen.

10 Millionen Euro Prämie für BNPP?
Überraschenderweise formulierte der Zeuge später auf den Punkt, was ein Geschäft wie Omega55 kosten dürfe, wie die Prämie für Teil-A, die die HSH an die BNPP zu zahlen hatte für ihre geleistete Absicherung. Und wie sich so etwas berechnen lasse.

Wenn ein Kredit 120 Basispunkte Zins im Jahr einbringe (100 Basispunkte entsprechen einem Prozent) dann sollte eine Absicherung unter diesen 120 Punkten liegen, so der Jurist. Dann bliebe für die Bank noch etwas übrig. Das sei aus seiner persönlichen Sicht die Daumenregel: Die Zinsen eines Kredits müssten die Kosten einer möglichen Versicherung tragen. Für Teil-A von Omega55 sollte die HSH zehn Millionen Euro an die BNP Paribas überweisen, damit diese das 2 Milliarden Euro Immobilienportfolio versichert. Stichwort: Kreditausfallversicherung.

Was für ein Preis! Zehn Millionen Euro als Verlustabsicherungs-Prämie wären unglaublich teuer gewesen wegen der kurzen Laufzeit von Teil-A von Omega55 von nur drei Monaten. Die Vorstandsvorlage sah von vornherein vor, Teil-A Mitte April 2008[29] zu kündigen. Bei der Kostenkalkulation für Omega55 hatte der Hauptzeuge im Prozess, Marc S., immer herumgeeiert. Nicht so dieser Zeuge.

Und er sagte auch klipp und klar, sie hätten dann darauf gedrängt, dass diese Prämie an die BNP Paribas neu verhandelt werde und geringer ausfalle. Selbst war er an den Preisverhandlungen aber nicht beteiligt.

Von der Schwierigkeit, Zeuge zu sein
Michael S. wirkte im Zeugenstand weniger souverän als zuvor der Londoner HSH-Analyst Marc S. Er verwies immer wieder darauf, was er jetzt darüber denke, und was er in der Presse gelesen habe. Auf manche Fragen antwortete er nicht, obwohl er etwas sagte. Auch schien er sich von den Rangeleien der Verteidigung mit den Staatsanwälten beeinflussen zu lassen, die wie an den Tagen zuvor immer wieder aufbrachen.

Sie haben sich bemüht
Gegen Ende des 11. Verhandlungstages bat Richter Bruns den Zeugen überraschend um eine persönliche Erkenntnis. Ob ihn etwas bewege? Das sei eine schwierige Frage, versuchte der Zeuge Zeit zu gewinnen. Sagte aber dann: Wir haben uns bemüht, die Bank zu stabilisieren.

---

29 Vorstandsvorlage Omega55, NPNM-Votum, Ziffer 4

Montag, 2. September 2013

Tag 12: Nonnenmachers Flucht nach vorn

Die neue Prozesswoche begann nun doch mit der „Einlassung" von **Prof. Dirk Jens Nonnenmacher**, den viele Journalisten als den „bad boy" des Untreue-Verfahrens einordnen. Seit Wochen lauerte die Hamburger Presse darauf, dass sich Dr. No - wie viele ihn auch nennen - zu den Klagevorwürfen äußert. Entsprechend gut besucht waren diesmal, nach vielen Tagen gähnender Leere, die Presseplätze im Gerichtssaal. Die Medienvertreter mussten sich aber noch ein wenig weiter gedulden.

Erster Zeuge hat es geschafft

Vor Nonnenmacher war zum letzten Mal der erste Zeuge dran, Analyst Marc S. Eineinhalb Stunden wurden erneut eMails zitiert, die wohl unterlassene Rechtsprüfung des B-Teils von Omega55 und seine Bilanzierung thematisiert und noch manches organisatorische abgeklopft. Kurz nach 11 Uhr entließ der Vorsitzende ihn mit einem Dank und unvereidigt. Und dann - nach weiteren Erklärungen und Beweisanträgen der Verteidiger - durfte schließlich Nonnenmacher reden.

Fehlerlos, kritiklos, später unterschrieben

In seiner zwölfseitigen Rede[30] wiederholte Nonnenmacher dann aber das, was er bei früheren Gelegenheiten zu seiner Rolle bei Omega55 gesagt hatte. Eigene Versäumnisse, organisatorische Mängel in der Bank und die fehlende Risikokultur sprach er diesmal nicht an, wie er es noch teils in den Parlamentarischen Untersuchungsausschüssen in Kiel und Hamburg getan hatte. Etwas Neues war dennoch dabei: die Sache mit dem Datum.

Nonnenmacher bestand jetzt darauf, dass er sich bei der Vorbereitung auf den Prozess das Schriftstück noch einmal genauer angesehen und die Umstände rekonstruiert habe. Dabei sei ihm aufgefallen, dass er die Vorstandsvorlage erst am **29**.12.2007, nämlich in seinem Weihnachtsurlaub, unterschrieben habe, gleichzeitig mit anderen Dokumenten, und nicht, wie bisher angenommen, am **19**.12.2007. Das Datum sei also falsch.

Das ist Nonnenmachers Unterschrift. Wer da 19 oder 29 erkennt - Hut ab!

30 Rede siehe Website zum Buch http://drnounddieunschuldigen.de

Mit seiner Unterschrift habe er Omega55 auch lediglich „zur Kenntnis genommen", sagte Nonnenmacher. Denn seiner Ansicht nach war es längst genehmigt, weil es als „Eilbeschluss" deklariert war - von Peter Rieck, dem Immobilienvorstand. Nach den internen Zuständigkeitsregeln der HSH stimmt das sogar. Ein Geschäft im Eilbeschluss, so heißt es dort, braucht für eine Genehmigung lediglich zwei Vorstandsunterschriften. Handelt es sich allerdings um einen so genannten Großkredit, muss der Gesamtvorstand unverzüglich seine Unterschrift nachholen, also unterschreiben. Als Gesamtvorstand gelten ebenso nach der internen HSH-Zuständigkeitsrichtlinie vier Vorstände: Zuerst der jeweilige Ressortvorstand, dann sein Stellvertreter, es folgt der Vorstandsvorsitzende und der Risikovorstand. Von einem „zur Kenntnis nehmen" steht nichts in dieser Richtlinie. Knackpunkt ist also: Was war Omega55?

Großkredit oder normaler Kredit

Das ist eine wichtige Frage in diesem Prozess. War Omega ein Großkredit? Als „**Großkredit**" ist ein Kredit gemäß § 13 Kreditwesengesetz (KWG) immer dann einzustufen, wenn er mehr als zehn Prozent des haftenden Eigenkapitals einer Bank ausmacht. Das Eigenkapital ist der Verlustpuffer einer Firma. Omega55 lag mit rund 2,4 Milliarden Euro rein rechnerisch deutlich über dieser Prozent-Schwelle, denn als haftendes Eigenkapital wies die HSH Nordbank 2007 mehr als 12 Milliarden Euro aus. Omega55 war demzufolge ein Großkredit[31]. Großkredite aber müssen gemäß Kreditwesengesetz *alle* Vorstände[32] unterschreiben und damit nicht nicht nur vier, wie es die internen Regeln der HSH vorsahen.

Es darf davon ausgegangen werden, dass Bankvorstände um diese Rechtsdetails wussten, so wie ein Bäckermeister die Verordnung über Zusatzstoffe auch in uns auswendig kennt. Vor diesem Hintergrund erschien Nonnenmachers Verteidigungsstrategie konstruiert, er habe Omega55 lediglich mit seiner Unterschrift nur „zur Kenntnis" genommen und den Deal nicht mit entschieden.

Das Gericht wird dieses Zuständigkeits-Wirrwarr zum Schluss aufdröseln.

Lebensfremd und anmaßend

Am Schluss seiner etwa 40-minütigen Rede griff Nonnenmacher **Staatsanwalt Wegerich** an. Der hätte ihn gar nicht vernehmen wollen, erst auf Drängen von Nonnenmachers Anwalt Wagner durfte der Ex-Vorstand aussagen. Ihm wurden aber keine Fragen von Wegerich gestellt. Dieser soll ihm lediglich durch einen Ermittlungsbeamten habe ausrichten lassen: „Er wisse, was zu tun sei." Ihm, Nonnenmacher, zudem zu unterstellen, „eine strafrechtlich relevante

31 siehe Urteil LG Hamburg vom 9.7.2014, S. 222f

32 § 13a Abs. 2 KWG und § 13 Abs. 2 KWG

Fehlbilanzierung vorgenommen zu haben", sei „schon mehr als lebensfremd". Fragen der Staatsanwaltschaft will Nonnenmacher nicht beantworten, weil er sie für voreingenommen hält.

Fragen des Gerichts aber sei er „gern bereit" zu beantworten, allerdings zu seinen Bedingungen. „Ich möchte dies allerdings auch im Hinblick auf eine korrekte Wiedergabe in der Öffentlichkeit in Form einer Ergänzung meiner Einlassung tun. Deshalb bitte ich darum, mir gegebenenfalls einen Fragenkatalog vorzulegen, oder aber wir werden Ihre Fragen notieren und dann zu gegebener Zeit im Zusammenhang beantworten."

Und das sagte der Ex-Finanzvorstand sinngemäß

Der Mathematiker begann mit „Sehr geehrter Herr Vorsitzender, Hohes Gericht." Seine Gedanken hatte er in vier Abschnitte gegliedert.

Zuerst sprach er über seinen Eintritt in die Bank am 1. Oktober 2007. Sein Posten des Finanzvorstands war neu geschaffen worden. Zu seinen Aufgaben gehörten die Ressorts Steuern, das Rechnungswesen, das Finanzcontrolling. Nonnenmacher betonte auch, wofür er *nicht* zuständig war: Für Recht, den Neue-Produkte-Neue-Märkte-Prozess, NPNM, die Niederlassung London und auch nicht für Meldungen an die Bankenaufsicht BaFin. Letztes fiel in die Verantwortung des Risikovorstands und damit an Hartmut Strauss.

Das herausragende Ziel

Nonnenmacher ging dann auf den für 2008 geplanten Börsengang ein; er sollte ihn federführend begleiten. „Für den geplanten Börsengang war die Kapitalmarktfähigkeit der HSH [...] ein herausragendes Ziel." Dafür hatte die Bank massiv neue Kredite vergeben, mehr als geplant.

Er machte sich anschließend klein und meinte, er sei „kein Sachverständiger bei der aufsichtsrechtlichen Risikoerfassung und Kapitalunterlegung" und versicherte, dass unter Basel-I „Liquiditätsfazilitäten unter einem Jahr aufsichtsrechtlich als risikolos galten", ganz gleich, wie viel ökonomisches Risiko in ihnen steckten.[33] Unter Basel-II sollte sich das ändern. Aber dafür sei das Risikoressort zuständig gewesen.

Der Ex-Banker erklärte auch, dass er nie ein Experte für Aufsichtsrecht war und es auch heute nicht sei. In Richtung Staatsanwaltschaft warf er sinngemäß: Nur wer sich inhaltlich nicht mit Basel-I beschäftigt habe, kann zu der abwegigen Einschätzung kommen, dass bei Omega55 schon Laien hätten erkennen können, dass die risikoentlastende Wirkung nicht eintreten könne.

---

33 Bei Omega55 gewährte die HSH der Omega Ltd. zwei Liquiditätsfazilitäten: einmal für 2 Mrd. und einmal für 400 Mio. (für die STCDO)

Rundum-Vertrauen

Dann kam er zu Omega55 selbst und erklärt, dass er zu „keinem Zeitpunkt in die Planung, Vorbereitung, Ausgestaltung, Umsetzung und Überwachung der Transaktion persönlich eingebunden war". Er habe nur die Kreditvorlage erhalten. Außerdem: „Ich hatte zu dieser Zeit auch volles Vertrauen in die Organisation der Bank, ihrer Mitarbeiter und vor allem zu meinen langjährig erfahrenen Kollegen im Vorstand". Weder aus der HSH internen Revision noch von den Wirtschaftsprüfern, der Bundesbank oder der BaFin seien Warnhinweise gekommen, stellte Nonnenmacher weiter fest, ohne diese Aussage zu begründen.

Kein Großkredit?

Zur Genehmigung von Omega55 hätten auch nur *vier* Vorstandsunterschriften geleistet werden müssen, argumentierte Nonnenmacher. Nicht sechs, wie das bei einem so genannten Großkredit der Fall gewesen wäre. Nonnenmacher betonte explizit, dass nach bankinternen Regeln er als Finanzvorstand gar nicht hätte zustimmen müssen. Er selbst war sich sicher, dass Omega55 *kein* Großkredit und seine Unterschrift nicht erforderlich war. Für ihn war Omega55 nichts weiter als eine „Kenntnisnahme".
(Für Omega55 gab es zwei Vorstandsvorlagen, eine für interne Belange in der Beziehung[34] zur BNP Paribas, die andere für das eigentliche Geschäft Omega55. Auf der ersten Vorlage, die die Vorstände kurz vorher gegenzeichneten, war der Deal als „Großkredit" angekreuzt. Auf der für die Genehmigung von Omega55 entscheidenden Vorlage, die Gegenstand des Strafprozesses ist, fehlt aber das Kreuz bei Großkredit.)

Von der Nebenabrede zu Omega55, dem „side letter"[35], habe Nonnenmacher erst aus den Akten erfahren. Und: Er sei mit vielen anderen „Sachkundigen" der Überzeugung gewesen, „die Subprime-Krise sei vorübergehender Natur und würde nicht auf die Realwirtschaft übergreifen".

Blog-Kommentar
6. September 2013 @ 20:01 von: bescheidwisser

Ich finde es auffällig, dass Herr Nonnenmacher immer dann, wenn es eng wird, auf einmal kein Experte für das jeweilige Thema sein möchte. Bereits in der Vergangenheit wurde ja festgestellt, dass er zum damaligen Zeitpunkt angeblich kein Kapitalmarktexperte war. Nun also auch „kein Sachverständiger bei der aufsichtsrechtlichen Risikoerfassung und Kapitalunterlegung". Grundkenntnisse in den genannten Themen werden

34 eine so genannte Linienerhöhung

35 Im „side letter" sichert die HSH der BNPP zu, der BaFin Omega55 bis April 2008 zu melden.

aber sicher zur der erforderlichen Qualifikation als Geschäftsleiter gehören – zumal bei einem Institut der Größenordnung der damaligen HSH Nordbank.

KWG 13a Abs 1 Satz 3 „Für ein Handelsbuchinstitut besteht ein Gesamtbuch-Großkredit, wenn die Gesamtheit der Kredite an einen Kreditnehmer [...] 10 vom Hundert der Eigenmittel erreicht oder überschreitet; ...“

Nach dem Geschäftsbericht der HSH betrugen die Eigenmittel 12,9 Mrd.[36] *Euro zum 31.12.2007 - 10% davon wären also 1,29 Mrd. Euro. Selbst wenn man vom Vorstand vielleicht nicht erwarten kann, dass er die Einzelheiten der Vorschriften über Großkredite im Detail kennt, so ist doch eine Art „Überschlagsrechnung“ zumutbar und bei Geschäften in dieser Größenordnung geboten ?*

36 Geschäftsbericht HSH Nordbank 2007, anrechenbare Eigenmittel gemäß KWG, S. 50

Mittwoch, 4. September 2013

Tag 13: Ohne interne Prüfung: Der ominöse Teil-B

Packend versprach dieser Verhandlungstag zu werden. Das Gericht hatte eine Mitarbeiterin der Abteilung NPNM zu sich gebeten: **Betriebswirtin Sirka H.** NPNM steht für Neue-Produkte-Neue-Märkte. Die schlanke, attraktive Frau in den 40ern, halblanges Haar, selbstbewusst im Auftreten, kam allein, ohne einen Anwalt an ihrer Seite. 2007 war sie bereits sieben Jahre in der HSH beschäftigt gewesen und seit einem Jahr bei NPNM tätig. Heute arbeitet sie für ein Industrieunternehmen.

Als Koordinatorin der NPNM-Abteilung in Kiel war Sirka H. seinerzeit beauftragt worden, Omega55 zu durchleuchten und einzuschätzen, ob das Finanzgeschäft für die HSH handhabbar und wirtschaftlich empfehlenswert ist. Sirka H. gehört damit zu den Hauptzeugen im Prozess.

Ohne Prüfung kein Neu-Geschäft

Die NPNM-Abteilung zählt nach Zeugenaussagen wie die Rechtsabteilung zu den wichtigsten Etappen beim Abschluss neuer Geschäfte. Die Abteilung prüft und beurteilt vorab, welche Risiken mit dem beabsichtigten Geschäft verbunden sein könnten, ob aufsichtsrechtliche Bedenken dagegen stehen, wie es in der Buchhaltung erfasst wird und welche Kosten und Erträge zu erwarten sind. Am Ende dieses Abwägungsprozesses, in den die Meinungen vieler anderer Abteilungen einfließen, gibt NPNM ein Votum[37] ab, eine Empfehlung, ob es das gewünschte Geschäft befürwortet oder ablehnt. Solche so genannten NPNM-Abteilungen hat jedes Geldhaus.

Ohne das Votum dieser Abteilung darf kein neuartiges Bankgeschäft genehmigt werden. Das schreiben den Banken die Mindestanforderungen für das Risikomanagement vor, die MaRisk der deutschen Bankenaufsicht BaFin.

Nur die Hälfte von Omega55 angesehen

Bei der Befragung der Zeugin ging es dem Gericht vor allem um eines: Warum hat sie bei dem zweiteiligen Omega55 nur Teil-A prüfen lassen, also den einfachen Teil, den Risikotransfer von der HSH zur BNP Paribas? Und nicht gleichzeitig den viel komplexeren und riskanteren Teil-B, der zudem das in Teil-A übertragene Risiko wieder in die Bank zurückholte?

Dazu sagte die Zeugin in ihrer etwa sechsstündigen Befragung - die vor allem von den Richtern Wellhausen und Bruns penibel geführt wurde - zusammengefasst:

---

37 NPNM-Votum siehe Anhang

Sie wollte die Dokumentation eindeutig halten.

Sie hatte keine detaillierten Angaben zu Teil-B und nichts Schriftliches; das fehlte zwar auch für Teil-A, aber dafür lag aus London ein Prüfantrag vor, initiiert vom Londoner Analysten und Omega-Koordinator Marc S.

Die Zeugin war davon ausgegangen, dass nach Prüfung des A-Teils Marc S. einen weiteren Antrag für Teil-B stellen würde, wenn denn Teil-B ein „neuartiges Produkt“ gewesen wäre. In der Bank kursierten Gerüchte über Teil-B als „ominöses Geschäft“.

Nur Marc S. hätte einen Prüfantrag für Teil-B stellen können, tat es aber nicht. Zitat Zeugin: „Wenn Marc S. ernsthaft einen Prüfantrag gestellt hätte, hätten wir das gestartet.“ Erst Antrag, dann Prüfung.

Dazu kam: Sirka H. hatte parallel zu Omega55 eine Vielzahl weiterer Neugeschäfte zu prüfen, deshalb wurde bei Teil-A ein Standardverfahren angewandt. Richter Bruns fragte, was anders an Teil-B war, weil bei Teil-A ja auch viele Informationen gefehlt hätten? „Die Zeit war um“, sagte Zeugin H.

Üblich sei eigentlich, berichtete H. weiter, dass vor der NPNM-Prüfung die Stellungnahme der Rechtsabteilung zu aufsichtsrechtlichen Fragen vorliege. Das war bei Omega55 nicht der Fall. Mit der Rechtsabteilung habe die Zeugin ohnehin nie persönlich über Teil-A gesprochen, obwohl sie es mehrfach versucht hatte, telefonisch. Die zuständige Juristin Vera S. sei so beschäftigt gewesen, dass kein Gespräch über Omega55 zustande gekommen sei.

(Auch Omega-Koordinator Marc S. war zur Stellungnahme der Rechtsabteilung intensiv befragt worden. Ihm gegenüber soll die zuständige Juristin Vera S. „gesagt“ haben, die Entlastung (in Teil-A) kann vorgenommen werden. Allerdings konnte sich Marc S. nach eigener Aussage an keinen Schriftverkehr und an keine Unterlagen erinnern, dass und wie die Juristin okay „sagte“. Schriftliche Gutachten seien nicht üblich gewesen.[38])

NPNM-Votum als Gemeinschaftsmeinung

Richter Bruns interessierte auch, wie ein NPNM-Votum überhaupt zustande komme. Daraufhin erklärte Zeugin Sirka H., dass sich jeder Fachbereich - Risikoabteilung, Recht, Bilanzierung und Buchhaltung - aus seiner Sicht das jeweilige Geschäft ansehe und anschließend seine Einschätzung in Form von

38 vergleiche dazu auch Urteil LG Hamburg, vom 9.7.2014, S.13, S. 126f

Textbausteinen an sie weiterleite. Als Koordinatorin führe sie dann alles zu dem so genannten NPNM-Votum zusammen. Freie Text-Formulierungen sehe dieser Abstimmungsprozess nicht vor. Am Ende lesen alle beteiligten Ressorts das Votum Korrektur und wenn alle einverstanden seien, schicke sie es an ihren Vorgesetzten. Die Vorstandsvorlage des jeweiligen Bankgeschäfts, an die später das Votum angehängt werde, kenne sie aber nicht. Dieser Umstand verwunderte Richter Bruns so sehr, dass er dreimal ungläubig nachfragte. Sirka H. erklärte aber wiederkehrend, dass sie das Votum koordiniere und dann weiterleite. Und wenn der Vorstand Fragen habe, dann rufe er schon an. Bei Omega55 rief kein Vorstand an, so Sirka H.

Im Fall von Teil-A erfolgte das NPNM-Votum laut der Zeugin einstimmig. Die Ressorts hielten die Risiken für vertretbar und empfahlen die Freigabe des Geschäfts, allerdings schränkten sie ihr Votum an verschiedenen Stellen durch teils strenge Auflagen ein. Zum Beispiel hieß es schon am Anfang, im dritten Satz: „Aufgrund der Dringlichkeit des Antrages und der sehr kurzfristig zu erfolgenden Umsetzung erstellen wir dieses Votum auf Basis von noch nicht final vorliegenden Dokumenten." Sirka H.: Wir hielten es für sinnvoll, das zu erwähnen.

Als Hinweis an die Vorstände?

Der fehlende Antrag aus London

Wortwechsel mit der Verteidigung entzündeten sich an der Frage, wer hätte veranlassen müssen, den Teil-B gemeinsam mit Teil-A zu prüfen, bevor der Vorstand Omega55 zeichnete? Sirka H. meinte , dafür hätte Marc S., der Koordinator in London, einen „Produktantrag" stellen müssen.[39] Es sei immer der Marktbereich für solche Produktanträge zuständig, der das jeweilige Geschäft veranlasse. (So sahen es die internen Regelwerke der HSH vor.[40]) Und bei Omega55 sei der Marktbereich nun einmal die Financial Institutional Group in London gewesen, so Zeugin H.

(Marc S. hatte sich in seiner Befragung auf einen gegensätzlichen Standpunkt zurückgezogen und den Ball ins Feld von Sirka H. gespielt, warum es für den riskanteren B-Teil keinen eigenen NPNM-Prozess gegeben habe. NPNM habe sich entscheiden, sich auf Teil-A zu konzentrieren, hatte S. ausgesagt, weil Teil-B mit der Liquiditätsfazilität nicht Neues für die HSH gewesen sei, kein neues Produkt.)

---

39 siehe Urteil LG Hamburg vom 9.7.2014, S. 120

40 ebenda S. 119ff

Nicht nachgedacht?
Richter Bruns fragte anschließend erneut mehrfach, ob Sirka H. nicht in das Votum hätte reinschreiben *müssen*, dass es auch einen Teil-B gebe, den ihr Team nicht begutachtet habe? Darüber habe sie nicht nachgedacht. Sie habe das Verfahren abgewickelt und dann das Votum weitergegeben, so H.[41] Allerdings hatte die Zeugin mit Marc S. schon über Teil-B gesprochen, etwa Mitte Dezember 2007. Sie habe den Kollegen gefragt, was denn in dem „ominösen" Teil-B stecke? S. habe ihr daraufhin zu verstehen gegeben, dass er unter anderem eine „Liquiditätsfazilität" enthalte, eine Art Dispositionskredit, den die HSH der Omega-Zweckgesellschaft gebe. Später, im Januar 2008, stellte sich dann heraus, dass Teil-B gar keine Liquiditätsfazilität im eigentliche Sinne war, sondern wirtschaftlich gesehen ein „Total Return Swap", weil die Fazilität mit einer „Verbriefung"[42] verknüpft war - der STCDO.

Swap statt Dispo
Ein „Total Return Swap" aber hätte einen NPNM-Prozess durchlaufen und damit auf dem Schreibtisch der Zeugin Sirka H. landen *müssen*. Wieso? Weil der Wert eines STCDO ständig schwankt wie auf einem Wochenmarkt. Damit aber schwankt im Fall von Teil-B auch der Wert der 400-Millionen-Euro-Liquiditätsfazilität; sie wird damit zu einem „Total Return Swap". Weil die HSH dadurch ständig Marktpreisrisiken und damit Verlusten ausgesetzt war, hätte sich das vorher die Abteilung NPNM ansehen müssen. Eine reine Liquiditätsfazilität, deren Wert nicht täglich schwankt, braucht auch keinen NPNM-Stempel.

Warum aber haben die Londoner die Abteilung NPNM über Teil-B im Unklaren gelassen und keinen Produktantrag gestellt? Weil sie selbst erst nach dem 19. Dezember wussten, was in Teil-B steckte, als ein Teil des Vorstandes das Geschäft bereits genehmigt hatte? Weil London die Zeit davon lief bis zum Jahreswechsel? Weil Provisionen winkten? Weil die Abteilungen aneinander vorbeiredeten und personell unterbesetzt waren?

Der Prozess wird diese Fragen nicht beantworten.

41 siehe auch Urteil LG Hamburg, vom 9.7.2014, S. 139f
42 der STCDO

Tag 13
Ein flüchtiger Moment der Wahrhaftigkeit?

Es war einer dieser bisher wenigen Momente im Plenarsaal des Hamburger Landgerichts, bei denen es plötzlich still im Raum wurde und eine abwartende Ruhe eintrat. Am 4. September, nachmittags, gab es so einen Moment bei der Befragung der Zeugin Sirka H.

Die auf der Zeugenbank platzgenommene, ehemalige HSH-Mitarbeiterin war Ende 2007 Koordinatorin *der* Abteilung, die neue Geschäfte (Produkte) nach bestimmen Kriterien zu prüfen hatte, bevor diese von Bereichsleitern oder dem Vorstand genehmigt und abgeschlossen werden durften. An diesem Prüfprozess sind unter anderem das Risikomanagement beteiligt, das Rechnungswesen und die Rechtsabteilung. Alle sehen sich das Geschäft an und geben ihre Meinung ab. Das Ergebnis lag dann den Geschäftsvorlagen bei.

Eine einfache Sinnfrage

Die Zeugin hatte an diesem 13. Prozesstag gerade erzählt, dass sie und ihre Mitarbeiter bei der Prüfung des A-Teils ein Standardverfahren angewandt hatten, weil sie noch mit einer Vielzahl weiterer „neuer Produkte" beschäftigt waren. Daraufhin fragte Richter Bruns, worin denn eigentlich der Sinn dieses Prüfverfahrens für den Vorstand liege? Diese Frage klang naiv. War sie aber überhaupt nicht. Nur wer den Sinn seiner Arbeit kennt, handelt letztlich bewusst und sorgfältig.

Die Zeugin antwortete nicht

Und da wurde es still im Saal und immer stiller. Das Gericht wartete. Die Staatsanwälte blickten auf. Und ich dachte: Kommt jetzt mal die Wahrheit auf den Tisch? Zeugin H. in das Schweigen: „Ich überlege gerade, ob ich hier meine persönliche Meinung sagen soll …" Bruns ermuntert sie sofort mit: „Ja. Auch …" Aber dazu kam es nicht, weil einer der Verteidiger wohl die Brisanz der Situation erkannte und in die nachdenkliche Stimmung eine für mich akustisch nicht zu verstehende Bemerkung hineinsprach - und damit den Moment zerstörte. Diesen Moment des Nachdenkens und Zögerns der Zeugin, bei ihrer Suche nach der Sinnhaftigkeit eines der wichtigsten Arbeitsschritte für den Vorstand, bevor dieser ein riskantes und teures Finanzgeschäft abschließt.

Was für eine vertane Chance. Entsprechend sauer war Richter Bruns.

Denn warum hatte die bis dahin unerschrocken antwortende Zeugin so lange gezögert? Konnte sie wirklich nicht den Sinn ihres Jobs erklären, also das, was sie Jahre lang getan hatte? Diese Schlussfolgerung scheint unplausibel.

Prüfaufgabe ohne Sinn?
Zeugin H. ist Betriebswirtin und hatte vor diesem NPNM-Job komplizierte Geschäfte strukturiert, sich also ausgedacht. Was war es also dann? Wollte sie nicht sagen, dass sich der Vorstand damit absichert? Falls etwas schief gehen sollte, wären die Mitarbeiter verantwortlich? Oder fand sie, dass das Ergebnis der Prüfung, also ihrer Arbeit, vielleicht gar nicht wirklich wichtig war für die Vorstände und andere Entscheider - weil sie ohnehin so entschieden, wie sie es für richtig hielten?

Die Antwort der Zeugin hätte eine aufschlussreiche Innenansicht in die HSH gegeben. Die Verteidigung wusste das zu unterbinden.

Nach dem auf die Szene folgenden Clinch zwischen Richter Bruns und dem wachen Verteidiger hatte sich die Zeugin wieder gefangen und erklärte routiniert, dass die Prüfung eine Vorgabe der Bankenaufsicht sei, eine Vorgabe der Mindestanforderungen für das Risikomanagement (MaRisk). Immer dann, wenn die Bank ein neues Finanzgeschäft eingehen will, muss der jeweilige Marktbereich, also zum Beispiel die Immobilien- oder Schifffahrtssparte, in einem „Produktkatalog" nachsehen, ob die Bank dieses Geschäft schon einmal abgeschlossen hat. Wenn nicht, muss es erst geprüft werden, durch Mitarbeiter wie Sirka H.

Deshalb stelle sich für sie nicht die Sinnfrage, so die Zeugin.

Blog-Kommentar
11. September 2013 @ 17:22 von: bescheidwisser
Das spricht für sich selbst, oder?
[...]
Das Gericht scheint sich damit nahe an den Kern der Sache bewegt zu haben, denn in den entsprechenden Vorgaben der MaRisk werden ausdrücklich die Geschäftsleiter (der Vorstand) in die Pflicht genommen, über die Einführung eines neuen Produktes zu entscheiden. Auch nach Einführung des neuen Produktes müssen die Prozesse der Bank, die beispielsweise die Risikosteuerung, aber auch die korrekte Bilanzierung (Nonnenmacher) gewährleisten, weiterhin fehlerfrei funktionieren.[43]

43 vergleiche Rundschreiben 5/2007 vom 30.10.2007 „MaRisk", AT 8, Nr. 5

Montag, 9. September 2013

Tag 14: Kein Geschäft zuvor war wie Omega55

Am 14. Verhandlungstag stand erneut das von der **Zeugin Sirka H.** zusammengestellte NPNM-Votum zu Omega55 im Zentrum der Befragung von Gericht, Staatsanwaltschaft und Verteidigung. Dieses Votum vom 14. Dezember 2007 pflückte **Richter Volker Bruns** dieses Mal Satz für Satz auseinander, wie zuvor schon mit dem Zeugen Marc S. die Vorstandsvorlage. Das NPNM-Votum umfasst zwei Seiten[44].

Wichtige Aussagen der Zeugin bei dieser Vernehmung waren, ergänzend zu ihren ersten vom 4. September, von mir zusammengefasst und gekürzt:

> Teil-A konnte nicht in den Systemen der HSH einheitlich erfasst werden, nicht in der IT, nicht in der Buchhaltung, nicht im Controlling. „Das musste manuell erledigt werden. Das war ein Umstand, mit dem wir leben mussten."
>
> Die Risikoabteilung konnte das Risiko für Teil-A (vermutlich das Ausfallrisiko in den abgeschobenen Krediten) nur abschätzen, nicht errechnen, weil ihr das nötige Bewertungsmodell fehlte. Die Abteilung hielt das Risiko allein deshalb für vertretbar, weil Teil-A nur kurz laufen sollte (bis April 2008, vergleiche Ziffer 4 im NPNM-Votum im Anhang).
>
> Zeuge Marc S., Koordinator von Omega55, soll in einem Telefonat Anfang Dezember 2007 verneint haben[45], dass Teil-A und Teil-B wirtschaftlich miteinander verbunden seien (was sie aber waren).
>
> Das NPNM-Votum datiert vom 14.12.2007. Erst um dieses Datum herum habe NPNM überhaupt den Vertragsentwurf (ein „term sheet") zu Teil-A erhalten. Die Ressorts prüften damit Teil-A, während London noch an den Konditionen des Geschäfts saß. NPNM musste also während der laufenden Strukturierungsarbeiten ihre Meinung abgeben. Dass es einen solchen Vorgang schon einmal gegeben habe, daran konnten sich die Kollegen nicht erinnern, so Zeugin H.
>
> Noch am 18.12.2007 habe der Koordinatorin H. *keine* schriftliche Stellungnahme der Rechtsabteilung vorgelegen, weil die zuständige Juristin Vera S. zu viel zu tun gehabt habe. Ich schaffe es nicht schriftlich, soll sie zu H.

44 Votum siehe Anhang
45 vergleiche Urteil LG Hamburg, vom 9.7.2014, S. 339, 139

dann doch telefonisch gesagt haben. Daran erinnere sich die Zeugin deshalb so genau, weil sie die Juristin zuvor nie sprechen konnte und sie auch in diesem Telefonat nicht über den Inhalt der Prüfung sprachen.
(Einen Tag früher, am 17.12., hatten bereits die ersten beiden Vorstände Omega55 unterschrieben - Rieck und Strauß).

Die Zeugin als Koordinatorin des NPNM-Prozesses hatte nicht die Aufgabe, die Aussagen der zuarbeitenden Ressorts zu hinterfragen.

Es gab keine Stelle, in der alle Arbeitsergebnisse in einen Zusammenhang gestellt, analysiert, hinterfragt und bewertet wurden.

NPNM empfahl Freigabe unter strengen Auflagen

Im Grunde sei die Freigabe durch NPNM wie eine *Vorweggenehmigung* des Geschäfts gewesen - weil nicht alle benötigten Dokumente vorlagen, soll Zeugin H. in der staatsanwaltlichen Vernehmung eingeräumt haben. Und: Dass das sehr ungewöhnlich war. Richter Bruns las die entsprechenden Passagen aus dem Vernehmungsprotokoll der Staatsanwaltschaft vor. Damit konfrontiert nickte die Zeugin bestätigend, ohne groß darauf einzugehen.

Das Votum von NPNM für Teil-A von Omega55 erfolgte zudem unter zahlreichen Auflagen wegen der zahlreichen noch fehlenden Informationen. So verfügte NPNM zum Beispiel in seinem Votum unter Ziffer 1., dass die Abteilungen Grundsatzfragen und Accounting *vor* Geschäftsabschluss eine schriftliche Stellungnahme bei NPNM einzureichen haben, wie Teil-A zu bilanzieren und aufsichtsrechtlich zu behandeln sei.[46]

Hoch komplexes Geschäft für HSH

Zentral überwacht habe aber keine Stelle in der Bank, wer was wann nachliefern muss, und ob diese Abteilung das auch getan habe, so, wie es NPNM forderte. So ein Kontrollsystem habe es in der HSH nicht gegeben. Dabei sei schon Teil-A von Omega55 „für eine Organisation wie die HSH“ ein hoch komplexes Geschäft gewesen, berichtete die Zeugin. Später musste sogar extra eine Arbeitsgruppe gebildet werden, um herauszufinden, wie der Deal 2008 manuell aus den Büchern wieder getilgt werden konnte. Für eine automatische Ausbuchung fehlten die technischen und organisatorischen Voraussetzungen.[47]

46 siehe Votum von NPNM im Anhang

47 Das durch manuelle Tätigkeiten „operationelle Risiken“ entstehen, thematisiert das NPNM-Votum an prominenter Stelle unter „NPNM-relevante Risiken“.

Konnte Omega55 wirklich profitabel sein?
Offensichtlich wurde in der Befragung der Zeugin, dass sie und die Kollegen in ihrem Umfeld sich schon gefragt haben, ob Omega55 als *Ganzes* profitabel und sinnvoll für die HSH sein konnte, weil es so viele Ungereimtheiten gegeben habe, die Risikoabschätzung schwierig war und das Handling per Hand zu erfolgen hatte, was Fehler implizierte.

Diese Sorgen verfolgten die Mitarbeiter aber nicht weiter. (Das Arbeitspensum war wohl zu hoch.)

Auch diese Zeugin berichtete über ihren Arbeitsalltag und der erinnerte sehr an ihre Vorredner, die Zeugen Marc S. und Dr. Michael S. Sie habe zwischen 9 und 18 Uhr in Besprechungen gesessen und dann bis circa 22 Uhr ihren Schreibtisch abgearbeitet. 12-Stunden-Tage waren 2007 „ganz normal". Alle Kollegen hatten schon viele Überstunden angesammelt, die Kollegen seien überlastet gewesen, erzählte die Zeugin.

Höchste Priorität für Omega
Ob ihr gesagt worden sei, dass Omega55 für die Bank einen hohen Stellenwert habe, wollte Richter Bruns wissen. London als Auftraggeberin für den Prüfprozess habe Omega55 jedenfalls eine hohe Priorisierung zugeschrieben, antwortete die Zeugin. Prioritätslisten zeigten, was zuerst abgearbeitet werden musste, und daran habe sich NPNM gehalten. Prioritäten habe es unter anderem deswegen gegeben, weil NPNM personell unterbesetzt war - „begrenzte Ressourcen hatte", wie es die Zeugin formulierte. Selbst wenn der Vorstand direkt von der schwierigen Personalsituation gewusst hätte, hätte sich nichts geändert, meinte Sirka H. couragiert im Angesicht ihrer früheren Vorgesetzten. Die Arbeit wäre deswegen nicht weniger geworden.

Gefühlter Druck, Omega als positiv zu bewerten?
Direkter Druck, den Prüfprozess mit einem positiven Votum abzuschließen, sei zwar nicht ausgeübt worden. Sirka H. sei aber oft von ihrem M1-Leiter angesprochen worden, wie denn der Stand sei. Jeden zweiten Abend. Das empfand sie als ungewöhnlich, weil sie nicht an ihn zu berichten hatte.

Sie sei jedenfalls nicht angewiesen worden, Teil-A freizugeben. London habe wohl bei ihrem Vorgesetzten öfter nachgehakt, weil London fand, NPNM in Hamburg arbeite zu langsam. Sie habe wegen dieses ständigen Nachfragens geschlussfolgert, „dass ein hoher Erledigungsdruck bestehe, und dass es für die Bank wichtig sei, die Transaktion positiv abzuschließen", so die Betriebswirtin. War die Abteilung zu langsam, fragte Richter Bruns. Kritik haben wir fast immer abbekommen, so H., was sie manchmal als unfair empfand. Sie habe aber dafür gesorgt, dass die Arbeit ihres Teams in der Bank geschätzt werde.

(Ein Teammitglied von Sirka H. wurde später im Prozess, am 29. Tag, deutlicher als seine damalige Vorgesetzte Sirka H. bei der Frage, ob die Prüfung durch NPNM ergebnisoffen gewesen oder Druck ausgeübt worden sei, den Finanzdeal positiv zu bescheiden.

Was fehlte wirklich? Zeit oder Antrag?

Gegen Ende ihrer Befragung verhedderte sich die bislang sicher formulierende Betriebswirtin Sirka H. aber in einen Widerspruch. Richter Bruns ließ wiederholt nicht locker, warum die Zeugin nur Teil-A habe prüfen lassen, *ohne* Teil-B. Die Zeugin sagte schon leicht genervt, dass einfach keine Zeit mehr für Teil-B gewesen sei. „Wir hätten Omega55 nicht in wenigen Tagen durch den NPNM-Prozess bringen können, technisch und prozessual war so was noch nie dagewesen." Also entschied man sich: Wir prüfen nur Teil-A. In ihrer vorangegangenen Befragung hatte sie noch strikt darauf gepocht, der fehlende Produktantrag aus London sei der Grund gewesen, warum NPNM sich diesem Teil nicht auch noch gewidmet hat.

War es nun Zeitmangel oder das ausgebliebene „Papier", der Produktantrag, aus London, der die Prüfung von Teil-B verhinderte? Die Zeugin klärte den Widerspruch nicht auf und das Gericht pochte nicht auf eine Antwort.

Sie ergab sich auch nicht später.

zwischendrin

Journalistisch schwierige Arbeitsbedingungen

Stillsitzen über Stunden und zuhören, ohne auch nur eine Frage selbst stellen zu dürfen. Für Journalisten eine nervenaufreibende Angelegenheit. Mehr als einmal wäre ich am liebsten aufgesprungen und hätte das Fragerecht an mich gerissen. Journalisten und Beobachter haben im Gerichtsaal aber nunmal den Mund zu halten und Contenance zu bewahren. So sind die Spielregeln. Akzeptabel. Es könnte aber auch manches anders geregelt sein, damit Journalisten für die Öffentlichkeit wichtige, thematisch wie juristisch sehr anspruchsvolle Prozesse wie dieses Untreue-Verfahren gegen sechs frühere Landesbankvorstände besser verfolgen können. Die Arbeitsbedingungen sind journalistisch kaum zu vertreten. Die für Strafprozesse gesetzlich bestimmte Öffentlichkeit beschränkte sich nach meinem Eindruck doch überwiegend auf eine offene Tür zum Zuschauerraum.

Laptopverbot

Eine große Erleichterung wäre es, wenn wir Journalisten im Gericht unsere Laptops nutzen dürften, um mit zu tippen, was Zeugen sagen, Richter fragen oder Verteidiger einwerfen - oder auch schnell einen Gedanken zu notieren. Zumal die Tastatur der unter Journalisten verbreiteten Laptop-Marke nicht so klappert, dass sich das Gericht fühlen müsste, als säße es in einem Schreibbüro. Der Vorsitzende Richter hatte in einer Presseverfügung angeordnet, Laptops „während der Verhandlung auszustellen". Von den elektronischen Helfern durften nur Prozessbeteiligte Gebrauch machen, wie die Richter, Verteidiger und Staatsanwälte. Allen anderen im Saal blieb nichts anderes übrig, als per Hand mitzuschreiben. Stunde um Stunde. Tag für Tag. Ich habe schon drei Blöcke voller Notizen. (Es kamen weitere vier dazu.) Am Ende der Prozesstage schmerzte meine rechte Hand jedes Mal. Dem Mitschreiben per Hand setzen auch die juristisch-verwinkelten Sätze, langen Argumentationsketten und die impulsiven Streitigkeiten arge Grenzen.

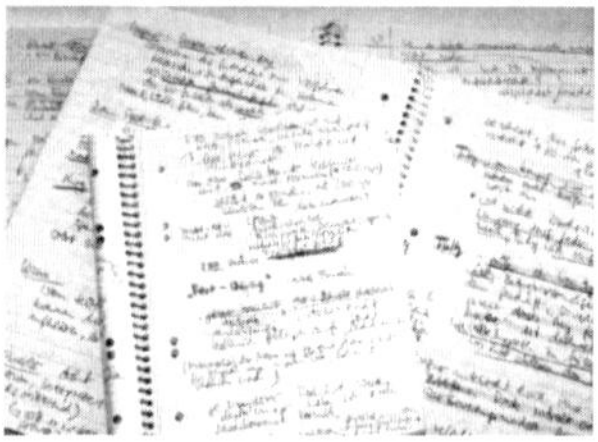

Dokumente nicht einsehbar

Hinzu kommt, dass im Verfahren eine große Menge an Dokumenten und eMails zitiert und sich darauf bezogen wird. Oft sind es zentrale Beweise. Sie liegen aber nur den Prozessbeteiligten vor. Gerade manche Verteidiger, die die Inhalte kennen, lesen solche Beweismittel oft schnell vor oder gar nicht, schludern zuweilen und sind dazu noch weit weg von ihrem Mikrofon. Wegen der schlechten Akustik des Plenarsaal im Landgericht kommen die Lautfetzen dann hinten im Saal beim Publikum kaum noch an. Die Verteidiger, aber auch das Gericht, legen den Zeugen manches mal auch eMails vor, ohne sie vorher für alle hörbar vorgetragen zu haben und stellen dann ihre Fragen. Sich als Prozessbeobachter darauf einen Reim zu machen, ist fast unmöglich.

Auch zu den seitenlangen Erklärungen der Verteidiger und den gestellten Beweisanträgen erhalten Journalisten meist keinen Zugang. Und die Gutachten, die im Prozess zur Sprache kommen werden, sind ebenfalls für die Öffentlichkeit nicht einsehbar.

Bei der komplexen Materie dieses Wirtschaftsstrafprozesses von hoher gesellschaftlicher Bedeutung wäre es hilfreich, wenn wichtige Schriftstücke und eMails berichtenden Journalisten zugänglich gemacht oder sie an eine Saalwand projiziert würden - was später im Prozessverlauf sogar erfreulicherweise praktiziert wurde - oder die Akten in den Tagen danach ganz offiziell auszugsweise eingesehen werden könnten.

Bitte nicht ansprechen

Sicher dürfen Strafverteidiger ihre Erklärungen und Beweisanträge Journalisten in die Hand drücken, zum Nachlesen, Verstehen und Fehler vermeiden. Zu mir hielten die Verteidiger Distanz. Ihnen schien meine ständige Wiederkehr ins Gericht und mein beharrliches Verfolgen der thematisch drögen Materie suspekt zu sein; ich fühlte mich unter ihren Blicken wie jemand, der Schrullen hat. Zwar grüßten mich einige Verteidiger und Angeklagte morgens mit einem Kopfnicken. Dokumente übergaben sie aber nicht. Nachfragen erschienen zwecklos.

Tabu für die Presse sind die Zeugen und Sachverständigen. Bei ihnen heißt es: Nicht ansprechen, nichts fragen!

Öffentlichkeit wirklich erwünscht?

Auf mich wirken diese Bedingungen, als wolle man lieber unter sich bleiben und als sei im Gerichtsbetrieb eine fortlaufende, umfassende und faktisch richtige Berichterstattung für die Öffentlichkeit nicht wirklich erwünscht. Zweifel an gehörten Tatsachen, Erklärungen, rechtlichen Diskussionen und dem, was Zeugen aussagten, kann nur sehr aufwändig, meist gar nicht geklärt werden, so wie es die journalistische Sorgfaltspflicht verlangt, weil auch kein Wortprotokoll im Gericht aufgezeichnet wird, wie das im Bundestag zum Beispiel vorbildlich geschieht. Mitschnitte durch Journalisten sind ohnehin strikt verboten. Und da kein Pressereferent des Landgerichts oder der Staatsanwaltschaft im Saal sitzt, fällt auch dieser Rückgriff aus. Zitate und Einordnungen können damit für Journalisten zum Himmelfahrtskommando werden, wie der weitere Prozessverlauf auch zeigen wird.

Die Stellung der Presse wird für mich metaphorisch am Eingang zum Landgericht deutlich. Journalisten haben sich wie Besucher, Neugierige und Angeklagte an der Einlasskontrolle anzustellen. Schöffen und Zeugen werden immerhin bevorzugt an den Schleusen durchgelassen. Staatsanwälte und Richter gehen durch eine Extratür. Ist viel los, weil zum Beispiel im Eingangsbereich renoviert wird, können bei der Einlasskontrolle locker 20 Minuten mit Warten draufgehen. 20 Minuten, die ich als in der Schlange verplempere, statt dem Prozess zu folgen.

UNGLAUBLICHE DETAILS

Mittwoch, 18. September 2013

Tag 15: Stand HSH Ende 2007 am Abgrund?

Immer wieder spült die Hartnäckigkeit der Richter Unglaubliches an die Oberfläche. Es sind Details, die einen den Kopf schütteln lassen. An diesem Tag hätten Buchhalter, Steuerberater und Wirtschaftsprüfer die Hände über dem Kopf zusammengeschlagen. Und all jene, die es im Leben genau nehmen. Ich selbst konnte an diesem Tag nicht anwesend sein. Mein Bericht beruht auf Gesprächen mit anderen Prozessbeobachtern, Journalisten und dem Urteil.

Kaum noch Geld

Eine der langjährigen Buchhalterinnen der HSH, Angelika S., war jedenfalls als vierte Zeugin des Verfahrens da. Sie schilderte die Zustände um Omega55 und in der Bank allgemein. Und sie soll berichtet haben - ob in der staatsanwaltschaftlichen Vernehmung oder bei ihrer Zeugenaussage vor Gericht ließ sich nicht mehr nachvollziehen: Die HSH stand im vierten Quartal 2007 am Abgrund und war kaum noch liquide. Die Stimmung unter den Mitarbeitern sei zudem sehr angespannt und der Druck unheimlich groß gewesen, soll die Buchhalterin erzählt haben.

Diese Details decken sich mit Informationen aus Protokollen von Vorstandssitzungen von August und September 2007 und Aufsichtsratssitzungen Ende 2007. Das Thema „Liquidität" soll bei diesen Sitzungen einen großen Raum eingenommen haben. Es galt sicherzustellen, dass die Landesbank ihren finanziellen Verpflichtungen nachkommen konnte. Die Lage wurde offiziell von Joachim Friedrich als Kapitalmarktvorstand bei einer Aufsichtsratssitzung im September 2007 als „angespannt" beschrieben, „aber nicht kritisch"[48]. Eine Wortgruppe, die auch andere Vorstände in den Wochen danach gebrauchten. Eine Untertreibung. Denn die heraufziehende Finanzkrise forderte längst ihren Tribut in der HSH. Einigen außerhalb der HSH-Bilanz geführten Zweckgesellschaften[49] wie dem „SIV Poseidon" mit einem Volumen von rund fünf Milliarden Euro drohte offenbar der Zwangsverkauf. Die HSH fing sie mit Liquiditätsspritzen auf. Um die Geldströme sicherstellen zu können, borgte sich die HSH nach Angaben ihres Geschäftsberichtes immer öfter von den Notenban-

---

48 Bericht PUA Schleswig-Holsteinischer Landtag, Drucksache 17/1675, S. 151, 110

49 Die HSH stand Ende 2007 außerbilanziell mit rund 37 Milliarden (!) Euro in Haftung - über Eventualverbindlichkeiten, unwiderrufliche Kreditzusagen und andere Verpflichtungen. vergleiche Geschäftsbericht HSH Nordbank AG 2007, S. 180

ken Geld, statt vom Kapitalmark - also von anderen Banken.

Und in dieser prekären Lage unterschrieben die Vorstände im Dezember 2007 im B-Teil von Omega55, dass die HSH der BNP Paribas, sollte etwas schief gehen in der komplexen STCDO, bis zu 400 Millionen Euro überweist. Cash. Denn das steht letztendlich hinter einer Liquiditätsfazilität: Eine Art zeitweiliger Blitzkredit. 400 Millionen, die die HSH zu dieser Zeit nicht hatte und sich bei anderen Banken hätte leihen müssen. Zwar hätte die HSH am Vertragsende von Teil-B die Millionen zurückerhalten, also spätestens nach sieben Jahren. Zwischenzeitlich aber musste Geld fließen. Trotz dieses Zahlungsrisikos gaben die Vorstände Omega55 frei - vor dem Hintergrund der extrem angespannten Bonität ihrer Landesbank.

Guter Dinge - nach außen hin

Nach außen drang von all dem nichts. Im Gegenteil. Noch im November 2007 präsentierte die HSH selbstbewusst das Ergebnis der ersten neun Monate. Vorstandschef Berger sprach vom „besten dritten Quartal seit Gründung der HSH". Statt Selbstkritik verschleiernde Durchhalteparolen. Das Bild nach außen musste stimmen, damit die Geldgeber der Landesbank keine kalten Füße bekamen.

Omega wird per Hand eingebucht

Zeugin Angelika S. war auch die Koordinatorin in der Buchhaltung, die Omega55 mit ihren Mitarbeitern in das Zahlenwerk der Bank einzubuchen hatte - Teil-A und Teil-B. Finanzgeschäfte werden im Rechnungswesen erfasst, genau wie jeder Kauf eines Bürostuhls oder Gehälter. Am Ende eines Jahres wird alles in der Bilanz zusammengefasst. Ein Vermögensüberblick.

Die Buchhaltung soll die zwei Teilgeschäfte wohl Anfang 2008 per Hand eingebucht haben. Ein aufwändiger, teurer und seltener Vorgang. Denn obwohl viele Daten an anderen Stellen in der HSH elektronisch vorlagen, konnten die Daten für Omega55 nicht automatisiert in die Buchhaltung übertragen werden, erklärte die Zeugin. Das gaben die IT-Systeme und Organisationsstrukturen der HSH zu dieser Zeit nicht her.

Sie bestätigte damit Aussagen der zuvor gehörten NPNM-Koordinatorin.

Konsolidieren? Keine Zeit!

Im März 2008 habe dann die Frage angestanden, ob und wie die Zweckgesellschaft, die die HSH in der Steueroase Jersey für Omega55 im Dezember 2007 gegründet hatte, die Mathias Ltd., in das Rechnungswesen aufzunehmen sei; ob sie wie eine Tochter angesehen und damit in die Bilanz der HSH mit einbezogen werden musste. Zeugin Angelika S. soll Anfang 2008 aber keine Zeit gehabt haben, sich mit dieser Konsolidierung fachlich zu beschäftigen. Sie sei zu ausgelastet gewesen. Außerdem sollen die in London zuständigen Kollegen der Financial Institutional Group gesagt haben, Teil-A von Omega55 werde ohnehin im April abgewickelt, da lohne eine Konsolidierung der Mathias Ltd. nicht mehr.

(Als ob Buchhaltung und Bilanzierung eine Frage der zeitlichen Umstände wären! Gesetze wie das Handelsgesetzbuch oder die International Financial Reporting Standards (IFRS) schreiben vor, wann eine Bank - wie jedes andere Unternehmen auch - was wie zu bilanzieren hat. Personelle und zeitliche Engpässe spielen dafür keine Rolle.)

Ohne Konsolidierung Eigenkapitalentlastung?
Im Geschäftsbericht der HSH für das Jahr 2007 ist die Mathias Ltd. jedenfalls nicht (als konsolidierte Tochterfirma) aufgeführt. Wie aber konnte die über den A-Teil angestrebte Eigenkapital-Entlastung von 128 Millionen Euro dann erreicht werden, wenn die Mathias Ltd. *nicht* in den Mutterkonzern und damit in die Bilanz der HSH 2007 integriert - also konsolidiert - wurde? War das nicht der Clou an der Sache?[50]

Das NPNM-Votum wies als Bestandteil der Vorstandsvorlage unter der Überschrift „NPNM relevante Risiken" jedenfalls darauf hin, dass unter IFRS eine Pflicht zur Voll-Konsolidierung der Zweckgesellschaft Mathias Ltd. bestehe. Die HSH bilanzierte das Jahr 2007 erstmals nach IFRS. Und auch im Risikovotum wird unter Ziffer 1. im zweiten Satz klar gestellt:

> *„Weil die Tochtergesellschaft eine vollkonsolidierte Tochtergesellschaft sein wird, wird die HSH Nordbank von der 20%-igen Risikogewichtung des Sicherungsgebers BNP Paribas profitieren."*[51] (eigene Übersetzung)

Und das ist die entsprechende Stelle im Risikovotum:

The proposed transaction, for which a liquidity facility of EUR 2.400 bln is applied for (economic equity / rating could not be determined yet), consists of two parts:

1. **In order to reduce the 100% RWA on the portfolio a HSH subsidiary will purchase CDS protection on the portfolio from BNP Paribas. Since the subsidiary will be a fully consolidated subsidiary, HSH Nordbank will benefit from the 20% risk weight for the protection provider BNP Paribas.**

50 Im Urteil des LG Hamburg vom 9.7.2014 wird auf diesen Sachverhalt nicht eingegangen.
51 vergleiche Anhang S. 362 und Urteil LG Hamburg, vom 9.7.2014, S. 181

Freitag, 20. September 2013

Tag 16: Lüge oder Lücke?

Ich frage mich oft, während ich den Zeugenaussagen lausche: Was geht wohl jetzt den Angeklagten durch den Kopf, wenn sie hören, sich anhören müssen, wie ihre Mitarbeiter geackert haben bei diesem irren Geschäft Omega55, dass 12-Stunden-Tage und länger normal waren Ende 2007, wie sie alle unter großem Druck standen. Und wenn sie sehen, wie sich die Zeugen teilweise winden unter den Fragen der Richter und den Augen ihrer ehemaligen Chefs und sich an vieles nicht erinnern können - oder wollen.

Wie fühlt sich das für die ehemaligen Vorstandschefs an, wenn sie hören, wie mangelhaft die internen Strukturen ihrer Bank waren, zu welchem Verhalten ihre eigenen Vorgaben führten und welche Fehler ihre Mannschaft gemacht hat? Wir werden es nicht erfahren. Wir Prozessbeobachter können auch keine Rückschlüsse von äußerlichen Regungen ziehen, was die Angeklagten möglicherweise denken und empfinden. Denn wir sitzen hinter ihnen und sehen nur ihre Rücken. Rücken, die bei einigen - wie Bernhard Visker - oft gebeugt sind vom Mitschreiben.

Ungeheuerliche Zusammenhänge

Was die beschuldigten Vorstände an diesem und dem folgenden, 17. Verhandlungstag von der früheren **Mitarbeiterin der Rechtsabteilung,** der **Juristin Vera S.**, zu hören bekamen, fand ich so unglaublich, dass es mir fast die Sprache verschlagen hätte, wäre ich im Gerichtssaal ohnehin nicht zur Stummheit verbannt. Der Name der Zeugin war schon mehrfach im Verfahren gefallen. Vera S. wusste um die Brisanz ihrer Aussage, blieb aber ruhig. Eine zarte Erscheinung, um die 40, blond. An ihrer Seite derselbe Zeugenbeistand wie bei Dr. Michael S., dem zweiten Zeugen des Verfahrens.

Mit Omega55 haben die Vorstände ein gerade in rechtlicher Hinsicht höchst komplexes Geschäft genehmigt, dessen Prüfung durch die Rechtsabteilung rechtlich verpflichtend war. Die Juristen hatten zu beurteilen, ob die rechtliche Ausgestaltung von Omega55 tatsächlich zum angestrebten Ziel führt, das Eigenkapital der Bank von möglichen Verlusten zu entlasten und die Regeln der Bankenaufsicht eingehalten werden. Ohne Zustimmung der Rechtsabteilung hätte es Omega55 nicht gegeben. Die Rechtsabteilung stimmte zu: Ja, durch Omega haben wir mehr Eigenkapital - so zumindest erinnerte sich der erste Zeuge im Prozess, Marc S. Er hatte die Vorstandsvorlage in der Londoner Niederlassung koordiniert (siehe Tage 3-9).

Juristin widerspricht Omega-Koordinator

Diese Erinnerung hätte die Zeugin Vera S. bestätigen können. Hat sie aber nicht. Im Gegenteil. Die Juristin berichtete, Omega55 sei der Rechtsabteilung das erste Mal Ende November 2007 vorgestellt worden; da sei sie aber im Urlaub gewesen. Deshalb habe ihr **Kollege Dr. Sascha E.** den Fall übernommen. Dieser hätte aus London eine graphische Skizze des Geschäfts erhalten, die wiederum von der BNP Paribas stammen sollte. Der erste Zeuge, Marc S., hatte die Skizze dem Gericht nicht erklären können.

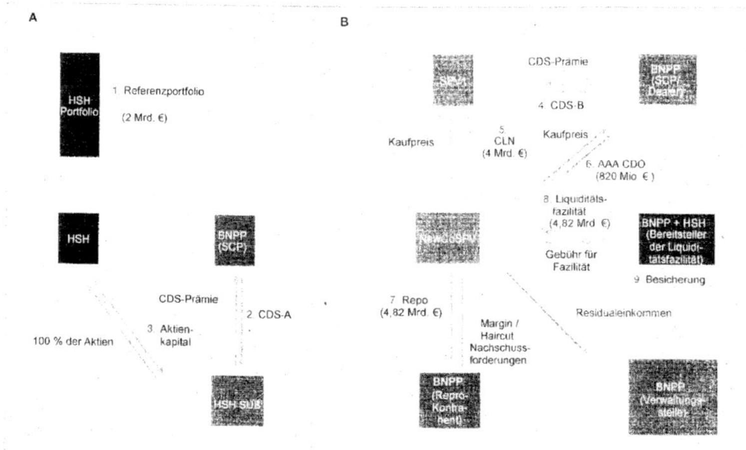

Die Skizze des Geschäfts Omega55 von der BNP Paribas.

Skizze musste reichen

Anhand dieser Skizze habe Sascha E. eine erste rechtliche Einschätzung zu Teil-A erstellt, erzählte Vera S. Seine Beurteilung schickte er Ende November per eMail zu den Kollegen nach London. Mehr nicht. Für eine endgültige Beurteilung hätten mehr Informationen vorliegen müssen, sagte die Zeugin. In der englischsprachigen Vorstandsvorlage stand dann zwei Wochen später:

> *„The structure has been vigorously reviewed and ultimately approved by Legal and Compliance.“*
>
> (Die Struktur ist durch die Rechts- und Compliance-Abteilung genauestens geprüft und letztlich genehmigt worden. eigene Übersetzung)

Lüge oder … ?

Nur Teil-A geprüft im hektischen Dezember

Bei den Vorbereitungen für die nächste Aufsichtsratssitzung im April 2008, bei der Omega55 vorgestellt werden sollte, bekamen Vera S. und ihr Kollege Sascha E., wohl im März, die Vorstandsvorlage von Omega55 erstmals zu Gesicht. Da „haben wir uns nicht gefreut", erzählte die Zeugin. Denn in ihrer Erinnerung hatte die Rechtsabteilung Omega55 nicht freigegeben, sondern das Geschäft nur *vorläufig* eingeschätzt Auch habe sich die Rechtsposition nur auf Teil-A bezogen, also auf den Teil, der das Eigenkapital der HSH entlasten sollte.

Als Vera S. gelesen hatte, was da in der Vorlage stand, habe sie sofort mit dem Koordinator in London, Marc S., telefoniert. Es sei ein „kritisches Telefonat" gewesen, das „nicht konsensual zu Ende gegangen ist".

Lügt einer?

Wann also hat die Rechtsabteilung was geprüft und freigegeben? Hat sie überhaupt geprüft? Wer sagte hier die Wahrheit? Vor Gericht widersprachen sich die Aussagen der Zeugen Vera S. und Marc S. Eigentlich müsste sich so ein wichtiger Sachverhalt durch Gesprächsnotizen, Dokumente, Sitzungsprotokolle und schriftliche Analysen belegen lassen. Aber all das fand sich in diesem Fall nicht in den erörterten Archiven der Bank und bei den Mitarbeitern. Nur diese eMail von Sascha E. ist dokumentiert.[52] Sie datiert von Ende November 2007. Alles andere blieb nur ausgesprochen.

Nichts dokumentiert in dieser ungewöhnlichen Zeit

Für eine Dokumentation habe ihr damals die Zeit gefehlt, gab Vera S. vor den Richtern kleinlaut zu. Sie habe Ende 2007 häufig von 8 bis 23 Uhr gearbeitet. Mit diesen Überstunden habe sie versucht, die Qualität zu halten. Gelitten habe die Dokumentation. Kaum etwas zu notieren „war ein Fehler", der sie „im Nachgang auch geärgert" habe. Das sei eine „außergewöhnliche Zeit" und „nicht mehr schön gewesen", sagte S. leise. Was sie denn dokumentiert hätte, wenn mehr Zeit gewesen wäre, hakte **Richter Tully** nach. Besser wäre gewesen, räumte die Zeugin ein, meine Bedenken zu Papier zu bringen, für die „Nachvollziehbarkeit der Meinungsfindung" und um sich zu erinnern.

Die Zeugin will auch erst kurz bevor die Verträge zu Teil-B am 24.1.2008 unterzeichnet werden sollten erfahren haben, dass im B-Teil die in Teil-A abgegebenen Risiken doch wieder in die HSH zurückkommen. Der Sachstand, der ihr im Dezember vorgelegen habe, sei ein anderer gewesen, sagte sie dem Gericht. Als sie vom tatsächlichen Inhalt des B-Teils erfuhr, habe sie gegenüber

52 siehe Urteil LG Hamburg, vom 9.7.2014, S. 128

dem Londoner Niederlassungsleiter **Luis Marti Sanchez** sofort Bedenken geäußert, weil dann ein Risikotransfer nicht da sei, der das Eigenkapital rechtlich entlaste. Er habe aber ihre Bedenken nicht geteilt, weil Teil-A im Jahr 2007 liege und Teil-B im Jahr 2008. Diese zeitliche Zäsur teile Omega55 in zwei Geschäfte, so Sanchez Logik.

Der **Leiter der Rechtsabteilung, Wolfgang Gößmann**, also der Vorgesetzte von Vera S., soll ihr dann bestätigt haben, dass durch die zeitliche Trennung der Vertragsabschlüsse für Teil A und B Omega55 aufsichtsrechtlich schon als in Ordnung anzusehen sei. Jedenfalls erinnerte sich die Juristin, dass es so dargestellt worden war; sie hatte mit ihm telefoniert.[53] Sie habe daraufhin erneut Sanchez in London angerufen und ihm empfohlen, Teil-B extra vom Vorstand genehmigen zu lassen. Woraufhin dieser erwidert haben soll: Das habe ich schon getan; außerdem stehe ich in einem laufenden Austausch mit dem Vorstand.

Verstoß gegen Bankenrecht - wer erinnert sich richtig?

Vera S. Bedenken aber blieben, ob die zeitliche Trennung der Teilgeschäfte den Risiko-Kreislaufcharakter von Omega55 tatsächlich durchbreche.

Es sei aufsichtsrechtlich letztlich eine „Grauzone" gewesen, was ihr bewusst gewesen sei, sagte sie den Richtern. Schriftlich habe sie nichts ausgearbeitet, genauso wenig wie ihr Kollege Sascha E.

(Die Vorstandsvorlage zu Omega55 stellt jedenfalls beide Teile dar und setzt sie in Zusammenhang, wenn auch rudimentär und mangelhaft, wie später der Gerichtsgutachter sagen wird. Und die Vorstände haben das Ende Dezember 2007 unterschrieben. Ohne umfassende, vorgeschriebene, aufsichtsrechtliche Prüfung, wie es sich nach der Zeugenaussage von Vera S. darstellt. Die Juristen haben damit gegen Bankenaufsichtsrecht verstoßen, gegen die Mindestanforderungen an das Risikomanagement, denn damit war der NPNM-Prozess unvollständig. Das NPNM-Votum schrieb ausdrücklich als Voraussetzung für das Geschäft vor, dass die „aufsichtsrechtliche Behandlung" schriftlich vorliegen müsse - vor Vertragsabschluss oder unverzüglich danach.[54] Nichts von beiden geschah offensichtlich. Kein Wunder, dass die erfahrene Juristin im Zeugenstand oft angespannt wirkte.)

Verblassende Erinnerungen bei NPNM?

Wer aber erinnert sich hier richtig? Das spielte auch bei der Befragung der **NPNM-Koordinatorin Sirka H.** eine Rolle, die nach Vera S. am Nachmittag

53 Wolfgang Gößmann wird am 25. Verhandlungstag eine andere Version erzählen.

54 vergleiche auch Urteil LG Hamburg, vom 09.07.2014, S. 120, 197, 340

Platz auf dem Zeugenstuhl nahm. Vera S. war vorher mit einer erneuten Einladung entlassen worden.

Zeugin Sirka H. gehörte jetzt der Staatsanwaltschaft und der Verteidigung. Beide Parteien konkretisierten die Aussagen H.s vom 14. Tag. Zum Beispiel trieb es **Nonnenmacher-Verteidiger Wagner** um, ob Teil-A wirklich ein hochkomplexes Geschäft gewesen sei, wie die Zeugin zuvor berichtet hatte. „Für Organisationen wie die HSH - ja", antwortete diese fast trotzig.

Viskers **Verteidigerin Münchhalffen** hielt sich im Weiteren mit dem polizeilichen Vernehmungsprotokoll des M1-Leiters der Kapitalmarktsparte auf. Dieser soll Sirka H. oft gefragt haben, wie der Stand bei Omega55 sei, obwohl er nicht H.s unmittelbarer Vorgesetzter war. So hatte es die Zeugin vor Gericht dargestellt - vermutlich auch in ihrer staatsanwaltschaftlichen Vernehmung. Denn als die Staatsanwaltschaft wiederum diesen neugierigen M1-Leiter während ihrer Ermittlungen befragte, soll er der Erinnerung von Sirka H. widersprochen haben. Er könne die Aussage von H. nicht nachvollziehen, weil sie ihm gegenüber ja nicht berichtspflichtig gewesen sei. Verteidigerin Münchhalffen zitierte diesen Satz aus dem Vernehmungsprotokoll.

Diese sich widersprechende Erinnerung veranlasste Gaby Münchhalffen zu der wenig geistreichen Frage an die Zeugin, wer sich denn hier richtig erinnere? Sie oder der M1-Leiter? Die Antwort von H. darauf fiel bissig aus: „Ich kann mich nur an Dinge erinnern, an die *ich* mich erinnere."

Mittwoch, 25. September 2013

Tag 17: Zu kritisch mit Omega55? Kündigung

Bei der Aufarbeitung des komplexen Geschäfts sind die Aussagen der Rechtsabteilung von entscheidender Bedeutung und damit die Aussagen von **Vera S.** Denn hätten die Juristen Bedenken und geraten, ein geplantes Geschäft nicht abzuschließen, hätte der Vorstand ein Problem. Es war Vera S. zweiter Tag vor Gericht.

Mit Omega55 konnte sich die leitende **Juristin** offenbar nicht gut anfreunden; sie hatte nach eigenen Angaben erhebliche Bauchschmerzen damit. Die 42-jährige fand, durch die Kopplung von Teil-A und B finde der beabsichtigte Risikotransfer nicht statt.

(Der Finanzdeal war so konstruiert, dass die HSH im A-Teil das Verlustrisiko aus bestimmten Immobilienkrediten an die BNP Paribas übertrug, um sie sich im B-Teil über ein kompliziertes Firmenkonstrukt wieder aufzuhalsen - zusätzlich zu einem neuen, 400-Millionen-Euro-Risiko, das in einer Single Tranche Collateralized Debt Obligation, kurz STCDO, steckte und durch eine Liquiditätsfazilität von der HSH abgesichert war. Damit wurde das Eigenkapital der HSH nicht *ent*lastet, sondern *be*lastet. Also nichts gewonnen.)

Mundtot gemacht?

Juristin Vera S. konnte ihre Bedenken dem Leiter der Rechtsabteilung, Wolfgang Gößmann, im Januar 2008 aber nicht nahe bringen; er überstimmte sie quasi, es so zu sehen, wie er Omega55 sah: Weil die Verträge zu Teil-A am 21.12.2007 unterschrieben wurden und die für Teil-B erst am 24.1.2008 seien es *zwei* Geschäfte in unterschiedlichen Jahren und damit keine identischen Risiken. Somit sei alles in Ordnung. Dem ordnete sich Vera S. unter.

Auch als die Bundesanstalt für Finanzdienstleistungsaufsicht BaFin Ende 2007 von der HSH forderte, sie solle melden, welche kapitalentlastenden Geschäfte die Nordbank abgeschlossen habe, hielt Juristin Vera S. nach eigener Aussage ihre Meinung zurück. So meldete die HSH der BaFin im Januar 2008 nur Teil-A, verschwieg Teil-B.[55] Es war ja wegen der zeitlichen Zäsur ein anderes, *zweites* Geschäft. Dabei hatten die Vorstände Omega55 als *Ganzes* genehmigt. Obwohl Vera S. Vorbehalte blieben, zog sie für sich keine Konsequenzen, erklärte sie den Richtern. Sie wirkte dabei deprimiert.

London - chaotisch und mit wenig Erfahrung

Was die Juristin aber tat: Sie wandte sich im Februar 2008 an den Verantwortlichen der Niederlassung London, an **Kapitalmarktvorstand Friedrich**. Weil

55 vergleiche Urteil LG Hamburg, vom 9.7.2014, S. 143ff

Friedrich nach Auskunft seiner Sekretärin aber zu viel zu tun hatte, um sie persönlich zu treffen, schrieb ihm Vera S. in „angespannter Gefühlslage“ eine eMail. In dieser habe sie Punkt für Punkt ihre Unzufriedenheit mit der Kommunikation und dem Umgang der Londoner Kollegen mit der Rechtsabteilung aufgelistet.

Sei sei in London bei strukturierten Geschäften wie Omega55 mit einem „chaotischen Ablauf“ und zum Großteil mit Kollegen befasst gewesen, „die offensichtlich mit derartigen strukturierten Geschäften bislang wenig zu tun hatten“, heißt es in dieser eMail. Außerdem habe die Rechtsabteilung den Eindruck gehabt, dass in London nicht durchgehend der für komplexe Finanzgeschäfte nötige kaufmännische Sachverstand vorgelegen habe, erklärte Vera S. dem Gericht in diesem Zusammenhang. Sie schrieb sich in der eMail auch den Frust von der Seele, dass die endgültige Struktur von Omega - Teil-A *und* Teil-B - in dieser Form nicht mit der Abteilung Recht abgestimmt worden war. Vera S. wurde sehr deutlich:

> *„im Ergebnis müssen wir hier die BNP-B Transaktion vor unseren Wirtschaftsprüfern verheimlichen, da sonst eine aufsichtsrechtliche Anerkennung des BNP-A Deals per 31.12.2007 ausgeschlossen wäre.“*[56]

Angesichts dieser schweren Vorwürfe nahm sich Kapitalmarktvorstand Friedrich dann doch Zeit für sie. Friedrich habe in dem „konstruktiven“ Gespräch ihre Bedenken zwar verstanden, aber nicht geteilt. Friedrich fand, in London fehle kein Fachwissen. Und er soll zu Vera S. - sinngemäß - eindringlich gesagt haben: Es wird nichts verheimlicht, da sind wir uns doch einig!

Ob sich nach diesem Gespräch etwas geändert habe, wollte nach dieser Schilderung Richter Bruns erfahren. Es habe danach keine Transaktion zum Entlasten des Eigenkapitals wie bei Omega55 mehr aus London gegeben, erinnerte sich Juristin Vera S.; diese kamen wieder aus Kiel.

Spurenbeseitigung durch Dr. No?

Etwa eineinhalb Jahre nach diesen Vorkommnissen, im März 2010, wurde Vera S. von ihrem Chef Wolfgang Gößmann zu sich bestellt, so die Zeugin. In diesem Gespräch eröffnete ihr der Vorgesetzte, es bestehe von Seiten der Bank der Wunsch, sich von ihr zu trennen. Als Grund soll Gößmann das ebenso von der HSH strikt vertraulich gehaltene Gutachten der Beratungs- und Wirtschaftsprüfungsgesellschaft KPMG genannt haben.

(Das KPMG-Gutachten arbeitet die Fastinsolvenz der HSH 2008/ 2009 auf. Der Aufsichtsrat der HSH hatte die Prüfung mit zahlreichen Schwerpunkten beauftragt - wie der Prüfung der Wertpapierbestände, der Derivate und deren

56 vergleiche Urteil LG Hamburg, vom 9.7.2014, S. 134

Bilanzierung sowie des Kreditersatzgeschäftes der Jahre 2000 bis 2008. Im Herbst 2008 soll zudem die Bankenaufsicht BaFin KPMG zusätzlich beauftragt haben, die von der Finanzmarktkrise betroffenen Kreditderivate und -produkte zu untersuchen.)

In diesem Gutachten soll Vera S. nicht gut wegkommen, weil sie „proaktiv die BaFin über Omega55 hätte informieren müssen". Selbst will der Chefjustiziar das aber nicht im KPMG-Bericht gelesen haben. Vielmehr habe sich Gößmann laut Aussage von Vera S. auf eine Aussprache mit dem damaligen **Vorstandschef Nonnenmacher** berufen. Der habe ihn wissen lassen, die BaFin - explizit ein bestimmter Mitarbeiter - wolle nicht mehr mit Vera S. zusammenarbeiten. Dieser BaFin-Mitarbeiter reagierte später überrascht, als die Kritisierte ihn anrief und bat, zu erklären, warum er sie nicht für kompetent bei aufsichtsrechtlichen Fragen halte. Das entspreche nicht seiner Meinung, soll er gegenüber S. versichert haben.

Intrigantenstadl

Sie habe anschließend ihren Vorgesetzten Gößmann noch einmal angesprochen und ihm gesagt, dass die Entscheidung, der BaFin auf Anfrage nur Teil-A zu melden - wegen der zeitlichen Trennung - doch auf seine Einschätzung zurückgehe. Das habe den Chefjustiziar aber nicht angefochten, erinnerte sich die Zeugin mit einer gewissen Bitternis in der Stimme. Er sei bei seinen Gründen für die Kündigung geblieben, obwohl Vera S. sie nach eigener Aussage widerlegen konnte. Die Juristin schied kurz danach per Aufhebungsvertrag aus. (Die Bank trennte sich später auch von Chefjustiziar Gößmann. Zum 30. September 2011 erhielt er die Kündigung, wegen Verdachts auf Untreue. Das Arbeitsgericht Hamburg bestätigte diese Kündigung als rechtens.[57])

Nervenaufreibende Zeugenbefragung

Die Vernehmung der bei Omega55 für Aufsichtsfragen zuständigen Juristin Vera S. zehrte offensichtlich an den Nerven der Verteidiger. Die Verteidiger reagierten beispielsweise nervös bei Fragen, wann die Juristin was wusste und geprüft haben will, und wer noch per eMail Bescheid erhalten hatte - oder nicht. Prozessuales Hickhack - besonders mit Staatsanwalt Wegerich - nahm viel Raum an diesen beiden dichten Verhandlungstagen ein. Die Zeugin trat dennoch kompetent und diplomatisch auf. Und wo es heikel werden konnte, berief sie sich auf Erinnerungslücken, besprach sich mit ihrem Zeugenbeistand oder relativierte ihre Aussagen, die sie im Ermittlungsverfahren zu Protokoll gegeben hatte.

57 Arbeitsgericht Hamburg, 19.10.2011, 26 Ca 107/11

Montag, 30. September 2013

Tag 18: „Omega empfinde ich als Kreislaufgeschäft."

Seit drei Monaten läuft das Verfahren gegen die sechs ehemaligen HSH-Vorstände. Und erst jetzt, am 18. Tag, hat ein Zeuge schlüssig und eingängig das zweiteilige Finanzkonstrukt Omega55 erklären können. Ohne Skizzen, ohne Nachschlagen, ohne Ausflüchte. Einfach so.

Das Gericht hatte den **Juristen Michael M.** an diesem Tag nach Hamburg geladen. Michael M. ist **Kanadier**, lebt in London. Er arbeitete im Jahr 2007 seit zwei Jahren für die HSH in London und verließ sie 2011. Vor Gericht trat der 47-jährige konzentriert, erfahren und abgeklärt auf und aufmerksam gegenüber der Dolmetscherin. Der Kanadier legte stets Pausen bei seinen Antworten ein, damit sie ruhig ins Deutsche übersetzen konnte.

Richtig nach britischem Recht?
Seine Aufgabe in der Londoner Filiale der HSH sei eher nach außen gerichtet gewesen, berichtete er den Richtern; er habe rechtliche Dokumente zusammen- und bereitgestellt und Vertragsunterlagen geprüft. Manchmal habe er auch geholfen, Verbriefungen zu strukturieren. Bei Omega55 hatte er dafür zu sorgen, dass die Dokumentation vollständig, nach britischem Recht korrekt, gültig und bindend ist. Aufsichtsrechtliche Fragen zählten nicht zu seinem Fachgebiet. Er habe Mitte Dezember 2007 das erste Mal von Omega55 gehört, sagte er, wann genau, wisse er nicht mehr; er war so beschäftigt. Es hieß, die Vorstände hätten den Deal bereits unterschrieben. M. wurde von seinen Londoner Kollegen Marc S. und Paul D. informiert - über Ziel und Zeitplan der Transaktion, und wer eingebunden war. Er entschied, eine externe Anwaltskanzlei hinzuzuziehen, Norton Rose, damit sie die Verträge ausarbeitete und prüfe.

Kreislaufgeschäft der Risiken
Für den Kanadier standen hinter Omega55 immer zwei Aspekte: Zum einen wollte die Bank damit ihre Bilanz optimieren, also ihr eigenes Kapital von potentiellen Verlusten bereinigen (Teil-A). Zum anderen beinhaltete Omega55 den Aspekt der Verbriefung, eine Single Tranche Collateralized Debt Obligation, STCDO (Teil-B). Der international erfahrene Jurist empfand Omega55 als ein Kreislaufgeschäft von Risiken zwischen der HSH und der BNP Paribas. Kreislaufgeschäft sei zwar kein technisch, rechtlicher Begriff, erklärte der Zeuge, aber so empfand er es einfach.

Keine zeitliche Trennung vorgesehen

Der Jurist erklärte den Richtern auch, dass es nach seinem Kenntnisstand nicht geplant gewesen sei, die beiden Teile zeitlich zu trennen, also Teil-A Ende 2007 abzuschließen und Teil-B gleich Anfang 2008. Für die letztlich doch erfolgte Zäsur sei vielmehr der zu enge Zeitplan ursächlich gewesen. Es hätten nicht alle Verträge für die komplizierte Struktur bis zum 31.12.2007 durchgeprüft werden können, so der Zeuge. Allein er habe in dieser Zeit oft bis Mitternacht gearbeitet. Alle waren äußerst „busy“. Und: Eigenkapitalentlastende Maßnahmen hatten höchste Priorität und damit auch Omega55.

Exzentrisches London

Hinzu kam die Exzentrik der Londoner. Alle Transaktionen aus der HSH-Niederlassung in der britischen Hauptstadt seien sehr komplex und einzigartig und damit arbeitsintensiv gewesen, so der Zeuge.

Etwas später in der Befragung bescheinigte der Kanadier, der zuvor in verschiedenen britischen Kanzleien gearbeitet hatte, dass seine HSH-Kollegen zwar professionell arbeiteten. Sie seien aber weniger erfahren mit komplexen Finanz-Strukturen gewesen als Kollegen in anderen Geldhäusern. Da habe es sicher eine „Lücke“ zwischen HSH und BNP Paribas gegeben, sagte Michael M. Richtig sei auch: Die HSH-Niederlassung in London war nicht fähig, in „real time“ zum Beispiel Vermögenswerte und so genannte Spreads zu korrelieren, also die Preise hinter der STCDO von Teil-B am Markt zeitnah zu bestimmen.

Überraschende Telefonate mit Vera S.

Woran sich Michael M. noch genau erinnerte, war ein Telefonat mit der Juristin Vera S., der Kollegin aus der Rechtsabteilung in Kiel, zuständig für Aufsichtsrecht. Von ihr sagten die Londoner: Sie hätte Omega55 als „aufsichtsrechtlich wirksam“ freigegeben (siehe Bericht S. 96: „*Lüge oder Lücke*“).

Der Zeuge rief Vera S. um den 20. Dezember 2007 an, um zu klären, wann und wie Omega55 der Bankenaufsicht BaFin offenzulegen sei; er fragte nach, weil er der Ansicht war, es sei ein Kreislaufgeschäft und damit aufsichtsrechtlich problematisch. Zu M.s Überraschung aber habe ihm die Aufsichtsrechtlerin mitgeteilt: Der BaFin Omega55 offen zu legen, „das sei nicht nötig, weil es ja zwei Geschäfte sind.“ An diese wortwörtliche Einschätzung erinnerte sich der Zeuge deshalb so genau, weil er davon völlig überrascht war, wie er sagte. Denn für ihn schien es *un*logisch, wie Omega55 als Kreislaufgeschäft die Vorgaben der BaFin erfüllen sollte. Seine Überraschung teilte er Vera S. aber nicht mit; er wollte ihre Kompetenz nicht anzweifeln, erklärte er den Richtern. „Sie war die Expertin, und wenn sie das sagte, reichte mir das.“

(Vera S. hatte in ihrer Befragung an den beiden vorherigen Verhandlungstagen die Dinge etwas anderes dargestellt: Sie habe nach eigener Aussage erst im Januar 2008 erfahren, wie der B-Teil gestaltet sei und dann sofort ihrem Vorgesetzten Gößmann ihre Bedenken mitgeteilt - die sie ja offensichtlich mit dem Londoner Juristenkollegen Michael M. teilte. Ein Telefonat mit ihm erwähnte sie nach meiner Erinnerung nicht.)

Donnerstag, 17. Oktober 2013

Tag 19: Doch nicht aufsichtsrechtlich geprüft

Jetzt ist es also raus. Die zuständigen Juristen der HSH haben nicht geprüft, ob das zweiteilige Finanzgeschäft Omega55 *insgesamt* aufsichtsrechtlich wirkt, ob also die Regeln, die die Bankenaufsicht BaFin vorgibt, eingehalten werden. Dennoch stand in der Vorstandsvorlage, die die sechs Angeklagten zwischen dem 17. und 20. Dezember 2007 unterschrieben:

> *„The structure has been vigorously reviewed and ultimately approved by Legal and Compliance."*
> (Die Struktur ist durch die Rechts- und Compliance-Abteilung genauestens geprüft und letztlich genehmigt worden. eigene Übersetzung)

Gute Frage

Wie ist es dann zu dieser offensichtlich falschen Formulierung in der Vorstandsvorlage gekommen? Dazu müsste das Gericht wohl noch einmal denjenigen laden, der die Vorstandsvorlage koordiniert hat: den **Analysten Marc S.**, den ersten Zeugen des Prozesses. Oder denjenigen, der die Vorlage geschrieben hatte; das war in London **Steven P.** Marc S. als sein Vorgesetzter hatte in seiner Zeugenvernehmung dem Gericht sinngemäß gesagt: Die Rechtsabteilung stimmte Omega55 zu und meinte, es entlaste das Eigenkapital der Bank.

Das aber stimme nicht, sagte an diesem 19. Tag der **Jurist Dr. Sascha E.**, Zeuge sieben. Der **39-jährige Fachmann für Aufsichts- und Steuerrecht** bestätigte damit die Aussage seiner fachlich vorgesetzten Kollegin Vera S. Diese hatte weit von sich gewiesen, dass ihre Abteilung Omega „genauestens geprüft" und freigegeben hatte, wie es in der Vorstandsvorlage hieß.

Aufsichtsrechtlich bedenklicher Kreislauf

Zeuge E. war 2007 ein Neuling in der Rechtsabteilung, wurde im November 2007 eingestellt. Viel Zeit zum Einarbeiten erhielt er aber nicht, denn seine Vorgesetzte, Vera S., sei kurz nach seiner Einstellung für drei Wochen in Urlaub gegangen. Deshalb sei Omega55 auf seinem Schreibtisch gelandet. Ein Londoner Mitarbeiter stellte ihm den Deal vor, telefonisch und später in einer Besprechung, und zwar anhand der BNP Paribas-Präsentation - Teil-A *und* Teil-B - und bat Sascha E. um eine aufsichtsrechtliche Einschätzung.

E. erklärte dem Kollegen nach eigener Aussage sofort, dass dieses Geschäft bei der Bankenaufsicht BaFin nur durchginge und seine gewünschte Wirkung entfalte, wenn die Immobilien-Kredite in Teil-A *nicht* auf dem Umweg über Teil-B wieder zurück in die Bank kämen. In Teil-B sicherte die HSH ein verbrieftes Anlagepaket der BNP Paribas (in der STCDO) mit einer Art Dispo ab, einer Liquiditätsfazilität.

Der Zeuge vertraute den Kollegen

Der Londoner Kollege garantierte Sascha E. nach dessen Erinnerung, dass nicht dieselben Immobilienkredite verwendet würden. Der Jurist verließ sich darauf und schrieb Ende November 2007 eine eMail an den Omega-Koordinator Marc S., in der er eine vorläufige, „erste Einschätzung zu Teil-A" abgab, Vorbehalte äußerte und den Kollegen noch einige Hinweise an die Hand gab, woran sie beim weiteren Arbeiten bei Omega55 denken sollten.

Gewöhnlich erhalte die Rechtsabteilung die gesamte Dokumentation mit dem Vertragswerk und schreibe dann ihre Stellungnahme für das jeweilige Geschäft, erklärte Dr. Sascha E. dem Gericht den üblichen Arbeitsablauf. Bei Omega55 lagen ihm solche Dokumentationen nicht vor, bis auf die Präsentationsunterlagen der BNP Paribas.

Hingebogen oder „reinkopiert"?

Dass später in der Vorstandsvorlage stand, die Rechtsabteilung habe das Geschäft „genauestens geprüft und letztlich genehmigt", könne er sich nicht erklären, sagte der Zeuge. Vielleicht haben die Londoner Kollegen Omega55 unbedingt abschließen wollen? Vielleicht seien damit persönliche Vorteile verbunden gewesen? Das aber sei alles spekulativ, fügte Sascha E. an.
(Hat London die Kollegen in Kiel etwa hinters Licht geführt?)

Teil-B vage bis zum Vertragsabschluss

In mehreren Telefonaten im Dezember will Sascha E. die Londoner Kollegen auch darauf hingewiesen haben, dass sie Teil-A und Teil-B nicht über Nebenabreden verknüpfen dürfen, wie sie das vorhatten und auch taten. Zuerst müsste geklärt werden, was in Teil-B stecke. Eine Verknüpfung wäre nur dann mit dem Aufsichtsrecht vereinbar, wenn die HSH Omega55 kündigen dürfe und die dann zu zahlende Strafgebühr „marktgerecht" sei, klärte der Zeuge das Gericht auf. London soll daraufhin eine marktgerechte Strafgebühr ausgehandelt haben.

Selbst Mitte Januar 2008, als der Zeuge nach den Weihnachtsferien wieder in die Bank kam, hätten die Kieler Juristen immer noch nicht die Zusammensetzung von Teil-B gekannt, erzähle der Zeuge, obwohl der Vertragsabschluss am 24. Januar kurz bevorstand.

Viele offene Fragen

Was folgt daraus? Weder Sascha E. noch Vera S. haben Omega55 aufsichtsrechtlich abschließend geprüft und aus ihrer Sicht abgenickt. Auch hätten beide zuständigen Juristen nach ihren Aussagen Teil-B *nicht* freigegeben, wenn sie gewusst hätten, was diesem Teilgeschäft zugrunde lag - nämlich doch die HSH-eigenen Immobilienkredite aus Teil-A. Damit war Omega nämlich *das* Kreislaufgeschäft, auf dessen aufsichtsrechtliche Unwirksamkeit Sascha E. den Londoner Kollegen gleich bei seinem ersten Gespräch hingewiesen haben will.

Warum aber mahnte London nie eine schriftliche Stellungnahme der Rechtsabteilung an? Warum kümmerten sich die Kieler Juristen nicht selbst darum, was aus der Sache geworden war oder forderten Unterlagen an? Wieso hat keiner irgendetwas notiert?

Warum allerdings London in die Vorstandsvorlage schrieb, die Rechtsabteilung habe Omega55 genauestens geprüft und genehmigt, blieb bis zum Prozessende unbeantwortet.

Blog-Kommentare

18. Oktober 2013 @ 21:09 von: bescheidwisser

Super, damit ist der worst case ja nun belegt - unerfahrener Jurist, keine Vertragstexte - sondern nur die Präsentation des Kontrahenten, der Inhalt des Portfolios für den Teil B gar nicht bekannt - und trotzdem wurde der Deal durchgezogen. Management im Blindflug.

Um das Geschäft durchzukriegen – im Rahmen des Prozesses der Kreditgenehmigung von Markt und Marktfolge, musst der Zeuge Marc S. sicher in der Vorlage behaupten, dass die Rechtsabteilung alles geprüft habe, aber hat er das tatsächlich in seiner Zeugenaussage noch mal genau so wiederholt ?

19. Oktober 2013 @ 13:55 von: Dani

Ich denke, Marc S. müsste noch einmal geladen werden, wenn das Gericht diesen Sachverhalt aufklären will. Allerdings reden wir hier nur über die Arbeitsebene. Wo liegt die Verbindung zum Vorstand?

Tag 19

CD-Beweis: Nonnenmacher doch früh unterzeichnet

Nonnenmachers Dreh mit dem Datum

Als der prominenteste Banker in diesem Verfahren, Dirk Jens Nonnenmacher, am 2. September Stellung zur Anklage nahm, bestand er darauf, dass er Omega55 erst am **29**.12.2007 in seinem Weihnachtsurlaub genehmigt also unterschrieben habe, gleichzeitig mit anderen Schriftstücken, und nicht, wie bisher angenommen, am **19**.12.2007. Das Datum sei also falsch, von dem die Staatsanwaltschaft seine Mittäterschaft ableite. Ein Ablenkungsmanöver, ein konstruierter Versuch, sich aus der Schusslinie zu bringen - so sieht es jedenfalls aus. Denn:

Beweis-CD bestätigt 21.12.2007

Bevor der Vorsitzende Richter Marc Tully an diesem Verhandlungstag mit der Befragung des Juristen Sascha E. begann, zeigte er im Saal eine CD. Auf dieser befinde sich eine tif-Datei vom 21.12.2007, erklärte er. Und zu Nonnenmacher und seinem Verteidiger gewandt: „Diese Datei dürfte besonders *Sie* interessieren.“ Der Inhalt der tif-Datei sei die Vorstandsvorlage zu Omega55, die die Vorstände genehmigt hatten, und auf dieser Vorlage stehe bereits Nonnenmachers Unterschrift.

Also hat der damalige Finanzvorstand Nonnenmacher doch am 21.12.2007 Omega55 mit freigegeben, wie seine Kollegen, und nicht als allerletzter am 29.12. und nur „zur Kenntnis nehmend“, wie er es dem Gericht weis zu machen versuchte.

Die CD hat ein Zeuge dem Gericht nachträglich zugeschickt. Weder Nonnenmacher noch sein Verteidiger sagten etwas dazu.

Blog-Kommentar

20. Oktober 2013 @ 18:13 von: bescheidwisser

Offensichtlich hat Herr Nonnenmacher auch genug „Freunde“ hinter sich gelassen, dass immer noch von irgendwoher ein belastender Beweis auftauchen kann. Ein ziemlich windiger Versuch, der seine Glaubwürdigkeit in den Augen des Gerichtes sicher nicht verbessert hat.

Mittwoch, 23. Oktober 2013

Tag 21: Ein Wochenende für die Risikoprüfung

Das Gericht ackert sich zielstrebig durch die Arbeitsebenen der HSH, befragt alle Mitarbeiter, die das Finanzgeschäft Omega55 vorbereitet, analysiert, geprüft und zusammengestellt hatten und letztlich umsetzten. Bisher sagten Mitarbeiter aus folgenden Abteilungen aus:

der Londoner Niederlassung, die die Geschäftsvorlage ausarbeitete
der Rechtsabteilung
der Abteilung Neue-Produkte-Neue-Märkte, NPNM
der Immobiliensparte
der Buchhaltung

Am 21. Verhandlungstag war nun ein Mitarbeiter des Kredit-Risiko-Managements an der Reihe, seine Version der Umstände zu schildern. Er hatte eine aberwitzige Geschichte zu erzählen. Der Zeuge arbeitet seit 2001 in der HSH.

Mann ohne Wochenende

Der 44-jährige **Andreas B., Risikoanalyst**, konnte sich nach eigener Aussage noch gut daran erinnern, wie das damals war, vor sieben Jahren mit Omega55. Er bekam den Deal an einem Freitagnachmittag auf den Schreibtisch - am 14. Dezember. Zehn Tage vor Weihnachten. Eilig hieß es, sei die Sache. Also habe er die Papiere über das Wochenende (!) mit nach Hause genommen und dort die Risikoprüfung für das komplizierte Geschäft erledigt. Einzige Unterlage die er für seinen Risikocheck hatte war der Entwurf der Vorstandsvorlage zu Omega55. Mehr nicht.[58]

Risiko akzeptabel, Prüfung unverhältnismäßig kurz

In seiner in englischer Sprache verfassten Risikoanalyse[59] hieß es dann - übersetzt: „Das Risiko ist akzeptabel. Wir unterstützen die Transaktion.“ Andreas B. ergänzte seine Einschätzung aber und schränkte sie an mehreren Stellen ein: Zum Beispiel schrieb er, dass sich nicht abschätzen lasse, ob die Struktur für die HSH profitabel sein werde und dass ein unkalkulierbares Kostenrisiko bestehe.

Er erwähnte auch, dass der Zeitrahmen („timeframe“) für die Risikoprüfung extrem eng („tight“) war und mit Blick auf die Komplexität der Transaktion unverhältnismäßig kurz („inadequately short“). Ein Satz, der aufhorchen lässt. Nicht aber die Vorstände.

58 vergleiche Urteil LG Hamburg, vom 9.7.2014, S. 141

59 „Second Risk Assessment“, siehe Anhang

> The timeframe for the second risk assessment was extraordinary tight and with respect to the complexity and the applied amount inadequately short.
>
> On page 5 the text refers to a Senior Facility (SF). The SF was part of an earlier stage of the transaction but is not part of the current structure.

Auszug aus dem Risikovotum: Zeitrahmen extrem eng und unverhältnismäßig kurz.

Am Montag nach diesem arbeitsintensiven Wochenende übergab der Zeuge seine Blitzanalyse seinem Vorgesetzten, der sie gemäß des vier-Augen-Prinzips unterschrieb. Am Nachmittag des 17. Dezember schickte Andreas B. per eMail dann das Votum nach London zum Omega-Koordinator Marc S.

(Wie eMails belegen, vergingen keine zehn Minuten und die Vorstandsvorlage inklusive der gerade erst erhaltenen Risiko-Einschätzung lag im Sekretariat des ersten Vorstands - bei Immobilienvorstand **Peter Rieck**. Rieck und Risikovorstand Strauß unterschrieben noch am selben Tag.)

Es war ein Großkredit

Dem gelernten Bankkaufmann und studierten Volkswirt Andreas B. sei Omega55 aber nicht aus dem Kopf gegangen. Ihn beschäftigte vor allem ein entscheidendes, rechtliches Detail. Ihm war aufgefallen, dass in der Vorstandsvorlage die wichtige Information fehlte, dass es sich bei der Transaktion um einen *Großkredit* handelte. Beim entsprechenden Kästchen auf Seite 1 in der Vorstandsvorlage, die er sich durchgesehen hatte, fehlte aber das Kreuz.
(Das ist insofern von Bedeutung, weil in diesem Fall engere gesetzliche Vorgaben greifen, zum Beispiel müssen dann *alle* Vorstände ein Geschäft genehmigen und Eilbeschlüsse mit nur zwei Vorstandsunterschriften sind nicht möglich. Nonnenmacher berief sich genau auf diesen Punkt. Omega55 sei kein Großkredit gewesen und er habe deshalb das Geschäft nur „zur Kenntnis" genommen, mehr nicht.)[60]

Trotz Zweifeln passierte in London und Hamburg nichts

Der Risikofachmann will sogar in London angerufen haben, um darauf zu drängen, dass auf der Vorstandsvorlage „Großkredit" stehe. Aber, so sagte er dem Gericht, es sei schwierig gewesen, dort jemanden zu erreichen; er habe eine Nachricht hinterlassen. Seine eigene Abteilung bestätigte ihm später: London habe die Vorstandsvorlage als Großkredit gekennzeichnet. Das aber hatte London nicht getan. Auf der Vorlage fehlte an der dafür vorgesehenen Stelle das entsprechende Kreuz.

60 Anmerkungen, Ergänzungen der Autorin

(Allerdings hatten die Vorstände, um mit der BNP Paribas überhaupt Omega55 abschließen zu können, am 13.12.2007 eine interne Kreditgenehmigung - eine so genannte Linienerhöhung - unterzeichnet. In ihr war das Kästchen „Großkredit" korrekt angekreuzt.)

Omega55 spät im Risikoausschuss, Stellungnahmen fehlten

Vier Monate nach der oberflächlichen Risikoprüfung und -einschätzung durch den Zeugen, im April 2008, sollte Omega55 im Risikoausschuss vorgestellt werden. In diesem Gremium sitzen Mitglieder des Aufsichtsrates wie Politiker, aber auch Wirtschaftsprüfer und die Bankenaufsicht, vertreten durch Bundesbank oder BaFin. Andreas B. fiel die Aufgabe zu, alle Unterlagen für eine Präsentation des Omega-Geschäftes dafür zusammenzustellen.

Dabei habe er unter anderem bemerkt, dass in der Dokumentation das Statement der Rechtsabteilung fehlte, in dem sie dem Deal aus rechtlicher Sicht zustimmten. Er rief deshalb in London an, damit die Kollegen das Statement nachlieferten. Das aber sei erneut mühsam gewesen, sagte B. vor Gericht. Und was dann aus London nach Hamburg geschickt wurde, eine weitergeleitete eMail und zwei Anhänge, machte auf den Zeugen *nicht* den Eindruck, es sei eine Zustimmung. Schlimmer noch: Es schien ihm, als stufe die Rechtsabteilung die Transaktion als *nicht* BaFin-konform ein. Daraufhin telefonierte der Risikoanalyst mit der zuständigen Juristin **Vera S.** in Kiel, die ihm bestätigte: Weder sie noch ihr Kollege Sascha E. hatten Omega55 abschließend und vollständig geprüft und für rechtswirksam befunden.

Verteidigung will brisante Zeugen laden

Am Ende dieses spannenden Verhandlungstages stellte unter anderem der **Verteidiger** von Friedrich, **Wolfgang Prinzenberg**, einen Beweisantrag. Er wolle den Leiter der Londoner Niederlassung im Zeugenstand sehen, **Luis Marti Sanchez**. Dazu, noch einmal, den ersten Zeugen, Marc S., um den Verwirrungen auf den Grund zu gehen, warum in der Vorstandsvorlage stand, die Rechtsabteilung habe umfassend geprüft.

Nichts Neues am 20. Tag

Der Vollständigkeit soll auch der **20. Verhandlungstag** erwähnt werden. An diesem Montag stand **Vera S.** noch einmal Rede und Antwort. Der für den Nachmittag geladene Zeuge wäre zu spät dran gewesen, deshalb beendete der Vorsitzende Richter den Verhandlungstag vorzeitig.

Blog-Kommentare

31. Oktober 2013 @ 20:32 von: bescheidwisser

... und dann ?? Wurde der Risikoausschuss darüber informiert, dass die Rechtsabteilung Omega55 nie vollumfänglich und abschließend geprüft hatte? Ich finde, es bemerkenswert, dass es - trotz des Drucks die Transaktion durchzubringen - immerhin zu diesem Satz im Votum gekommen ist: „Der Zeitrahmen für die Risikoprüfung war extrem eng und mit Blick auf die Komplexität der Transaktion unverhältnismäßig kurz."

1. November 2013 @ 9:26 von: Dani

Der Risikoausschuss wurde über Omega55 im April nur knapp informiert und wohl auch nur in englischer Sprache; für die Vorlage in deutscher Sprache fehlte die Zeit ...

Montag, 28. Oktober 2013

Tag 22: Falsche Zusicherungen aus London?

Es gibt immer wieder verblüffende Einblicke bei diesem Untreue-Verfahren in den offenbar ganz normalen Wahnsinn der HSH Nordbank Ende 2007. Am 22. Tag lieferte sie **Bankkaufmann Lars Q**.

Ganz gewöhnliche Zockereien

Lars Q. arbeitete 2007 in der Immobiliensparte, der so bezeichneten „Real Estate Finance Group". Aufgabe dieses Teams war es unter anderem, aus Immobilienkrediten neue Finanzprodukte zu basteln und diese für viel Geld an Investoren weiterzuverkaufen - nicht zuletzt, um die HSH-Bilanz risikotechnisch zu erleichtern. „Verbriefen" heißt das im Fachjargon und eine Verbriefung steckte auch in Teil-B von Omega55: die STCDO. In der Finanzkrise entpuppten sich solche - bis dahin für die Banken profitable - Basteleien als instabile Kartenhäuser. US-Großinvestor Warren Buffet nannte solche Kreditderivate schon 2003 provokativ „finanzielle Massenvernichtungswaffen".

Gewöhnlich seien für „kapitalentlastende" Geschäfte wie Teil-A die Mitarbeiter in Kiel zuständig gewesen, ab September 2007 aber habe sich Kiel mit London ausgetauscht, „was möglich wäre", erzählte Zeuge Q. Möglich war dann Omega55 und Lars Q. der Mann, der aus den Beständen der HSH-Immobiliensparte die passenden Kredite dafür heraussuchen sollte - im Wert von rund 2 Milliarden Euro. Q. hielt dabei engen Kontakt zu den Londoner Kollegen, die die Omega-Vorstandsvorlage ausarbeiteten, vor allem zu Marc S. und seinem Vorgesetzten Marti Sanchez. Der 41-jährige habe mit ihnen immer wieder die Struktur besprochen, und zwar beide Teile, erzählte er freimütig.

Kreislaufgeschäft ersparte Arbeit

Der Zeuge jedenfalls fand es gut, die Risiken einiger Immobilienkredite erst an die BNP Paribas abzugeben (in Teil-A), und sie dann quasi über die Liquiditätsfazilität wieder zurückzunehmen (in Teil-B). Wieso er das gut fand, fragte **Richter Bruns**. Weil er und seine Kollegen die Risiken in diesen Immobilienkrediten kannten, und die HSH mit den Krediten gute Zinsen verdiente. Sein Credo: Bekannte Risiken sind besser als unbekannte. Das erspare Arbeit. Hätten in der Liquiditätsfazilität im Teil-B neue, fremde Kredite gesteckt, hätten diese durch einen aufwändigen Analyseprozess geschickt werden müssen. Und Ende 2007 waren die Tage lang, die Zeit knapp, so erzählte es auch Lars Q.

Londons gegensätzliche Kommunikation

Für den Zeugen war Omega55 deshalb ein „Gesamtpaket", wie er es ausdrückte. So hatten es die Londoner Kollegen ihm gegenüber immer kommuniziert und die BNP Paribas hatte darauf gedrängt, auch Teil-B mit der HSH einzugehen. Deshalb sei er völlig überrascht gewesen, als die Verträge für Omega letztlich an *zwei* Terminen unterschrieben wurden: für Teil-A am 21.12.2007, für Teil-B am 24.1.2008.

(Diese klare Aussage des Zeugen erstaunt, wenn man sie gegen die Erinnerungen der für Aufsichtsrechtsfragen zuständigen **Juristen Vera S.** und **Sascha E.** stellt. Beide hatten dem Gericht berichtet, dass sie die Londoner Kollegen eindringlich gewarnt hatten, *dieselben* Kredite von Teil-A für den B-Teil zu verwenden. Das würde gegen aufsichtsrechtliche Regeln verstoßen und das Eigenkapital *nicht* entlasten. Das aber sollte mit Omega erreicht werden. London soll daraufhin den Juristen zugesichert haben: Teil-A und Teil-B enthalten *andere* Kredite, also das genaue Gegenteil dessen, was sie zuvor offenbar mit den Immobilien-Fachleuten in Hamburg wie Lars Q. besprochen hatten.)

Wenig in Frage gestellt

Q.s Vorgesetzter, der **Jurist Dr. Michael S.**, hatte am 11. Verhandlungstag ausgesagt („Omega55 war intellektuell interessant."): Er will gewusst haben, dass Omega55 aus zwei Teilen bestehe, habe sich aber nicht gefragt, warum es einen Teil-B mit einer komplizierten Zweckgesellschafter-Struktur geben müsse. Er dachte, es ginge um Effizienz. Für ihn habe sich auch nicht die Frage gestellt, ob Omega55 das Eigenkapital tatsächlich entlaste. Damit hätten sich so viele Fachleute innerhalb und außerhalb der HSH beschäftigt, dass er nicht daran gezweifelt habe.

Und das hat auch sein Mitarbeiter Lars Q. nicht.

Welches Spiel spielte also London? Eine Frage, die sich mir bis heute stellt.

Blog-Kommentare

31. Oktober 2013 @ 20:25 von: bescheidwisser

Ich glaube, es gibt immer sehr unterschiedliche Sichtweisen auf ein Geschäft innerhalb der Großbanken. Man spricht ja auch von „Silos", die höchstens innerhalb eines Bereichs rauf- und runter, aber weniger bereichsübergreifend kommunizieren.

So konnte es vielleicht passieren, dass ein Bereich wie selbstverständlich von einem Kreislaufgeschäft ausging, während ein anderer jeden Anschein eines solchen Kreislaufgeschäfts vermeiden musste.

„London" hat vermutlich jedem erzählt, was er hören wollte. Es gibt ja die Ansicht, dass bei ausländischen Niederlassungen die Regeln mit zunehmenden räumlichen Ab-

stand von der Zentrale weniger gelten - keine rein deutsche Erscheinung, siehe AIG oder JP Morgan.

1. November 2013 @ 9:24 von: Dani

So könnte es gewesen sein. Aber vielleicht nur am Anfang. Alle Fachabteilungen haben in verschiedenen Entwicklungs-Stadien von Omega55 miteinander geredet und die Zweifel sollen gegenüber London angesprochen worden sein. Dann letztlich nur von „Misskommunikation" zu sprechen wird dem meiner Meinung nach nicht gerecht.
Für mich stellt sich in diesem Zusammenhang die Frage, wer persönlich am Meisten von dem Geschäft profitiert haben könnte? Stichwort: Boni. Dazu hat das Gericht noch keine Frage gestellt, soweit ich dabei war. Boni für Omega haben vermutlich erhalten: die in London beteiligten Mitarbeiter. Die Abteilung Recht der HSH? Eher Nein. Die HSH-Immobiliensparte? Möglich. NPNM? Nö.) Falscher Eindruck?

4. November 2013 @ 18:34 von: bescheidwisser

Alles, was in London passiert ist, kann sicher nicht ohne Berücksichtigung der in der „City" herrschenden Boni-(Un-)Kultur hinreichend beschrieben und beurteilt werden.
Es ist unwahrscheinlich, dass sich die Niederlassung der HSH Nordbank davon abkoppeln konnte.
Zumal gerade für die Hauptfigur des Omega-55-Geschäfts, Luis Marti Sanchez, die Boni-Flughöhe aus der Vergangenheit bekannt ist. Im Jahre 2006 verklagte er seinen früheren Arbeitgeber, die japanische Investmentbank Nomura, auf eine Bonuszahlung in Höhe von 7,5 Millionen Euro - resultierend aus einem einzigen Abschluss!
http://www.theguardian.com/business/2006/sep/05/money[61]

Bei der HSH wird er wohl kaum weniger als vorher verdient haben. Und der Dezember war für das Geschäftsjahr 2007 die letzte Gelegenheit, auch die persönliche Bilanz aufzupolieren.

---

61 URL, Stand: 22.3.2015

Donnerstag, 31. Oktober 2013

Tag 23: Vom Druck, der aus dem Königreich kam

Wer wird schon gern als Bremser angesehen? So kamen sich aber die Mitarbeiter jener wichtigen Abteilung in der HSH vor, die kurz **NPNM** genannt wird, Neue-Produkte-Neue-Märkte, und zu der die bereits gehörte Betriebswirtin **Sirka H.** gehörte, die dritte Zeugin des Verfahrens. Leiter dieser Abteilung war seit 2006 **Sven M.**, Zeuge zehn.

Markt ging es zu langsam

Der **49-jährige Sven M.** berichtete den Richtern offensiv vom Misstrauen gegen seine Abteilung. „Der Markt" fand, alles ginge „zu langsam". Er selbst und seine Mitarbeiter fanden dagegen, alles gehe zu schnell. (Unter „Markt" versteht man in Banken Mitarbeiter mit Kundenkontakt, als die, die Geschäft machen.)

Diese Marktleute wollten verkaufen, die NPNM-Leute wollten profund prüfen. Das sei schließlich ihr Auftrag. 2007 strukturierte Sven M. die Abteilung um. Er tauschte ein Drittel des Personals aus, bis zu acht neue Mitarbeiter mussten sich im Schicksalsjahr 2007 einarbeiten. Zu Sven M.s Koordinatorinnen gehörte Sirka H. Sie betreute Omega55.[62]

London machte Druck

Vor allem mit der Niederlassung im Vereinigten Königreich sei es ganzjährig schwierig gewesen in jenem Jahr, erzählte der ruhig auftretende Zeuge. Niederlassungsleiter **Marti Sanchez** habe Sven M. den Eindruck vermittelt: Das Haupthaus hat uns nichts zu sagen! London, so schien es M., wollte sich abkoppeln vom NPNM-Prüfprozess in Deutschland und das selbst machen. Marti Sanchez soll sich sogar an **Kapitalmarktvorstand Friedrich** gewandt haben, um den NPNM-Prozess nach London zu holen, erzählte der Zeuge.

Risikovorstand Strauß steht hinter NPNM-Leiter

Es habe auch eMails und Telefonate mit **Risikovorstand Strauß** gegeben, in denen sich London über Sven M.s Abteilung beklagt haben will. „Strauß hat den Druck nie an uns weitergegeben", erzählte der NPNM-Leiter. Strauß habe Sven M. vielmehr Rückendeckung gegeben. Als Fehler sieht der leitende Mitarbeiter heute an, dass seine Abteilung nicht nachgehakt habe, ob bei Omega55 letztlich alle Bedingungen erfüllt wurden, die NPNM in seiner Einschätzung des Geschäftes (Votum) gefordert hatte.

---

62 siehe Tag 13: Ohne interne Prüfung: Der ominöse Teil-B

Er selbst hatte mit der Prüfung sehr wenig zu tun, weil seine Mitarbeiterin Sirka H. die zuständige Koordinatorin für das Tagesgeschäft war, und er nur bei Problemen hinzugezogen worden wäre, als „Eskalationsstufe".

Schlechte Anträge aus London

Probleme schien es aber reichlich mit London gegeben zu haben. Zeuge M. berichtete, dass aus London viele „schlechte Produktanträge" zu seiner Abteilung kamen, um Neues prüfen zu lassen. Nur „30 bis 40 Prozent eigentliche Informationen" sollen diese Produktanträge enthalten haben und zu viele „MaRisk-Verstöße".[63] Das sind Vergehen gegen die von der Bankenaufsicht BaFin geforderten Mindestanforderungen an das Risikomanagement, kurz MaRisk.

Der Zeuge nahm an, es könnte durchaus Absicht von London gewesen sein, gezielt die MaRisk-Vorgaben zu verletzen, statt alle geforderten Informationen zu liefern. Er sah sich nach eigener Aussage jedenfalls aus London massiven Eingriffen in den gesetzlich vorgeschriebenen NPNM-Prüfprozess ausgesetzt.

63 Das Gutachten der KPMG stützt diese Einschätzung; es listet diverse Verstöße der HSH gegen die MaRisk auf. Vergleiche Bericht PUA Schleswig-Holsteinischer Landtag, Drucksache 17/1675, S. 303f

Montag, 4. November 2013

Tag 24: Vertane Chance? Gericht fragt nicht nach

Die Verteidiger der sechs Angeklagten werden am Abend dieses Verhandlungstages bestimmt eine Flasche Sekt geköpft haben. Zumindest hätte ich das an ihrer Stelle getan. Für meine Begriffe saß an diesem Montag einer der wichtigen Zeugen vor Gericht. Ein Mitarbeiter aus der **Abteilung Rechnungswesen** (Accounting). Das ist die Abteilung, die gemäß gesetzlicher Vorgaben alle Geld-Bewegungen in der Bank erfasst und festlegt, wie und wo ein Wertpapier, ein vergebener Kredit oder die Mitarbeiter-Computer in der Ergebnisrechnung und Bankbilanz abgebildet werden müssen.

Ein sichtlich nervöser Nonnenmacher

Kai R.-U. hieß der Zeuge, **40 Jahre** alt, **Controller für Handelsrecht und Bilanzfragen**, seit 2004 in der HSH. Er gehörte zum Vorstandsressort des Angeklagten Nonnenmacher. Es schien, als hörte der frühere Finanzvorstand die gesamte Vernehmung über besonders aufmerksam zu. Und auch in den Sitzungspausen, in denen er jüngst mit den Ex-Kollegen schon mal witzelte, blieb Nonnenmacher ernst. Denn über den Zeugen R.-U. konnte sich das Gericht dem Vorwurf der Bilanzfälschung nähern.

Intransparenz und Zeitdruck

R.-U. war nach eigenen Angaben in den Neue-Produkte-Neue-Märkte Prozess, NPNM, eingebunden, der neue Finanzgeschäfte prüfen muss, ob sie für die Bank handhabbar, gesetzeskonform und nicht zu riskant sind. R.-U.s Aufgabe bestand Anfang Dezember 2007 darin zu beurteilen, wie die Einzelteile von Omega55 zu bilanzieren sind und ob die gegründete Zweckgesellschaft Mathias Ltd. konsolidiert werden muss. Er arbeitete dafür NPNM zu. Ob es eine „vertrauensvolle Zusammenarbeit" mit diesem Fachbereich gegeben habe, interessierte die Richter. Das muss ich verneinen, so der Zeuge. Es habe bei ähnlichen Transaktionen Vorkommnisse gegeben, die nicht transparent waren; die NPNM-Koordinatorin **Sirka H.** habe nicht immer mit offenen Karten gespielt, erzählte er (auf eine spätere Nachfrage von Verteidiger Gatzweiler). Und: Wir bekamen von NPNM oft Druck nach dem Motto: Nur eure Abteilung liefert nicht! Was aber als Missverständnis abgetan worden sein soll von Koordinatorin Sirka H.

Für seine Analyse stand dem Controller anfangs offenbar nichts weiter zur Verfügung als diese eine (schlecht leserliche) Skizze des Finanzgeschäfts. Das ist die, die die BNP Paribas ausgearbeitet hatte und nicht etwa die Kollegen der HSH. Es handelte sich um die Skizze[64], die in der Vorstandsvorlage integriert war und die schon mehrfach im Prozess erwähnt wurde, siehe Tag 4: *„Schlagabtausch und Erinnerungslücken*" und Tag 16: *„Lüge oder Lücke?*"

Die blanke, rechte Skizzenseite

Erstaunlicherweise erzählt der Zeuge, als er die Skizze zum ersten Mal gesehen habe, sei die rechte Hälfte weiß gewesen; es fehlte also der B-Teil. Nur Teil-A habe er sehen können. (Das war die Entlastung des Eigenkapitals von Verlustrisiken.) Die andere Hälfte sei erst später, kurz vor dem 14. Dezember, aufgetaucht. Wie, daran erinnere er sich nicht mehr. Als er aber das geänderte Schaubild vorliegen hatte, schrieb er sofort am 14. gleich früh, gegen 9 Uhr, eine eMail an einige Kollegen, darunter Marc S., den Koordinator von Omega55. Im Betreff: „ALARM!". Als Text hatte er eingetippt, dass bisher „immer nur der linke Teil (A) vorgestellt" worden ist, es aber „anscheinend eine Erweiterung" gibt (Teil-B), die „noch wesentlich komplexer" ist, und wieso eine völlig neue Struktur *so* kommuniziert würde? Der Zeuge fand das „unglaublich". Marc S. soll dazu gesagt haben: Omega55 sei „nur ein wenig angepasst".

Wesentliche Transaktion, dieses Omega55

Für den Controller ergaben sich aus dem nun vollständigen Schaubild sofort die Fragen, ob es sich um ein Kreislaufgeschäft handelte, und warum die HSH das abschließe? Eine Antwort schien er von **NPNM-Koordinatorin Sirka H.** aber nicht wirklich erhalten zu haben, als er sie ansprach.

Sirka H. hatte die Zusammenarbeit mit dem Zeugen in ihrer Befragung vor den Richtern als „mühsam" beschrieben. Sich daran erinnernd, wollte **Richter Wellhausen** jetzt von Kai R.-U. wissen, wieso? Weil er sich die Freiheit genommen habe, penetrant zu sein, antwortete der Controller unbefangen. Mehrfach habe er bei Teil-B Fragen an NPNM gerichtet, was schwierig gewesen sei in der Kürze der Zeit.

Eigener NPNM-Prüfprozess für Teil-B?

Der Zeuge habe dann mehrfach auf die Abteilung NPNM eingewirkt, für den B-Teil einen eigenen Prüfauftrag anzustoßen. Das aber wurde von **Marc S.** in London verneint, weil der *Zusammenhang* zwischen Teil-A und Teil-B nur *„politisch*" und *nicht* wirtschaftlich sei. Für den Controller hätten dann aber die beiden Teilgeschäfte in zwei Vorstandsvorlagen gehört und nicht in eine.

Wie die Stimmung in der HSH Ende 2007 gewesen sei, ob sie am Abgrund gestanden habe, wie eine Kollegin[65] aus dem Rechnungswesen der Staatsan-

---

64 siehe Anhang, Vorstandsvorlage von Omega55

65 siehe Tag 15, S. 93

waltschaft gesagt haben soll, fragte Richter Wellhausen weiter. Es habe Gerüchte gegeben, dass die Bank am Abgrund stehe, antwortete der Zeuge, und es habe Priorisierungen gegeben und ein großer Zeitdruck geherrscht. Ob überhaupt genug Zeit gewesen sei für die NPNM-Prüfung zum Geschäft Omega55, fragte Wellhausen dann. Mehr Zeit wäre jedenfalls besser gewesen, druckste der Controller herum. Es habe eine Menge offener Punkte gegeben. Wellhausen: War die Zeit auch „hinreichend"? Da lächelte der Controller verlegen und sagte etwas von, da müsse er sich nach 2007 zurückversetzen …

Schließlich antwortet er: Teil-A wurde abgebildet, die Zeit habe ausgereicht, wenn man Teil-B weglässt.

Nur Teil-A geprüft

Mit dem unscheinbaren Satz, „Teil-A wurde abgebildet", bestätigte der Zeuge die Aussage der NPNM-Koordinatorin Sirka H., dass im NPNM-Prozess zu Omega55 Teil-A, nicht aber Teil-B geprüft worden war, weil ein entsprechender „Produktantrag" dafür aus London fehlte - oder eben Zeit. (siehe Tag 14) Statements mit Sprengkraft. Denn damit signalisierten die Zeugen: Das Votum von NPNM zur Vorstandsvorlage thematisiere wohl tatsächlich nur Teil-A. Es weist zum Beispiel unter „NPNM-relevante Risiken" darauf hin, dass die für das Accounting benötigten Daten „manuell" beschafft werden müssten und dass die extra für Teil-A gegründete Zweckgesellschaft Mathias Ltd. im Konzernabschluss der HSH konsolidiert, also integriert, werden müsse. Wie eine Liquiditätsfazilität und die STCDO aus Teil-B zu bewerten seien, steht nicht im Votum.

Zentrale Dokumente fehlten

Welche Unterlagen er denn angefordert hätte, wenn mehr Zeit gewesen wäre, fragte Richter Wellhausen weiter. Die Vertragsunterlagen. Üblicherweise lägen den Controllern die Vertragstexte der zu prüfenden Finanzgeschäfte vor, damit sie beurteilen könnten, wie die Bank sie bilanzieren müsse, erzählte der Zeuge. Diese Vertragsunterlagen seien „die zentralen Dokumente, die wir eigentlich brauchen". Richter Wellhausen: Gab es Ausnahmen von dieser Regel? Ja, so der Zeuge. Manche Geschäfte wurden auch ohne Verträge eingeschätzt. (Anstatt der Richter aber hier weiter bohrte, was das für Geschäfte gewesen seien, ob komplizierte und voluminöse wie Omega55 oder eher kleine, und ob das oft vorgekommen sei - ging er zu einem anderen Thema über.)

Eine vertane Chance?

Im NPNM-Votum, das zur Vorstandsvorlage gehörte, steht nämlich auch ausdrücklich, dass im Prüfprozess die finalen Vertragsunterlagen gefehlt haben. Wenn dieses Fehlen aber nicht üblich, sondern die Ausnahme war, zumal bei einer nicht „unwesentlichen Transaktion", hätte der Vorstand da nicht stutzig werden müssen? Wenn die Mitarbeiter schon explizit darauf hinweisen, dass zentrale Dokumente fehlen. Darum geht es doch im Untreue-Verfahren - herauszufinden, ob die Vorstände pflichtwidrig gehandelt haben, im Zeitpunkt ihrer Unterschrift unter die Vorstandsvorlage,weil sie hätten erkennen *müssen*, dass die Informationsbasis ihrer Entscheidung dünn war. Zu dünn für ein derartiges Geschäft. Hier hatte das Gericht einen Anhaltspunkt vor der Nase. Den Richtern reichte die Antwort des Zeugen aber vielleicht auch so für ihr Urteil - ohne explizite Nachfrage an dieser Stelle.

Konflikte mit Immobilien- und Kapitalmarktsparte

Ein anderer Nebensatz des Zeugen R.-U. aus dem Rechnungswesen ließ mich ebenfalls aufhorchen. Das Fragerecht lag inzwischen bei der **Staatsanwaltschaft,** bei **Karsten Wegerich**. Der Zeuge erzählte ihm, dass die HSH 2007 sehr marktorientiert war. Das heißt: Zwischen der prüfenden Abteilung NPNM und den Sparten der Bank mit Kundenkontakt, die an „den Märkten" agierten, wie Immobilien, Schiffe, Erneuerbare Energien und Kapitalmärkte, kam es immer wieder zu lautstarken Konflikten (Der Zeuge **Sven M.**, Tag 23, hatte ähnliches berichtet). Meist habe sich in diesen Konflikten der jeweilige Marktbereich durchgesetzt, man habe sich dem Markt gebeugt, sagte Controller R.-U.

Haben Vorstände selbst die Kontrollen verwässert?

Wenn sich aber die einzelnen Markt-Sparten mit ihren Interessen stark gegenüber den gesetzlich verpflichtenden Prüf- und Kontrollinstanzen durchsetzen konnten, kann das meiner Meinung nach nur *mit* Wissen der jeweiligen Spartenvorstände geschehen. Ohne erscheint unplausibel. Was wussten die Sparten-Vorstände Immobilien, Kapitalmarkt, Firmenkunden also - **Rieck, Friedrich, Visker**? Haben sie die Risiko-Kontroll-Mechanismen der Bank zugunsten eigener Umsatzzahlen und interner Kennziffern in Teilen ausgehebelt? Auch das vielleicht ein Ansatzpunkt für Untreue.

Vorgesetzte griffen nicht ein

Ob er Möglichkeiten hatte, seine Zweifel vom Kreislaufcharakter nach oben zu „eskalieren", fragte **Staatsanwalt Maximilian Fink** später weiter. Er habe seine Bedenken gegenüber den unmittelbaren Vorgesetzten geschildert, ja. Aber sie blieben auf dieser Ebene hängen, so Kai R.-U.

Schnelle Fragerunde der Verteidiger

Die Verteidiger stellten, als sie an der Reihe waren, dem Zeugen dann auch nur einige wenige, teils belanglose Fragen und mancher versuchte, die NPNM-Koordinatorin Sirka H. als überfordert hinzustellen und Juristin Vera S. als „getäuscht von London". Es sah so aus, als wollten einige Verteidiger die offensichtlich gewordenen Prozessschwächen der Bank auf persönliches Fehlverhalten einzelner Mitarbeiter der Fachabteilungen abwälzen, um von der Verantwortlichkeit der Ex-Vorstände abzulenken.

Der Prozesstag war früh zu Ende. Der Zeuge blieb unvereidigt, wie alle anderen vor ihm.

Die Suche nach der Untreue

Die wenigen Nachfragen des Gerichts bei manchen Sachverhalten kann ich mir angesichts der Fachkompetenz der 8. Großen Strafkammer nur so erklären: Die Richter haben noch ganz andere Zeugen und Sachverständige oder Gutachten in der Hinterhand, oder manche Details sind einfach nicht entscheidend bei der Suche nach der Untreue und Bilanzfälschung. Manches Mal reicht vielleicht die große Linie. Und: Sie kennen natürlich die Akten. Wir Beobachter nicht. Für mich lagen in den Antworten des **Controllers Kai R.-U**. jedenfalls Ansatzpunkte für die Suche nach der Untreue und Bilanzfälschung.

Und nicht nur für mich, wie sich später herausstellen sollte.

Brisante Aussagen des Controllers

Die **Verteidigerin** von Visker, **Gaby Münchhalffen**, beantragte interessanterweise am darauffolgenden Verhandlungstag, die Aussage des Controllers und Zeugen Kai R.-U. zu der Frage, ob die Bank Ende 20007 am Abgrund gestanden habe, *nicht* zu verwerten. Sie sah einen verfahrenstechnischen Fehler.

Blog-Kommentar
5. November 2013 @ 20:52 von: bescheidwisser

Zitat aus dem HSH-Untersuchungsausschuss des Schleswig-Holsteinischen Landtages (DS 17/1675, Seite 68):

> *„Vom 29. Mai bis 6. Juli 2007 führte die Deutsche Bundesbank eine Prüfung gemäß §44 KWG der Mindestanforderungen an das Risikomanagement in der HSH durch. Als Ergebnis wurde festgehalten, dass 'unter Berücksichtigung von Art, Umfang und Risikogehalt der Geschäfte, die HSH mit den in dem Bericht aufgeführten Einschränkungen über ein angemessenes Risikomanagement [...] verfügte.'"*

Im Bericht wurden die Sachverhalte geschildert, die von der Bundesbank als wesentliche Mängel eingestuft worden waren. Hierzu gehörten u. a. Schwächen im sog. NPNM-Prozess (Neue Produkte Neue Märkte). Insbesondere die Dokumentation und die Kommunikation innerhalb des Prozesses waren danach mit Schwächen behaftet.
Es ist davon auszugehen, dass der Vorstand vollumfänglich über diese wesentlichen Mängel unterrichtet wurde und unmittelbar für die Beseitigung verantwortlich war.

Montag, 11. November 2013

Tag 25: Ex-Chefjustiziar: „Ich war nicht eingebunden."

Ein Bankgeschäft in Krisenzeiten, 2,4 Milliarden Euro schwer, und der Leiter der Rechtsabteilung der HSH Nordbank will nicht eingebunden gewesen sein in die Frage, ob bei diesem Milliardendeal juristisch alles beachtet wurde? So klang die Aussage des für diesen Tag geladenen **Ex-Chefjustiziars** der HSH, von **Dr. Wolfgang Gößmann, 58**. Dem früheren Leiter der Abteilung Recht und Compliance war von Anfang an eine gewisse Nervosität anzumerken, auch, weil er kurzatmig antwortete. Er hatte für die Befragung an diesem und dem nächsten Verhandlungstag als Zeugenbeistand einen namhaften Anwalt engagiert. Richter Tully wies den Ex-Chefjustiziar - für mich zum ersten Mal in dieser Deutlichkeit - darauf hin, dass die Aussagepflicht vor einem Strafgericht über die Verschwiegenheitspflicht hinausgehe, das heißt, er müsse antworten, könne aber natürlich von seinem Recht nach § 55 Strafprozessordnung Gebrauch machen, um sich nicht selbst zu belasten.

Von Omega55 habe er erstmals im Frühjahr 2008, Januar oder Februar, gehört, also erst nach Vertragsabschluss, berichtete Ex-Chefjustiziar Gößmann. Seine Mitarbeiter beschwerten sich bei ihm darüber, wie Omega zustande gekommen war. In den Beschwerden war von Organisationsmängeln die Rede, von chaotischen Zuständen in London und dem ungeheuerlichen Vorwurf, die Londoner Kollegen hätten die Juristen seiner Rechtsabteilung getäuscht. Aus diesen Gesprächen, aus Akten und dem späteren Rechtsgutachten der Kanzlei Freshfields[66] habe er den Milliardendeal kennen gelernt. (zu Freshfields siehe S. 68)

Spezialisten waren andere

Sachlich sei er in Omega55 „nicht involviert gewesen", betonte der Jurist mehrfach. Er habe auch keine Entscheidungen bei Omega55 getroffen, denn er sei nicht der Fachmann für aufsichtsrechtliche Fragen, die bei solchen Geschäften zu klären seien. Die Spezialisten dafür seien seine damaligen Mitarbeiter **Vera S.** und **Sascha E.** gewesen.

Aussage gegen Aussage

Beide Mitarbeiter hatten sich Omega55 auch angesehen, auf Basis rudimentärer Informationen, hatten sie in ihren Vernehmungen berichtet (Tag 19, 17).

---

66 Die Kanzlei Freshfields, Bruckhaus, Deringer wurde 2009 vom HSH-Aufsichtsrat beauftragt, das Missmanagement um Omega, das Kreditersatzgeschäft und mögliche Pflichtverletzungen der Vorstände zu untersuchen. Es soll rund 3 Millionen Euro gekostet haben.

Anders aber als ihr Vorgesetzter jetzt vor Gericht geltend machte, habe er sehr wohl sachlich entschieden, meinte jedenfalls **Vera S.** sich zu erinnern. Weil sie große Bedenken hatte, dass Omega55 ein Kreislaufgeschäft sei und damit gegen aufsichtsrechtliche Regeln verstoßen würde, habe sie Gößmann angerufen und ihm ihre Bedenken mitgeteilt. Der Chefjurist soll daraufhin gesagt haben, Omega55 ginge schon in Ordnung.

Dieser Version seiner Fachfrau für Aufsichtsfragen widersprach Gößmann im Zeugenstand vehement: Er erinnere sich an dieses Telefonat mit ihr nicht, und er schließe auch aus, aufgrund der „dünnen Informationslage solche weitreichenden Entscheidungen getroffen zu haben“.

Gößmann habe aber später, 2008, sehr wohl mit Vera S. aufsichtsrechtliche Fragen erörtert, und es ähnlich gesehen wie sie, dass durch Teil-B keine entlastende Wirkung des Eigenkapitals in Teil-A eintrete. Aber er wisse nicht, wer was letztlich abgestimmt und ob es ein Statement aus der Rechtsabteilung gegeben habe.

Aussage ohne Beweis

Damit steht Aussage gegen Aussage. Die für Omega55 zuständige Juristin hatte Bedenken, ihr Chef habe diese Bedenken aber übergangen. Sagt sie. Er sagt: Davon wisse er nichts mehr; im Nachhinein sehe er die rechtliche Wirkung aber ähnlich wie seine Mitarbeiterin. Beweisen kann Vera S. ihre Version nicht. Sie hatte es nach eigener Aussage versäumt, sich die folgenschwere Entscheidung am Telefon von ihrem Chef später schriftlich bestätigen zu lassen; im Zeugenstand meinte sie, dass das ein Fehler gewesen sei. Aber auch Wolfgang Gößmann konnte seine Version vor Gericht nicht belegen.

Keine Informationspflichten gegenüber dem Chef

Wie Vera S. und Sascha E. die rechtliche Ordnungsmäßigkeit von Omega55 letztlich bewertet haben, wisse er nicht. Sein Führungsansatz sei gewesen, die Eigenverantwortung seiner Mitarbeiter zu fördern. Und wenn sie Bedenken hätten, sich direkt an die zuständigen Entscheidungsträger zu wenden. Er dagegen löse auftretende Konflikte und gebe bei Schwierigkeiten Rückendeckung, so der lebhafter gewordene Zeuge.

Vorgaben von ihm, was die Mitarbeiter an ihren Chef zu kommunizieren haben, hätte es keine gegeben. Gößmann stand zum „Troubleshooting“ bereit, wie er sagte.

„CC“? Nicht mit ihm

Der Ex-Justiziar pochte nur wenig später in seiner Befragung, die Richter Wellhausen führte, unversehens darauf, dass er eMails rund um den Omega-Deal, bei denen er in „CC“, also in Kopie, gesetzt worden war, *nicht* gelesen habe. Wenn eMails aus London zu Omega55 kamen, habe er sie an Vera S. und Sascha E. weitergeleitet - *ohne* sie zu lesen und ohne sie zu kommentieren.

Das zu schildern, schien dem 58-jährigen enorm wichtig zu sein; er wirkte dabei aufgewühlt und in seiner Stimme schwang Ärger mit. Er lese eMails nur, wenn er direkt angesprochen werde. Ihn in „CC“ zu setzen, reiche nicht. „Ich lasse mir nicht einfach was auf den Tisch setzen. Punkt!“, ereiferte er sich.

Hat Chefjustiziar doch alle eMails gelesen?

Die Behauptung Gößmanns, wonach er keine eMails lese, die er als Kopie erhalten habe, versuchte der **Verteidiger** von Risikovorstand Strauß, **Reinhard Daum**, mit einer Zwischenfrage zu zerschießen. Er habe hier eine eMail, geschrieben von **Paul D.** in London am 21. Dezember 2007, gegen 21 Uhr. Adressatin war unter anderem Juristin Vera S. Im „CC“ mit dabei: Zeuge Gößmann. In dieser eMail - eine „Erfolgsmeldung“ - soll der Londoner Kollege die Juristin S. über alle Maßen gelobt haben; ihr Fachwissen sei „admirable“, also bewundernswert. Auf diese eMail soll der Chefjustiziar nur eine halbe Stunde später eingegangen sein, gegen 22:30 Uhr. An Vera S. und an den Abteilungsleiter Kapitalmarktrecht soll er laut Zitat Daum sinngemäß geschrieben haben: Toll! Habe alle Mails gelesen, unglaublich, was sich da abgespielt hat.

Chefjustiziar zeigt auf andere

Gößmann habe also doch die eMails zu Omega55 gelesen, bei denen er im „CC“ stand, schlussfolgerte Verteidiger Daum. Denn was sonst sei mit „alle Mails gelesen“ gemeint gewesen? Nein, erwiderte der Ex-Chefjustiziar eigensinnig. Er habe eMails in CC erhalten, und Vera S. sei wirklich eine „großartige Juristin“, es lasse sich daraus aber nicht herauslesen, dass er materiell in Omega55 eingebunden gewesen sei. Er bleibe dabei: In Einzelheiten von Omega55 sei er nicht eingebunden gewesen. „Den Versuch, mir eine Mitverantwortung zuzuschieben, weise ich zurück!“

Ohnehin hält Gößmann den **Londoner Kollegen Paul D.** für „eingeschränkt glaubwürdig“. Schlüssig begründen konnte er seine Einschätzung nicht. Daum aber ließ nicht locker und fragt nochmal, ob Gößmann alle Mails gelesen habe.

Der Widerspruch blieb letztlich ungelöst, obwohl sich der Rechtsbeistand des Zeugen einschaltete, der Staatsanwalt mitmischte und auch der **Vorsitzende Richter Tully** ordnend eingriff („Das wird in die Würdigung einfließen ...“). Zurück blieb Ratlosigkeit - auch beim Zeugen, der später noch hinzufügte: Er wisse nicht mehr, was er mit „alle Mails“ gemeint habe, vielleicht „alle Mails des Tages“?

Paul D., der Mitarbeiter aus London, sei später auf „unschöne, unfreundliche Weise“ aus der Bank ausgeschieden, merkte Gößmann noch an.

Nach diesen Wortgefechten war erst einmal Mittagspause.

Erst Lob, dann Drohung, dann Kündigung

Wie schon im Verfahren angesprochen, schied die vom Chefjustiziar hochgelobte Mitarbeiterin Vera S. aus der HSH aus, wegen Omega55 und der damit verbundenen Meldung an die Bankenaufsicht BaFin. S. wurde im Januar 2010 mit Abfindung entlassen.

Vera S. habe in der HSH keine Zukunft mehr, habe ihr Gößmann gesagt. Ihre Kündigung sei für die Abteilung ein „Erdbeben“ gewesen - daraus machte der Jurist keinen Hehl, und dass er anfangs damit auch nicht einverstanden gewesen sei. Er empfand die Entlassung als „Bauernopfer“ und „unverhältnismäßig“. **Dirk Jens Nonnenmacher** habe ihn aber angewiesen, S. fristlos zu kündigen. Wenn Gößmann seine Mitarbeiterin nicht entlasse, gehe es ihm an den Kragen, soll ihm auch von andere Seite gesagt worden sein. Anstoß für ihre Entlassung soll das (streng gehütete) umfangreiche Gutachten der Wirtschaftsprüfungsgesellschaft KPMG gewesen sein, das der Juristin schwere Mängel im Umgang mit der Bankenaufsicht BaFin in Verbindung mit Omega55 nachgewiesen haben will. Sie soll die BaFin falsch unterrichtet haben, weswegen die HSH 2010 ein Bußgeld zu zahlen hatte, erklärte Gößmann den Zusammenhang. Er war allerdings nach eigener Aussage erstaunt über die Schwere der Vorwürfe.

Die schwer verständliche Vorstandsvorlage

Die Vorstandsvorlage zu Omega55 habe Wolfgang Gößmann erstmals 2009 gelesen und festgestellt, dass sie viel zu kompliziert aufgebaut und in schwierigem Englisch gehalten war, sodass selbst er „Schwierigkeiten hatte, den Text zu verstehen“, erzählte er.

Die Brandmail

Vera S. hatte mit Gutheißen ihres Chefs Gößmann auch eine eMail an **Kapitalmarktvorstand Friedrich** geschrieben - im Februar 2008 - in der die Juristin teils emotional ihren Unmut über die Londoner Kollegen und das Zustandekommen von Omega55 ausdrückte und um ein Gespräch mit Friedrich bat. Vera S. hatte diese Mail selbst bei ihrer Befragung am 17. Prozesstag erwähnt. Diese eMail bezeichnete der Ex-Chefjustiziar jetzt in seiner Vernehmung als „Brandmail“, weil sie einen brisanten Satz enthielt. In ihm ging es um die Meldung von Omega55 an die Bankenaufsicht. Zitat:

„Im Ergebnis müssen wir hier die BNP-B Transaktion vor unseren Wirtschaftsprüfern verheimlichen, da sonst eine aufsichtsrechtliche Anerkennung des BNP-A Deals per 31.12.2007 ausgeschlossen wäre."

Dieser Satz war als Warnschuss an den Vorstand gedacht, sagte Gößmann. Vera S. schrieb ihn vor dem Hintergrund, dass sie und ihr Kollege Omega55 nach eigenem Verständnis niemals freigegeben hätten. Als „gelb-rote Karte" wollte Jurist Gößmann diesen Satz verstanden wissen.
(Tatsächlich meldete die HSH der Bankenaufsicht zuerst nicht Teil-B, obwohl die BaFin Ende 2007 nach solchen Geschäften gefragt hatte.)

Namhafter Zeugenbeistand mischt sich ein
Der 58-jährige Gößmann hatte bei seiner Vernehmung den bekannten **Anwalt Prof. Bernd Müssig** von der Kanzlei Redeker als **Zeugenbeistand** dabei. Müssig verteidigte zu dieser Zeit Ex-Bundespräsident Christian Wulff vor Gericht. Gößmann beriet sich mehrfach mit seinem Beistand, der ihm öfter mal beruhigend die Hand auf den Arm legte. Dabei blieb es aber nicht. Erstmals mischte sich ein Zeugenbeistand direkt in die Verhandlung ein. Anwalt Müssig antwortete aus heiterem Himmel selbst auf die Frage von Anwalt Daum an den Zeugen, ob er denn nun „alle eMails" gelesen habe, statt den Zeugen reagieren zu lassen. Das brachte ihm prompt eine Zurechtweisung ein, denn das darf ein Beistand nicht. Er darf nur den Zeugen beraten. **Richter Tully machte** Müssig freundlich darauf aufmerksam.

Was noch zur Sprache kam? Vieles
Die Rechtsabteilung war seit Jahren personell knapp besetzt, auch 2007, die Arbeitsbelastung damit sehr hoch und der für die Abteilung zuständige Vorstandschef wusste das auch, weil er, Gößmann, immer wieder darauf hingewiesen habe. (Ressortzuständiger Vorstand für die Abteilung Recht und Compliance war 2007 Vorstandschef Hans Berger.)

Eine Dienstanweisung habe zudem angeordnet, dass die Rechtsabteilung frühzeitig in neue Geschäfte einzubinden sei. Die kaufmännischen Bereiche aber hätten Spielräume gehabt und wollten die Juristen am liebsten außen vorlassen, um „mehr Geschäft" zu tätigen, berichtete der Zeuge ebenso. Es sei auch nicht verpflichtend gewesen, der Rechtsabteilung die fertigen Vorstandsvorlagen zu zeigen, bevor die Vorstände sie erhielten, erzählte Gößmann.

Blog-Kommentar
27. November 2013 @ 22:05 von: bescheidwisser
Aha, die Mitarbeiter arbeiten und entscheiden völlig eigenverantwortlich - und Herr Gößmann bekommt sein Gehalt für was genau eigentlich? Immerhin hat er genug verdient, um sich Anwälte wie Gernot Lehr (Medienanwalt von Christian Wulff) leisten zu können: http://www.redeker.de/main-V2.php/de/news/pm20120327.html[67]

Und obwohl ja seine berufliche Existenz - wie es in der oben zitierten Pressemitteilung heisst, zerstört ist, reicht es immer noch für Prof. Bernd Müssig…

67 Stand: 8.9.2014

Tag 25

Größenwahn: HSH in die TOP-10 weltweit

Bei seiner Aussage vor Gericht ging der frühere Leiter der Rechts- und Compliance-Abteilung Wolfgang Gößmann auch auf den anvisierten Börsengang der HSH ein. Der Börsengang sollte 2008 erfolgen; er wurde ab 2005 vorbereitet. Der Aufsichtsrat schaffte dafür extra einen neuen Vorstandsposten, den Chief Financial Officer CFO (Finanzvorstand). Prof. **Dirk Jens Nonnenmacher** erhielt diesen Posten am 1. Oktober 2007. Er sollte das Gesicht des Börsengangs und für die Analysten da sein.

Ex-Chefjustiziar Gößmann berichtete dem Gericht von Workshops für Vorstand und Führungsriege, um dieses einmalige Ereignis vorzubereiten. Diese Workshops fanden nach seiner Erinnerung in den Jahren 2005 und/oder 2006 statt. Sie fuhren dazu an schöne Orte an der Ostsee in feine Hotels. Der Vorstand hätte dort die Ziele auf dem Weg zum Börsengang vorgestellt. An diese **Ziele** erinnerte sich der Jurist bei seiner Befragung vor Gericht:

> Die HSH sollte zu den **wichtigsten zehn globalen Banken** aufsteigen.
> (Das wären die britische HSBC gewesen, die US-Giganten Citigroup, JP Morgan Chase und Goldman Sachs, sowie die Deutsche Bank - mit Bilanzsummen von mehr als 1 Billion Dollar; die HSH kam 2006 auf eine Bilanzsumme von gerade mal rund 190 Milliarden Euro.)
>
> Die HSH sollte ihr **Rating** verbessern.
>
> Die HSH schwenkte in ihrer **Geschäftsstrategie** um: Der Vorstand setzte verstärkt auf eine „buy-and-sell"-Strategie[68], erklärte Gößmann.
> (Das heißt, Finanz"produkte" wie Verbriefungen werden gekauft und möglichst schnell - mit hohen Gewinnen - wieder verkauft; diese Strategie ist riskant und setzt viel Neugeschäft voraus. Traditionell verfolgten Landesbanken eine andere Strategie, genannt „buy-and-sell", also kaufen und halten, meist von Staats- und/oder Unternehmensanleihen sowie Pfandbriefen.)
>
> Zentraler Punkt vor dem Börsengang war für die HSH, die **Eigenkapital-Ausstattung** aufzubessern; die Eigentümerinnen Hamburg und Schleswig-Holstein sowie die Sparkassen seien aber nicht bereit gewesen, das Eigenkapital zu erhöhen.

---

68 vergleiche Bericht PUA Schleswig-Holsteinischer Landtag, Drucksache 17/1675, S. 286

Keiner hat diese Ziele hinterfragt
Wolfgang Gößmann hatte zu dieser Zeit den Eindruck, dass bei diesen Seminaren niemand die Ziele kaufmännisch hinterfragte. „Die Ziele hielt man für erreichbar“, so der Ex-Chefjustiziar. Er aber habe Stirnrunzeln angesichts der Expansionspläne gehabt. Der Börsengang sei das zentrale Thema damals in der Bank gewesen. Und deshalb wurden die Marktbereiche wie Immobilien, Kapitalmarkt oder Schiffsfinanzierung kräftig ausgebaut, ohne die kontrollierenden Abteilungen mit zu stärken, wie das Risikomanagement, Controlling, Recht und NPNM.

Hoher Druck auf die Juristen
Auf die Rechtsabteilung sei zudem hoher Druck ausgeübt worden, vor allem aus der Immobiliensparte, Filiale USA, erzählte Wolfgang Gößmann auch noch. Er habe sich diesem Druck teilweise widersetzt und dem Drängen der Kollegen nicht nachgegeben. Sie sollen unter anderem verlangt haben, dass die Juristen bestimmte Sicherheiten für Immobilienkredite rechtlich anders einstuften - nämlich sicherer, als sie waren. Dann mussten sie mit weniger Eigenkapital unterlegt werden. Je weniger das Eigenkapital der HSH beansprucht wurde, desto mehr Neugeschäft war möglich - ganz im Sinne des Börsengangs.

Aktienrechtlich sah der Ex-Chefjustiziar den Gesamtvorstand in der Verantwortung. Das sagte er irgendwann unvermittelt, ohne das ihn die Richter um eine Einschätzung gebeten hatten.

Blog-Kommentar
27. November 2013 @ 22:22 von: bescheidwisser
In den USA gibt es einen ehemaligen Bankaufseher und heutigen Professor, William K. Black, der zur Beschreibung der Ereignisse in der Bankenkrise den Begriff „accounting control fraud“ verwendet:

> *[...] The fraud „recipe“ for a lender engaged in accounting control fraud has four ingredients:*
> *- Grow like crazy by*
> *- Making bad loans at a premium yield while*
> *- Employing extreme leverage, and*
> *- Providing grossly inadequate allowances for loan and lease losses (ALLL)*
> *http://neweconomicperspectives.org/2012/02/amazing-vanishing-act-accounting.html*[69]

Dies ist auch nicht weit entfernt vom offensichtlichen Verhalten in der HSH bis 2007.

69 Stand: 8.9.2014

Dienstag, 12. November 2013

Tag 26: Erste rechtliche Würdigung des Gerichts

Die Materie, mit der sich das Gericht im Prozess beschäftigt, ist verworren und vielschichtig - selbst für Kenner. Mit dem Milliardenhandel, der den Codenamen Omega55 erhielt, wollten die Vorstände das Verlustrisiko der HSH senken und das Eigenkapital schonen. So sagten sie es. Dieser Plan aber ging nicht auf. Wohl von vornherein nicht.

Am Ende des 26. Tages, an dem Ex-Chefjustiziar Gößmann ein zweites Mal geladen war und von den Verteidigern befragt wurde, wartete das Gericht mit einer ersten, rechtlichen Würdigung zur Frage der Risikorückübertragung bei dem verhandelten Finanzgeschäft auf. Nach meinem Verständnis bezog sich das Gericht damit auf die **2-Milliarden-Liquiditätsfazilität** der HSH gegenüber der Omega Ltd. im B-Teil[70] von Omega55.

Der verlustreiche „Dispositionskredit"

Der zweite **Richter** im Verfahren, **Volker Bruns**, fasste im Folgenden ein Kurzgutachten zu den Vertragsdetails zusammen. Die weltweit tätige **Anwaltskanzlei DLA Piper** soll es erstellt haben. Die Kanzlei sollte die Bedingungen untersuchen, zu denen die BNP Paribas die Liquiditätsfazilität gemäß der Vorstandsvorlage und den Vertragsunterlagen beanspruchen durfte. Das Fazit der Kanzlei war für den angeklagten, früheren HSH-Vorstand wenig schmeichelhaft.

Hintertür für die BNP Paribas, keine für die HSH

Bruns schlussfolgerte aus dem Gutachter der DLA Piper: Die BNP Paribas habe sich vertraglich eine Hintertür offen gehalten, um die Liquiditätsfazilität in Teil-B einfordern zu können - auf Kosten der HSH. Und es sei auch die BNP Paribas gewesen, die es in der Hand hatte, *wann* diese Bedingungen erfüllt waren. Die HSH-Vorstände stimmten dieser Hintertür zu, ohne sich selbst eine offen zu halten oder abzusichern, so das Fazit der Gutachter.

Richter Bruns referierte die komplizierten Details etwa zehn Minuten lang ohne einmal auf irgendeine Notiz zu blicken. Leider las er nicht die dazu gehörenden Textpassagen aus den Verträgen vor, sodass es für mich als Prozessbeobachterin nicht möglich war, die Details des Gutachtens zu verstehen.

Bruns sprach über „potential event of default", von „loss events", Repros, von „defaulted assets" und „Liquiditätsfazilitäten für jedes asset". Das Gutachten ist für die Öffentlichkeit nicht einzusehen; die Verteidiger haben es erhal-

70 Teil-B ist im Urteil des LG Hamburg, vom 9.7.2014, ausführlich ab S. 36f dargestellt.

ten. Nachfragen bei Gericht zwecklos.

Gericht wartet noch mit eigener Auslegung
Wie die Große Strafkammer das Kurzgutachten auslegt, dazu wollte sich Richter Bruns nicht näher äußern. Allein der Umstand aber, dass sich die BNP Paribas eine Hintertür offen ließ, sage etwas über mögliche Ziele der BNPP bei Omega55 aus, ließ Bruns doch durchblicken.

Ex-Chefjustiziar in der Mangel der Verteidigung
Wolfgang Gößmann, der ab 9:30 Uhr zum zweiten Mal im Gerichtssaal saß, musste sich von den Verteidigern viele Fragen zu seiner Art der eMail-Kommunikation mit seinen Mitarbeitern gefallen lassen. Er wiederholte dabei hartnäckig, CC-Mails lese er nicht! Täglich erhalte er etwa 45 eMails, bei denen er im „CC" stehe. Wolle er die alle lesen, hätte sein Arbeitstag 24 Stunden. Er habe sowieso schon zehn-Stunden-Tage gehabt. Er lese nur CC-Mails, wenn er wisse, dass das von ihm erwartet werde. Wie er den Unterschied damals in der HSH erkannte, ließ er offen. Seinen Mitarbeitern jedenfalls will er diese Abneigung klar gemacht haben, ohne „offizielle Ansage" allerdings.

Ohne persönliche Verantwortung bei Omega55
Gößmann, der ab Frühjahr 2007 in der HSH als weltweit Verantwortlicher „Global Head"[71] nach eigener Aussage Durchgriffsrechte auf alle Filialen der HSH hatte, beklagte sich vor den Richtern, dass die Filialen in der Praxis aber nicht machten, was er wollte. Gerade die New Yorker hielten sich nicht an seine „Reporting"-Vorgaben. Es sei schwer gewesen, das Global Head-Prinzip durchzusetzen. Manche Filialleiter hätten sogar gegen ihn gearbeitet. Als Beispiel nannte er Singapur.

Ob dieses Global-Head Prinzip auch bei London „gestört" gewesen sei, hakte Strafverteidiger Gatzweiler nach, als er mit seinen Fragen an der Reihe war. Darauf antwortete der Ex-Chefjustiziar einsilbig, das wäre eine „tunnelartige" Sichtweise".

71 vergleich auch Urteil LG Hamburg, vom 9.7.2014, S. 116

Donnerstag, 21. November 2013

Tag 27: BaFin hat Omega55 nicht geprüft

Dieser Tag vor Gericht gehörte der Bankenaufsicht BaFin, der Bundesanstalt für Finanzdienstleistungsaufsicht, eine der Behörden, deren Aufgabe es ist, die deutschen Geldhäuser zu überwachen. Geladen war die Abteilungsleiterin **Ruth B.**, **49** Jahre alt, **Juristin und Beamtin**; 2007 **Leiterin Fachaufsicht** über drei Landesbanken - die HSH Nordbank, die WestLB und die NordLB; derzeit bekleidet sie eine andere Referatsleitung in der BaFin. Die Zeugin - eine frohgemut wirkende Frau - sagte zu ihrer fachlichen Qualifikation als Juristin ergänzend, dass sie keine betriebswirtschaftliche Erfahrung habe und keine Wirtschaftsprüfer-Kenntnisse.

BaFin prüft nicht selbst

Ruth B. erklärte dem Gericht, dass die BaFin nicht selbst in die Banken gehe und deren Bücher prüfe, sondern sich vielmehr ansehe, ob die Banken die gesetzlichen und aufsichtsrechtlichen Regeln und Vorschriften einhielten. Die Bankbücher und die Jahresabschlüsse prüfe in Arbeitsteilung dafür die Deutsche Bundesbank. Außerdem frage die BaFin bei den Banken Daten ab. Die BaFin „lasse sich berichten", formulierte es Ruth B. Mitte 2007 sei es nun so gewesen, dass die BaFin „massive Bedenken" hatte, in welchem Umfang die Landesbanken in komplizierten Finanzprodukten investiert waren, und ob sie dafür genug Geld als Verlustpuffer beiseite gelegt hatten, sprich Eigenkapital. Es habe deshalb auch bei der HSH Gespräche auf Vorstandsebene gegeben.

Im November 2007 stellte die BaFin dann eine Anfrage an die HSH, wie umfangreich ihr Kreditersatzgeschäft sei, und ob sie kapital*entlastende* Transaktionen (wie Omega55) durchführe. Ein ähnliches Auskunftsersuchen erging Ende Dezember 2007. Am 11.1.2008 antwortete die HSH darauf, teilte der BaFin aber nur Teil-A von Omega55 als Eigenkapitalentlastende Transaktion mit. Teil-B verschwieg sie. Im Februar 2008 fasste die BaFin per eMail nach, erhielt aber erneut keine vollständige Antwort.[72]

BaFin uninformiert über Teil-A und Teil-B

Rückblickend, sagte Juristin Ruth B., hätten wir erwartet, dass beide Teile an sie berichtet werden, da sie aneinander gekoppelt waren. „Von Teil-B aber hatten wir keine Kenntnis." Erst im November 2008 änderte sich das, als **Vorstandschef Berger** bei der BaFin anrief (!) und einen Millionenverlust in dreistelliger Höhe meldete, mitverursacht durch Teil-B von Omega55. Dadurch sah die Bankenaufsicht erstmals bewusst die Verknüpfung.

72 vergleiche Urteil LG Hamburg, vom 9.7.2014, S.143ff

Wie die Zeugin weiter berichtete, hatte die HSH zwar die Omega55-Transaktion inklusive des B-Teils im April 2008 in der Risikoausschuss-Sitzung erwähnt - im Beisein der Deutschen Bundesbank, nicht der BaFin. Auf die Nachfrage der Bankaufseher, ob es sich dabei um eine Entlastungstransaktion handele, wurde ihnen aber gesagt: Nein, das sei keine.

Trotz Verlusten und Fehlinfos keine Sonderprüfung

Nach dem Notruf von Vorstandschef Berger bei der BaFin im November 2008 leitete die Behörde sofort bei der HSH eine erweiterte Jahresabschlussprüfung zu den von der Finanzmarktkrise betroffenen Kreditderivaten und -produkten ein, aber keine Sonderprüfung nach Kreditwesengesetz. Die Behörde bediente sich dafür der Wirtschaftsprüfungsgesellschaft KPMG. Diese hatte von der HSH 2008 das Mandat erhalten, den Jahresabschluss 2008 zu prüfen. Weil KPMG erstmals die Bücher der Landesbank durchkämmte, hatte die BaFin „Vertrauen in KPMG“, so Ruth B. Man erteilte aber wohl keinen schriftlichen Prüfauftrag. Daran könne sie sich nicht erinnern. Vielmehr setzte sie sich mit den KPMG-Prüfern zusammen und besprach die Forderungen der Bankenaufsicht; B. will dabei klar gesagt haben, „was ich will“.

(Das Gutachten, das KPMG erstellte, türmte sich letztlich zu zehn Bänden auf. Wie viel davon der BaFin zuzuordnen ist oder ob sie einen eigenen Bericht erhielt, dazu sagte die Zeugin nichts. Sie thematisierte auch nicht, wer den Gutachtenteil der BaFin bezahlte. Den sich aufdrängenden Interessenkonflikt der KPMG, der Bankenkontrollbehörde über den eigenen Auftraggeber Auskunft zu geben, hatte Ruth B. mit dem Hinweis auf „Vertrauen“ weggewischt.)

KPMG legte bei seiner Prüfung zahlreiche Mängel vor allem im Risikomanagement der HSH offen. Zitat:

> *„Zusammenfassend lässt sich feststellen, dass den Marktverantwortlichen aufgrund fehlender Zeit, fehlender Kompetenz und fehlender Unterlagen teilweise die Grundlage für ein marktunabhängiges Urteil fehlte. [...] Es bestehen deutliche Hinweise auf eine nicht sachgerechte Risikokultur in der Bank.“*[73]

Bußgeld für unvollständige Auskunft

Die BaFin verhängte schließlich im September 2010 ein Bußgeld gegen die HSH, weil sie ihr auf ihre Auskunftsersuchen von Dezember 2007 und Februar 2008 „nicht richtig und vollständig“ geantwortet habe. Die Höhe der Strafe erwähnte die BaFin-Mitarbeiterin vor Gericht nicht.

---

73 Bericht PUA Schleswig-Holsteinischer Landtag, Drucksache 17/1675, S. 304

(Es waren 50.000 Euro, die die HSH an Bußgeld zahlen musste. Offizielle Begründung: Die Mitglieder des Gesamtvorstandes der HSH Nordbank AG haben „fahrlässig das Institut treffende Pflichten verletzt und damit gemäß § 56 Abs. 3 Nr. 9 KWG i.V.m. § 9 Abs. 1 Nr. 1 und § 130 Abs. 1 OWiG ordnungswidrig gehandelt [...], indem sie es unterließen, ausreichende organisatorische Vorkehrungen zu treffen und Aufsichtsmaßnahmen zu ergreifen, um die richtige und vollständige Beantwortung der zwei genannten Anfragen sicherzustellen."[74])

Motiv für Omega55 rätselhaft

Ein schlüssiges Motiv für Omega55 sieht Ruth B. bis heute nicht. Die HSH habe eine gute Eigenkapital-Quote gehabt, brauchte ihre Bilanz aus Sicht der Bankenaufsicht nicht zu optimieren. B. will aber gehört haben, dass die HSH interne Kennziffern und „Risikobudgets" nicht eingehalten hatte. Nachgefragt hat die Bankenaufseherin in Hamburg und Kiel aber nicht, ob das stimme. Die BaFin habe aber auch berichtet bekommen, dass die HSH bei Ratingagenturen im Vorgriff auf den geplanten Börsengang als „kapitalschwach" galt, erzählte die Zeugin.

Omega55 war sinnlos für die HSH

Als Gesamtgeschäft habe die BaFin Omega55 zu keiner Zeit geprüft. Sie hatten schlicht keinen Anlass dazu, in der Abteilung Grundsatzfragen nachzuforschen, ob das Geschäft aufsichtsrechtlich gültig war, erklärte Ruth B. auf eine Frage von Richter Bruns. Schließlich sei im November 2008 der A-Teil bereits gekündigt gewesen, so Ruth B. Hätte die BaFin aber von Omega55 gewusst, die HSH also *vollständig* an sie berichtet, hätten „wir eine risikoentlastende Wirkung *nicht* akzeptiert", so Ruth B.

Auf eine Verteidigerzwischenfrage zum Überkreuzgeschäft „St. Pancras" mit der Hypo Real Estate Ende 2008, das schon oft im Prozess zur Sprache gekommen war, weil es der Omega-55-Transaktion ähnelte, gab die BaFin-Referatsleiterin einen interessanten Einblick. Dieses Geschäft habe die BaFin analysiert und eine risikoentlastende Wirkung *verneint.*

Richter Tully bat die Beamtin, dem Gericht diese Analyse bitte zu schicken.

Komplexes prüft BaFin doch vorab

In einer früheren Vernehmung ging es schon einmal um die Bankenaufsicht und um die Frage, ob komplexe Geschäfte nicht vorab der Aufsicht vorgelegt werden könnten oder müssten, um deren Meinung einzuholen. Die in der HSH für Aufsichtsfragen zuständige Juristin Vera S. hatte so ein Vorgehen verneint.

74 vergleiche Urteil LG Hamburg, vom 9.7.2014, S. 144

Es sei unüblich, die BaFin vorher einzuschalten, hatte sie ausgesagt. Außerdem dauere das viel zu lang.

Ruth B. widersprach dieser vermeintlichen Vorgehensweise. Richter Bruns wollte diesen Aspekt geklärt haben. Es sei sehr wohl üblich, so Ruth B., dass Institute bei neuen oder speziellen Geschäften auf sie zukamen. „Wirklich komplexe Transaktionen hat unser Grundsatzreferat vorgelegt bekommen.“ Und das sei meist auch in wenigen Tagen erledigt gewesen. Die HSH gehörte aber zu den Banken, die das Angebot der Aufsicht nicht nutzten, erzählte die Beamtin weiter. Bei der HSH sei es in der Tat eher *un*üblich gewesen, zur BaFin Kontakt aufzunehmen.

Für Ruth B. zählte Omega55 zu den komplexen Transaktionen. Wenn aber eine Bank sage, sie verstehe das, sei das für die Aufsicht auch okay.

Ratingagenturen als Blackbox für die BaFin

Ein Wortgemenge zwischen dem fragenden Richter Tully, den Verteidigern und der Zeugin förderte eine erstaunliche Erkenntnis über die Fachtiefe der Bankenaufsicht zutage. Der Vorsitzende Richter Tully wollte von Ruth B. wissen, ob Ratingagenturen Bilanztricks wie Teil-A von Omega55 zum Aufhübschen des Eigenkapitals als zulässiges Mittel ansehen. Als die Zeugin zögerlich in etwa antwortete, das könne sie nur vermuten, focht einer der Verteidiger die Frage des Richters als unzulässig an. Die Zeugin solle bitte Quellen nennen und keine Vermutungen anstellen, kritisierte der Verteidiger. Tully ließ sich aber nicht den Schneid abkaufen, erläuterte sein Ansinnen ruhig und fragte Ruth B. noch einmal. Die Zeugin sagte daraufhin, dass sich auch das Freshfields-Gutachten mit dieser Frage beschäftigt habe und dort stünde sinngemäß, dass Ratingagenturen in der Tendenz solche Transaktionen eher herausrechnen, wenn sie die Kapitalquoten einer Bank prüfen. Die BaFin selbst führe keine Gespräche mit Ratingagenturen. Sie kenne die Arbeitsweise von Ratingagenturen nicht, sagte die Zeugin.

Ich war baff. Richter Bruns wohl auch, denn an dieser Stelle fragte er nach der fachlichen Qualifikation der BaFin-Referatsleiterin.

Die BaFin selbst schreibt den Banken in den Mindestanforderungen an das Risikomanagement vor, ihre Kreditrisiken mithilfe von Ratings zu bewerten. Ratings, die zuvörderst von Ratingagenturen erstellt werden. Ohne Rating kein Kredit, lautete zumindest 2007 noch die schlichte Formel. Und da will die BaFin keine Kenntnis von der Arbeitsweise dieser mächtigen, meist US-amerikanischen, Institutionen haben?

Blog-Kommentar
9. Dezember 2013 @ 20:54 von: bescheidwisser

Das ist schon erstaunlich wie die Wirtschaftsprüfer - hier die KPMG - es schaffen, bei den ganzen Mandaten und Aufträgen den Überblick zu behalten, natürlich niemanden benachteiligen oder bevorzugen. Hier also Abschlussprüfer der HSH, von dieser bestellt und bezahlt, und gleichzeitig Auftragnehmer einer Prüfung der Bankenaufsicht. Und nirgends ist ein Interessenkonflikt in Sicht ? Zumindest erahnen kann man diesen Konflikt beim Blick auf den Bestätigungsvermerk des Abschlussprüfers im Geschäftsbericht der HSH für das 2008 (verfasst von KPMG):

> *„Unsere Prüfung hat zu keinen Einwendungen geführt. [...] entspricht der Konzernabschluss den IFRS, [...] und vermittelt [...] ein den tatsächlichen Verhältnissen entsprechendes Bild der Vermögens-, Finanz- und Ertragslage des Konzerns. [...] Ohne diese Beurteilung einzuschränken (!) weisen wir auf die Ausführungen im Lagebericht im Abschnitt 'Neuausrichtung der HSH Nordbank' sowie im Konzernanhang unter Ziffer 1 hin. Dort ist dargelegt, dass der Fortbestand der HSH Nordbank AG davon abhängt, dass eigenkapitalstützende Maßnahmen in ausreichendem Umfang vorgenommen werden, so dass die aufsichtsrechtlichen Eigenmittelanforderungen eingehalten und die vertraglichen Verpflichtungen gegenüber dem Sonderfonds Finanzmarktstabilisierung [...] hinsichtlich der Kernkapitalquote erfüllt werden. ...“*

Also im ersten Teil alles super, Business as usual, und dann werden die Alarmglocken geläutet, denn „der Fortbestand der HSH“ scheint von Bedingungen abzuhängen.

Donnerstag, 28. November 2013

Tag 29: Zweifel nicht ernst genommen

Noch einmal NPNM. Einen weiteren Mitarbeiter der Abteilung Neue-Produkte-Neue-Märkte wollten die Richter befragen. Es war **Lars F.** Der 15. Zeuge im Verfahren gehörte zu den kleinen, sich rastlos drehenden Rädern im HSH-Getriebe. Das Rädchen F. aber lief nicht so geschmiert, wie es sollte.

Der Zeuge hatte nach eigener Aussage Zweifel bei der Prüfung von Omega. Sein Unbehagen teilte Lars F. auch seinem Vorgesetzten am 14. Dezember 2007 per eMail mit, einem Freitag, drei Tage, bevor der Vorstand das Geschäft genehmigte. Genützt hat es nichts.

Keine Rückendeckung

Denn sein Vorgesetzter habe ihm keine Rückendeckung gegeben, erklärte Lars F. den Richtern. Und er selbst hatte keine Handhabe zu sagen, wir machen Omega55 nicht. Außerdem war F. davon ausgegangen, dass Omega55 nur wenige Monate in den Büchern der HSH stehen würde (weil es im April 2008 bereits gekündigt werden sollte).

Ob die Prüfung durch NPNM vom Ergebnis her offen gewesen wäre? Richter Wellhausen wollte das wissen. Nein, sagte der Zeuge spontan, es sollte schon positiv beschieden werden; ein „Nein" hätte „der Markt" nicht hingenommen; der Markt sei zum Beispiel die Londoner Niederlassung gewesen. Hätte NPNM „Nein" zu Omega55 gesagt, wäre es in das nächste Gremium gegangen.

Zeuge Lars F. wurde damit deutlicher als seine Kollegin Sirka H. am 14. Verhandlungstag, die diplomatisch auf eine ähnliche Frage geantwortet hatte: Sie sei jedenfalls nicht angewiesen worden, Teil-A freizugeben.

Vorstandsentscheid nicht nachvollziehbar

Die Entscheidung des Vorstands für Omega55 habe er jedenfalls nicht nachvollziehen können, soll F. in der polizeilichen Vernehmung gesagt haben; Staatsanwalt Wegerich zitierte daraus. Das in dieser Deutlichkeit anzusprechen, hatte sich zuvor noch keiner getraut.

Versäumt

Der 28. Tag gehörte zu den wenigen, an denen ich nicht anwesend sein konnte. Die Kammer hatte an diesem Termin den **Accounting-Mitarbeiter Thomas B.** geladen.

Montag, 2. Dezember 2013

Tag 30: Zeuge belastet Strauß und Friedrich

Martin v.G., 43, promovierter **Mathematiker und Risikofachmann**, gehörte zu den wenigen Zeugen, die die Angeklagten sichtbar in Anspannung versetzten. G. leitete 2007 das **Group Risk Management** und war damit sehr nah dran am Vorstand. Seine Abteilung hatte die wesentlichen Risiken, denen die HSH ausgesetzt ist, zu benennen, zu messen und zu bewerten. Um die Risikoabschätzung *einzelner* Geschäfte dagegen kümmerte sich die Abteilung Kredit-Risk-Management KRM, zu der Zeuge acht, Andreas B., gehörte.

Kapitalquoten wichtig für Rating

Im Zeugenstand erzählte der schlanke, smart wirkende v.G., dass aus seiner Sicht die HSH ab Mitte 2007 tatsächlich „angespannte Kapitalquoten" hatte. (Die HSH stand also mit wenig eigenem Kapital da, weil zum Beispiel die Immobiliensparte in zu großer Anzahl neue Kredite vergeben hatte. Dadurch waren interne „Limits" überschritten[75] worden.)

Zu wenig Eigenkapital aber sehen Ratingagenturen nicht gern; das Rating aber sei für die HSH maßgebend, um sich unter anderem von anderen Banken Geld leihen zu können, erzählte der Zeuge. Und deshalb habe der HSH-Vorstand Ende 2007 die kapitalentlastenden Finanzgeschäfte verstärkt - wie Teil-A von Omega55.

Die strengen Vorgaben der Sparkassenfamilie

(Interne Kennziffern scheinen aber auch dem Deutschen Sparkassen- und Giroverband DSGV wichtig zu sein. Als Landesbank gehört die HSH nicht nur den Ländern Hamburg und Schleswig-Holstein, sondern auch zu etwa zehn Prozent dem Sparkassen- und Giroverband Schleswig-Holstein (SGVSH). Der wiederum ist Mitglied im DSGV.)

Martin v.G. erzählte, dass die Mitglieder des Sparkassenverbundes Gesamtkennziffern einzuhalten haben. Könnten sie dies nicht, müssten die Institute häufiger und detailreicher Daten an den Sparkassendachverband liefern. Werden bestimmte „Schwellenwerte" sogar unterschritten, wie die Eigenkapitalquote, die mindestens 8,5 Prozent betragen müsse, dürfe der Sparkassenverband sogar in die Geschäftspolitik des schwächelnden Instituts eingreifen.

(Ob der HSH-Vorstand das befürchtete?)

Solche Verluste hatte die HSH noch nicht gesehen

Im internen Rechenwerk der HSH jedenfalls war einiges los. Die Nordbank

75 siehe auch Urteil LG Hamburg, vom 9.7.2014, S. 221

war wie alle europäischen Banken verpflichtet, ihre Bilanzierung - bisher nach Handelsgesetzbuch - im Jahr 2007 auf internationale Standards umzustellen, auf die International Financial Reporting Standards IFRS. Parallel dazu zog die Bankenkrise herauf, was täglich stark schwankende Gewinne beziehungsweise Verluste mit sich brachte.

Die Schwankungen kamen vor allem aus dem Kredit*ersatz*geschäft, in dem Anfang 2007 etwa 30 Milliarden Euro investiert waren - in teils schwer verständlichen Finanzvehikeln. Deren Werte sackten mit Verschärfung der Bankenkrise immer weiter ab. Nach den internationalen Bilanzstandards IFRS müssen solche Wertschwankungen täglich errechnet und als Verluste - oder Gewinne - ausgewiesen werden. Nach den deutschen Bilanzstandards gemäß HGB wäre das nicht nötig gewesen.

Schaden begrenzen mit Bilanzkosmetik?

Solche Szenarien aber hätten die Nordbanker bisher noch nicht erlebt, erinnerte sich Martin v.G. Es sei Ende 2007 um Schadensbegrenzung gegangen. Der HSH-Vorstand und das Group Risk Management telefonierten in dieser Zeit wöchentlich miteinander, erinnerte sich der Zeuge. In diesen Telefonkonferenzen habe man auch darüber gesprochen, wie die enormen Wertschwankungen eliminiert werden könnten, die sich auf die Gewinn- und Verlustrechnung auswirkten. Man dachte über „Ummantelungen durch Zweckgesellschaften“ nach.

(Die Idee dahinter: Die Bank übergibt ihre Problempapiere - aus dem Kreditersatzgeschäft oder auch Kreditbestände - an eine Zweckgesellschaft, zum Beispiel in einer Steueroase. Die Bank gewährt dann dieser Gesellschaft eine Art Dispositionskredit, eine Liquiditätsfazilität, um auftretende Verluste auszugleichen. Die Bank ist durch diese Auslagerung optisch ihre Verlustbringer los, weil sie den „Dispo“ an die eigene Zweckgesellschaft nur unter bestimmten Bedingungen bilanzieren muss. Häufig stehen solche Liquiditätsfazilitäten unverfänglich als „Eventualverbindlichkeiten“ oder „anderen Verpflichtungen“ unter der Bilanz. Nur aufmerksame und kundige Leser von Bilanzen sehen dorthin. Diese Augenwischerei hat aber einen bösen Haken. Eintretende Verluste solcher Zweckgesellschaften schlagen direkt auf die Bank, ihre Bilanz und damit das Eigenkapital durch; drohende Verluste lassen sich deshalb damit nur zeitweise verdecken, ummanteln eben.)

HSH-Vorstände entscheiden gegen Bilanztrick - noch

Der promovierte Manager berichtete, dass in den Telefonkonferenzen dieses „Ummantelungen von Zweckgesellschaften“ als „Bilanzkosmetik“ eingestuft und „die Idee nicht weiter verfolgt wurde“. Teilnehmer der Telefonkonferenzen sollen der Zeuge selbst gewesen sein, **Risikovorstand Strauß**, **Kapital-**

marktvorstand Friedrich und der Sprecher der Luxemburger HSH-Tochter Securities S.A., Rainer H.
(Der Zeuge belastete mit dieser Einordnung die Ex-Vorstände Strauß und Friedrich. Denn das, was diese in der Telefonkonferenz als „Bilanzkosmetik“ eingestuft haben sollen, nahmen sie später bei der STCDO in Omega55 in Kauf.)

Wurde Omega55 bewusst falsch bilanziert?
Mit einer weitere Aussage belastete der Zeuge sogar den gesamten HSH-Vorstand. Seine Abteilung, das Group Risk Management, habe bereits im Sommer 2007 festgelegt, wie „synthetische CDOs“ - und damit auch Verbriefungen wie die STCDO in Teil-B von Omega55 - in der Bilanz darzustellen seien, nämlich als „designated at fair value“, zum jeweiligen Zeitwert, weil es sich um über die Zeit wertschwankende Derivate handelte, deren Verluste sofort in der Bank schlagend werden.

Wer entschieden hatte, wie Omega55 zu bilanzieren sei, wusste der Zeuge aber nicht. Die Richter forschten auch nicht weiter nach und löcherten den Zeugen nicht, wie es sein könne, dass Omega55 zweifelhaft in der Bilanz bewertet wurde, trotz seiner Vorgaben.
(Das ist insofern wichtig, weil Dirk Jens Nonnenmacher und Joachim Friedrich neben dem Untreue-Vorwurf auch Bilanzfälschung zur Last gelegt.)

Antrag für die 30 Milliarden Euro Staatsbürgschaft
Als Omega55 Ende Oktober 2008 einen Verlust von mehr als 310 Millionen Euro verursacht hatte, beauftragte der Zeuge v.G. als Verantwortlicher für das Risikomanagement seine Mitarbeiter, bestimmte Geschäfte wie Omega55 zu analysieren. Dabei kam eine Abhandlung heraus, nach deren Lektüre dem Zeugen v.G. sofort klar war: „Hier drohen bilanzielle und organisatorische Belastungen“. Das sei am 3. November 2008 gewesen, erinnerte er sich. Er habe daraufhin sofort Finanzvorstand Nonnenmacher kontaktiert - und dieser HSH-Chef Berger. Noch am selben Tag habe die HSH 30 Milliarden Euro an Staatsbürgschaften beim damaligen Sonderfonds Finanzmarktstabilisierung, Soffin, beantragt.

Risiken zählten für Mitarbeiter nicht viel
Insgesamt bescheinigte der gehörte Zeuge den HSH Mitarbeitern zu dieser Zeit ein kaum ausgeprägtes Risiko-Gespür. Dass Risiken schlagend werden könnten, sagte Martin v.G., hatten die HSH-ler vor dem Jahr 2006 noch nicht erfahren. Sie „ermöglichten Geschäfte“, statt sich mit den damit verbundenen Risiken realistisch auseinander zusetzen, so sein Tenor. Hier hätte es einen Mentalitätswandel gebraucht. „Die Risikomessansätze waren nicht mehr adäquat“.

Die schwierige Niederlassung in London

Der redegewandte Martin v.G. ließ das Gericht auch an seinen zwiespältigen Gefühlen gegenüber der Londoner Filiale teilhaben. Die Filiale sollte eigentlich Geschäfte mit Banken und Finanzdienstleistern anbahnen, aber keine eigenen Finanzkonstrukte entwickeln wie Omega55 oder „St. Pancras." G. empfand die Niederlassung im Königreich als „schwierig". Warum, fragte Richter Bruns. Weil die Londoner zum Beispiel bei einer wichtigen Transaktion - „Magnolia" - keinen NPNM-Prozess gestartete hatten, der die Risiken und Chancen des neuen Finanzgeschäfts prüfte, und es später auch noch falsch in der Bilanz abgebildet worden war. Zwei Regelverstöße auf einmal.

G. entschloss sich deshalb, „bei London genau hinzuschauen" und schickte im Sommer/Herbst 2008 einen seiner Mitarbeiter in die Niederlassung, um den Kollegen auf die Finger zu sehen und die bisher getätigten Geschäfte zu durchleuchten.

Martin v.G. verließ 2012 die HSH auf eigenen Wunsch.

Tag 30

Zweifelhafte Motive des Vorstands für Omega55

Es ist und bleibt verworren

Warum hat der Vorstand dieses komplizierte, wirtschaftlich und aufsichtsrechtlich zweifelhafte Finanzgeschäft Omega55 wirklich genehmigt? Worin bestand das wahre Motiv? Nach 30 Verhandlungstagen und 16 Zeugen blieb diese Facette der Wahrheitsfindung vor Gericht weiterhin im Dunkeln.

Was bisher zur Sprache kam

Hans Berger, Ex-Vorstandschef, hatte am 2. Verhandlungstag zu den Beweggründen für Kapital-Entlastungstransaktionen Ende 2007 - und damit für Omega 55 - gesagt: Die HSH hatte zuviel Eigenkapital beim Vergeben neuer Kredite verbraucht und die hohen Bestände an „Neugeschäft“ bei gleichzeitig „schwacher Eigenkapitalausstattung“ der Bank seien der Kapitalmarktöffentlichkeit „nicht zu vermitteln“ gewesen. Berger sah das A-Rating der HSH und den für 2008 geplanten Börsengang in Gefahr. Ähnlich hatte er sich in den Untersuchungsausschüssen in Kiel und Hamburg geäußert, die versuchten, die Umstände der HSH-Beinahpleite aufzuklären.

Ex-Finanzvorstand Dirk Jens **Nonnenmachers** Argumentation vor Gericht verlief ähnlich. Er hatte zudem die vermeintliche Wichtigkeit dieser Entlastungstransaktionen betont: Weil die HSH nicht an der Börse notiert war und deswegen nicht jedes Quartal Zahlen vorlegen musste, sei dem Jahresabschluss 2007 eine „überragende Bedeutung“ für die „Kapitalmarktöffentlichkeit“ zugekommen. Vor dem Untersuchungsausschuss der Hamburgischen Bürgerschaft im Februar 2010 gab Nonnenmacher aber auch zu:

> *„Die Bank hätte die aufsichtsrechtlichen Mindesteigenkapitalquoten auch ohne das Geschäft Omega55 eingehalten. Ziel sei es gewesen, selbst gesteckte Ziele im Hinblick auf die Eigenkapitalquoten zum 31. Dezember 2007 und den weiteren Stichtagen einzuhalten. Da sei es um zehntel Prozentpunkte gegangen.“*
> (Bericht PUA Hamburgische Bürgerschaft, Drucksache 19/8300, S.107f, Hervorhebung durch Autorin)

Was aus dem Gesagten folgt

Für die Bankenaufsicht BaFin brauchte sich die HSH mit Omega55 und den anderen neun Kapital-Entlastungsvorhaben Ende 2007 also nicht zu verrenken. Die Referentin der BaFin, Zeugin Ruth B., hatte das vor Gericht bestätigt: Die aufsichtsrechtlichen Kapitalquoten der HSH seien in Ordnung gewesen.

Die HSH-Vorstände optimierten also ihre Risikoposten für die „Kapitalmarkt-Öffentlichkeit". Zu diesem speziellen Bankergemeinwesen zählen **Ratingagenturen**. Ihre veröffentlichte Meinung war für die HSH 2007 „maßgebend", wie einer der Risikofachleute der Strafkammer sagte - und auch Hans Berger. Von dieser Meinung, ausgedrückt in Ratingnoten, hängt ab, zu welchem Zins sich eine Bank Geld von anderen leihen kann, und wie viel. Das ist besonders für Landesbanken wichtig, denn gewöhnliche Sparer haben selten ein Konto bei ihnen; den Landesbanken fehlt folglich das so genannte Einlagengeschäft. Deshalb muss sich auch die HSH täglich hunderte Millionen Euro auf dem Kapitalmarkt beschaffen, um ihren finanziellen Verpflichtungen nachkommen zu können. Teilnehmer dieser Kapitalmärkte sind vorzugsweise andere Banken, Fonds, aber auch Notenbanken. Landesbanken brauchen folglich den Geldfluss des Finanzsystems wie ein Intensivpatient den Tropf. Und wem vertrauen Banken oder große Fonds, um zu beurteilen, wem sie ihr Geld zeitweilig überlassen? Auch den Noten der Ratingagenturen.

Aber: Wenn sich Ratingagenturen ihre Meinung über eine Bank bilden, rechnen sie Bilanzliftings wie Teil-A von Omega55 heraus - die „regulatorischen Arbitragegeschäfte", wie es unter Fachleuten heißt. Das hatten zwei Zeugen der Strafkammer zu verstehen gegeben, darunter die Referentin der BaFin.

Für die Ratingagenturen hatte die HSH-Führungsriege den aufwändigen Zauber mit Omega55 also wohl eher auch nicht vordergründig veranstaltet.

Die Anwaltskanzlei Freshfields, Bruckhaus, Deringer, die im Auftrag des Aufsichtsrats der HSH 2009 Omega55 und die anderen HSH-Entlastungsgeschäfte des Jahres 2007 untersuchte, fand auch keine Antwort auf die Motivfrage - oder sie hielt sich zurück, um den treuen Auftraggeber nicht zu verprellen. Im vertraulich gehaltenen Gutachten heißt es auf Seite 20f:

> *„Die Motive für die RWA-Transaktionen, die zu einer Reduzierung der aufsichtsrechtlichen relevanten Risikoaktiva um EUR 12,6 Mrd. führten, konnten trotz intensiver schriftlicher und mündlicher Nachfrage unsererseits nicht geklärt werden. […] Am glaubwürdigsten und plausibelsten erscheint uns die Vermutung, die Transaktionen hätten alleine dazu gedient, den Solvabilitätskoeffizienten der Bank - d.h. das Verhältnis zwischen Risikoaktiva und Eigenmitteln - am Bilanztag ‚aufzuhübschen' und damit die Beurteilung der Bank seitens der Kapitalmarktöffentlichkeit, wenn auch nicht seitens der Ratingagenturen, kurzfristig zu verbessern."*

Wenn also Ratingagenturen nicht das Hauptziel einer optimierten Kapitalquote waren, wer war es dann? Die **Geldgeber** und **Investoren** direkt und ihre Analysten, die nicht so tiefe Einblicke erhielten wie die Ratingagenturen?

Eines darf in der Finanzbranche jedenfalls nicht unterschätzt werden: die **Psychologie**. Der Zeuge und Risikofachmann Martin v.G. hatte den Richtern angedeutet, es mache sich nicht so gut gegenüber der „Kapitalmarkt-Öffentlichkeit" (da war sie wieder, ohne konkretisiert zu werden), wenn Kapitalquoten nicht stabil seien. Das traf besonders auf Ende 2007 zu, als sich das Vertrauen im Finanzsystem immer stärker auflöste.

Dramatische Tatsachen

Versuchte die HSH also mit aller Kraft nach außen hin gute Kapitalquoten zu zeigen (obwohl sie sie nicht hatte), um Geldgeber bei Stimmung zu halten - eventuell auch potentielle Investoren - und für Vertrauen zu werben? Es schien jedenfalls bitter nötig. Denn der HSH-Vorstand wurde seit Mitte 2007 mit einer erschreckenden Tatsache konfrontiert: Im 30-Milliarden-Euro-Kreditersatzgeschäft liefen immer höhere Wertverluste auf; Ende 2007 waren sie auf mehr als 1,3 Milliarden Euro[76] angewachsen. Und in den Zweckgesellschaften „Poseidon" und „Carrera" klafften immer größere Löcher, die das Mutterhaus stopfen musste.[77] Geld, das die HSH nicht hatte und sich leihen musste.

Ein Horror. Hätten die Geldgeber über der HSH die Daumen gesenkt, wäre sie in ihrer Zahlungsfähigkeit existentiell bedroht worden. Schon seit August 2007 gelang es der HSH nach Auskunft von Hans Berger vor dem Parlamentarischen Untersuchungsausschuss in Kiel nicht mehr, die täglich benötigte Geldmenge von etwa einer Milliarde Euro am Kapitalmarkt aufzutreiben.

Einen massiven Zahlungsengpass oder sogar die Insolvenz abzuwenden, ist ein starkes Motiv, Risiken aus der Bilanz optisch „verschwinden" zu lassen, selbst wenn die Gegenleistung dafür arbeitsaufwändig und teuer ist und darin besteht, sich andere, schwer abschätzbare Risiken ins Haus zu holen, so wie mit der STCDO in Teil-B von Omega. Koste es also, was es wolle? Wäre das aber nicht nur das vordergründige Motiv? Liegt das eigentliche nicht darunter?

Motiv-Suche

Denn was wäre bei einem massiven Zahlungsengpass oder der Pleite geschehen? Die HSH-Vorstände hätten öffentlich erklären müssen - diesmal der Bürger-Öffentlichkeit - wie es dazu kommen konnte. Dadurch wäre sichtbar geworden, wie riskant und mängelbehaftet die HSH-Führungsriege ihre Landes-

---

76 siehe Bericht PUA Hamburgische Bürgerschaft, Drucksache 19/8300, S. 144

77 vergleiche Geschäftsbericht HSH Nordbank AG 2008, S. 57

bank steuerte. Es wäre vermutlich ein ähnliches Szenario eingetreten, das 2008 eintrat: Milliardenrettung, Rücktritte, Rechtfertigungen, Verharmlosungen, Massenentlassungen, Parlamentarische Untersuchungsausschüsse, Ermittlungsverfahren, Schadenersatzprozesse ...

Das HSH-Management wäre demaskiert, seine Kompetenz in Frage gestellt und das zweifelhafte Geschäftsmodell der Landesbank ins Licht der Bürger-Öffentlichkeit gezerrt worden. Ein Geschäftsmodell, das wie ein getunter Kleinwagen für den Börsengang auf Maximalrendite getrimmt wurde, für das die Länder Hamburg und Schleswig-Holstein als Hauptanteilseigner mit der Fusion 2003 den Rahmen setzten.

Verzweiflungsakt gegen Gesichtsverlust?

War Omega55 zusammen mit den anderen Milliarden-Entlastungstransaktionen Ende 2007 also ein Verzweiflungsakt? Ein bewusstes Manöver des letzten Augenblicks, um einem drohenden Gesichtsverlust zu entgehen? Und: Damit nicht offensichtlich würde, dass der seit 2006 vorbereitete Börsengang von Anfang an eine Idee aus der Kategorie Großmannssucht war?

Für diese These spricht, dass in der HSH Ende 2007 in der Bank der Geist vorherrschte, die heraufziehende Krise sei nur „vorübergehender Natur". So hatte Dirk Jens Nonnenmacher vor Gericht die Stimmung zu dieser Zeit beschrieben. Gingen die Vorstände also von vorübergehenden Liquiditätsproblemen aus, die sie hofften, mit vertrauensstiftenden Manipulationen von Bilanzkennziffern lösen zu können?

Drei weitere Argumente sprächen dafür.

Laut Anklageschrift hat der Vorstand im August und September 2007 mehrere Beschlüsse gefasst, um die Bestände im Kreditersatzgeschäft zu sichern und zu reduzieren. Es habe damit ein **faktischer Ankaufstopp**[78] für komplexe Anlagepapiere gegeben, heißt in der Anklage. Trotz solcher Beschlüsse stimmten die Vorstände bei Omega55 aber dem Ankauf einer STCDO zu, die exakt unter die Kategorie „Kreditersatzgeschäft" fiel.

Um das von Verlusten belastete Eigenkapital wieder aufzustocken, soll der Vorstand zudem ebenso schon im September 2007 den Hauptanteilseignern Hamburg und Schleswig-Holstein zu verstehen gegeben haben, dass sich die Frage nach einer **vorgezogenen Kapitalerhöhung** stelle, in dem die Länder ihre Stillen Einlagen schon Ende 2007 in Eigenkapital umwandeln - und nicht, wie vorgesehen, kurz vor dem Börsengang irgendwann 2008.[79] Eine elegante Lösung, seine Anteilseigner zu fragen, weil sie keinen zusätzlichen Blick in

78 vergleiche Urteil LG Hamburg vom 9.7.2014, S. 28

79 vergleiche Bericht PUA Hamburgische Bürgerschaft, Drucksache 19/8300, S. 139, 206

die Bücher verlangen. Die Eigenkapitalerhöhung hätte dann nicht nur die Ratingagenturen, die die HSH im Jahresverlauf 2007 immer kritischer beäugten, milder gestimmt, sondern auch die Gemüter der dringend benötigten Geldgeber beruhigt.

Die Wandlung von Stillen Einlagen der Länder in Höhe von rund 600 Millionen Euro erfolgte tatsächlich im Frühjahr 2008.

Aber auch die **Vorgaben der Sparkassenfamilie** und ihres Haftungsverbundes DSGV, dem die HSH angehört, musste die Landesbank erfüllen. Wäre zum Beispiel ihre Eigenkapitalquote unter 9,3 Prozent gefallen, hätte die HSH umfangreicher als üblich an den Haftungsverbund berichten[80] müssen. Für die HSH hätte das mindestens eine negative Außenwirkung mit sich gebracht. Und es war wohl so, dass 2007 die Gesamtkennziffer der HSH sich diesem Schwellenwert zu nähern oder gar zu unterschreiten schien.[81]

Motiv Eins: Drohender Gesichtsverlust

War das also das eigentliche Motiv hinter Omega55? Eine drohende Bloßstellung des Top-Managements und der verantwortlichen Politiker im Aufsichtsrat, verbunden mit der öffentlichen Erkenntnis, ein nicht funktionierendes Geschäftsmodell in einem mangelhaft organisierten Institut gefüttert, statt das Umfeld der damaligen Zeit wahrgenommen und kaufmännisch-adäquat in Manier eines Hanseaten gehandelt zu haben?

Motiv Zwei: Mit Börsengang Verluste wettmachen

Oder war es vielmehr so, dass die Vorstände gemeinsam mit dem Aufsichtsrat einfach von der Idee des Börsengangs nicht lassen konnten, wie Spieler, die ihren Einsatz immer weiter erhöhen und bis zuletzt auf Sieg setzen? Sieg in diesem Fall der Börsengang? Bei dem wohl einige Milliarden eingenommen worden wären, die die Megaverluste der Bilanz locker und geräuschlos ausgeglichen hätten. 2008 belief sich der Verlust der HSH Nordbank auf rund 2,7 Milliarden Euro, der fast vollständig im Kreditersatzgeschäft entstanden war.

Persönliche Motive der Ex-Vorstände: winkten Millionenboni?

Bereits Mitte des Jahres 2007 soll die Immobiliensparte mehr Kredite vergeben und damit mehr Eigenkapital beansprucht haben, als intern für die Sparte vorgesehen war. Spartenvorstand **Peter Rieck** hatte also ein vitales Interesse daran, die Kreditbestände zu minimieren, um die seiner Sparte gesetzten Kennziffern einzuhalten. Sonst drohten intern Sanktionen. Über Teil-A von Omega55 wurden vor allem Immobilienkredite ausgelagert.

---

80 vergleiche Bericht PUA Schleswig-Holsteinischer Landtag, Drucksache 17/1675, S. 249

81 vergleiche Bericht PUA Hamburgische Bürgerschaft, Drucksache 19/8300, S. 71

Joachim Friedrich wiederum, Kapitalmarktvorstand, konnte mit Omega55 seine internen Kennziffern verbessern, was wohl Auswirkungen auf seine erfolgsabhängige Tantieme und sicher auch auf die Boni seiner Mitarbeiter hatte. Die gesetzten Planzahlen am Jahresende einzuhalten, war ohnehin ein Anliegen aller Vorstände. Denn davon hing - vermutlich bei allen - der Erfolgsbonus am Jahresende ab, die Tantieme. Selbst im Milliarden-Verlustjahr 2008 zahlte die HSH ihren Vorständen diesen „Erfolgs“bonus - ob in Millionenhöhe publizierte die HSH beziehungsweise der Aufsichtsrat nicht.[82]

Bei **Hans Berger** könnte auch ein persönliches Motiv darin gelegen haben, als Erster eine Landesbank an die Börse und damit in den Kreis der Branchengrößen geführt zu haben. Es wäre der krönende Abschluss einer skandalfreien Landesbanker-Karriere gewesen.

Allen sechs Vorständen hätte ein Börsengang ebenfalls eine stattliche Zusatzprämie - vermutlich in Millionenhöhe - aufs Konto gespült, verbunden mit einem deutlichen Image- und damit Karrieregewinn.

82 vergleiche Urteil LG Hamburg, vom 9.7.2014, S. 17ff

Montag, 16. Dezember 2013

Tag 31: Tully: „Was haben Sie sich dabei gedacht?“

Als ob der Vorsitzende Richter im Prozess **Marc Tully** meine Gedankenspiele über die Motive des Vorstandes für Omega55 gelesen hätte. Am Ende der Zeugenbefragung an diesem 31. Verhandlungstag sprach jedenfalls Tully die sechs Angeklagten und ihre Verteidiger an. Er brachte ihnen in seiner bewussten Art nahe, dass doch jetzt eigentlich alle wichtigen Zeugen gehört seien, das Gericht dabei erfahren habe, wie Omega55 entstanden war, dass es versucht habe, die Umstände zu klären und es Zeit werde, dass Geschäft und die Rolle der Vorstände von „oben“ zu betrachten.

Das Entscheidende wüsste das Gericht noch nicht. Und das wäre, so Tully: „Was haben Sie sich dabei gedacht, als Sie das Kreditprotokoll unterschrieben haben? Und auf welcher informativen Basis?“ Tully wünschte sich deshalb in den nächsten Verhandlungstagen - also im neuen Jahr 2014 - Stellungnahmen von den Vorständen, vor allem von denen, die bisher noch nichts zum Sachverhalt gesagt haben.

Bisher geschwiegen haben Peter Rieck, Ex-Immobilienvorstand, Bernhard Visker, damals Firmenvorstand, Joachim Friedrich, Ex-Kapitalmarktvorstand und Hartmut Strauß, Ex-Risikovorstand. Hans Berger als früherer Vorstandschef und Dirk Jens Nonnenmacher, Ex-Finanzvorstand, haben bereits Stellung bezogen, der eine umfangreicher als der andere.

Sollten sich die Vorstände entschließen, nichts zu erklären, müsste das Gericht mutmaßen, schob Tully hinterher.

Zeuge ohne großen Erkenntnisgewinn

Einen Zeugen hatte sich das Gericht für diesen 31. Tag freilich auch geladen. **Rainer H.**, **Betriebswirt**, **44**, 2007 **Leiter** der **HSH-Tochter Securities S.A.** in Luxemburg. H. kam als Gruppenleiter Verbriefungen zur HSH und wurde 2005 Leiter der neu gegründeten Tochter in Luxemburg - der N Sec., wie die Tochter in der HSH heißt.

Der Zeuge hatte dort das Kreditersatzgeschäft der HSH zu managen. H. war allerdings in die Transaktion Omega55 nicht involviert, weshalb sein Auftritt vor Gericht für mich keine neuen Erkenntnisse brachte.

Dienstag, 17. Dezember 2013

Tag 32: Harmlose Bankenaufsicht

Die letzte Zeugin in diesem Jahr. Es ist **Dr. Regina E.**, Wirtschaftsmathematikerin, 49, von der **Deutschen Bundesbank**. Eine kontaktscheu auftretende Frau, unscheinbar gekleidet, die knapp auf die Fragen der Richter antwortete. Bei mir drängte sich der Eindruck auf: Vor dieser Aufseherin zittert kein Millionen verdienender Bankvorstand.

Regina E. prüfte in der Bundesbank-Hauptverwaltung Hamburg seit 2006 die HSH Nordbank, aber nicht regelmäßig, sondern nur in besonderen Fällen und im Auftrag der BaFin. BaFin und Bundesbank teilen sich die Bankenaufsicht. Die Bundesbank prüft im Auftrag der BaFin die Geldinstitute vor Ort, die BaFin in Frankfurt wiederum gibt die Regeln vor und kontrolliert deren Einhaltung.

Bundesbank soll Eigenkapital nachrechnen
Von Omega55 erfuhr Bankaufseherin Regina E. Anfang 2008, berichtete sie, aber nur von Teil-A. Ihre Abteilung „Bankgeschäftliche Prüfung" erhielt nämlich im Mai 2008 von der BaFin den Auftrag, sich das Eigenkapital der HSH anzusehen und nachzurechnen, ob die Landesbank ihr Geschäft korrekt mit Eigenkapital abgesichert habe. Anlass für den Prüfauftrag sei die zweifelhafte Meldung der Landesbank über ihre „Eigenkapital-Entlastungstransaktionen" gewesen, zu denen auch Omega55 zählte.

HSH-Eigenkapital war 2007 und 2008 wohl „nicht korrekt"
Mit Teil-A von Omega55 hat sich Regina E. deshalb beschäftigt. Allerdings nur *etwas*, wie sie erzählte; die vertragliche Ausgestaltung habe sie sich nicht durchgesehen. „Das war für uns nicht relevant." Und für eine umfassende Prüfung sei die Zeit zu kurz gewesen. Dennoch sagte Regina E. vor Gericht aus, dass sowohl zum 31.12.2007 als auch zum 31.3.2008 „die Eigenmittel der HSH wohl nicht korrekt berechnet wurden".

Man könnte das auch übersetzen mit: Die HSH wies in ihrer Bilanz 2007 und in der ersten Quartalsbilanz 2008 eine falsche Eigenkapitalquote aus, eine zu hohe.

Bankaufseher fordern keine Korrektur
Eine Korrektur der Eigenkapitalquote verlangten Deutsche Bundesbank und BaFin dennoch nicht von der HSH, dabei ist sie wesentlicher Bestandteil der

Geschäfts- und Risikoberichte. Es war „nicht so gravierend, dass es hätte korrigiert werden müssen", so die Wirtschaftsmathematikerin. Die fehlerhafte Eigenkapitalquote wurde auch nicht in einem offiziellen Statement der Bankenaufsicht festgestellt.

Die Zeugin räumte vor Gericht auch ein, dass sich die Bundesbank nicht mit der aufsichtsrechtlichen Wirkung von Omega55 beschäftigt habe: „Ich glaube eher nicht."

(Damit ist die Bundesbank in bester Gesellschaft, denn auch die BaFin hat nicht ermittelt, ob Omega55 als Ganzes rechtskonform war. Dabei checkt die Bundesbank als verlängerter Arm der BaFin vor Ort die Zahlen der Geldinstitute und lässt sie von ihren Wirtschaftsprüfer nachrechnen.)

Pleite unter den Augen der Bankenaufsicht

Was aber ist das für eine Bankenaufsicht, die möglichen Rechtsverstöße offiziell nicht nachgeht und demzufolge nicht feststellt, sie nicht veröffentlicht und auch keine Konsequenzen einfordert? Das spätere Bußgeld gegen die HSH von 50.000 Euro kann eher als symbolisch angesehen werden, verhängt, weil die Landesbank eine Anfrage nicht korrekt beantwortete.

Eine zahnlose Aufsicht ist das. Eine wirkungslose. Eine überflüssige.

BaFin und Bundesbank wussten aber seit dem Frühjahr 2007 durch eine eigene Prüfung, dass die HSH mangelhaft organisiert war, sie besonders gegen einige Rechtsvorschriften verstieß, die das Risikomanagement betrafen - die Mindestanforderungen an das Risikomanagement, die MaRisk.

Die Bankenaufseher sahen dennoch keinen Grund, der HSH 2007 aktiv über die Schulter zu sehen, bis die Mängel beseitigt sind. Die Aufseher ließen die Landesbank einfach weiter wurschteln. Die existentiellen Probleme der HSH entwickelten sich also unter den offenen Augen von Deutscher Bundesbank und BaFin.

Zur Verantwortung gezogen wurden beide dafür bis heute nicht.

zwischendrin

Verhandlungspause und Zwischenbilanz

Nach 32 Prozesstagen gingen die drei Berufsrichter der 8. Großen Strafkammer in die Weihnachtsferien - und mit ihnen zwei Schöffen, ein Ersatzschöffe, sechs Angeklagte, sechs Verteidiger, eine Urkundsbeamtin, ein Justizbeamter und sechs treue Prozessbeobachter, darunter zwei Juristen, bezahlt von der HSH.

Was der Untreue-Prozess bis jetzt gebracht hat
Die HSH Nordbank war weder personell, organisatorisch noch teilweise fachlich komplexen Geschäften wie Omega55 gewachsen. Und der Vorstand wusste anscheinend davon. Eine unzureichende Organisation hatte die Bankenaufsicht BaFin dem HSH-Vorstand bereits im Frühjahr 2007 bescheinigt und diverse Verstöße gegen aufsichtsrechtliche Vorgaben festgestellt. Konsequenzen zog die BaFin daraus nicht. Sie forderte lediglich den Vorstand auf, die Mängel zu beseitigen.

Verantwortung von Bankenaufsicht und Politik
Deshalb stellt sich auch die Frage: Welche Verantwortung tragen BaFin und Deutsche Bundesbank an den immer noch bestehenden Existenzproblemen der HSH? Sie hatten erkannt, wie schlecht die Landesbank teilweise organisiert war. Und doch ließen sie sie an der langen Leine. Und was ist mit den Haupteigentümern, den Ländern Hamburg und Schleswig-Holstein und den Sparkassen? Deren Vertreter fieberten dem Börsengang entgegen, den die Angeklagten als Grund für ihr Handeln um Omega55 nennen. Wo liegt deren Verantwortung? Fraglich blieb weiterhin auch das Motiv. (siehe Tag 30, S. 146)

Die Neugier des Gerichts
Die 8. Große Strafkammer unter Vorsitz von Marc Tully, den Beisitzern Volker Bruns und Malte Wellhausen ging den Prozess mit Ruhe, Akribie, Fachkenntnis und feinem Humor an - und manches Mal mit fast kindlicher Neugier. Der rote Faden in den Zeugen-Befragungen war von außen bisweilen aber nur schwer zu erahnen. Das Gericht quälte sich durch Details der Arbeitsebene, ohne erkennen zu lassen, wo es argumentativ den Hebel ansetzen wird, um den Vorständen die Kredituntreue bei Finanzgeschäften und Bilanzfälschung nachzuweisen, für die sie vor Gericht stehen. Manches Mal schien es mir auch so, als ob das Gericht mit den Zeugen vor allem seinen Fragenkataloge abarbeitete, ohne bis in die Seitenstränge der Antworten hinein zu hören und dranzubleiben, um Gehörtes zu präzisieren. Deshalb war so manche Erklärung, man-

ches Detail und auch manche Meinung unausgesprochen geblieben.

Vielleicht benötigten die drei Berufsrichter und die zwei Schöffen aber gar keine weiteren Erklärungen für ihre späteren rechtlichen Schlüsse. Sie haben schließlich die Akten und Belege vorliegen, die wir Beobachter nicht einsehen dürfen. Und die Berufsrichter kennen ohnehin die relevanten Gesetze und Analogien in und auswendig. Für sie ergibt sich zu jeder Zeit ein anderes Bild als für mich, die ich im Zuschauersaal das Gesagte und Verlesene verfolge und zudem keine Juristen bin.

Kein Wortprotokoll über das Gesagte im Prozess

Was mich sehr erstaunte, war der Umstand, dass in Strafprozessen keiner von Gerichts wegen mitschreibt, es also kein offizielles Wortprotokoll gibt, um später Manches nachlesen und nachvollziehen zu können. Zwar nimmt eine Urkundsbeamtin die Erklärungen der Verteidiger an sich und die Beschlüsse der Kammer und Entscheidungen des Vorsitzenden Richters, die dieser diktiert. Sie führt aber kein Wortprotokoll. In diesem Strafverfahren mit Grundsatzcharakter vor dem Hamburger Landgericht hätte ich das erwartet. Die Strafprozessordnung sieht diesen Service nicht vor. Zwar können Vorsitzende eine Mitschrift veranlassen, aber das geschieht wohl nur in Ausnahmefällen.

Für die Öffentlichkeit wird damit nur das festgehalten, was Prozessbeobachter notieren und in Medien-Berichten oder Blogs weitergeben. Abgesehen von meiner Berichterstattung war das im HSH Prozess bis jetzt nicht gerade viel.

Nur wenige Medien berichten

Im NSU-Prozess in München sitzen täglich mehrere Journalisten großer Medienhäuser im Gericht. Im HSH-Untreue-Verfahren dagegen beobachteten die meisten Hamburger Medien nur sehr sporadisch das Geschehen. Erstaunlicherweise schickte die Bild-Zeitung fast täglich eine Kollegin für einige Stunden in den Gerichtssaal, das Hamburger Abendblatt ab und an, die große öffentlich-rechtliche Sendeanstalt NDR verfolgte den Prozess nur am Rande, ein freier Kollege vom Handelsblatt berichtete auch manches mal und Kollegen der Nachrichtenagentur dpa und Reuters wurden auch schon gesehen …

Nur der Prozessauftakt und die Statements von Dirk Jens Nonnenmacher erregten bisher das große Interesse der Hamburger und überregionalen Presse.

Von den bisher 32 Verhandlungstagen habe ich bisher drei versäumt. Wegen Krankheit musste noch kein Tag im Prozesskalender abgesagt werden. Alle 19 Verfahrensbeteiligte - Richter, Schöffen, Staatsanwälte, Angeklagte, Verteidiger - erfreuen sich einer stabilen Gesundheit, was bis zum Urteil auch so blieb.

Montag, 6. Januar 2014

Tag 33: Warten auf den Sachverständigen

Das neue Jahr im Verfahren gegen die sechs früheren HSH-Vorstände im großen Saal des Hamburger Landgerichts hat so begonnen, wie das alte endete: mit Fragen nach Details und Beweisanträgen der Verteidiger.

Gleich zu Beginn versuchte der **Verteidiger** von Dirk Jens Nonnenmacher, **Heinz Wagner**, die Aussagen des Zeugen Martin v.G. vom 30. Verhandlungstag zu relativieren und die Glaubwürdigkeit des promovierten Risikofachmanns und damaligen Leiters Group Risk Management in Frage zu stellen. G. hatte vor Gericht versichert, sich mit einigen der Angeklagten einig gewesen zu sein, dass Geschäfte mit „ummantelnden Zweckgesellschaften“ - nach meinem Verständnis zählte dazu der STCDO in Teil-B von Omega55 - als Bilanzkosmetik einzustufen seien und die Bank davon Abstand nehme. Der Zeuge hatte auch erklärt, er habe im Sommer 2007 festgelegt, wie Verbriefungen, und somit auch STCDOs in der Bilanz darzustellen seien, nämlich zum beizulegenden Zeitwert („fair value“). Diese Vorgabe wurde bei Omega55 nicht befolgt.

Angeklagte schweigen weiter

Selbst ergriffen die Vorstände nicht das Wort. Richter Tully hatte sie in der letzten Verhandlungswoche des vergangenen Jahres darum gebeten, etwas zu ihren Motiven für die Bewilligung von Omega55 zu sagen und zu erklären, was sie sich dabei gedacht hätten, als sie das Kreditprotokoll unterschrieben, auf welcher informativen Basis? Dazu wollte sich aber keiner der Angesprochenen äußern.

Londoner Konkurrenz

Dafür redeten an diesem Tag zwei Zeugen: am Vormittag noch einmal Rainer H., Ex-Leiter der HSH-Tochter N. Sec; am Nachmittag befragten die Richter **Gunther P., Bankkaufmann, 45**.

Gewöhnlich war P. für Transaktionen zuständig, mit denen die Bank ihr Eigenkapital legal „schönte“. Omega55 hatte sich der Zeuge aber nicht ausgedacht. Das waren die Londoner. Dass nicht die Kieler, sondern die Londoner plötzlich solche Entlastungsgeschäfte entwickeln durften, habe die Bank entschieden, sagte Gunther P. den Richtern.

Die Befragungen ergaben keine wesentlich neuen Erkenntnisse.

Mittwoch, 8. Januar 2014

Tag 34: Der Zeuge, der nicht kam

Wie bisher an jedem Prozesstag waren auch an diesem Tag alle Verfahrensbeteiligten pünktlich 9:30 Uhr im Saal versammelt. Bis auf einen. Der Zeuge fehlte. Sein Stuhl blieb leer. **Alexander N.** ließ sich nicht blicken. Daraufhin sprachen Richter und Verteidiger erst einmal über Beweisanträge, um die Zeit zu überbrücken.

Sachverständiger der Verteidigung

Der **Verteidiger** von Vorstand Rieck, **Norbert Gatzweiler**, stellte den Antrag, einen Sachverständigen seiner Wahl zu hören: Dr. Dieter Glüder, Vorstand der IKB. Er solle klären, wie sinnvoll der Abschluss des Geschäftes Omega55 Ende 2007 für die HSH gewesen sei. Das Gericht nahm den Antrag an. Denn jeder Angeklagte darf einen Sachverständigen mitbringen. Das bedeutet nur nicht, dass die Richter die Gutachter auch anhören.

Zeuge: Gericht soll Einladung nochmal schicken

Als der Zeuge des Tages Alexander N. auch kurz nach 10 Uhr noch nicht anwesend war, bat der Vorsitzende Richter die Urkundsbeamtin, N. auf dem Mobiltelefon anzurufen. Der Geladene nahm tatsächlich das Gespräch an und teilte mit: Er sei umgezogen, die Vorladung hätte ihn deshalb nicht erreicht und eine Ladung per Handy-Mobilbox entspräche nicht den Gepflogenheiten. Richter Bruns erklärte, dass er mehrfach versucht hatte, N. zu erreichen und er ihm sogar auf den Anrufbeantworter gesprochen hatte, weil sich der Zeuge nicht zurückmeldete. Das Gericht, so soll der Zeuge am Telefon gesagt haben, solle bitte den Rechtsweg einhalten und wie gewöhnlich eine Ladung an seine neue Adresse schicken.

Ratlose Gesichter

Diese Reaktion ließ das Gericht ratlos zurück. Richter Tully ordnete sie diplomatisch als „ungewöhnlich" ein. Und: Er behalte sich die Verhängung eines Ordnungsgeldes vor.

Zeugen in einem Strafprozess müssen per Gesetz erscheinen, es sei denn, sie haben sich zuvor entschuldigt, wegen Krankheit beispielsweise. Private oder berufliche Gründe berechtigen nicht zum Fernbleiben. Als Zeugen geladene Bürger haben sich umgehend bei einem Gericht zu melden, wenn sie ihrer Pflicht nicht nachkommen können. Im schlimmsten Fall droht Ordnungshaft. Richter Tully vertagte die Verhandlung. Außer Spesen an diesem Tag also nicht viel gewesen.

DIE GUTACHTER

Mittwoch, 13. Januar 2014

Tag 35: Verteidigung will Gutachter verhindern

Zoff im Gerichtssaal: Mal wieder. Diesmal aber heftiger als sonst. Mit einer ganzen Palette juristischer Mittel haben die Verteidiger der sechs Ex-Vorstände gekämpft, um das erste Gutachten im Prozess abzuwehren. Letztlich sprach der Vorsitzende Richter Tully ein Machtwort.

Gutachter stellt sich vor

Das Gericht hatte **Christoph Hultsch**, **Partner der Wirtschaftsprüfungs- und Beratungsgesellschaft Ernst&Young**, als Sachverständigen beauftragt. Ein gut aussehender, sympathischer Mann in den 50ern. Brille. Nobler Anzug. Besonnen im Auftreten. Der Wirtschaftsprüfer sprach zuerst zu seinem Werdegang und dass er unter anderem Spezialist für Verbriefungen sei. Prüfungsauftrag an ihn sei gewesen, die Vorstandsvorlage von Omega55 zu begutachten und sich das Finanzgeschäft aus betriebswirtschaftlicher Perspektive anzusehen, für das sich die Vorstände vor Gericht zu verantworten haben. Fünf Fragen habe das Landgericht Hamburg ihm zur Beantwortung vorgegeben, unter anderem, welche Informationen erforderlich sind, den Wert einer Verbriefung fachgerecht zu bewerten; wie sich die Struktur der Transaktion darstellte; welche Vor- und Nachteile der HSH entstanden und welchen Wert die STCDO in Teil-B im Dezember hatte.

Hultsch habe bei seiner Analyse die Entwicklung ab 2008 ausgeblendet, beziehe seine Aussagen also auf den Erkenntnisstand von Ende 2007. Außerdem habe er seine Analyse und Gedanken mit ausgesuchten Kollegen diskutiert und Texte von ihnen gegenlesen lassen. Sein Gutachten umfasst 60 Seiten.[83]

Verteidigung wollte Gutachteraussagen verhindern

Öffentlich zugänglich ist dieses Gutachten nicht. Den Prozessbeteiligten liegt es seit Dezember 2013 vor, also seit einem Monat. Und deshalb wusste die Verteidigung, was der sachverständige Wirtschaftsprüfer an diesem Prozesstag sagen wird. Das aber wollten sie unbedingt unterbinden oder zumindest hinauszögern. Bevor der Gutachter wenigstens ansatzweise seine Analyse zu Omega55 vortragen konnte, hatten die Verteidiger das Wort. Das ist durchaus üblich vor Gericht: Bevor ein Gutachten besprochen wird, dürfen alle rundum erst einmal Fragen stellen. Die Verteidiger nutzten das ausgiebig. Sie zweifel-

83 Das Gutachten datiert laut Aussage von Christoph Hultsch auf den 5.12.2013

ten dabei immer und immer wieder die Unabhängigkeit von Christoph Hultsch als Gutachter an und suchten nach Verfahrensfehlern.

Eine Stunde lang nahm sich zum Beispiel der **Verteidiger** von Ex-Vorstandschef Berger, **Otmar Kury**, das Wort. Er wollte wissen, mit wem der Gutachter gesprochen habe, wann er die Vorstandsvorlage an die Kollegen vertrauensvoll weitergegeben habe und woraus er, Hultsch, den Schluss ziehe, das er das auch dürfe. Auch **Wolfgang Prinzenberg**, **Norbert Gatzweiler** und **Gaby Münchhalffen** fragten eingehend und eindringlich nach den hinzugezogenen Kollegen, wie die Kammer an Hultsch herangetreten war, welcher Schriftverkehr stattgefunden habe, ob sein Arbeitgeber Ernst&Young Geschäftsbeziehungen zur HSH unterhalte und wie viele Gutachten-Versionen es denn gebe.

Anwaltliche Inseln und Einschüchterungsversuche

Ein Einwand von **Anwältin Münchhalffen** führte im Saal dabei zu großer Heiterkeit. Sie meinte erkannt zu haben, Hultsch stütze sich bei seinem Gutachten *ausschließlich* auf die Verträge zu Omega55. **Staatsanwalt Wegerich** konterte diesen Gedanken schlagfertig sinngemäß mit: Frau Münchhalffen säße wohl auf einer „Wahrnehmungsinsel"!

Hultsch hatte vorher selbst erklärt, sein Gutachten basiere vor allem auf der Vorstandsvorlage zu Omega55, ergänzt durch andere Schriftstücke wie die Verträge und die Nebenabreden - den „side letter" und den „unwind letter".

Wie bissig die Verteidigung den Gutachter anzuzählen versuchte, zeigte sich auch gleich nach der Mittagspause. Einer der Verteidiger eröffnete die nächste Fragerunde an Christoph Hultsch mit einer barsch vorgetragenen Beobachtung: Er habe ihn in der Mittagspause mit Zuschauern des Prozesses an einem Tisch sitzen und sich unterhalten sehen. Ob diese Herren auch wieder im Gerichtssaal wären? Ja, antwortete Gutachter Hultsch, sie sitzen hinten im Saal. Welche Berufe die Herren denn hätten, wollte der Verteidiger daraufhin wissen. Auch darauf erhielt er eine Antwort: Ein Bankprofessor, ein Dozent und ein pensionierter Manager. Ob er mit ihnen über das Gutachten und den Prozess gesprochen habe, folgte die nächste Frage. Das verneinte der Gutachter und ließ damit unaufgeregt den Anwurf des Verteidigers ins Nichts laufen.

Taktik vor Inhalt

Kurz darauf überspannte **Anwalt Gatzweiler** den Bogen. Er forderte vom Gericht einen Kammerentscheid ein, dass weitere Urkunden unbedingt im Prozess eingeführt werden müssten, *bevor* der Gutachter gehört werde. Die Richter lehnten dieses Ansinnen ab. Gatzweilers Verzögerungstaktik mündete letztlich in einem Prozessantrag, das Gutachten zurückzustellen, den Sachverständigen zu entbinden und den Prozess zu unterbrechen, bis geklärt sei, ob der Sachverständige wirklich eigenverantwortlich gehandelt habe.

Ein verärgerter Vorsitzender Richter

Richter Tully antwortete immer schmallippiger. Er diktierte für das Protokoll mit fester Stimme den Prozessantrag Gatzweilers. Daraufhin meldete sich **Verteidiger Wagner** und regte behutsam an, die Vorversionen des Gutachtens - es sollen bis zu 20 sein - doch bitte einsehen zu dürfen. **Tully** reichte es langsam: „Ich habe keine Lust mehr, informell so weiterzumachen", sagte er und lehnte Gatzweilers Prozessantrag kurzerhand ab. Dieser forderte umgehend in seinem unnachahmlich zackigen Duktus einen weiteren Kammerentscheid über diesen neuen Antrag. Und jetzt war es Tully genug. Das Gericht wollte den Sachverständigen unbedingt hören. Gewöhnlich pariert der Vorsitzende Richter juristische Winkelzüge mit Ironie und Scharfsinn. Nach fast vier Stunden Störfeuer der Verteidigung aber kam ihm die Nachsicht abhanden. Ärger sprach aus seinem Gesicht und seinem Tonfall. „Ein Kammerentscheid wird zu gegebener Zeit entschieden", sagte er nun nur noch kurz angebunden.

Als Gatzweiler als nächstes dozierte, sein Antrag auf einen Kammerentscheid sei nicht aufschiebbar, platzte dem erfahrenen Richter der Kragen. Ob Gatzweiler einen Antrag auf Befangenheit des Richters stellen wolle, fragte Tully angriffslustig.

Tully zeigt, wer der Chef im Gerichtssaal ist

Eine Antwort wartete er aber gar nicht erst ab, sondern diktierte der Urkundsbeamtin: „Der Unterbrechungsantrag wird abgelehnt. Prof. Gatzweiler wird zugesichert, dass der Unverzüglichkeit eines Befangenheitsantrags nach § 25 Strafprozessordnung gegen das Gericht auch dann Genüge getan ist, wenn ein aus seiner Sicht etwaiges, notwendiges Befangenheitsgesuch vor Beginn des nächsten Hauptverhandlungstermin auf die Geschäftsstelle der Achten Großen Strafkammer gelangt." Dann war Ruhe auf der zweiten Bankreihe, auf der Anwalt Gatzweiler mit seinem Mandanten Rieck sitzt.

Und dann durfte endlich der Gutachter über Omega55 reden. Da war es bereits 15 Uhr; begonnen hatte der Prozesstag 9:30 Uhr. Eine Stunde Zeit blieb folglich noch bis 16 Uhr. Sie reichte für die ersten Einschätzungen.

Nur Nachteile für die HSH bei Omega55

Was Gutachter Hultsch nun erklärte, sprach auf ganzer Linie gegen die Angeklagten. Seiner Ansicht nach hat die HSH alle Verlustrisiken auf sich genommen, die sich aus Omega55 ergaben - auch die der Gegenseite BNP Paribas.

Die BNPP, die den Deal vorgeschlagen hatte, habe sich „risikofrei gestellt“[84], sagte der Sachverständige. Außerdem habe die HSH vertraglich auf jeden Handlungsspielraum verzichtet.

Omega55 sei zudem bilanziell Ende 2007 *un*wirksam gewesen, hat also weder die Bilanz noch die Eigenkapitalquote der HSH verbessert, wie vom Vorstand beabsichtigt. Grund für diese Nichtwirksamkeit: Der Wirtschaftsprüfer sah das verlustreiche Geschäft nicht als ein zweiteiliges an - mit Teil-A *und* Teil-B - wie es die Ex-Vorstände bis heute tun, sondern als *ein* Geschäft mit *zwei Phasen*. Das aber sei wirtschaftlich und aufsichtsrechtlich etwas völlig anderes, sagte der Gutachter.

Hultsch nannte Omega55 ein Kreislaufgeschäft.

Neue Phase im Prozess

Mit der Befragung des Wirtschaftsprüfers Hultsch tritt das Untreue-Verfahren gegen die Ex-Vorstände in eine entscheidende Phase. Für Hultsch war es das erste Mal als Sachverständiger vor einem Strafgericht. Er wurde für weitere Prozesstage geladen.

84 vergleiche Urteil LG Hamburg, vom 9.7.2014, S. 110ff

Montag, 20. Januar 2014

Tag 36: Gerichtsgutachter: Omega war für HSH nachteilig

Die Prozesstage mit dem sachverständigen Gerichtsgutachter, Wirtschaftsprüfer **Christoph Hultsch**, sind ein Gerangel zwischen Richtern, Verteidigern und dem Gutachter. Die Verteidigung versucht weiterhin unablässig, die Aussagen des Sachverständigen zu stören, ihm mithilfe von Prozessanträgen zu widersprechen und ihn zu entlassen, weil er nicht eigenständig gehandelt haben soll. Das führte zwischenzeitlich dazu, dass Richter Tully den Wirtschaftsprüfer hinausschickte, damit die Anwesenden unter sich juristische Details diskutieren konnten. Gericht und Staatsanwaltschaft hielten dagegen. Und so dauerte es einen ganzen, weiteren Prozesstag bis Christoph Hultsch seine Erkenntnisse zu Omega55 näher erläutern konnte.

Der Gutachter listete eine ganze Reihe von Mängeln der Vorstandsvorlage auf. Seine umfangreichen Ergebnisse habe ich gekürzt und zusammengefasst:

> Omega55 hätte vom Vorstand nicht genehmigt werden dürfen, weil das Geschäft schon bei Vertragsabschluss Ende Dezember 2007 für die HSH ökonomisch unvorteilhaft gewesen sei.
>
> Ein erheblicher Mangel sei die fehlende Angabe zum ökonomischen Eigenkapital, das heißt, wie viel Eigenkapital die HSH für Omega55 als Sicherheitspuffer reservieren musste; das aber sei eine zentrale Entscheidungsgröße, die die Vorstände erfahren hätten *müssen*; Hultsch sieht das ökonomische Eigenkapital als Anker, um möglich Risiken beurteilen zu können; spätestens hier hätten die Vorstände nachfragen müssen.
>
> Die HSH Nordbank habe alle Risiken der Transaktion übernommen, auch die der französischen Investmentbank BNP Paribas.
>
> Generell sieht der Gutachter die Vorlage als zu „einseitig positiv" dargestellt an; wirtschaftlich unvorteilhafte Kriterien würden nicht genannt; dem Risikoprofil der Transaktion werde das nicht gerecht.
>
> Omega55 habe gegen Vorgaben der BaFin verstoßen; insbesondere die Mindestanforderungen an das Risikomanagement (MaRisk) wurden unter anderem nicht eingehalten, weil es für Teil-B keinen eigenen Prüfprozess durch die Abteilung Neue-Produkte-Neue-Märkte gegeben habe - für den „einfa-

chen“ Teil-A dagegen schon.

Omega55 habe auch deshalb gegen die MaRisk verstoßen, weil es ein betriebswirtschaftlich nachteiliges Arbitragegeschäft gewesen sei.

Es fehlten Angaben zur Bilanzierung/Bewertung beziehungsweise die gegebenen seien falsch; Omega55 war letztlich ein synthetisches Finanzgeschäft mit derivativem Charakter; die Liquiditätsfazilität in Teil-B für die STCDO hätte wie ein Derivat ausgewiesen werden müssen, bewertet zum Zeitwert der dahinter liegenden Kredite („fair value“)[85].

Omega55 war in seiner Gesamtbetrachtung ein Kreislaufgeschäft; es eignete sich nicht dazu, das Eigenkapital von möglichen Verlusten zu entlasten; die aufsichtsrechtlichen Kriterien seien durch die wirtschaftliche und rechtliche Verbindung von Teil-A mit Teil-B nicht erfüllt gewesen.

Der genannte Ertrag von 3 Millionen Euro werde ohne Erklärung und damit nicht nachvollziehbar dargestellt, es fehlten die Kosten der Transaktion; damit sei eine wirtschaftliche Bewertung unmöglich.

Es erfolgte keine Abstimmung mit der BaFin; Ende 2007, als die Finanzkrise massiv heraufzog, wäre das geboten gewesen.

Nebenabreden müssten in Vorstandsvorlagen erwähnt sein, das war nicht der Fall, obwohl es einen „side letter“ gab, in dem platt formuliert stand, dass die BNPP Teil-A nur abschließe, wenn die HSH Teil-B eingehe.

Bei Geschäften wie Omega55, bei „Verbriefungen“, seien die Interessen der Gegenseite zu analysieren; das geschah nicht.

Geschäft unter Kaufmännern nicht nachvollziehbar

Der Gutachter ging am Ende sogar soweit zu sagen: „Es ist erstaunlich, dass so ein Geschäft unter Kaufmännern zustande gekommen ist!“ Außerdem hätte die ungewöhnliche Struktur des verschachtelten Omega55 nur mit Zustimmung des Aufsichtsrats und Kreditausschusses genehmigt werden dürfen. Die Vorstandsvorlage enthält dazu keine Angabe.

„Die Vorstände hätten die fehlenden Infos nachfassen müssen“, sagte Gutachter Hultsch abschließend.

85 Die Bewertung hätte nach dem internationalen Standard IAS 39 erfolgen müssen.

Störfeuer der Verteidigung gelöscht
Bevor der Sachverständige reden durfte, feuerte die Verteidigung noch mal mit allen Argumenten, die sie zusammengeklaubt hatte - sie forderte Richter Tully heraus. Der lehnte als erste Amtshandlung des Tages den Prozessantrag Gatzweilers ab, der beim vergangenen Mal für Unmut bei ihm gesorgt hatte. Das Gericht habe keine Bedenken, weil der Gutachter andere Berufsständige konsultiert habe, erklärte Tully. Das Gericht zweifle auch nicht an seiner Eigenverantwortlichkeit, Sachkunde und Unbefangenheit. Kleinbei gaben die Verteidiger deshalb nicht. **Anwalt Daum** stellte entschieden den nächsten Prozessantrag, Hultsch von seiner Gutachtertätigkeit zu „entbinden", weil er Verträge eingesehen habe, die die Vorstände vor Unterzeichnung von Omega55 nicht vorliegen hatten. Außerdem habe es nicht im Auftrag des Gerichts an den Gutachter gestanden, diese Unterlagen zu verwenden.

Anwalt Wagner bemühte die gleiche Kerbe: Die Unterlagen, die der Gutachter herangezogen habe, stellten eine Auftragserweiterung dar. Das ginge nicht. Außerdem sei das Gutachten ein Gemeinschaftsgutachten und kein eigeständig vom Sachverständigen verfasstes Gutachten. Und dann hakte auch noch Verteidigerin Münchhalffen ein, die Strafkammer habe dem Sachverständigen zu viele Informationen gegeben, was so nicht im Auftrag des Gerichts stand. Und deshalb habe der Gutachter jetzt vor Gericht die Gelegenheit, „weitschweifiger" über den Sachverhalt zu reden, als dies im Auftrag stehe.

Richter wirkte angefasst
Dem Vorsitzenden Richter wurden die immer gleichen Argumente der Verteidiger irgendwann zu bunt. Er hörte sich die Widersprüche an, wies sie zurück, aber nicht so souverän wie sonst: „Das legen Sie mir jetzt in den Mund!", antwortet er einmal sichtlich gereizt. Die Verteidigung könne den Aussagen des Sachverständigen doch auch nach seiner Anhörung widersprechen, fand er. Es könne außerdem methodisch nicht falsch sein, wenn ein Sachverständiger, der Fehler aufdecken muss, bestimmte Vertragsunterlagen heranziehe. Tully gehe es darum, die „Verhaltenspflichten des Vorstandes zu ergründen, wenn sie in so ein Finanzgeschäft investieren". Deshalb wolle er den Gutachter weiter befragen. **Staatsanwalt Wegerich** pflichtete ihm bei: „Das Gutachten bitte einführen und dann kann jeder bewerten." Und so geschah es.

Tully wies per Kammerbeschluss alle Verteidigeranträge auf Entlassung des Gutachters zurück. 10:45 Uhr durfte Hultsch dann reden. Und als Erstes nannte er den Verteidigern die Namen der Kollegen, die er für das Gutachten konsultiert hatte.

Blog-Kommentare

27. Januar 2014 @ 19:30 von: Mazi

„Die Verteidigung von Hartmut Strauß kritisiert: Der Sachverständige hätte die Vertragsunterlagen zu Omega55 nicht sehen dürfen, weil sie den Vorstände bei ihrer Unterschrift auch nicht vorlagen." Was sagt der Verteidiger?
Den Vorständen hätten bei ihrer Unterschrift die Vorlagen auch nicht vorgelegen?
Der Richter muss offensichtlich einmal klären, was die Unterschrift eines Vorstands unter einem Vertrag ausdrücken soll und welche Aufgaben einem Vorstand obliegen.
Wenn Vorstände ohne Kenntnis der Vorlagen unterschreiben, dann muss ihnen bewusst sein, dass sie im Zweifel das eigene Todesurteil unterschreiben.
Aber es ist bekannt, dass oberhalb von Kassel ein eigenartiges Rechtsempfinden bei Gerichten vorzufinden ist. Der Richter ist gut beraten, die Angeklagten zu fragen, wie diese denn glauben, die höheren Gehälter rechtfertigen zu können. Er sollte aber auch nicht vergessen zu prüfen, in wie weit der Aufsichtsrat über diese Praktiken informiert war und weshalb er nicht handelte.
Was Dr. Nonnenmacher angeht hätte es gewiss den Verantwortlichen schon eher auffallen müssen, dass er möglicherweise nicht über das nötige Fachwissen zur Führung einer Bank verfügte. Der Lebenslauf hätte dies schon ausdrücken müssen.

27. Januar 2014 @ 21:13 von: bescheidwisser

Die Ausführungen des Gutachters waren dann wohl eindeutig. So eindeutig, dass es für die Angeklagten ja wohl doch noch eng werden kann, wie Sie ja auch in dem Artikel geschrieben haben, der heute im Handelsblatt erschienen ist:
„Zu Beginn des Prozesses hatte Richter Tully geklärt, er sei geneigt, den Tatbestand der Untreue weit auszulegen. Für ihn sei es schon Untreue, wenn sich die Vorstände aus Fahrlässigkeit nicht über die Risiken des von ihnen im Eilverfahren genehmigten Finanzgeschäftes informiert und es nicht umfassend geprüft hätten - ein Vermögensschaden müsse nicht entstanden sein. Daran gemessen könnte es für die Angeklagten eng werden."

27. Januar 2014 @ 23:00 von: Dani

Sieht für mich jedenfalls so aus. Aber ich bin Ökonomin und keine Juristin. Ich stütze mich da auf Dr. Tully. Der hat letztens sinngemäß gesagt: Auch Laien haben eine Rechtsauffassung, eine Rechtsmeinung, und die dürfen sie auch äußern. Voilà!

Mittwoch, 22. Januar 2014

Tag 37: Tullys marginale Unhöflichkeit

Vorhang auf zum heutigen Theaterstück! Gegeben wird: „Der Kampf ums Recht". So ähnlich drückte es der Vorsitzende Richter aus, als die Wogen im Gerichtssaal hoch schlugen, zu hoch, um darüber hinweg zu sehen. Die Wogen aus Worten, Tonfall und Haltung der Diskutierenden, die über dem bestellten Sachverständigen Hultsch zusammen schlugen. Letztlich mündete das Brausen darin, dass sich der Vorsitzende Richter Tully entschuldigte.

Kampf im Gerichtssaal

Die Wogen schlugen deshalb so hoch, weil die Verteidiger nicht aufhörten, den Gerichtsgutachter zu kritisierten, gegen einige seiner Aussagen Widerspruch einlegten und ihn als fachlich nicht qualifiziert hinstellten. **Rechtsanwältin Gaby Münchhalffen** beispielsweise störte die Einschätzung des Wirtschaftsprüfers Hultsch, dass es sich bei Omega55 um ein für die HSH „betriebswirtschaftlich nachteiliges Arbitragegeschäft" gehandelt habe. Sie legte gegen diese Aussage Widerspruch ein.

Verteidiger Heinz Wagner wiederum stellte einen Antrag, um zu beweisen, dass das Gutachten von Hultsch nicht das Gutachten eines unabhängigen Fachmanns sei, sondern ein *Gemeinschafts*gutachten. Vier Verteidiger schlossen sich dem Wagner-Antrag an.

Kein Oberlehrer

Tully hatte Mühe, dem Herr zu werden. Er wolle nicht erzieherisch eingreifen, sagte der Vorsitzende versöhnlich. Im Kampf um das Recht dürfe es auch schon mal heiß hergehen, der Bundesgerichtshof lege das weit aus. Einen gewissen Umgang dürfte also jeder pflegen im Gerichtssaal; er wolle dieses Verfahren aufrecht erhalten. Sprach's und hatte schon die nächste argumentative Faust im Gesicht - geführt von der **Verteidigung von Rieck. Norbert Gatzweiler** hatte zu diesem Termin eine Kollegin hinzugezogen, die sich mit der Bewertung von Verbriefungen auskennen soll. Sie verwickelte Richter Tully in eine Diskussion über Modelle zum Bewerten von Verbriefungen wie der STCDO in Omega55, weil dazu auch der Gutachter Stellung nehmen sollte - laut Gutachterauftrag. Tully erklärte sich schon fast rechtfertigend, dass er mithilfe des Gutachters auch prüfen müsse, ob ein Vermögensnachteil eingetreten sei, also was „dieses Ding" für einen Marktwert hatte. Das verlange die Rechtsprechung. Und deshalb sei es wichtig zu erfahren: Welchen Wert hatte die STCDO und wie sei sie zu bilanzieren gewesen?

Die Debatte mit der weiteren Verteidigerin eskalierte allerdings derart, dass sich schließlich sogar der sonst beherrschte Tully in der Wortwahl vergriff.
Zuviel.
Vorhang zu.
Pause.

Vorsitzender Richter mit Charakter

Nach dieser Pause traute ich meinen Ohren nicht. Der Vorsitzende Richter entschuldigte sich tatsächlich bei der Verteidigerin für sein „marginal unhöfliches" Verhalten. Und erklärte: Er sei verärgert, dass die Verteidigung das Gericht so anwerfe, obwohl das Gericht sich immer offen gegeben habe, den Prozess voranzutreiben. Dann endlich beruhigte sich Stimmung.

Kantinenplausch - empörte Angeklagte und Verteidiger

Wie blank die Nerven anscheinend bei einigen Angeklagten und Verteidigern liegen, wenn sie dem sachverständigen Wirtschaftsprüfer Hultsch zuhören müssen, belegte auch eine kleine Episode in der Gerichtskantine - dem Ort, an dem sich selbst Vorstände und Top-Anwälte manierlich in eine Reihe stellen müssen, zu Journalisten und Besuchern jeder sozialen Schicht, um ein Mittagessen zu bestellen.

Und so stand an diesem Streittag an der Essensausgabe vor mir einer der Angeklagten und redete aufgebracht mit seinem Verteidiger. Er versuchte sich zurückzuhalten, was ihm aber nur schlecht gelang. Ich schnappte jedenfalls einen empört herausgepressten Satz auf: „Der hat noch keine Frage beantwortet!" Mit „der" war Gutachter Hultsch gemeint, und natürlich hatte er schon viele Fragen beantwortet. Zwar nicht immer leicht nachvollziehbar und akustisch gut zu verstehen. Hultsch verschluckt manches Mal Endungen und Silben. Inhaltlich aber sind seiner Erklärungen für Beobachter erhellend.

Montag, 27. Januar 2014

Tag 38: Parteigutachter: Omega war ein günstiges Geschäft

Eigentlich hätte der vom Gericht bestellte Sachverständige Christoph Hultsch von Ernst&Young sein Gutachten weiter vortragen sollen. Es wäre sein vierter Tag vor Gericht gewesen. Er war aber terminlich verhindert, wie es hieß. Deshalb erhielt an diesem Tag die Verteidigung Gelegenheit, ihren eigenen Gutachter vorzustellen und befragen zu lassen. Die Verteidigung von Immobilienvorstand Peter Rieck schickte **Dr. Dieter Glüder** ins Rennen, **Vorstand** der **IKB** in Düsseldorf, ein Volkswirt.

Ausgerechnet ein Vorstand dieser Bank. Mit der IKB kam die Finanzkrise 2007 in Deutschland an. Sie ist die Bank, die als erste wegen unverantwortlicher Zockereien „umfiel", mit Milliarden-Verlusten, und die nach ihrer Rettung durch die deutschen Steuerzahler 2009 für einen niedrigen, dreistelligen Millionen-Euro-Betrag an den US-Finanzinvestor LoneStar verscherbelt wurde, wie Medien berichtet hatten.

Die IKB gehörte bei ihrer rasselnden Pleite im Juli 2007 zu einem Großteil der KfW, also einer Bank im Besitz der öffentlichen Hand. Die KfW war zu dieser Zeit die eigentliche Arbeitgeberin von Dieter Glüder. Er wurde, als die IKB kippte, quasi als „Feuerlöscher" von seinem Arbeitgeber in den IKB-Vorstand delegiert. Wieso er? Weil Glüder bei der KfW Leiter der Abteilung Verbriefungen war, sich also mit solchen Geschäften auskannte, an denen sich unter anderem die HSH, die WestLB und die US-Investmentbank Lehman Brothers verhoben hatten - und eben auch die IKB unter den Augen des Bundes.

Erfahrung mit „Verbriefungen" wie in Teil-B von Omega

Aus diesem Grund hat ihn wohl auch der Verteidiger von Peter Rieck, **Norbert Gatzweiler**, „eingekauft", wegen seiner umfänglichen Erfahrung mit Verbriefungen. Denn Teil-B von Omega55 beinhaltet eine komplexe Verbriefung, eine Single Tranche Collateralized Debt Obligation, kurz: STCDO.

Glüder hatte an diesem Montag nach der Mittagspause zweieinhalb Stunden Zeit, über seine Analyse und Erkenntnisse zu sprechen. Vorher wurden Verfahrensfragen zu seiner Person und dem Gutachterauftrag geklärt, wie zuvor bei Gutachter Hultsch. Glüders Auftrag bestand unter anderem darin, die Chancen und Risiken von Omega55 anhand der Vorstandsvorlage und deren Anhängen - dem NPNM-Votum und dem Risikovotum - zu beurteilen. Zusätzlich hatte sein Auftraggeber, Strafverteidiger Gatzweiler, in einem Beweisantrag diverse Fragen formuliert, zu denen der Gutachter vor Gericht Stellung nehmen sollte.

Aber auch Glüder kam bei seinem ersten Auftritt vor Gericht nicht weit. Denn sein Vortragsstil war ebenso gewöhnungsbedürftig. Spricht der vom Gericht bestellte Sachverständige Hultsch etwas zu schnell, berichtet der Gutachter der Verteidigung zwar souverän, aber zu langsam und tatsächlich ausschweifend - jedenfalls für meinen Geschmack.

IKB-Vorstand kommentiert ungefragt Gerichtsgutachter

Dieter Glüder begann seinen Vortrag damit, dass er die ersten Sätze des Gutachtens von Christoph Hultsch zitierte, um diese gleich darauf zu kommentieren, statt über seine eigenen Einschätzungen Bericht zu erstatten.

So ging das die erste Stunde. Er zitierte Einschätzungen des Gerichtsgutachters und bewertete sie. Eine eigenartige Vorstellung. Was hatte das mit einem Gutachten zu tun? Woher nahm der IKB-Vorstand auch das Recht, im Zeugenstand zu sitzen und den „Kollegen“ zu bewerten? Ist das nicht Sache des Gerichts, fragte ich mich während dieser seltsamen Präsentation - selbst wenn es womöglich im Gutachterauftrag von Strafverteidiger Gatzweiler stand? Oder waren das die Fragen, die Gatzweiler zusätzlich im Beweisantrag gestellt hatte. Ich wurde nicht wirklich schlau daraus.

Absolut informative Ratingtabelle

Nachdem Glüder zu einigen der vom Gerichtsgutachter identifizierten Informationsdefizite in der Vorstandsvorlage zu Omega55 seine Meinung kundgetan hatte, sprach er über die Wirtschaftlichkeit der Transaktion, die sich am angestrebten Ziel ausrichten müsse. Anschließend referierte er durch zwei Seiten der Vorstandsvorlage. Auf einer dieser Seiten war eine umfangreiche Tabelle der Ratingagentur Standard&Poors mit Ausfallprognosen von verbrieften Finanzvehikeln zu sehen. Diese stufte der Parteigutachter als „absolut informativ“ ein. Mit dieser Tabelle sei „eindeutig nachweisbar“, dass es sich bei der STCDO in Teil-B um ein „defensives Investment“ gehandelt habe. Mithilfe dieser Prognosetabelle hätten sich die Vorstände „intensiv mit dem Ausfallrisiko von Omega55 beschäftigt“, so Glüder.

(Aus der Rating-Tabelle geht dabei nicht hervor, aus welchen Jahren die Ausfallwahrscheinlichkeiten stammen. Wie aussagekräftig aber sind Wahrscheinlichkeiten aus Jahren, in denen es bergauf ging wie 2004?)

Glüder Erkenntnissen zu Omega55 - von mir zusammengefasst:

Eine Vorstandsvorlage gebe die Eckdaten eines Geschäftes wieder; diese unterschreibe ein Vorstand unter bestimmten Bedingungen und die Mitarbeiter müssten die Eckdaten umsetzen; würde alles festgezurrt, bevor die Vorstände unterschrieben, wären die Kosten zu hoch.

In Vorstandsvorlagen für Verbriefungen stünden gewöhnlich Details nicht drin, die Gerichtsgutacher Hultsch einfordere - wie Risiken und Interessen der Gegenseite, Transaktionskosten, Term Sheets und eine Liste wirtschaftlich unvorteilhafter Kriterien. Kommentar Glüder: „Das habe er noch nicht gesehen."

Für Bewertungen und Einschätzungen seien die Fachabteilungen zuständig und nicht die Vorstände.

Die HSH-Vorstände kannten Verbriefungen wie in Teil-B, deshalb sei es unwichtig gewesen, dass ihnen das in der Vorlage erklärt werde.

Auch die Liquiditätsfazilitäten, die „Dispos", die die HSH der BNP Paribas über Omega einräumte, hätten die Vorstände als Konstrukt gekannt, deshalb mussten diese nicht erläutert werden.

Glüder sei zudem davon überzeugt, bei Verbriefungen gebe es Standards und nur Abweichungen von diesen Standards gehörten in eine Vorstandsvorlage; welche das sind, spezifizierte er nicht.
(Hultsch hatte gesagt: Jede Verbriefung sei anders, es gebe keine Standardisierungen.)

Omega55 sei zum Jahresende 2007 ein günstiges Geschäft für die HSH gewesen; das hätten seine Wirtschaftlichkeitsüberlegungen aus der Vorlage ergeben, weil die HSH mit Teil-A Kapitalkosten einsparte.

Skurrile Antworten auf Richterfragen
Über den von Glüder zuletzt genannten Punkt stolperten die Richter, denn der vom Gericht bestellte Gutachter Hultsch hatte Omega55 als von „vornherein nachteiliges Geschäft für die HSH" bezeichnet. Richter Bruns fragte mehrfach und nachdrücklich bei Glüder nach, wie denn die Wirtschaftlichkeit von Omega55 als *Ganzes* aussähe? Also Teil-A *und* Teil-B?

Eine Antwort erhielt Richter Bruns nicht. IKB-Vorstand Glüder wollte oder konnte nicht sagen, wie sich Teil-A und Teil-B im Zusammenspiel wirtschaftlich auswirkten laut Vorstandsvorlage. Er argumentierte fortlaufend nur mit Teil-A, ohne die von Gerichtsgutachter Hultsch angesprochene Kreislaufnatur des Geschäfts einzubeziehen oder anzusprechen. Dabei war die Frage von Richter Bruns definitiv zu verstehen. Bruns brach schließlich ab, obwohl selbst Verteidiger Gatzweiler als Auftraggeber des Gutachtes versuchte, vermittelnd einzugreifen. Glüder referierte schließlich weiter.

Verwunderung über Parteigutachter

Mich hat der Auftritt des Parteigutachters Glüder erstaunt im Gerichtssaal zurückgelassen. Er kommentierte von der Strafkammer ungefragt die Ergebnisse des Gerichtsgutachters Hultsch statt sein eigenes Gutachten Schritt für Schritt vorzutragen, und seinen exakten Gutachterauftrag konnte ich aus dem Gesagten auch nur vage extrahieren. Bei seiner Berichterstattung war für mich eine Struktur nicht zu erkennen, Zahlen und genutzte Daten belegte er kaum oder sagte auf Nachfrage der Richter sinngemäß: Die habe er aus dem Gutachten von Hultsch, und die werden schon stimmen, wenn das ein Wirtschaftsprüfer sagt. Seine Aussagen standen größtenteils konträr zum Gerichtsgutachter.

Glüder als Verfechter von Verbriefungen

Seine Vita löste bei mir zudem Zweifel aus, dass er sich ein distanziertes Bild vom Geschäft Omega55 überhaupt machen kann, weil er Verbriefungen wie in Teil-B seit einem Jahrzehnt in Deutschland protegiert. IKB-Vorstand Glüder gehörte zu den Männern und Bankern, die in Deutschland das Finanzkonstrukt Verbriefung befördert haben - gemeinsam mit dem damaligen Staatssekretär im Bundesfinanzministerium Jörg Asmussen. Der saß 2007 auch im Aufsichtsrat der IKB (Jörg Asmussen war später Staatenretter, EZB-Direktor, jetzt ist er im Arbeitsministerium Staatssekretär).

Wie man heute weiß, waren Verbriefungen mitursächlich für den Beinah-Zusammenbruch des weltweiten Finanzsystems 2008 - und damit auch des deutschen Bankensystems, wenn die Bundesregierung den implodierenden Geldhäusern nicht Milliarden überwiesen und sie nicht mit dreistelligen Milliarden Garantien gestützt hätte.

Verbriefungen als Brandbeschleuniger der Finanzkrise

Glüder hat nach eigener Auskunft im Jahr 2003 als Führungskraft der staatseigenen KfW die True-Sale-Initiative TSI (heute TS-International GmbH) mitbegründet und war ihr Gründungsgeschäftsführer. Die TSI ist eine Art Vertriebsplattform für Verbriefungen. Mit im Boot: 13 Banken, darunter die HSH, die Commerzbank und die Deutsche Bank.

Diese Vertriebsplattform funktioniert in etwa so: Die KfW kauft Banken wie den Landesbanken Mittelstandskredite ab. Diese schnürt sie zu Paketen, die sie wiederum in Unterpakete zerlegt und diese Unterpakete (Tranchen) an Investoren, meist wieder Banken, verkauft. Was im Kleinen mal sinnvoll sein mag, war im Weltmaßstab katastrophal. Die TSI aber hat den deutschen Banken suggeriert - gestützt durch die Bundesregierung: Verbriefungen sind eine gute Sache. Macht mit. Greift zu. Und das taten sie auch, sogar bei den abgebrühten US-Investmentbanken. Sie holten sich damit unbeherrschbare Risiken in die Häuser.

Unabhängigkeit geht anders

Auch Glüders Nähe zu den im Prozess involvierten Banken wirft für mich Zweifel an seiner Unabhängigkeit und Unparteilichkeit auf. Glüder unterhält als IKB-Vorstand Geschäftsbeziehungen zu beiden Instituten und auch als KfW-Manager hatte er diese über seine Tätigkeit als Verbriefungsexperte.

Ulkig, wenn nicht arg dreist: Die **Strafverteidiger Gatzweiler und Münchhalffen** hatten bei Gerichtsgutachter Hultsch kritisiert, dass der Wirtschaftsprüfer mit der TSI GmbH verbunden sei (er hielt dort ab und an einen Vortrag). Ihr eigener Sachverständiger aber war sogar Gründungsmitglied eben jener TSI-GmbH. Was soll man dazu sagen?

Glüder selbst sieht sich trotz seiner Nähe zur TSI GmbH, HSH und BNP Paribas als unabhängig an. Auf den Einwurf von Richter Tully, ob er seine Unabhängigkeit beeinträchtigt sehe, weil er sogar Geschäftsführer bei der TSI GmbH gewesen sei, antwortete Glüder: Nein, sehe er nicht.

Mit Auftraggeber Gatzweiler „Verständlichkeit" besprochen

Der IKB-Vorstand hat sich nach eigener Aussage wegen des Gutachtens auch zweimal mit seinem Auftraggeber Norbert Gatzweiler getroffen, um sein Gutachten „zu besprechen", wie er es ausdrückte. **Staatsanwalt Wegerich** hatte ein Auge auf diesen Aspekt geworfen. Glüder habe bei diesen Treffen „Rückmeldung" erhalten, ob das Gutachten „verständlich" sei. Einen ersten Entwurf habe er im April 2012 an Gatzweiler gesandt, insgesamt bis zu drei Vorversionen will Glüder erstellt haben. Wegerich fragte daraufhin, ob er die entsprechenden eMails erhalten könne.

Parteigutachter Glüder gab mir aber noch weitere Rätsel auf, zum Beispiel, wieso Strafverteidiger Gatzweiler *vor* Prozesseröffnung offenbar die Anklageschrift plus Teile der Prozessakte auf DVD an den Banker schickte, obwohl dieser ein unbeteiligter Dritter und nicht zur Geheimhaltung verpflichtet ist? Ist das mit der Strafprozessordnung vereinbar, wo doch in den Prozess-Akten unglaublich viele Persönlichkeitsrechte zu wahren sind?

Diese harmlose Frage, aufgeworfen auf meinem Weblog, zog einige Aufgeregtheit nach sich.

Fast 40.000 Euro Honorar für Gutachter Glüder

Der IKB-Vorstand hat für seine Tätigkeit als Parteigutachter nach eigener Auskunft ein Stundenhonorar von 400 Euro netto in Rechnung gestellt und etwa 82 Stunden am Gutachten gearbeitet. Für seine Tätigkeit erhält er damit schätzungsweise 39.000 Euro.

Blog-Kommentar

28. Januar 2014 @ 22:17 von: bescheidwisser

Hier soll offenbar Entlastung erfolgen, durch den „Bock", der sich als „Gärtner" ausgibt. Ich hätte nach dem von Ihnen geschilderten Ablauf auch erhebliche Zweifel an der Objektivität des Sachverständigen. Aber das wird sicherlich auch das Gericht entsprechend können.

Seltsam, dass der Sachverständige meint, über Risiken und Interessen der Gegenseite der Transaktion - soweit ermittelbar - sei der Vorstand in der Vorlage nicht zu informieren. Es kann ja sein, dass er so etwas noch in keiner seiner Vorlagen gelesen hat. Aber ihm sollte als Vorstand der IKB seit dem 30.07.2007 ja hinreichend bekannt sein, welche massiven Interessenkonflikte es bei Verbriefungstransaktionen geben kann. Ihm ist sicher der Fall des CDO Abacus 2007-AC1 noch geläufig, den Goldman Sachs im Jahre 2007 so strukturierte, dass ihr Nutzen und der eines Hedgefund-Managers maximiert wurde, während die Investoren (u.a. die IKB) ihren Einsatz vollständig nach wenigen Monaten verloren.

Tag 38

Zweifelhafte Akteneinsicht

Sachverständige können in Strafprozessen entscheidend für das Urteil sein. Ihre fachliche Expertise soll den Richtern bei schwierigen Fällen helfen, die Sachlage der jeweiligen Anklage zu verstehen. Im besten Fall.

Prozesstaktik wie im Lehrbuch

Deshalb gehört es zu den Pflichten jedes Verteidigers, bei den vom Gericht bestellten Sachverständigen prozesstaktisch vorzugehen, also das beste für den eigenen Mandanten herauszuholen, so wie sie es im Verfahren über Beweisanträge und Widersprüche tun und nach Zeugenbefragungen Erklärungen abgeben, um ungünstige Aussagen abzumildern.

Und so hat am ersten Tag der Befragung des Gerichtssachverständigen Christoph Hultsch die Verteidigung ihn mit Fragen zur Person und Methodik des Gutachtens überhäuft und mehrfach beantragt, den Gutachter von seiner Aussagepflicht wegen fehlender Unabhängigkeit zu entbinden.

Verteidigung kritisiert Akteneinsicht des Gerichtsgutachter

Als Argumente gegen ihn führte die Verteidigung vor allem an: Der Sachverständige hätte die fertigen Verträge zu Omega55 nicht sehen dürfen, weil sie den angeklagten Ex-Vorständen bei ihrer Unterschrift auch nicht vorlagen. Überhaupt habe der Gutachter zu viele Informationen und zu viel Akteneinsicht erhalten. Das habe so nicht im Sachverständigenauftrag des Gerichts gestanden. Hultsch hatte neben der Vorstandsvorlage das NPNM-Votum und die Meinung der Risikofachleute erhalten, also die Unterlagen, die auch die Vorstände bei ihrer Unterschrift vor sich hatten. Dazu übergaben die Richter unter anderem die Vertragsdokumentation, die Nebenabreden, die Anklageschrift, die Beweisführungsakte und das „Term Sheet" der BNP Paribas.

Gleiche Akteneinsicht für Parteigutachter

So langanhaltend alle Verfahrensverteidiger diese Vorgehensweise der Strafkammer monierten, so still waren sie, als der **Verteidiger** von Peter Rieck, **Norbert Gatzweiler**, seinen Gutachter ins Gespräch und am 38. Prozesstag vor die 8. Große Strafkammer als Zeuge brachte. Auch Dr. Dieter Glüder, IKB-Vorstand, wurde - diesmal von den Richtern - gefragt, welche Unterlagen er von Verteidiger Gatzweiler erhalten habe, auf welche Aussagen er sich also stütze?

Der 58-jährige hatte dazu erklärt, er habe auf DVD die Vorstandsvorlage zu Omega55 erhalten, das NPNM-Votum und die Risikoanalyse, dazu die Verträge, die Nebenabreden, die Anklageschrift, vermutlich sogar Teile der Beweisakte, denn auf Nachfrage meinte Glüder sinngemäß, auf der DVD hätten „Fächer“ gelegen, und auf ein „Fach“ beziehen sich die Prozessbeteiligten immer, wenn sie aus der Beweisakte zitieren; dazu das „Term Sheet“ der BNP Paribas. Kurz vor seiner Zeugenvernehmung noch das Vorgutachten von Christoph Hultsch. Er habe auch das Freshfields-Gutachten quergelesen. Wann er welches Dokument zugesandt bekommen hatte, differenzierte er nicht ausdrücklich. Vermutlich hatte Dieter Glüder sogar Einblick in das KPMG-Gutachten; eine Frage von Richter Bruns zielte in diese Richtung.

Parteigutachter Glüder hat also offenbar sehr ähnliche Unterlagen einsehen können wie der vom Gericht bestellte Sachverständige Hultsch.

Fragwürdiges Vorgehen

Glüders Vorgutachten datiert nach seinen Angaben vom Mai 2012. Den Auftrag dazu erhielt Glüder von Anwalt Gatzweiler nach dessen Erklärung im April 2012. Nur einen Monat zuvor. Das heißt auch: Glüder hatte Mitte 2012 schon viele Prozessakten vorliegen und konnte sich wohl auch zumindest durch Teile der Beweisakte lesen, als unbeteiligter Dritter und noch bevor die Staatsanwaltschaft öffentlich die Anklageschrift verlesen hatte. Das also, was die Verteidiger Daum, Wagner, Prinzenberg und Münchhalffen beim Sachverständigen des Gerichts beharrlich und mit scharfen Worten kritisierten - dass er auch die Verträge zu Omega55 bei seinem Gutachten berücksichtige -, hatte zuvor Verteidiger Gatzweiler mit seinem Parteigutachter längst umfangreich praktiziert.

Nachfragen der Anwaltskollegen wegen der Akteneinsicht an den IKB-Vorstand Glüder deswegen wie bei Hultsch? Fehlanzeige. Keine Fragen. Kein Unmutsgemurmel. Nur Schweigen. Sie unterbrachen Glüder auch nicht während seines Vortrags immer und immer wieder mit Verständnisfragen. Da wurde der Unterschied zwischen Gerichts -und Parteigutachter sehr deutlich. Aber auch die Staatsanwälte vertieften das Thema mit den Akten nicht.

Worin aber liegt der Sinn und Wert, dem Gerichtsgutachter etwas vorzuwerfen, was für den Parteigutachter als selbstverständlich angesehen wird? Ob das den Angeklagten bei der Beweisführung ihrer Unschuld hilft? Wer den Redefluss des Parteigutachters aber munter unterbrach war **Richter Volker Bruns** mit scharfsinnigen Gedanken.

Stoff für Nachfragen hat Parteigutachter Glüder jedenfalls den Prozessbeteiligten reichlich geliefert, weil der IKB-Vorstand eine völlig gegensätzliche Meinung als der Gerichtsgutachter und Wirtschaftsprüfer Hultsch vertritt. Für Glüder war die Vorstandsvorlage zu Omega55 nämlich völlig in Ordnung.

Mittwoch, 29. Januar 2014

Tag 39: Parteigutachter: Vorlage war vollständig und eindeutig

Dieser Tag im Prozess gehörte noch einmal Dieter Glüder, Parteigutachter des Angeklagten Peter Rieck, aktuell Vorstand der IKB.

Gutachterbericht vorgetragen, nicht veranschaulicht
Leider benutzte auch Glüder keinen Projektor, um sein Sicht auf Omega55 zu veranschaulichen. Das hatte auch Gerichtsgutachter Hultsch nicht getan, sehr zum Leidwesen für uns Prozessbeobachter, denn die Gutachten gehen nur an die Prozessbeteiligten, nicht an die Öffentlichkeit. Deshalb war es teilweise sehr schwer, den Details zu folgen, gerade bei der schwierigen Materie.

Glüders Vortrag unterbrachen nur Richter Bruns und Richter Tully mit Verständnisfragen. Die Verteidigung stellte nicht eine Frage, so wie sie es bei Gerichtsgutachter Hultsch penetrant getan hatte. Aber auch die Staatsanwaltschaft hielt sich mit Einwürfen und Fragen zurück. Glüders Hinweis, dass er sich mit Kollegen über Einzelaspekte unterhalten hatte, führte ebenso zu keinerlei Unruhe, wer das denn gewesen sei. Hultsch hatte zuvor die Namen aller Kollegen preisgeben müssen, die er zu Rate gezogen hatte.

Kernaussagen von Parteigutachter Glüder
Der geladene IKB-Vorstand Glüder versteifte sich letztlich nach meiner Auffassung auf drei Kernaussagen bei seiner Beurteilung von Omega55:

1. Die Abwägung von Chancen und Risiken orientiert sich am Hauptziel des Geschäfts.
Hauptziel bei Omega55 war, das Eigenkapital der HSH zu optimieren, was in diesem Fall hieß: um 128 Millionen Euro zu erhöhen. Das war Gegenstand von Teil-A (eine „risk-weighted-asset"-Entlastungstransaktion, RWA).

(Wie das funktionierten sollte? Mit Teil-A hat sich die HSH von einem Kreditbestand in Höhe von 2 Milliarden befreit. Sie übertrug ihn auf ihre Zweckgesellschaft Mathias Ltd. und ließ sie von der BNP Paribas gegen Verlust absichern, wie ein Auto über eine Kaskoversicherung. Hätte die HSH den Kreditbestand behalten, hätte sie 160 Millionen Euro (=8%) ihres Eigenkapitals dafür reservieren müssen. Weil sie aber die Kredite zu ihrer Tochter abschob und die BNP Paribas dafür haftete, musste die HSH bei sich nur noch 32 Millionen Euro Eigenkapital beiseite legen. Das ist der Mechanismus von Entlastungstransaktionen. Gespart dabei: 160 Mio. - 32 Mio. = 128 Mio.)

Teil-B kam auf Forderung der BNP Paribas zustande im Tausch gegen diesen Teil-A. Nur an das Hauptziel der Eigenkapitalentlastung knüpfe sich aber die Wirtschaftlichkeit von Omega55, sagte Glüder. Und wirtschaftlich sei Omega deshalb gewesen, weil die HSH zu jeder Zeit Teil-A hätte kündigen können.

Es reiche aus, wenn Vorstände wüssten: Die Gewinnmarge sei größer als die Kosten. Überschlägige Rechnungen, um sich selbst ein Bild zu machen, brauche ein Vorstand nicht anzustellen bei der Genehmigung eines Geschäfts. Vorstände wüssten um solche Kosten und deren Höhe, sagte Glüder. Wirtschaftlich sei Omega55 auch deshalb gewesen, weil die BNP Paribas Verluste aus Teil-B der HSH erst in Rechnung hätte stellen dürfen (über die Liquiditätsfazilität), wenn schon eine andere Notfallfinanzierung gegriffen hätte. Das hieße, die HSH müsste „nachrangig" zahlen.

Woraus er das lese, fragte Richter Bruns an dieser Stelle nach. Das stünde in der Vorstandsvorlage. Das Gericht allerdings erkannte gerade in diesem Satz keinen Sinn. Denn, so Bruns, eine so genannte Seniorfazilität gab es bei Omega55 nicht, worauf auch das Risikomanagement in seiner Einschätzung hingewiesen hatte. Und auch eine vorrangige Notfallfinanzierung, wie Glüder sie zu erkennen meinte, habe es bei Omega55 nicht gegeben. Richter Bruns sagte, dass das Gericht angesichts dieser Widersprüche davon ausgehe, dass gerade dieser Satz ein Textbaustein sein könnte und mit dem Finanzdeal Omega55 nichts zu tun habe. Für den Sachverständigen Glüder aber war dieser Satz ein entscheidender Bestandteil von Omega55. Auflösen konnte oder wollte der Verbriefungsexperte den offensichtlichen Widerspruch aber nicht.

2. Der Vorstand legt mit der Vorstandsvorlage die Eckdaten fest und die Ressortvorstände und deren Mitarbeiter setzen diese um.

Die Eckdaten von Omega55 seien für Parteigutachter Glüder: 128 Millionen Euro Entlastung des Eigenkapitals und drei Millionen Euro Gewinn jährlich. Beides zu erreichen liege in der Verantwortung der Ressortvorstände. Die Fachbereiche müssten dann alles durchrechnen und wenn es nicht gehe, müsste eine Rückmeldung an den Vorstand erfolgen. Glüder gab zwar zu, das seien „breite Vorgaben" an die Fachbereiche. Aber er sah keine Unvollständigkeit.

3. Vorstände kennen die Kostenstruktur der Sparten und wenn sie Verbriefungen und Liquiditätsfazilitäten schon einmal genehmigt hätten, wüssten sie, wie so was funktioniere.

Deshalb bräuchten keine Kosten- und Ertragsrechnung in der Vorlage zu stehen. Die Daten dafür hätten die Vorstände im Kopf. Und wie Fazilitäten funktionierten, wisse ein Vorstand auch. Dafür gebe es Standards. Welche konnte der Gutachter und Zeuge, der selbst IKB-Vorstand ist, auf Nachfrage nicht auflisten.

Vorstandsvorlage vollständig und eindeutig

Für Dieter Glüder war deshalb - zusammengefasst - die Vorstandsvorlage zu Omega55 vollständig, weil sie auch einen „worst case" unterstellte, es die Option einer Kündigung gab und weil Ausfallwahrscheinlichkeiten in diversen Szenarien dargestellt waren. Richter Bruns merkte in diesem Zusammenhang an, dass er die verschiedenen Szenarien aus der Darstellung nicht entnehmen könne. Diese entnehme er unter anderem der Rating-Tabelle in der Vorstandsvorlage, erwiderte der Privatgutachter - neben vielen anderen für mich verworren klingenden Erklärungen.

Bei Auflegung	Herabstufungen um eine Stufe										
Anz. Ausfälle	0	10	20	40	60	80	100	120	140	160	180
0	AAA	AA+	AA	AA-	A+	A-	A-	A-	A-	A-	A-
1	AA+	AA	A+	A-	A-	BBB+	BBB+	BBB+	BBB	BBB	BBB
2	AA-	A	A-	BBB+	BBB	BBB	BBB-	BBB-	BBB-	BBB-	BBB-
3	A-	BBB+	BBB	BBB-	BBB-	BBB-	BBB-	BBB-	BBB-	BBB-	BBB-
4	BBB	BBB	BBB-	BBB-	BB+	BB	BB	BB	BB	BB	BB

Nach 1 Jahr	Herabstufungen um eine Stufe										
Anz. Ausfälle	0	10	20	40	60	80	100	120	140	160	180
0	AAA	AAA	AAA	AA+	AA	AA	AA-	AA-	AA-	A+	A+
1	AAA	AA+	AA	AA-	A+	A	A-	A	A-	A-	A-
2	AA+	AA	A+	A-	BBB+	BBB+	BBB+	BBB+	BBB+	BBB+	BBB+
3	AA	A	BBB+	BBB+	BBB	BBB	BBB	BBB-	BBB-	BBB-	BBB-
4	A-	BBB+	BBB	BBB-	BBB-	BBB-	BBB-	BBB-	BBB-	BBB-	BBB-

Nach 2 Jahren	Herabstufungen um eine Stufe										
Anz. Ausfälle	0	10	20	40	60	80	100	120	140	160	180
0	AAA	AAA	AAA	AAA	AAA	AA+	AA+	AA+	AA+	AA	AA
1	AAA	AAA	AAA	AA+	AA	AA	AA	AA-	AA-	AA-	AA-
2	AAA	AAA	AA	AA	A+	A	A	A-	A-	A-	A-
3	AA+	AA	A+	A-	A-	BBB+	BBB+	BBB+	BBB+	BBB+	BBB+
4	AA	A-	BBB+	BBB+	BBB	BBB	BBB	BBB-	BBB-	BBB-	BBB

Auszug der Tabelle zu den Ausfallrisiken der Kredite einer Beispiel-STCDO.

Diese Ratingtabelle (siehe Bild) reiche aus, um „hinreichend gut" die Ausfallwahrscheinlichkeiten der STCDO in Teil-B einschätzen zu können, sagte Dieter Glüder, und damit verschiedene Szenarien durchzuspielen. Bei seiner vorangegangenen Befragung hatte er sogar gesagt, diese Ratingtabelle beweise „eindeutig", dass Omega55 ein „defensives Investment" sei und sich der Vorstand mit dem Ausfallrisiko „eindeutig und intensiv" beschäftigt habe.

(Die für den Vorstandskollegen von der IKB entscheidende Tabelle in der Omega-Vorlage ist eine Standard-Ratingtabelle der Agentur Standard&Poors. Sie bildete *nicht* die tatsächliche Omega-Verbriefung ab. Aus ihr ist auch nicht herauszulesen, aus welchen Jahren die Wahrscheinlichkeiten und Daten stammen, und wie die Agentur zum Beispiel den Totalausfall definiert, ein wesentlicher Bestandteil der Aussagekraft solcher Tabellen.)

Hier hakte das Gericht nach: Glüders Antwort auf die vom Gericht geäußerten Zweifel: Wenn die Fachabteilung das vorgelegt habe, und die Ausfallwahrscheinlichkeit so gewählt worden sei, wie dort dargestellt, dann sei die Tabelle „angemessen und repräsentativ". Der HSH Vorstand müsse darauf vertrauen können, dass die Fachabteilungen alles sorgfältig umsetzten.

(So einfach lässt sich das sehen.)

Gutachten aus Sicht eines Vorstandes
Parteigutachter Glüder, selbst Vorstand, hatte eingangs seines Statements vor Gericht gesagt, er sehe sich die Vorstandsvorlage zu Omega55 als Vorstand an, nicht als Fachmann der Zahlen wie der Gerichtsgutachter und Wirtschaftsprüfer Christoph Hultsch. Und als Vorstand finde er die Vorlage vollständig, bezogen auf das Hauptziel der Transaktion.

Wäre das auch ein Motiv für Omega55?
Vielleicht war es derart simpel. Vielleicht haben die HSH-Vorstände auch so gedacht wie ihr Kollege Glüder: Wir müssen das HSH Eigenkapital aufmöbeln, es bleiben drei Millionen Gewinn übrig, die Fachabteilungen werden schon alles richtig machen. Reicht. Unterschrift. Nächster Vorgang. So ähnlich klangen auch ihre Rechtfertigungen und Zurückweisungen. Nur, Einwand der Staatsanwaltschaft, § 93 des Aktiengesetzes schreibt Bankvorständen vor:

> *„Die Vorstandsmitglieder haben bei ihrer Geschäftsführung die Sorgfalt eines ordentlichen und gewissenhaften Geschäftsleiters anzuwenden."*

Möge sich jeder seine Gedanken dazu machen, ob es sorgfältig, ordentlich und gewissenhaft ist, sich auf das unter Druck Geschriebene von Mitarbeitern und einige Daten zu verlassen, nicht selbst nachzurechnen und nachzufragen bei einem Finanzgeschäft, bei dem es um rund 2,4 Milliarden Euro ging und um eine kurzfristige Liquiditätsbelastung von mindestens 400 Millionen Euro, wegen der Liquiditätsfazilität in Teil-B für die STCDO. Oder standen die Top-Manager doch mit dem Rücken zur Wand und ihnen war - fast - jedes Mittel recht, einen drohenden Kollaps der Landesbank zu verhindern, verbunden mit Gesichtsverlust und Hinterfragen des Geschäftsmodell?

Schlussfolgernd aus den Aussagen des Parteigutachters Glüder haben die Vorstände aber sorgfältig, ordentlich und gewissenhaft gehandelt. Schlussfolgernd aus den Aussagen des Gerichtsgutachters Hultsch haben sie es nicht.

Montag, 3. Februar 2014

Tag 40: Verteidiger diskutieren um Nichtigkeiten

Der vom Gericht bestellte Gutachter Christoph Hultsch setzte Angeklagten wie Verteidigern erstaunlich arg zu. Immer wieder bissen sich die Verteidiger während der Befragung des Gerichtsgutachters an Kleinigkeiten fest, anstatt die fachlichen Aussagen des Wirtschaftsprüfers mit diesem zu diskutieren. Die Verteidigung hielt sich damit für mich an Nebenschauplätzen auf. **Christoph Hultsch, Partner bei Ernst&Young**, wurde am Montag, dem 3. Februar, zum vierten Mal als Gerichtssachverständiger befragt. Zuerst vom Gericht, dann von der Staatsanwaltschaft.

Wirtschaftspraxis trifft Rechtsauslegung

Die erfahrenen Strafverteidiger scheinen bei ihrer Befragung auszublenden, dass manches Missverständnis zwischen ihnen und dem Wirtschaftsprüfer damit zu tun haben könnte, dass einem praktisch arbeitenden Wirtschaftsprüfer manche Fragen und Zusammenhänge so klar sind, oder er sie aus einer anderen Perspektive sieht, dass ihm nicht in den Sinn kommt, dass danach gefragt sein könnte. Zwei Welten prallen hier offenbar aufeinander. Deshalb redeten Anwälte und Gutachter nach meiner Beobachtung oft aneinander vorbei, was die Verteidiger gegen den Gutachter auslegten. Auch das Gericht hatte manches mal seine Verständigungsschwierigkeiten, schaffte es aber fast immer, diese durch beharrliches und variierendes Nachfragen zu beseitigen. Die Verteidigung nutzte die Schwierigkeiten dagegen zum Angriff und Taktieren, was natürlich ihr Recht ist. Was aber auch zu grotesken, teils unterhaltsamen Wortwechseln im Gerichtssaal führte, die den Prozess zwar abwechslungsreicher machten, aber auch aufhielten.

Unnötiges Taktieren

So wurde Gerichtsgutachter Hultsch gefragt, welche Qualifikationen ein Bankvorstand haben müsse, und wie er von der Bankenaufsicht BaFin bestellt werde. Das stehe im Kreditwesengesetz, meinte Hultsch. Die Verteidiger hakten nach, Hultsch antwortete: Die Vorstandskandidaten müssten persönlich bei der BaFin vorsprechen und bräuchten Kreditkompetenz. Ha, meinte einer der Verteidiger. Das stimme so nicht. Und dann ging die Hackerei auf den Gutachter wieder los nach dem Muster: Wenn er *das* schon nicht weiß. Was weiß er *dann*?

Die Diskussion gipfelte in einem Statement des **Verteidigers Wagner** der meinte: Auch mein Mandant, Dr. Nonnenmacher, war Vorstand und Geschäftsleiter und hatte keine Kreditkompetenz! Eine Steilvorlage für **Staatsan-**

walt Wegerich. Der nutzte sie prompt aus und konnte sich nicht verkneifen auszurufen: „Deshalb also hat Dr. Nonnenmacher den Fehler gemacht!" Gefeixe im Saal.

Gutachter-Rechtsmeinung? „Die hat hier nichts zu suchen."

Hin und her musste der Vorsitzende Richter mit den **Verteidigern Gatzweiler** (von Peter Rieck) und **Kury** (von Hans Berger) auch diskutieren, ob das Gericht seinen Gutachter nach dessen Rechtsmeinung fragen darf, ob durch Omega55 eine regulatorische Eigenkapitalentlastung zum 31.12.2007 eingetreten sei und wenn ja, wie sie entstehen konnte - oder nicht. Gegen diese durchaus berechtigte gerichtliche Neugier (wozu habe ich einen Fachmann da sitzen), legte die Verteidigung ihr Veto ein.

Es spiele keine Rolle, was *dieser* Sachverständige dazu finde, warf Anwalt Gatzweiler ein. Anwalt Kury sprach geschmeidig von „subtiler Beeinflussung" durch den Sachverständigen, wenn er seine „laienhafte" Rechtsmeinung äußere. Rechtsfragen sollten doch, so Kury, nur unter „Rechtskundigen" erläutert werden, womit er wohl sich und seine Kollegen meinte. Ihm, Kury, gehe es darum, „dass sich nichts verfestigt, was hier nichts zu suchen hat". Alle unterlägen doch suggestiven Inhalten …

Was für mich bizarr anmutete, war tatsächlich eine übliche Auseinandersetzung zum Prozessablauf. Gutachter sollen in der Regel für das Verfahren entscheidenden Sachfragen klären, aber keine „juristischen Sachfragen". Dann müssten sie „Rechtsgutachter" sein. Dafür aber war Wirtschaftsprüfer Hultsch nicht engagiert worden.

Hultsch ertrug das Manöver stoisch. Richter Tully folgte letztlich den Verteidigern und stellte seinem Gutachter die Frage nach der Eigenkapitalentlastung nicht.

Mittwoch, 5. Februar 2014

Tag 41: Wortklaubereien, Unterstellungen und Dreistigkeiten

An diesem Tag wurde wieder viel durcheinander geredet. Es war geladen: **Gerichtsgutachter Christoph Hultsch**. Und die Verteidigung war erneut dran. Im Laufe dieser Befragung sah sich der **Verteidiger** von Ex-HSH-Chef Hans Berger, **Otmar Kury**, dazu veranlasst, die Beteiligten zur Räson zu rufen, sie sollten doch bitte die „prozessuale Disziplin wahren“. Hultsch brachte eben die Gemüter in Wallung, vor allem die der Verteidigung im Gegenspiel mit der Staatsanwaltschaft.

Scheindebatten der Verteidigung

Während seiner Befragung durch die Verteidiger entfuhr Hultsch einmal die Bemerkung „Das ist doch Begriffsreiterei!“ Da hatte die erneut extra von Verteidiger Gatzweiler hinzugezogene **Haftungs- und Prozessrechtlerin Christine Volohonsky** mit dem Gutachter schon etwa eine dreiviertel Stunde gesprochen, ohne dass sich erkennen ließ, worauf sie hinauswollte. Als sie ihm dann einen Satz in seinem Gutachten vorhielt, diesen bewertete und ihm andiente, er stimme ihr doch zu, dass es doch eher so und so sei, da erlaubte sich der Sachverständige die Bemerkung mit der Begriffsreiterei. (Wie der Satz lautete, den ihm die Verteidigerin vorlas, konnte ich wegen seiner Kompliziertheit und Länge nicht mitschreiben.)

Wortklauberei um abdiskontieren

Auch Verteidiger Otmar Kury mäkelte an einem Wort im Gutachten herum, an „abdiskontieren“. Was der Gutachter denn damit genau meine? Abzinsen oder diskontieren. Das wären doch die richtigen Begriffe, Herr Sachverständiger, belehrte Kury den Zeugen. Hultsch reagierte auf diese Respektlosigkeit etwas begriffsstutzig und sagte: Ja, es müsse eigentlich diskontieren heißen. Was Hultsch nicht erklärte: „Abdiskontieren“ ist unter Wirtschaftsprüfern Umgangssprache und eine Mischung aus „abzinsen“ und „diskontieren“, beides Begriffe aus der betrieblichen Investitions-Rechnung, die dasselbe meinen.

Hultsch ließ sich so einiges gefallen von den Anwälten, ohne verärgert zu reagieren und mehr Höflichkeit einzufordern.

Hier noch einige weitere Aussagen des Gerichtsgutachters, knapp beschrieben:

Banken seien über die MaRisk, die Mindestanforderungen an das Risikomanagement verpflichtet, alle Risiken zu prüfen und sich nicht auf externe Ratings von Agenturen wie Standard&Poors zu verlassen.

Es fänden sich handwerkliche Fehler in der Vorstandsvorlage und Widersprüche, die nicht aufgelöst werden, zum Beispiel stehe drin, dass die HSH ein Mitentscheidungsrecht bei Teil-B von Omega55 hätte, hatte sie aber nicht, wie die Verträge belegten.

In der Vorstandsvorlage werde nicht beschrieben, wie der Risikotransfer aus Teil-A stattfinde, also die Entlastung des HSH-Eigenkapitals von 128 Mio. Euro; das aber sei bei solchen Transaktionen Praxis.

Neue Geschäfte wie Omega55 werden seine Meinung nach zuerst in Vorstandsbesprechungen diskutiert, bevor der Auftrag ergeht, intern den Prüfprozess (NPNM) anzustoßen, um das Geschäft vorzubereiten.

Vorstandsvorlagen müssten auf plausiblen Informationen fußen, das aber sehe Hultsch in dieser nicht.

Verteidigung will Gutachter nicht entlassen

Am Ende der Befragung widersprach **Norbert Gatzweiler noch einmal** der Entlassung des Gutachters. Er hätte dazu eine mehrseitige Erklärung vorbereitet. Richter Tully ließ den Gutachter dennoch gehen und unvereidigt. Er sicherte Gatzweiler aber in souveräner Manier zu, dass, wenn das Gericht seinem Antrag stattgebe, der Sachverständige erneut geladen werde.

Zweiter Gerichtsgutachter

Das Gericht hat - zur Überraschung der Prozessbeobachter - einen weiteren Gutachter beauftragt. Es ist **Prof. Martin Hellmich** von der Frankfurt School of Finance. Er soll sich den Marktwert der STCDO in Teil-B, die Verbriefung, ansehen und für das Gericht herausfinden, ob diese STCDO zum Vertragsabschluss schon an Wert verloren hatte und die Vorstände damit ein *Verlust*geschäft unterzeichneten. Dann hätten sie der HSH bereits bei Vertragsabschluss Ende 2007 einen Vermögensschaden oder -nachteil zugefügt. Damit wäre ein Tatbestand der Untreue erfüllt.

Eine ähnliche Frage hatte das Gericht auch Wirtschaftsprüfer Hultsch in seinem Gutachterauftrag gestellt. Aus welchem Grund die Strafkammer einen zweiteren Gutachter hinzuzog, erschloss sich mir nicht.

Blog-Kommentar
8. Februar 2014 @ 16:17 von: bescheidwisser
Synthetische CDOs[86] *gehören zu den kompliziertesten Finanzprodukten, die es gibt. Selbst viele Insider verstehen von diesen Konstrukten zu wenig, um die Risiken daraus korrekt abschätzen zu können (sofern dies überhaupt geht). Ich bin gespannt, wie sich das Gericht dieser Thematik nähert.*
Ich glaube aber, die Frage ist eher, ob die HSH Nordbank für Teil B einen angemessenen Preis zum Geschäftsabschluss bezahlt hat - oder ein Wertpapier zum Kurs von 100 gekauft hat, dessen tatsächlicher Wert beispielsweise nur noch bei 90 gelegen hat. Das ist für synthetische CDOs schon schwierig genug zu berechnen, da es keine öffentlichen Kursinformationen darüber gibt.

86 Zu den „synthetischen CDOs" gehörte auch die STCDO in Teil-B.

Tag 41

Aussagen der Gutachter über die Vorstandsvorlage

Zwei Sachverständige wurden bis jetzt im HSH Prozess zur Vorstandsvorlage vom 14. Dezember 2007 gehört - am Tag 36 und folgende.

Das Gericht hat nach Prozessauftakt den erfahrenen Wirtschaftsprüfer **Christoph Hultsch** von Ernst&Young beauftragt. Es hat dazu bei der Wirtschaftsprüferkammer angefragt, wer in dem speziellen Fall soviel Fachwissen hätte, um die Vorstandsvorlage und das komplizierte Finanzgeschäft analysieren und beurteilen zu können. Die Kammer nannte drei Namen. Der erste auf der Liste war Christoph Hultsch.

Den zweiten Sachverständigen, den so genannten **Parteigutachter**, beauftragte vor Prozessbeginn der Verteidiger von Ex-Immobilienvorstand Peter Rieck, Norbert Gatzweiler. Es ist **Dr. Dieter Glüder**, Vorstand der IKB. Nach Aussagen von Anwalt Gatzweiler hatte dieser bei der IKB angefragt, wer sich von den Vorständen mit Verbriefungen auskennt. Glüder wurde empfohlen.

Die Ergebnisse beider Fachleute, der eine Prüfer, der andere Entscheider, könnten nicht unterschiedlicher sein. Bei mir blieb das hängen:

Gerichtsgutachter Hultsch:

Vorstandsvorlagen müssten auf plausiblen Informationen fußen. Das sei bei Omega55 nicht der Fall gewesen; es werde kein Beweis der Kapitalentlastung geführt, (dem Hauptzweck des Geschäfts) manche Aussagen seien falsch oder fehlten ganz wie die Bewertung in der Bilanz, außerdem fehlten wichtige Finanz- und Risikoinformationen wie Angaben zum ökonomischen Eigenkapital; Kosten und Erträge werden nicht hinreichend und nachvollziehbar dargestellt. Und: Die HSH habe bei Omega55 alle Risiken auf sich genommen. Diese Mängel und das Fehlen wichtiger Informationen zum Abschätzen der Chancen und Risiken hätten die Vorstände veranlassen *müssen* nachzufragen.
(Das haben sie nicht getan. Immobilienvorstand Rieck machte die mangelhafte Vorstandsvorlage sogar noch zum Eilbeschluss.)

Für Wirtschaftsprüfer Hultsch war es abschließend erstaunlich, dass so ein Geschäft unter Kaufmännern zustande gekommen ist.

Parteigutachter Glüder:

Für Glüder waren alle Risiken und Chancen ausreichend beschrieben. Eine Vorstandsvorlage müsse für ihn vor allem die Eckdaten eines Geschäfts enthalten, sich am Ziel des beabsichtigten Geschäfts orientieren. Als Eckdaten der Vorstandsvorlage identifizierte Glüder: 1) um 128 Millionen Euro sollte das regulatorische Eigenkapital höher ausfallen, 2) als Gewinn werden etwa drei

Millionen Euro pro Jahr erwartet. Solche Eckdaten - bei einem 2,4 Milliarden-Geschäft - müssten dann die Ressortvorstände mit ihren Mitarbeitern im Sinne des Vorstands umsetzen. Wenn das nicht möglich sei, müssten die Vorstände informiert werden.

Bei Omega55 waren die in der Vorstandsvorlage formulierten Eckdaten „zugegebenermaßen breite", hatte Glüder erklärt. Es reiche aber aus, wenn in einer Vorstandsvorlage - wie bei Omega55 - stünde, dass die Marge die Kosten übersteige, die Kosten könnten zudem über die Kündigungsklausel in den Verträgen gesteuert werden. Und: Wenn Vorstände die Hauptbausteine eines Geschäftes kennen, wie im Fall der STCDO und Liquiditätsfazilitäten, müssten sie nicht extra beschrieben werden.

(Dass aufgrund der Kreislauf-Struktur von Omega55 die „schönende" Wirkung auf das Eigenkapital der HSH womöglich gar nicht eintreten konnte, also das Hauptziel von Omega55 von vornherein nicht zu erreichen war - diesen innewohnenden Widerspruch, den die Vorstandsvorlage nach Aussagen von Gerichtsgutachter Hultsch andeutete, klärte Parteigutachter Glüder nicht auf.)

Blog-Kommentar
9. Februar 2014 @ 22:05 von: Reinzeichner

Aus Ihren Protokollen liest sich immer deutlicher, dass die STCDOs wegen ihrer Intransparenz zur Falle für alle Beteiligten geworden sind. Die Vorstände haben sich in dem raffiniert gestrickten, engmaschigen Netz verfangen und sind nur den Pilotfischen, ihren Mitarbeiterinnen und Mitarbeitern, gefolgt. Typisch, dass sie den Köder vor Augen hatten, nicht aber das Fangnetz.
Der Köder hatte ganz verschiedenartige Attraktionen: Vermeidung einer Herabstufung im Risikomonitoring der Sparkassen-Sicherungseinrichtung, Reputationsgewinn (vielleicht auch Ratingsicherung) im Kapitalmarkt, Ertragsverbesserung 2007 durch Vermeidung von Wertberichtigungen bzw. Rückstellungen, Reputationsgewinn der Vorstände (als „Macher") im Hinblick auf Erfüllung strategischer Ziele, Erreichung persönlicher Ziele durch ertragsabhängige, höhere Bonuszahlungen (interessant hierzu die Vorstandsvergütung 2007 zu 2008 siehe Geschäftsbericht 2008 S. 203).
Gerade der letzte Punkt zeigt die eigentliche Schwäche im System. Wären die Vorstände freie Unternehmer gewesen, die mit ihrem persönlichen Vermögen haften, hätten sie sich aus Eigenschutz intensiv mit den Risiken befassen müssen, um nicht in die persönliche Pleite zu geraten.
Interessant Ihr Protokoll vom 6.12., in welchem Sie schreiben, dass der Bilanztrick bereits Mitte 2007 als Bilanzkosmetik eingestuft und die Idee nicht weiter verfolgt wurde. Den Risikomanager der Bank [...] trifft in dieser Hinsicht m.E. eine besondere Verantwortung. Und auch der Parteigutachter spiegelt die Systemschwäche, indem er die delegierte Risikobeurteilung für ausreichend hält.

Als gelegentlicher Prozessbeobachter kann ich mich über die hilflose formale Stocherei der Verteidiger bei der Vernehmung des Gutachters Hultsch nur wundern. Wie sie richtig schreiben, stoßen hier „zwei Welten" aufeinander. [...] Interessant finde ich den Aspekt, inwieweit die Strategie der Verteidiger heute bereits von Fragen zu zivilrechtlichen Schadensersatzforderungen an die Vorstände und gleichzeitig zu ihrer versicherungsrechtlichen Absicherung beeinflusst sein könnte.

Montag, 10. Februar 2014

Tag 42: Anwalt Nonnenmachers belastet Mitangeklagte

Rechtliche Diskurse bestimmten diesen Montag. Die Verteidiger verlasen Erklärungen zum Gutachten der Gerichtssachverständigen und stellten Beweisanträge. Die Verteidiger arbeiteten sich dabei - bis auf eine Ausnahme - besonders an formalen Aspekten des Gutachtens ab, setzten sich dagegen mit dem Inhalt kaum bis gar nicht auseinander. Dem Vorsitzenden Richter Tully fiel es schwer, „dieses Interesse zu verstehen". Ein Zeuge war für diesen Termin nicht geladen.

Formal-Kritik statt Inhalts-Diskussion

Zusammengefasst befanden die Anwälte Prinzenberg, Kury, Gatzweiler und Daum, dass Wirtschaftsprüfer Christoph Hultsch:

- nicht eigenverantwortlich und eigenständig sein Gutachten erstellt habe, weil er sich mit Kollegen austauschte,
  (Anwalt Gatzweiler ging soweit zu formulieren, dass der Eindruck entstand, Gutachter Hultsch hätte andere „gestaltend mitwirken" lassen, was Hultsch nach eigenen Angaben nicht getan hat)
- nicht zweifelsfrei sachkundig sei,
- er alle Entwurfsfassungen seines Gutachtens dem Gericht und damit den Verteidigern übersenden und
- den eMail-Verkehr mit seinen Kollegen offen legen soll.

Nach Gatzweilers „Einlassung" und seinem Vorwurf, der Gutachter hätte seinen Gutachtertext nicht allein und persönlich verfasst, meißelte der Vorsitzende Richter leise die Frage in den Raum: „Dann hätte der Gutachter im Zeugenstand lügen müssen, wenn er von Anderen Passagen geschrieben lassen hätte." Auf die darin steckende Frage an den Kölner Anwalt ging dieser nicht ein.

Zeitvertreib mit digitalem Kartenspielen

Während sich **Verteidiger Gatzweiler** für seinen Mandanten Rieck mit Erklärungen unter anderem zu den Aussagen des von ihm beauftragten Gutachters Dieter Glüder vor den Richtern ins Zeug legte, sah es so aus, als ob Peter Rieck - neben ihm sitzend - seelenruhig am Laptop das Kartenspiel „Patiencen legen" spielen würde. Wozu hat der einst mächtige Ex-Banker schließlich einen Anwalt, der für ihn kämpft? Es passte zu Riecks gesamten bisherigen Auftreten im Prozess. Er ist der einzige, der wirkt, als ginge ihn das alles nichts an; wie ein unbeteiligter Dritter kommt und geht er, bewegungslos sein

Gesicht, nichtssagend seine Körpersprache. Sein Ex-Kollege Visker dagegen sitzt mit gebeugtem Rücken da, schreibt vieles mit, hat Akten dabei, hört aufmerksam zu, kein Lächeln in den Pausen. Konzentriert.

Rätselhaftes Fazit der Verteidigerin Münchhalffen

Gatzweilers Kanzleikollegin **Gaby Münchhalffen, Verteidigerin** von Bernhard Visker, legte anschließend ebenfalls eine Erklärung ab, in der sie unter anderem wohl darauf abzielte, eine entscheidende Aussage des Gerichtssachverständigen Hultsch ins Leere laufen zu lassen. Sie zitierte dafür aus einem Brief der Bundesbank an das Gericht, den Richter Tully einige Tage zuvor vorgelesen hatte. Sinngemäßer Briefinhalt: Die Bundesbank habe die HSH nicht darauf hingewiesen, dass die Transaktion keine entlastende Wirkung habe; sie habe auch die Verbriefung in Teil-B zum 31.12.2007 nachträglich nicht versagt.

Fazit der Kölner Verteidigerin Münchhalffen aus diesen Zeilen der Bundesbank: Für den Vorstand folge hieraus, die erwünschte Entlastungswirkung beim Eigenkapital sei durch Omega55 erzielt worden.

Dieses Verteidigerinnenstatement verwundert, saß Frau Münchhalffen doch dabei, als die beiden Bankaufseherinnen Regina E. von der Bundesbank und Ruth B. von der BaFin das genaue Gegenteil aussagten, auch wenn selbst nachträglich keine offizielle Prüfung von Omega55 stattgefunden hatte. Beide, BaFin und Bundesbank, erhielten nach Aussagen der Zeuginnen Ruth B. und Regina A. erst Anfang 2008 Kenntnis von Teil-A, mit dem das Eigenkapital optimiert werden sollte. Kein Wunder also, dass die Aufsicht Ende 2007 nicht „hinweisen" oder „versagen" konnte. Kann deswegen die Schlussfolgerung gezogen werden - wie Anwältin Münchhalffen es tat - die Entlastungswirkung sei durch Omega55 erzielt worden?

Zumal **Regina E. von der Bundesbank** bei ihrer Vernehmung am 32. Verhandlungstag sagte: Sowohl zum 31.12.2007 als auch zum 31.03.2008 seien „die Eigenmittel der HSH wohl nicht korrekt berechnet worden".

Und **Ruth B. von der BaFin hatte** am 27. Verhandlungstag erklärt: Hätte die BaFin von Omega55 gewusst, hätte die HSH also *vollständig* und wie verlangt an sie berichtet, hätten sie „eine risikoentlastende Wirkung nicht akzeptiert".

Die Einschätzung der Bankenaufsicht stimmte also mit der Analyse des Gerichtsgutachters Hultsch überein, der in Omega55 ein Kreislaufgeschäft erkannte und eine Entlastungswirkung anzweifelte; er kam letztlich zum gleichen Ergebnis wie die BankenaufseherInnen. Dass das Verteidigerin Münchhalffen nicht gefallen mag, steht auf einem anderen Blatt.

Nonnenmacher angeblich nur Unterzeichner, kein Entscheider

Der **Verteidiger** von Dirk Jens Nonnenmacher, **Heinz Wagner**, versuchte sich an diesem Prozesstag als Einziger darin, sich inhaltlich mit den Gutachteraussagen zumindest ansatzweise auseinander zu setzen und darüber seinen Mandanten aus der Schusslinie zu ziehen. Wagner orientierte sich an dem, was Nonnenmacher selbst vor Gericht gesagt hatte. Generell müsse gelten, meinte Wagner, dass sein Mandant bei Abzeichnung von Omega55 weder das „Term Sheet" des Deals noch die Verträge vorliegen hatte, und deshalb die gezogenen Gutachter-Schlüsse nicht seinen Mandanten betreffen.

Rieck, Strauß, Friedrich - sind das die „bösen Buben"?

Außerdem sei Nonnenmacher nur „Transaktionsbeteiligter" gewesen und kein „Entscheidungsträger", weil nach den internen Richtlinien der HSH bei einem Eilbeschluss die Vorlage als genehmigt gelte, wenn schon zwei Vorstände unterschrieben haben. Nonnenmacher hatte als Vorletzter gezeichnet. Entscheidungsträger seien, so Anwalt Wagner, der Immobilien-, der Risiko- und der Kapitalmarktvorstand, - also Peter Rieck, Hartmut Strauß und Joachim Friedrich. Rieck hatte als erster Unterzeichner die Vorstandsvorlage zum Eilbeschluss erhoben. (siehe S. 37: „*Wer hat wann unterschrieben?*")

Wagner weiter: Nonnenmacher hatte volles Vertrauen in die Organisation, und diese habe Gerichtsgutachter Hultsch auch nicht in Frage gestellt.

Richter maßregelt Verteidiger Gatzweiler

Ein höflicher Ton herrschte an diesem 42. Verhandlungstag im Gerichtssaal. Die Verteidiger agierten vorsichtig und bewusst, vermieden offene Konflikte mit den Richtern. Verteidiger Gatzweiler musste sich allerdings von der Kammer belehren lassen. Es ging um die umfassende Akteneinsicht, die der Verteidiger dem von ihm beauftragten Sachverständigen Glüder noch vor Prozessauftakt zukommen ließ. Richter Tully dazu: „Das durften Sie nicht!"

Tag 42

War umfassende Akteneinsicht des Parteigutachters rechtswidrig?

Strafverteidiger Gatzweiler, immerhin Professor seines Fachs, konnte es nicht lassen, an diesem 42. Tag mindestens eine viertel Stunde lang in einer vierseitigen Erklärung darauf hinzuweisen, dass es rechtlich statthaft sei, dass ein Verteidiger einem Dritten, wie einem Experten, Einsicht in viele der für einen Prozess relevanten Akten gewährt. Das hatte er mit IKB-Vorstand Glüder so gehandhabt, als er ihn als Gutachter verpflichtete. Ihm hatte Gatzweiler im April 2012 diverse Unterlagen auf DVD gebrannt und zugeschickt, so hatte es Glüder im Zeugenstand erzählt. Eine Zustimmung der anderen Verfahrensbeteiligten hatte der Anwalt zuvor nicht eingeholt. Ich hatte mich über diese Vorgehensweise in meinem Bericht „*Zweifelhafte Akteneinsicht*" gewundert, weil die Akteneinsicht sehr weit zu gehen schien.

Was Postillen so alles schreiben

Schon einmal, am 39. Tag, hatte sich der erfahrene Strafverteidiger darüber sinngemäß mokiert, dass eine „Postille" schreibe, Parteigutachtern eine umfassende Akteneinsicht zu gewähren sei zweifelhaft. Mit Postille meinte Gatzweiler wohl mein Weblog. Um seine Ansicht zu belegen, listete der Verteidiger diverse Kommentarquellen auf. Damals hatte der Vorsitzende Richter noch abgewunken. Diesmal blieb Tully dran. Und sagte, dass er diese Gedanken zur Akteneinsicht gern erläutert hätte - und stellte dann klar: Die §§ 147 und 406e Strafprozessordnung regelten eindeutig die Akteneinsicht. Auch das Oberlandesgericht Frankfurt[87] habe sich dazu geäußert und geurteilt, dass das Verteidigerprivileg zur Akteneinsicht ein persönliches Recht und nicht übertragbar sei.

Tully: „Das dürfen Sie nicht!"

In leicht scharfem Ton erklärte Tully dann Gatzweiler: „Zur Weitergabe von Ermittlungsakten ist der Verteidiger nicht befugt. Auf die Frage, ob Sie ohne Mitwirkung von *mir* Akten hätten weitergeben dürfen, sage ich Ihnen: Das dürfen Sie nicht!"

Und das steht im § 147 StPO, Absatz 5:

> *„Über die Gewährung der Akteneinsicht entscheidet im vorbereitenden Verfahren und nach rechtskräftigem Abschluss des Verfahrens die Staatsanwaltschaft, im Übrigen der Vorsitzende des mit der Sache befassten Gerichts."*

---

87 OLG Frankfurt, Entscheidung vom 2.11.2012, AZ: 2 Ws 114/12

Welche Folgen das Verhalten des Verteidigers Gatzweilers hat, darauf ging die Strafkammer nicht ein. Auf jeden Fall ist es blamabel für einen erfahrenen Verteidiger, sich vor einem Strafgericht über die Berichterstattung in einem Weblog aufzuregen. Und es hinterlässt einen seltsamen Eindruck, eine so andere Auffassung der Rechtslage zu vertreten als das erkennende Gericht und die dazu wohl umfassende Akteneinsicht des eigenen Gutachters in einer extra verfassten „Klarstellung“ und erneut mit diversen Kommentarauszügen zu verteidigen.

In einer kurzen Diskussion über die von Gatzweiler diesmal genannten Fundstellen zur Frage, wie umfangreich eine Akteneinsicht eines Parteigutachters sein dürfe, sagte der Vorsitzende Richter zum Verteidiger: „Sie haben uns schon einmal Quellen genannt, die wir nachgeschlagen haben und die uns nicht weitergebracht haben.“

Nur Bruchteil der Akte übergeben

Verteidiger Gatzweiler hat wenige Wochen später, im März, in einer „Eidesstattlichen Versicherung“ erklärt, dass er 2012 nur etwa vier Ordner an den Sachverständigen Glüder weitergeleitet habe, also nur „einen Bruchteil der Gesamtakte“. Darin waren Akten enthalten, die der Verteidiger als „unbedingt notwendig“ für die Erstellung des von ihm in Auftrag gegebenen Gutachtens erachtete.

Wie es dazu kam, dazu später mehr.

Tag 42

Erste rechtliche Einschätzung: Reicht es, sich zu verlassen?

Das Gericht näherte sich langsam dem Wesentlichen. Worin könnte die Pflichtverletzung der Angeklagten liegen? Aus welchen Pflichtverstößen kann die Strafkammer den Tatbestand der schweren Untreue ableiten, den die Staatsanwaltschaft den sechs früheren HSH-Vorständen vorwirft? Auf diese entscheidenden Fragen gab die 8. Große Strafkammer am 42. Tag eine erste Andeutung. Verteidiger Otmar Kury (von Berger) hatte darum gebeten.

Die Berufsrichter Volker Bruns, Marc Tully, Malte Wellhausen (v.l.).

Grundlegend stellten sich für die Strafkammer um den Vorsitzenden Richter Tully unter anderem diese Fragen: Ergeben sich aus der Vorstandsvorlage, der Einschätzung der NPNM-Abteilung und der Risikoabteilung, also aus den Vorarbeiten der Mitarbeiter, hinreichende Anhaltspunkte für eine untreue-relevante Pflichtwidrigkeit - unter Beachtung der Sonderkenntnisse jedes einzelnen Angeklagten? Und: Wie muss eine Vorstandsvorlage aussehen als Basis für eine sorgfältig getroffene Entscheidung?

Vorstände müssen selbst aktiv werden

Kann die „blanke Mitteilung über eine Prüfung des Geschäfts" durch die Mitarbeiter der Risiko- und Rechtsabteilung wirklich eine hinreichend belastbare Quelle für einen Vorstand sein, um ein kompliziertes Finanzkonstrukt wie Omega55 zu genehmigen? Für den Vorsitzenden Richter und seine beisitzenden Kollegen scheint es nicht zu reichen.

Die entscheidende Frage sei, sagte Tully: Reiche es bei einem 2,4 Milliarden-Deal aus, dass in der Vorstandsvorlage steht, die Rechtsabteilung habe umfassend geprüft? Reicht also: Vera habe „vigerously" geprüft? Diesem Gedanken folgend fragten sich die Richter: Mit welcher Ausführlichkeit müssen sich Entscheidungsträger informieren lassen? Und in welchem Umfang hat sich ein Vorstand *selbst* einen „plausibilisierbaren Sachverhalt" zu erarbeiten, um seiner Pflicht als Vorstand und sorgfältigem Geschäftsleiter nachzukommen?

Der Strafkammer gehe es um die Anforderungen an eine Vorstandsvorlage, wenn das Geschäft einen bestimmten aufsichtsrechtlichen Charakter hat, hier eine Entlastung des Eigenkapitals um 128 Millionen Euro.

Richtschnur § 18 KWG Kredituntreue

Richter Tully belegte seine Gedanken mit den „kleineren Fischen" der Geldbranche. Es seien schon Bankleiter nach § 266 StGB in Verbindung mit § 18 Kreditwesengesetz (KWG) wegen Kredituntreue verurteilt worden, weil sie sich mit dem Kreditnehmer und seiner Zahlungsfähigkeit nicht hinreichend beschäftigt hatten.[88] Und an diesem Paragraphen, § 18 KWG, wollen sich die Richter bei ihrer Urteilsfindung orientieren, so Tully. Schon früher im Prozess hatte Tully gesagt, ihn treibe im Kontext der Kredituntreue um, wie scheinbar virtuelle Werte wie die Verbriefung in Teil-B, die STCDO, unter die Prüfpflichten für Kredite einzuordnen seien.

Mit dieser Einschätzung bog das Gericht auf die Zielgerade ein. Ursprünglich waren 44 Verhandlungstage angesetzt. Wir sind jetzt bei Tag 42.

---

88 Bundesgerichtshof, Urteil vom 15.11.2001, 1 StR 185/01

Montag, 17. Februar 2014

Tag 43: Zeuge der BNP Paribas - breite Brust und Erinnerungslücken

Zum ersten - und einzigen - Mal saß ein Mitarbeiter der BNP Paribas als Zeuge vor Gericht, also von der französischen Großbank, die der HSH Nordbank den Omega-Deal schmackhaft gemacht hatte.

Zweite Vorladung für den Zeugen

Der 49-jährige **Diplom-Kaufmann Alexander N.**, ein attraktiver, großer Mann, trat im Saal selbstsicher auf, lachte teilweise bei Fragen des Gerichts laut auf, was vor ihm noch keiner getan hatte. Es war der Zeuge, der wegen seines Umzugs der Vorladung des Gerichts im Januar nicht gefolgt war. Siehe Tag 34. Dieser forsche Banker aber konnte sich nur noch an wenige Details erinnern, wie das damals war, Ende 2007 mit der HSH Nordbank und dem Finanzdeal, den die BNP Paribas mit der norddeutschen Landesbank eingefädelt hatte - Omega55. Dabei erzählte der Zeuge, dass es wegen Omega55 hoch herging bei seinem Arbeitgeber.

Enge Kundenpflege mit der HSH

Alexander N. habe im Frühjahr 2007 bei der BNP Paribas als Managing Director angeheuert. Seine Aufgabe: Ansprechpartner für Großbanken zu sein, darunter die HSH Nordbank. Er war also zuständig für eine gute Beziehung zur HSH, ein so genannter „coverage banker". In dieser Funktion hielt er engen Kontakt zur HSH unter anderem zum damaligen Kapitalmarktvorstand **Joachim Friedrich** und dem Global Head der Financial Institutional Group der HSH in Kiel, wie er berichtete.

Zeuge und Vorstand privat verbunden

Den **Angeklagten Friedrich** kennt der Zeuge sogar persönlich, bestätigte er auf Nachfrage von Richter Bruns. Seine Frau sei eine alte Bekannte von Joachim Friedrich und ja, man habe sich ein paar Mal privat getroffen. Fachlich habe er mit Friedrich dabei nicht über Omega55 gesprochen, versicherte er. Er sei ohnehin erst spät eingebunden gewesen und hatte in die Hintergründe wenig Einblick. Diese beiden Aspekte betonte Alexander N. immer wieder während seiner zweistündigen Befragung.

Woran er sich bei Omega55 denn erinnere, begann Richter Bruns die Vernehmung.

Omega war sehr kompliziert

Omega55 sei eine mehrgleisige und sehr komplizierte Transaktion gewesen, meinte N. Einzelheiten wisse er nicht. Und ja, es habe Absicherungen gegeben, zum Beispiel über einen so genannten „non reliance letter". Das sei ein Dokument gewesen, mit dem Haftungsansprüche begrenzt oder ausgeschlossen werden.

(Im Fall der HSH bestand die BNP Paribas in diesem „non reliance letter" unter anderem darauf, dass die HSH der Bankenaufsicht spätestens bis zum 30.4.2008 das Omega-Geschäft meldete.)

Die Investmentbank wollte mit diesem Schreiben sicherstellen, dass Omega55 den regulatorischen Anforderungen entspreche, erzählte der Zeuge. Die BNPP habe das Dokument auch schon früh in den Verhandlungen ins Spiel gebracht; sie wollte damit Reputationsrisiken senken und sich vergewissern, dass das Produkt funktioniert und die HSH „alle Risiken gesehen" habe, so der Diplom-Kaufmann. Für ihn sei es das erste Mal gewesen, dass er so eine Vereinbarung gesehen hat.

Dieses Zusicherungsschreiben, das der Zeuge als „non reliance letter" bezeichnete, war in der HSH als „side letter" bekannt. Es war einer von mindestens zwei Zusatzverträgen, die die beiden Teilgeschäfte von Omega55 miteinander verknüpfte.

BNP Paribas schloss Haftung aus

Ob er mit dem Angeklagten Friedrich den „none reliance letter" erörtert habe, fragte Tully den Zeugen. Das könne sein, er schließe es nicht aus, antwortete Alexander N., denn das gehörte zu seinem Aufgabenprofil. Mit den regulatorischen Fragen zu Omega55 und dem Einbeziehen der Bankenaufsicht in den Deal beschäftigte sich dann auch noch kurz vor Vertragsabschluss - offenbar am 19.12.2007 - ein spezielles Gremium auf „höchstem Level" in der BNP Paribas. Richter Bruns hatte dem Zeugen als Beleg dafür ein Dokument gereicht und ihn gefragt, was das sei. Diese Bewertung sehe er zum ersten Mal, sagte Zeuge N. Er könne sich aber erinnern, dass es deswegen intern einen heftigen Dialog gegeben habe, mit wem er aber in der HSH darüber kommunizierte, und um was es genau ging, daran erinnere er sich nicht mehr.

(Ist das glaubhaft? Da bespricht Kundenbetreuer Alexander N. alle möglichen Dinge mit dem ihm privat bekannten Kapitalmarktvorstand Friedrich auch in Sachen HSH. Wenn aber intern die Hütte brennt bei der BNPP und unter anderem ein Dokument zum Reputationsschutz aufgesetzt wird wegen eines Geschäftes mit der HSH, da kann sich der selbstsichere Banker nicht mehr erinnern, mit wem er anschließend bei der Landesbank die brisanten Inhalte besprochen hat? Es waren vermutlich kontrovers geführte Gespräche und so etwas bleibt gewöhnlich haften. So wie dem BNP-Paribas-Banker ja offenbar auch haften geblieben ist, dass inhouse heftig über Omega55 diskutiert wurde, bis offenbar hoch zum Vorstandschef der französischen Bank. Außerdem war ihm auch haften geblieben, sich bei privaten Treffen nicht mit Friedrich über den Deal fachlich ausgetauscht zu haben.)

Teil-B als „Preis" für Teil-A

Warum die BNP Paribas mit der HSH nicht nur Teil-A abgeschlossen habe, wollte Richter Bruns weiter wissen, denn Ziel der HSH war ja, ihr Kapital von möglichen Kreditausfällen zu säubern. Teil-B war sicherlich der Preis für die Entlastung, die die HSH haben wollte, sagte Alexander N. Eine reine Verlustabsicherung wie in Teil-A sei ein sehr teures Geschäft. Mit Teil-B war es günstiger für die HSH.
(Allerdings nur auf dem Papier. Denn aus der Verbriefung in Teil-B erwuchs der HSH letztlich eine reale, vorübergehende Zahlung von 400 Millionen Euro an die BNP Paribas.)

Für die BNP Paribas aber schien Omega55 ein Bombengeschäft gewesen zu sein und die Beziehung zur HSH Nordbank sehr wertvoll. Aus der Kundenbeziehung ging „ein außergewöhnlich hoher Gewinnbetrag" hervor, sagte Zeuge N. auf Nachfrage von **Staatsanwalt Wegerich**.

Die HSH, eine „rich pipeline"

Allein Omega55 sollte der BNP zwanzig Millionen Euro jährlich einbringen. Staatsanwalt Wegerich hatte dem Banker zuvor eine eMail vorgelesen, in der Bankbetreuer Alexander N. die HSH und den Omega-Deal den eigenen Kollegen anpries:

> „... *it is a chance to make serious money and to unlock a rich pipeline* ..."
> (Es ist eine Chance, richtig Geld zu machen und eine gut gefüllte Pipeline anzuzapfen. eigene Übersetzung)

Und das tat die erfahrene Großbank dann auch.

Zeuge N. konnte als Zahlenmensch dem Gericht dagegen nicht sagen, ob er persönlich von dem Omega-Geschäft mit seinem guten Kunden HSH profitiert hatte. „Grundsätzlich habe ich profitiert, ja, in welchem Umfang aber - das müssen Sie meinen Chef fragen." So redete er sich mit einem Grinsen heraus.

Zeuge brüskiert Staatsanwalt

Eisig wurde es dagegen für einen kurzen Moment im Saal, als sich der Diplom-Kaufmann plötzlich an den ihm gegenüber sitzenden **Staatsanwalt We-**

gerich wandte. Ungefragt. Richter Bruns wollte gerade zu einer Frage anheben, die sich auf die Vernehmung des Zeugen durch die Staatsanwaltschaft bezog, da schoss aus dem Zeugen heraus: „An die staatsanwaltschaftliche Vernehmung erinnere ich mich nicht gern. Ihr Stil ist mir nicht in guter Erinnerung geblieben, Herr Wegerich!"

Bruns reagierte nüchtern: „Das ist hier nicht Gegenstand der Vernehmung." Und fragte weiter.

Die Verteidiger hielten sich mit Fragen zurück. Bis auf einen Anwalt hatte kein anderer Interesse.

Mittwoch, 19. Februar 2014

Tag 44: Gericht befragt erneut Parteigutachter

Fünf Tage haben die Richter den von ihnen bestellten Sachverständigen, den Wirtschaftsprüfer Christoph Hultsch, vernommen. Dem Parteigutachter von Verteidiger Gatzweiler will die 8. Große Strafkammer des Landgerichts wohl die gleiche Aufmerksamkeit schenken. Parteigutachter Glüder war am 44. Tag zum dritten Mal geladen. Einen vierten Befragungstermin hat das Gericht ebenfalls schon anberaumt. Bis zu diesem müssen sich Staatsanwaltschaft und Verteidigung mit ihren Fragen gedulden. Grundlegend Neues soll die Befragung an diesem Tag nicht ergeben haben, so Prozessbeobachter. Ich selbst konnte nicht zuhören.

Blog-Kommentare

20. Februar 2014 @ 15:56 von: Reinzeichner

Schade, dass Sie nicht dabei waren.
Die Anhörung von Dr. Glüder diente ja der weiteren Beantwortung von Fragen des Gerichts, im Wesentlichen von Richter Bruns - von den Verteidigern hörte man wenig. Vieles von dem, was Sie geschrieben haben wurde vertieft und bestätigt.

Was habe ich aus der Anhörung mitgenommen? (ich habe Dr. Glüder erstmalig gehört)
1. Der Gutachter ist amtierender Vorstand der IKB (Risikocontrolling, Finanzen und Steuern). Er argumentiert sehr sicher und selbstbewusst und er lebt in seiner professionellen Auffassung sicherlich genau den Standpunkt, den er auch in seinem Gutachten vertritt: Die Vorstandsvorlage zu Omega-55 ist zur Beurteilung des Kreditrisikos ausreichend, der Gesamtvorstand kann sich auf die von den Fachabteilungen vorgenommenen Prüfungen verlassen. Die Ressortvorstände tragen die vorrangige Verantwortung und sind zuständig für die anschließende Umsetzung.

2. Mit Teil A als Dokumenten Standard wurde das Ziel der Eigenkapitalentlastung erreicht. Der Vorstand konnte die Chancen und Risiken umfassend abschätzen und abwägen. Teil B konnte bis zum Closing am 21.12.2007 nicht fertiggestellt werden und wäre hinsichtlich der Prüfung auch sehr kostenträchtig und schwerer zu beurteilen. Einer Abschätzung der Risiken zukünftiger Perioden bedurfte es zu diesem Zeitpunkt jedoch auch noch nicht.

3. Mit den im STCDO von Omega 55 hereingenommenen Kreditrisiken sei die HSH Nordbank besser gefahren als andere Banken. Diese CDO habe sich im Verlauf der Finanzkrise als „robuster“ erwiesen als andere im Kapitalmarkt. Man dürfe nicht vergessen, dass im Oktober 2008 mit der Lehmann-Pleite eine dauerhafte Wertberichtigung von 250 Millionen € vorgenommen wurde und man sich damit einer Problematik stellte, die schließlich ja alle Banken betraf.

4. Wie Sie protokolliert haben, vertritt Dr. Glüder einen ganz anderen Standpunkt als der Wirtschaftsprüfer Hultsch. Ich vermute, Dr. Glüder sieht seine Sichtweise als operativ ausgerichtet und pragmatisch an, eben unternehmerisch. Es ist gut zu verstehen, dass sich dies mit der Sichtweise der angeklagten Vorstände deckt, die vor diesem Hintergrund die Anklage ja auch als „absurd" bezeichnet haben.

Leider habe ich die Beantwortung der spannenden Frage des Richters Bruns, wo Dr. Glüder die Grenze der Verantwortung zwischen Gesamtvorstand und Ressortvorstand zieht, nicht mehr mitbekommen. Dies ist doch die entscheidende Frage, ob sich der Gesamtvorstand hinter den Voten der Fachabteilungen und eines Ressortvorstands „verstecken" kann.

21. Februar 2014 @ 10:11 von: Dani

Vielen Dank für Ihre Infos.
Es ist in der Tat sehr spannend, dass der IKB-Vorstand offenbar meint, ein Vorstand könne sich bei einem Milliarden-Geschäft auf die zuständigen Ressortvorstände verlassen, er delegiert also seine Verantwortung an sie. Die MaRisk und das KWG sehen so eine Delegation erst einmal nicht vor.

24. Februar 2014 @ 17:36 von: Reinzeichner

Ihre Antwort hat mich animiert, noch einmal Ihre Link-Sammlung in Ihrer „Postille" durchzustöbern. Ich finde, man muss das Interview mit Werner Marnette, dem SH-Wirtschaftsminister von 2009, noch einmal lesen, um das Klima zu verstehen, in dem die Entscheidungen getroffen wurden, deretwegen der Vorstand heute vor Gericht steht. Da fällt einem nur Inkompetenz, Ignoranz und Arroganz auf allen Seiten ein. Das alles vor dem Hintergrund eines offensichtlich gigantischen Drucks zwischen unerfüllbaren politischen Erwartungen und riesenhaften Abschreibungen auf die eingekauften Kreditderivate.
[...] Lässt man nur einmal den ganzen juristischen Schnickschnack weg und führt sich vor Augen, wie fehlerhafte unternehmerische Entscheidungen in Personengesellschaften zum Vermögensverlust führen können und zwar unabhängig davon, wer die direkte Verantwortung für die Fehlentscheidung hatte. Hier kann sich keiner hinter dem anderen verstecken, sie haften solidarisch. Dieses Prinzip führt dazu, dass jeder einzelne Gesellschafter für sich das Risiko und das Risikomanagement bewerten muss, um nicht selbst unterzugehen.
[...] Ich habe bisher nicht gehört, dass ein Vorstand seinerzeit Kenntnis genommen hatte von der permanenten Überlastungssituation in seinen Backoffices, die zur Vorsicht allen Anlass gab und auch nicht von vorstandsinternen Risikoüberlegungen und -berechnungen. Mit Eigenhaftung – siehe oben – wäre das anders gelaufen.
Aus diesem Grunde ist die Grenzziehung der Verantwortung zwischen Gesamtvorstand, einzelnen Vorstandsmitgliedern und Ressortvorstand systematisch sehr problematisch. Ist nicht sogar das Gericht damit überfordert? An eine gesetzliche Einbeziehung „solidarischer Verantwortungsübernahme" müsste der Gesetzgeber wohl noch einmal ran.

Montag, 24. Februar 2014

Tag 45: Mitarbeiter der Rechtsabteilung erinnern sich nicht

Fassungslos werden die Richter diesen Tag beenden. Geladen waren dieses Mal vier Juristen der Rechtsabteilung der HSH Nordbank. Rechtsabteilungen spielen in Banken eine entscheidende Rolle. Sie prüfen bei großen Finanzgeschäften, ob sie die Anforderungen des Aufsichtsrechts und anderer Rechtsgebiete erfüllen, bereiten Verträge vor und zeichnen sie gegen. Und so kommt auch bei Omega55 der Rechtsabteilung eine besondere Bedeutung zu.

In der Vorstandsvorlage zu Omega55 stand jedenfalls schwarz auf weiß in Englisch: „Die Struktur ist durch die Rechts- und Compliance-Abteilung genauestens geprüft und letztlich genehmigt worden.“ Nach Aussagen der für Omega zuständigen Juristin Vera S. und ihres Mitarbeiters Sascha E. war das aber gar nicht so. Sie hatten sich zwar Teil-A angesehen, aber nicht Omega55 als Ganzes beurteilt und schon gar nicht „genauestens geprüft“ oder etwa „genehmigt“, wie es dann zu lesen war. (siehe Tag 16, S. 96: „*Lüge oder Lücke*“)

Und doch stand dieser Satz in der Vorstandsvorlage, die die Vorstände genehmigten, worüber sich Vera S., als sie es erfuhr, mächtig geärgert habe, so ihre Aussage vor Gericht. Weil die Verteidiger der Juristin nicht glaubten, hatte einer das Gericht in einem Beweisantrag darum gebeten, weitere Mitarbeiter aus der HSH-Rechtsabteilung zu befragen. Es sollte eine verstörende Befragung werden.

Chef erinnert sich nicht ...

Erster Zeuge war der Abteilungsleiter für Kapitalmarktrecht zu dieser Zeit, der **Jurist Heiko L.**, 57 Jahre alt, seit 2013 im Vorruhestand. Er berichtete, dass Vera S. intensiv mit Omega55 befasst gewesen war - aufsichtsrechtlich -, sie unter Druck mit der Transaktion stand und es „nicht einfach war mit London“. Mit „London“ meint Heiko L. die bei Omega55 federführenden Kollegen in der dortigen Niederlassung.

Als erster erhielt **Verteidiger Prinzenberg** das Wort für seinen Mandanten Joachim Friedrich, Ex-Kapitalmarktvorstand. Was Prinzenberg aber auch in seiner direkten Art fragte, er erhielt ziemlich oft die Antwort: „Daran erinnere ich mich nicht.“ Selbst auf die Kernfrage, ob Heiko L. als Abteilungsleiter sich selbst mit Omega55 beschäftigt habe, kam das „Ich erinnere mich nicht.“ Der Anwalt gab frustriert auf. Seinen Kollegen ging es nicht anders. Die Stimmung im Gerichtssaal lud sich langsam auf, wurde gereizt. Nur an eines erinnerte sich der Zeuge sicher, dass für ihn bei Omega55 der Teil-A relevant war, Teil-B dagegen hatte er „nicht vor Augen". Und: Dass Vera S. eine fachlich exzellente Kollegin sei. Dennoch verließ Vera S. die HSH Nordbank 2009 per Aufhebungsvertrag. Die Bank hatte ihr das nahegelegt, wegen ihrer Rolle bei Omega55.

Die Unterschriften unter der „Legal Opinion"

Die Verteidiger beschäftigten sich in ihrer Befragung vor allem mit der so genannten „Legal Opinion", die es in zwei Formen gibt und die im Fall der HSH auf sieben weitere Verträge verwies.[89] Legal Opinions gibt es zum einen als „Capacity Opinion" und als „Enforceability Opinion". Im Fall von Omega war es wohl eine „Capacity Opinion", die die Rechtsabteilung unterschrieben hatte. Darunter verstehen Juristen offenbar einen Standardvertrag, in dem die unterzeichnende Bank, hier die HSH, der Gegenpartei zusichert, dass sie zum Beispiel eine Aktiengesellschaft ist und wer im Außenverhältnis Verträge unterschreiben darf.

Heiko L. meinte, er müsse wohl an der „Legal Opinion" mitgewirkt haben, aber ... wirklich ... er erinnere sich nicht.

... sein Kollege aber schon, ein bisschen

Dafür erinnerte sich der zweite Zeuge, **Dr. Matthias E.**, ebenfalls **Jurist** in der Abteilung **Kapitalmarktrecht**, an die so genannte „Legal Opinion". Mit so einem Schriftstück sei er bei Omega55 erstmals konfrontiert worden, und zwar am Abend des 21. Dezember 2007, dem Freitag vor Weihnachten. (An diesem Tag hatten die Vorstände das Finanzgeschäft bereits unterschrieben.) Es habe ihn der in London arbeitende Anwaltskollege Michael M. angerufen (Zeuge sechs). Dieser hatte sicherzustellen, dass die Verträge von Omega55 mit englischem Recht übereinstimmten. Michael M. bat Matthias E. freiheraus und eindringlich, diese „Legal Opinion" abzugeben. Das hatte der aber noch nie getan und deshalb rief er seinen Vorgesetzten Heiko L. an und schilderte ihm die Situation. Dieser erklärte ihm, wo er im Computer-System der HSH ein Muster so eines Dokumentes finden würde, und das sollte er ihm nach Hause schicken - per eMail. Heiko L. bearbeitete das Muster dann zuhause und sandte die für Omega55 angepasste Version an Matthias E. zurück, an Vera S. und Michael M., so erzählte es der Zeuge.

Ob er aber schließlich das Dokument unterschrieben hatte, wusste er nicht mehr. (Er hat es nicht unterschrieben, wie eine eMail ergab, aus der später Verteidigerin Münchhalffen zitierte.)

89 vergleiche auch Urteil LG Hamburg, vom 9.7.2014, S. 136

Der Zeuge fühlte sich jedenfalls überrumpelt von dem Kollegen aus London, weil er sonst nichts mit Omega55 zu tun gehabt hatte und weil auch noch soviel zu tun war an diesem letzten Banktag vor Weihnachten.

Wenig Klares

Elke G., 52, ging es genauso wie ihrem Kollegen. Sie war als dritte Zeugin an diesem Tag geladen. Die **Juristin** aber war nun offenbar diejenige, die die „Legal Opinion" unterschrieben hatte, obwohl auch sie nicht mit Omega55 betraut war. Die Zeugin entschuldigte sich fast vor den Richtern. Gern würde sie dazu Klares sagen, aber sie könne es nicht.

Der vierte und letzte Zeuge des Tages, **Michael G., 43**, wusste auch nicht mehr zu berichten, wie denn seine Unterschrift vor sieben Jahren unter dieses rechtliche Dokument gekommen war. Der **Jurist** hatte, es erstaunt fast nicht mehr, auch nichts mit der rechtlichen Prüfung von Omega55 zu tun.

Ein fassungsloser Richter

Den Vorsitzenden Richter Tully ließen die Worte der vier gehörten Zeugen „so ein bisschen fassungslos zurück". Ihn beschäftigte, mit welcher scheinbaren Leichtfertigkeit schriftliche Erklärungen abgegeben werden, die keine unerhebliche Bedeutung für den Abschluss des Geschäftes hatten. Tully würde immer alles nochmal prüfen vor einer Unterschrift. Mit der „Legal Opinion" gingen immerhin noch sieben (!) Verträge einher, die sich offenbar keiner der geladenen Zeugen überhaupt beziehungsweise noch einmal angesehen hatte. Zumindest erinnerte sich keiner daran - sieben Jahre später.

Am Ende des Tages kündigte der Anwalt von Hans **Berger** an, sein Mandant wolle sich demnächst noch einmal persönlich an das Gericht wenden. Und Dirk Jens **Nonnenmacher** möchte im März eine ergänzende Erklärung verlesen, so sein Anwalt. Berger und Nonnenmacher hatten vor Gericht bereits längere Erklärungen verlesen.

Blog-Kommentar

1. März 2014 @ 10:52 von: Peter

Gut das versucht wird, diese Geschäfte der HSH Nordbank zu klären. Gäbe es die Gewaltenteilung nicht, so würden die 6 Herren es bestimmt bald einstellen lassen. Ich bin froh, dass das nicht mehr geht. Sie schweigen und schweigen bis sie sich gegenseitig belasten. Es kommt nicht so richtig etwas heraus. Nur ganz mühsam.

Das Szenario erinnert mich an meine alte Firma. Im 1. Stock die Kaufleute, im Parterre die Technik. Die Kaufleute beschließen etwas (ein neues Produkt). Die Technik sagt, das ginge gar nicht, bringe nur Nachteile, funktioniere überhaupt nicht. Die Kaufleute beharren aber und fangen an zu appellieren. An die Fähigkeiten, an den Stolz usw. Spielen Einzelne gegeneinander aus, sie drohen, entlassen und zwingen andere in der Technik, das zu tun was sie wollen, was aber nicht funktionieren kann.

Wenn am Ende alles den Bach hinuntergegangen ist, zeigen sie auf die Technik auf die Versager. (hier auf die Fachleute für Bankenrecht)

In eigener Sache, 25. Februar 2014

Zwei Verteidiger mahnen mich ab

Am Montag, dem 24. Februar, erhielt ich von zwei Strafverteidiger des Verfahrens Post, von **Norbert Gatzweiler** und **Gaby Münchhalffen**. Sie wollten mich wegen Verletzung ihrer Persönlichkeitsrechte mit Unterlassungen in Anspruch nehmen. Frist: ein Tag. Gesamtstreitwert: 100.000 Euro.

In den beanstandeten Blogeinträgen nahm ich nach Durchsicht kleine Änderungen vor, um eine Klarstellung zu erzeugen, ohne aber die Berichte zu verzerren. Abgemahnt haben Gatzweiler und Münchhalffen meine Berichte vom 42. Verhandlungstag: „*War umfassende Akteneinsicht des Parteigutachters rechtswidrig?*“ und „*Anwalt Nonnenmachers belastet Mitangeklagte.*“

Ich ließ die Abmahnungen rechtlich prüfen und sah bei Gaby Münchhalffen keinen Handlungsbedarf. Gemäß ihrer Abmahnung sollte ich es unterlassen, öffentlich zugänglich zu machen, dass:

> „die beiden Bankaufseherinnen, Regina E. von der Bundesbank und Ruth B. von der Bundesanstalt für Finanzdienstleistungsaufsicht BaFin genau das Gegenteil aussagten“ von dem, was Frau Münchhalffen geschlussfolgert hatte;
>
> dass Regina E. von der Bundesbank bei ihrer Vernehmung am 32. Verhandlungstag sagte: „Sowohl zum 31.12.2007 als auch zum 31.03.2008 sind die 'Eigenmittel der HSH wohl nicht korrekt berechnet worden'“;
>
> außerdem: „Ruth B. sagte im November vor Gericht: Hätte die BaFin von Omega55 gewusst, hätte die HSH also vollständig an die BaFin wie verlangt berichtet, hätten wir 'eine risikoentlastende Wirkung nicht akzeptiert'“.

Im Fall von Norbert Gatzweiler war die Sachlage diffiziler und, wie sich herausstellen sollte, zog sie ein Verfahren vor einem Pressegericht nach sich.

Blog-Kommentar
27. Februar 2014 @ 16:32 von: Reinzeichner
Ihr blog erfüllt die ganz wichtige Funktion der Neuen Medien: die Herstellung einer echten Öffentlichkeit in einem wegweisenden Prozess. An diese Form der Transparenz wird sich auch der etablierte Gerichtsbetrieb gewöhnen müssen. Vgl. auch den NSU-Prozess-Blog

Mittwoch, 26. Februar 2014

Tag 46: Heiterkeit mit dem Mathematik-Professor

Erstmals herrschte eine lockere, geradezu heitere Atmosphäre im Plenarsaal des Landgerichts Hamburg. Ausgerechnet ein Mathematiker erzeugte diese Abwechslung. Geladen war der zweite vom Gericht bestellte Sachverständige **Prof. Martin Hellmich**, der an der **Frankfurt School of Finance** lehrt.

Hellmich ist als Mathematiker unter anderem Fachmann für die Bewertung von Verbriefungen. Das Gericht wollte von ihm eine Werteinschätzung der im B-Teil steckenden komplexen Verbriefung erfahren, der STCDO. Die Staatsanwaltschaft wirft den Vorständen vor, dass die Verbriefung in Teil-B zum Zeitpunkt des Vertragsbeginns am 24.1.2008 - und eigentlich auch schon bei der Genehmigung am 20.12.2007 an Wert verloren hatte, ein Vermögensschaden also eingetreten war, den die Vorstände billigend in Kauf nahmen. Ohne Vermögensnachteil keine Untreue, so sieht es § 266 Strafgesetzbuch vor.

Heiterkeit trotz Sprengkraft

Martin Hellmich[90] passte so gar nicht in das Stereotyp vom Bild des „typischen" Mathematikers, der im stillen Kämmerlein hockt und nur unter seinesgleichen auftaut und nur dann einen geraden Satz herausbringt. Hellmich, mittelgroß, jugendlich, betrat schon den Gerichtssaal mit einem Lächeln und in jedem Satz machte er deutlich: Er redet gern vor anderen, ohne dabei besserwisserisch zu wirken.

Dabei könnten seine Einschätzungen für die Angeklagten eine hohe Sprengkraft haben - aber auch für die Staatsanwaltschaft. Zuerst aber musste auch Martin Hellmich seinen beruflichen Werdegang vorstellen.

Der Gutachter und seine Vergangenheit

Prof. Martin Hellmich studierte und promovierte an der Universität Ulm, deshalb kennt er auch den Angeklagten Nonnenmacher. Dieser habilitierte in Ulm zu dieser Zeit, vielleicht hat Hellmich sogar bei ihm Seminare belegt. Hellmich hat lange für Banken gearbeitet, darunter die LBBW, Barcleys Capital und die DekaBank. (Die Deka Bank wird von den öffentlich-rechtlich organisierten Sparkassen und den Landesbanken getragen). Er hat komplexe Finanzpapiere wie Credit Default Swaps strukturiert, bewertet, gehandelt. Seit 2011 ist er or-

90 Foto: Frankfurt School of Finance

dentlicher Professor in Frankfurt, dazu Geschäftsführer einer Firma, die komplexe Finanzprodukte strukturiert und bewertet - unter anderem für eine der beiden deutschen Abwicklungsanstalten. (Ob für die FMS-Wertmanagement in München oder die Erste Abwicklungsanstalt in Düsseldorf verriet er nicht.)

Wirklich unparteilich? Die übersichtliche Welt der Banker

Eine Facette von Martin Hellmichs Bankvergangenheit kam vor Gericht allerdings nicht zur Sprache.

Hellmich hat, als er sich im Vorfeld der Finanzkrise komplexe Anlagepapiere ausdachte, ebenfalls mit einem Ex-HSH-Vorstand zusammen gearbeitet - mit **Franz Waas**. Waas war bis Ende 2005 **Kapitalmarktvorstand bei der HSH**. Er wechselte 2006 von der Landesbank zur DekaBank, der Fondsdienstleisterin des Sparkassenverbundes. Medienberichten[91] zufolge soll Waas als Deka-Vorstandschef auch den Mathematiker Martin Hellmich mit dessen Team von der Investmentbank Barcleys abgeworben haben, um das Geschäft mit strukturierten Papieren auszubauen, also den Papieren, die sich letztlich als katastrophale Blendwerke entpuppten - auch in Deutschland.

Nach Ausbruch der Finanzkrise 2008 musste die DekaBank mehr als eine Milliarde Euro gerade auf solche strukturierten Finanzprodukte abschreiben.

Waas wurde im April 2012 als Deka-Chef gekündigt. Hellmich sprang vorher ab und heuerte 2009 bei einem Broker in London an.

Gericht setzt erstmals Projektor ein

Erstmals stellte die Strafkammer dem Gutachter ein Hilfsmittel zur Seite - einen Projektor, den Hellmich an seinen Laptop anschloss, vermutlich so wie in der Uni in der Vorlesung. Dadurch konnte nicht nur das Gericht und die Angeklagten dem Vortrag des Sachverständigen anders folgen als bisher. Vor allem das Publikum im Saal hatte durch den Projektor erstmals Einblick in ein Schriftstück, das vor Gericht große Bedeutung hat. Auch ich konnte dadurch der mathematischen Materie weitaus besser folgen, als wenn Gutachter Hellmich einfach nur so erzählt hätte, wie die beiden Sachverständigen Hultsch und Glüder vor ihm. Großartig! Denn nur die Prozessbeteiligten erhalten eine Schriftfassungen der Gutachten, Journalisten nicht, auch nicht auf Nachfrage.

Bewertungsmodell soll Vermögensschaden beziffern

Was Prof. Martin Hellmich vortrug, war aber erst einmal die Einführung in die mathematische Bewertungsmethodik einer STCDO, einer Single Tranche Collateralized Debt Obligation. Den tatsächlichen Vermögenswert der Verbrie-

91 Manager Magazin, 6.10.2008, URL: http://www.manager-magazin.de/magazin/artikel/a-573704.html, Stand: 1.4.2015

fung in Teil-B von Omega55 berechne er erst noch, sagte er. Die Strafkammer hatte Hellmich erst im Januar/Februar dieses Jahres beauftragt und das war zu knapp. Hellmich berichtete zunächst kurz, dass er sich durch das umfangreiche Vertragswerk zu Omega teilweise gelesen und ein Referenzportfolio für Teil-B zusammengestellt habe. Seiner Einschätzung nach habe es 2007 deutlich komplexere Finanzpapiere gegeben als diesen Omega-STCDO, und dass 2007 der Markt dafür (für STCDOs) sehr aktiv gewesen sei, heute aber ausgetrocknet.

Der intellektuelle Hürdenlauf

Nach weiteren, allgemeinen Fragen des Gerichts - und auch der Verteidiger - ging Gutachter Hellmich schließlich zur mathematischen Methodik über. Er sprach über die Verlustverteilung in Kreditportfolien, von „default leg", von Ausfallkurven, Modellierungen und Simulationen, von Korrelationen, Spreads, Ausfallwahrscheinlichkeiten, Basispunkten, Barwerten und recover rates ... Er entwickelte darüber von Seite zu Seite die mathematische Formel, die er zur Bewertung des Omega-STCDO heranziehen wird.

Immer, wenn er einen neuen Aspekt einführte, kündigte er das mit dem kleinen Satz an: „Jetzt kommt die nächste intellektuelle Hürde." Dabei lächelte der 44-jährige spitzbübisch. Er schien Freude an dem Wissen zu haben, dass kaum jemand im Gerichtssaal ihm bis ins Kleinste folgen konnte. Ich jedenfalls konnte es nicht. Hellmich ist es sichtlich gewöhnt, dass er mit großen Augen angesehen wird, sobald er fachlich wird.

Die nobelpreis-gekrönte Formel der Finanzkrise

Die Methodik-Einführung endete schließlich in der so genannten „gaussian-copula-function". Dieses Bewertungsmodell hat der Chinese David X. Li entwickelt; er erhielt dafür den Nobelpreis. Mit Hilfe von Lis Modell berechneten ab etwa dem Jahr 2000 im Grunde alle Banken und Analysten die Wahrscheinlichkeiten, wann Kredite in einem gemeinsamen Portfolio ausfallen *könnten.* Dadurch wurde der Vermögenswert einer Verbriefung festgelegt, also letztlich der Preis für diese Wertpapiere.

Dieses Gauss-Copula-Modell wird mitverantwortlich für die seit 2007 grassierende Finanz- und Bankenkrise gemacht. Siehe auch den Bericht von Felix Salmon: „Recipe for Disaster: The Formula That Killed Wall Street", erschienen 2009 im Wired Magazine.[92]

---

92 Siehe URL: http://archive.wired.com/techbiz/it/magazine/17-03/wp_quant?currentPage=all, Stand: 25.3.2015

Was zum Teufel sind „corporates“?

Am Ende dieser Mathematikvorlesung fragte das Gericht den Gutachter, ob er unter dem Begriff „corporates“ auch Banken verstehen würde?

(Diese Frage erscheint den Richtern wichtig, weil in der Vorstandsvorlage steht, dass die verbriefte Struktur aus einem Paket von „corporate and governmental entities“ bestand. „Corporate“ steht im gewöhnlichen Sprachgebrauch für Unternehmen, nicht für Banken. Die laufen unter „financials“. Gewöhnlicher Sprachgebrauch und Bankenvokabular sind aber zwei Paar Schuhe.)

Martin Hellmich gab schließlich zwei Antworten: Für ihn persönlich seien „corporates“ und „financials“ anders zu betrachten. Viele aber nehmen „corporates“ und „financials“ als eine „Rubrik“ wahr und machten keine Unterscheidung, so Hellmich.

(Die Zeugen aus der HSH Nordbank hatten ebenfalls Unterschiedliches ausgesagt. Für den ersten Zeugen im Verfahren **Marc S.** beinhaltete der Begriff „corporates“ immer auch „financials“. Wenn in einem Finanzprodukt wie dem STCDO in Teil-B also von „corporates“ die Rede war, waren automatisch „financials“ mit gemeint. Die Angeklagten pochen dagegen unisono darauf: unter „corporates“ wurden *nur* Anleihen und Kredite von *Unternehmen* verstanden, auf keinen Fall von Banken. In der komplexen Verbriefung waren aber doch Kredite und Anleihen von Banken enthalten, mehr als fünf, von denen einige 2008 verlustreich für die HSH ausfielen.)

Der Vorsitzende Richter Tully fragte dann noch allgemein, ob STCDOs im Jahr 2007 *immer* „financials“, also Bankkredite oder -anleihen, enthalten hätten? Hellmich meinte, er habe noch kein STCDO ohne Banktitel gesehen. Man hätte solche Verbriefungen aber auch auflegen können.

Daraufhin wandte sich **Staatsanwalt Fink** an den Gutachter. Ob er daraus schließen dürfe, wenn jemand 2007 eine Single Tranche Collateralized Debt Obligation kaufte, dann seien da immer „financials“ drin gewesen? Ja, meinte Gutachter Hellmich, aber das wisse nur derjenige, der den CDO-Markt kenne. Sonst lasse sich nicht automatisch darauf schließen.

Das Gericht bat schließlich Hellmich, den Vermögenswert der STCDO in Teil-B einmal ohne „financials“ zu berechnen und einmal mit.

Was das Gericht nicht wissen wollte

Zu einem wichtigen Gesichtspunkt befragte das Gericht den Mathematiker allerdings nicht: Ob er aufgrund seiner langjährigen Erfahrung finde, dass in einer Bank ein Risikomanagementsystem als ordnungsgemäß angesehen werden könne, das nicht in der Lage ist, den Vermögenswert einer Verbriefung in der eigenen Dokumentation nachzuschlagen, anstatt jetzt, fast sieben Jahre später, so einen Wert über eine komplizierte Formel auszurechnen?

Die HSH war nämlich offensichtlich nicht in der Lage, den Wert der Verbriefung 2007/8 dem Gericht zu nennen. Dennoch haben die Vorstände damals das Geschäft genehmigt.

Die Verteidiger hielten sich an diesem 46. Verhandlungstag auffallend zurück. Bis auf eine kleine, explosive Rangelei zwischen Verteidiger Kury und Staatsanwalt Wegerich, bei dem Kury den Saal kurzzeitig aufgebracht verließ, verlief dieser Tag geradezu harmonisch.

Blog-Kommentar
17. März 2014 @ 22:43 von: bescheidwisser

Mir ist ehrlich gesagt, der Sinn dieses Vortrags nicht ganz klar geworden: Wollte Herr Prof. Hellmich dem Gericht verständlich machen, wie man CDOs bewertet? Ich kann mir vorstellen, dass dafür ein Vortrag kaum ausreichen kann. Oder sollten die Schwachpunkte der Art und Weise, wie man Ende 2007 in der Bewertung mit diesen Produkten verfahren ist, ausgeleuchtet werden?
Ich würde auch vermuten, dass der Professor nicht unbedingt im Lager der Kritiker dieser Produkte und deren Bewertungsmethoden angesiedelt war und ist.

Ich vermute, dass ein Teil der Herren im Vorstand der HSH soweit ausreichend mit den Produkten und deren Schwachstellen vertraut war, dass sie auch den Sinn oder Unsinn der marktüblichen Bewertungsmethode mit Verwendung der Gauss-Copula-Funktion zur Modellierung von Ausfallkorrelationen einschätzen konnten (hat die HSH damals diese Methode verwendet ?).

Ich finde es bezeichnet, was Paul Wilmott über diese Methode geschrieben hat:

> *[...] Where do I begin criticizing this model? Let's say that just about everything in this model is stupid and dangerous. The model does not capture the true nature of the interaction between underlyings, correlation never does, and then making such an enormously simplifying assumption about correlation is just bizarre…"*
>
> (aus: „Where Quants Go Wrong: A dozen basic lessons in commonsense for quants and risk managers and the traders who rely on them", 25.3.2009)[93]

---

93 URL: http://onlinelibrary.wiley.com/doi/10.1002/wilj.1/abstract, Stand: 25.3.2015

Tag 46

Tully: Gesamtbankvorstand trägt Verantwortung

An den Ende dieses lehrreichen und als fröhlich zu bezeichnenden Tages setzte der **Vorsitzende Richter Tully** einen kräftigen Paukenschlag. In seiner vorsichtigen Art hatte sich Nonnenmachers Verteidiger, **Heinz Wagner**, an das Gericht gewandt und angefragt, ob es sich schon Gedanken gemacht habe, wovon die Kammer bei ihrer Bewertung der Verantwortlichkeiten zu Omega55 ausgehen wolle? Von einem Eilbeschluss oder Gesamtbeschluss oder der Verantwortung des Gesamtvorstandes ...? Diese Bitte hatte Wagner bereits am 43. Tag vorgetragen und jetzt wiederholt.

Marc Tully wich der Bitte dieses Mal nicht aus, was er freilich hätte tun können. Noch habe er sich nicht mit seinen „Beisitzern" beraten, also den beiden anderen Berufsrichtern Bruns und Wellhausen, erklärte Tully, dafür aber mit einigen anderen Berufsrichtern. Und deshalb könne er nur eine *sehr* vorläufige Antwort geben, nämlich nur eine Antwort aus *seiner* Sicht, nicht aus Sicht des Gesamtgerichts, zu denen neben den beisitzenden Berufsrichtern auch die beiden Schöffen gehören.

Und so hob er an: Ich meine, die Entscheidung zu Omega55 konnte nur durch alle sechs Geschäftsleiter getroffen werden. Die Verantwortung der Vorstände leitete er aus dem Kreditwesengesetz ab. Aber: Das seien *seine vorläufigen* Überlegungen, ohne sie kollegial beraten zu haben, betonte der promovierte Richter noch einmal explizit.

Was für ein Schlag ins Kontor vor allem von Verteidiger Wagner. Seine Verteidigungsstrategie fußte bisher darauf, dass sein Mandant Nonnenmacher *Omega55* nur „zur Kenntnis" genommen, aber keinesfalls mit*genehmigt* habe. Der Vorsitzende Richter Tully aber geht nach dieser, seiner vorläufigen Einschätzung von einer Verantwortung des Gesamtbankvorstandes aus, und nicht von einer unterschiedlichen Verantwortung der einzelnen Ressortvorstände. Sie sitzen also alle im selben Boot.

Verhandlungspause

Die Ferien in Hamburg machten auch vor dem Untreue-Prozess nicht halt. Bis zum 17. März war die Verhandlung unterbrochen. Dann wurde erneut Dieter Glüder, Gutachter von Ex-Vorstand Rieck, in den Zeugenstand gerufen; zum fünften Mal.

In eigener Sache, 18. März 2014

Verteidiger Gatzweiler erwirkt „Einstweilige Verfügung“

Das Landgericht Köln stellte mir am 17. März 2014 eine Einstweilige Verfügung zu. In der Verfügung wurde mir die Veröffentlichung und Verbreitung zweier Textpassagen auf meinem Weblog über den Prozess verboten, weil sie das Persönlichkeitsrecht von **Strafverteidiger Norbert Gatzweiler** verletzen würden. Er hat die Verfügung über den **Medienanwalt Ralf Höcker** beantragt - wie zuvor die Abmahnung am 24. Februar. Bei Zuwiderhandlung droht mir ein Ordnungsgeld bis zu 250.000 Euro oder sechs Monate Haft.

Es ging erneut um den Bericht vom 42. Verhandlungstag „*War umfassende Akteneinsicht des Parteigutachters rechtswidrig?*“ Strafverteidiger Gatzweiler warf mir vor, ich würde in einer Textpassage durch die Wiedergabe eines Zitats des Vorsitzenden Richters Tully einen bestimmten „Eindruck erwecken“, aus seiner Sicht einen falschen. Die andere Textstelle betraf eine von mir aus Zeugen-, Verteidiger- und Richteraussagen zugespitzt gezogene Schlussfolgerung über den Umfang der Akteneinsicht des Sachverständigen Glüder durch seinen Auftraggeber Gatzweiler. Die von mir gewählten Adjektive ergäben eine unwahre Tatsache, legte die Verfügung nahe.

Den Streitwert der „Verletzung“ stutzte das Kölner Landgericht auf 20.000 Euro zurecht; in der Unterlassungsforderung zu denselben Textpassagen vom 24. Februar waren Gatzweiler und Höcker noch von 50.000 Euro ausgegangen.

Die Einstweilige Verfügung war die **nächste Eskalationsstufe** des Unterlassungsbegehrens von Verteidiger Gatzweiler. Damit waren wir bei Staatsmacht gegen Bloggerin angekommen. Die erste Eskalationsstufe hatte der Verteidiger ausgelassen: mich persönlich zu kontaktieren, dabei saß er jede Woche im Prozess nur wenige Schritte von mir entfernt. Wenn ein in seiner Persönlichkeit Verletzter sich nicht direkt an die „Verursacherin“ seiner Verletzung wendet, sondern gleich zu den Keulen Abmahnung und Gerichtsbarkeit greift, was sagt das über den „Verletzen“, seine Haltung und sein Anliegen aus?

Der Strafprozess gegen die sechs Ex-HSH-Vorstände hat eine Beispielwirkung für andere Untreue-Prozesse gegen Bankvorstände. Anfang des Jahres sah es eng aus für die Angeklagten. Und in dieser heiklen Situation schickt ein Strafverteidiger einer Journalistin zuerst eine Abmahnung und nur wenig später - trotz laufender Vergleichsverhandlungen, dazu später mehr - eine Einstweilige Verfügung basierend auf zwei Eidesstattlichen Versicherungen.

Ich berichtete dennoch weiter. Und im Zusammenhang mit der Einstweiligen Verfügung legte ich Rechtsmittel ein.

Blog-Kommentare

18. März 2014 @ 18:42 von: bescheidwisser

Die Nerven scheinen ausreichend blank gerieben zu sein, dass sich der Verteidiger mit solchen Nebensächlichkeiten beschäftigt muss. Ich hoffe, dass Sie sich von solchen Querschüssen nicht beirren lassen und Ihre informative Berichterstattung über den Prozess fortsetzen.

18. März 2014 @ 21:17 von: Filmeschneider

Wenn es Zeit für einen Verteidigungsfonds ist, bitte Bescheid sagen.

E N D S P U R T

Montag, 17. März 2014

Tag 47: Die Bürde des „juristischen Neulands“

Diesen Tag haben die Prozessbeteiligten sicher nicht so schnell vergessen. Der Vorsitzende Richter Marc Tully zeigte erstmals wirklich Nerven. Er hatte sich am 42. Tag darauf eingelassen, den Verteidigern und Angeklagten eine **erste rechtliche Einschätzung** zum Untreue-Vorwurf zu geben, eine persönliche, vorläufige, wie Tully betont hatte. Mit den Richterkollegen hatte er sich nicht abgestimmt. Und Tully fand damals, die Entscheidung zu Omega55 konnte nur durch alle sechs Geschäftsleiter getroffen werden.

Verteidiger fordert Erklärung vom Gericht

An diese Einschätzung knüpfte die Verteidigung nun an, allen voran **Heinz Wagner**, Verteidiger von Dirk Jens Nonnenmacher. Denn diese erste Rechtsauffassung hat Wagner einen Strich durch seine Rechnung gemacht. Wagners Verteidigungsstrategie sah bisher so aus, Nonnenmacher als „Transaktionsbeteiligten“ aufzustellen und nicht als „Entscheider“. Er habe nur „zur Kenntnis“ genommen, nichts entschieden. Wagner mochte deshalb von der Kammer in einem Antrag wissen, warum Tully denke, dass der Gesamtvorstand verantwortlich sei, und HSH-interne Kompetenzregeln nicht griffen. Tully nahm den Antrag seinerseits zur Kenntnis, ließ sich aber erst einmal nicht herausfordern.

Der umstrittene, „wesentliche“ Zeuge Steven P.

Zwei Beweisanträge später forderte Anwalt Wagner die Verlesung der staatsanwaltschaftlichen Vernehmung des früheren Londoner Mitarbeiters **Steven P**. und des Niederlassungsleiters **Luis Marti Sanchez**. Wagner wolle damit beweisen, dass die Rechtsabteilung über Omega55 mehr wusste, als einige Mitarbeiter als Zeugen ausgesagt hatten. Steven P. hatte die Vorstandsvorlage geschrieben. Wagners Mandant Nonnenmacher habe auf die Rechtsabteilung vertraut, so der Anwalt erklärend. (Steven P. soll bei den Ermittlungen erklärt haben, die Rechtsabteilung war umfassend eingebunden).

Die **Verteidiger Münchhalffen und Gatzweiler** widersprachen diesem Ansinnen umgehend. Sie wollen den Mitarbeiter Steven P. als „wesentlichen Zeugen“ vor Gericht *hören* und nicht nur seine Vernehmung vorlesen lassen. Die Anwälte Prinzenberg und Daum schlossen sich dieser Auffassung an: Befragung statt Lesung - auch von Ex-Niederlassungsleiter Marti Sanchez. Daum beantragte kurzerhand, Steven P. vor Gericht zu vernehmen.

Tully lässt sich auf Rechtsdiskurs ein

Richter Tully antwortete darauf ablehnend. Selbst wenn der Zeuge Steven P. der Rechtsabteilung alles erzählt habe, würde das an seiner Grundannahme nichts ändern. Allein die Tatsache, dass keine *autorisierte* Rechtsprüfung von Omega55 dokumentiert sei - Tully fehlt jedenfalls bisher dafür der Anhaltspunkt - könne ein unüberwindliches Defizit der Vorstandsvorlage sein. An diesem Statement entspann sich dann eine handfeste Auseinandersetzung zwischen Verteidigern und dem Vorsitzenden Richter.

Die (ge)wichtige Rolle der Rechtsabteilung

Tully erklärte sinngemäß weiter, dass von Bankvorständen erwartet werde, dass sie Plausibilitätsprüfungen anstellten. Wenn sie dies unterließen, könnte darin ein Pflichtverstoß liegen, so seine grundsätzliche Überlegung. Auch fehlten dem Gericht eine rechtliche Aufarbeitung der Verträge durch die Rechtsabteilung und dazu Anhaltspunkte, dass die Juristen nachgewiesen haben, dass Omega55 das Eigenkapital der HSH entlastet. Was wir bräuchten, wäre eine rechtliche Aufarbeitung der Verträge, so der Richter.

Verteidiger Kury brachte daraufhin einen subtilen Gedanken ein. Wenn - sinngemäß - tatsächlich keine schriftliche Stellungnahme der Rechtsabteilung vorläge, hätte jemand von der Rechtsabteilung ja zum Beispiel zu einem *mündlichen* Bericht gebeten worden sein können, von einem der Vorstände. Wenn man diesen Gedanken weiterführe, komme man zu der Frage: Hat die Rechtsabteilung vielleicht ein Motiv, eine fehlerhafte Betrachtung nicht mehr in der Weise zu erinnern ...? Was wäre denn berichtet worden, fragte Anwalt Kury leicht spöttisch. „Das wissen wir nicht."

Tully wandte daraufhin ein, dass die Rechtsauffassung der Rechtsabteilung Bestandteil des Marktfolgevotums sei (von NPNM und Risikoabteilung, die zur Vorstandsvorlage gehören) und kein viertes Dokument darstelle. Die Verteidiger argumentierten noch eine Weile mit ihm hin und her, bis der Vorsitzende Richter den Gedanken an sich heranzulassen schien und zu einer weiteren Erklärung ansetzte. In diesem Moment unterbrach ihn **Verteidiger Daum** (Berger) zweimal mit einem für mich nicht zu verstehenden Einwurf.

Richter beendet Diskurs abrupt und genervt

Daraufhin schüttelte der Vorsitzende Richter genervt den Kopf, was ich bei ihm noch nie gesehen hatte, brach abrupt seinen zweimal begonnenen Satz ab und gab das Wort an **Verteidiger Wagner** zurück, damit dieser mit seinem Beweisantrag fortfahren konnte.

Ein stiller Eklat. Ein sichtlich verärgerter Kammervorsitzender. Nur wenige Minuten später beendete Tully den Rechtsdiskurs mit den sparsam gesetzten

Worten: „Sie haben meine vorläufige Auffassung, wir diskutieren und dann erhalten sie den Kammerbeschluss." Dann ordnete er eine Pause an. Zehn Minuten für alle.

Ein sehr verärgerter Kammervorsitzender

Nach der Pause stellte Tully als erstes klar: Er sei nicht verpflichtet, seine vorläufige Auffassung zu diskutieren und er erwarte, dass man ihm dann nicht „reinquatscht". Allein die Wahl des Verbs sprach Bände über den Gemütszustand des Juristen, der gewöhnlich ironisch und geschliffen formulierend spricht. „Das hat mich ausgesprochen geärgert", ergänzte Tully knapp.

Er fand aber keine Gnade. Verteidiger Gatzweiler forderte den Vorsitzenden Richter auf, eine seiner Bemerkungen richtig zu stellen, die der Verteidiger mit Bestürzung gehört und die für ihn „Vorverurteilungscharakter" habe. Gatzweiler habe seinem Mandanten dennoch abgeraten, gegen Tully einen Befangenheitsantrag zu stellen. Der Richter hatte zuvor bei der Erklärung seiner vorläufigen Rechtsauffassung in einem Nebensatz die Belastungen der Haushalte der Länder Hamburg und Schleswig-Holstein durch ihre Landesbank thematisiert. Wie genau, konnte ich nicht so schnell mitschreiben. Jedenfalls klang Tullys Stimme belegt, als er sagte, dass ein eventueller Schaden für die Länderhaushalte für den Prozess freilich irrelevant sei.

(Tatsache ist aber auch, dass die HSH sehr wohl ihre Haupteigentümerinnen, die beiden Bundesländer, bis zur Schmerzgrenze belastet. Allein vier Mal stockten die Länder das Eigenkapital der HSH zwischen 2008 und 2012 um insgesamt fast 4,5 Milliarden Euro auf und geben bis heute Garantiezusagen über zehn Milliarden Euro. (Stand: März 2015) Aber auch der Wertverlust der HSH-Aktien in Milliardenhöhe bedeutet für die Länder einen gewaltigen Vermögensschaden. Das sind Tatsachen. Es gehört wohl zum juristischen Gefecht, dass Richter manche Tatsachen zwar wissen, aber in einem Verfahren nicht aussprechen dürfen.)

In gewohnter Größe schloss Tully aber nur wenig später diese unerfreuliche Episode mit dem Satz: „Und jetzt habe ich mich genug aufgeregt."

Befragung des Parteigutachters bringt wenig Neues

Das rechtliche Hick Hack ereignete sich am Nachmittag, nachdem die Richter erneut **Dieter Glüder, IKB-Vorstand**, im Prozess der **Parteigutachter**, gehört hatten. **Richter Bruns** hatte auch dieses Mal die Lizenz zum Fragen. Ihm ging es vor allem darum: Wann die Risiken der HSH auf die BNP Paribas übergegangen waren (Teil-A), wann die HSH Risiken von der BNPP übernommen hatte (in Teil-B) und wann die Franzosen unter welchen Voraussetzungen bei der HSH die Liquiditätsfazilität für die STCDO in Höhe von 400 Millionen Euro beanspruchen durften.

Nicht beantwortete Fragen

Richter Bruns schien mit den Antworten des Parteigutachters Glüder aber überhaupt nicht zufrieden zu sein, er sagte oft „...vielleicht ist meine Frage zu kompliziert..." Und: „...darum geht es mir nicht...". Und: „...das beantwortet meine Frage nicht..." Ermüdend. (Mir ging es jedenfalls ähnlich wie Richter Bruns. Der IKB-Vorstand antwortete einfach inhaltlich nicht auf manche Fragen[94], was womöglich auch daran gelegen haben mag, dass Bruns Fragetechnik eine hohe Konzentration von allen Beteiligten einfordert. Der Kern seiner Fragen war dennoch zu verstehen.)

Zeuge sucht Blicke der Verteidigung

Was blieb von dieser eher schwierigen, vierten Vernehmung des Gutachters von Verteidiger Gatzweiler bei mir hängen? Die Vorstände „müssen darauf vertrauen, dass die Vorstandsvorlage vernünftig gemacht ist" und „kundige Leser" erkennen die strukturellen und wirtschaftlichen Zusammenhänge in der Vorlage. Na fein, wenn das so ist, können sich der Gesetzgeber und die Bankenaufseher ja einiges an Regelwerk und Aufwand sparen.

Äußerst interessant fand ich eine Beobachtung. Der IKB-Vorstand drehte nach fast jeder Antwort seinen Kopf weg von Richter Bruns - der links von ihm saß - nach rechts hinten in den Saal, wo Norbert Gatzweiler saß. Augenkontakt konnte er zu seinem Auftraggeber aber, wenn überhaupt, nur selten herstellen, denn Gatzweiler sortierte über eine dreiviertel Stunde lang Akten. Glüder wirkte auch nervös; wenn er sprach, zuckte er leicht mit dem Kopf. Ein Verhalten, das ich außerhalb des Zeugenstandes bei ihm nicht gesehen hatte.

Bis auf den Verteidiger von Nonnenmacher stellte kein anderer an diesem Tag eine Frage an den Parteigutachter.

Gesetzliche Entschädigung für IKB-Vorstand?

Kurioserweise übergab kurz vor Schluss Verteidiger Gatzweiler dem Gericht demonstrativ einen Kostenantrag für seinen Gutachter. Das Gericht möge Glüder doch die ihm gesetzlich zustehende Entschädigung für seine Tätigkeit in der Hauptverhandlung gewähren. Eine Provokation in meinen Augen. Denn nach eigener Angabe hat Dieter Glüder etwa 82 Stunden für sein Gutachten benötigt und dafür einen Stundenlohn von netto 400 Euro berechnet, macht etwa 39.000 Euro Honorar inklusive Umsatzsteuer. Nicht zu vergessen: Glüder erhält als Vorstand der IKB sicher kein kleines Salär.

---

94 vergleiche Urteil LG Hamburg, vom 9.7.2014, S. 323

Tag 47

Ex-Vorstandschef Berger erklärt sich zum Gespräch bereit

Der Angeklagte **Hans Berger**, Ex-Vorstandschef, wird sich auf ein Gespräch mit den Richtern einlassen. Das erklärte sein Verteidiger an diesem Tag. Der Vorsitzende Richter hatte die sechs Angeklagten zu Prozessbeginn und auch zwischendurch einmal darum gebeten. Ex-Vorstandschef Berger wäre der erste, der sich dazu durchringt. Jetzt, nachdem alle wichtigen Zeugen gehört worden sind. Eventuell wird er sich schon am nächsten Prozesstag persönlich den Fragen der 8. Großen Strafkammer stellen.

Auch Verteidiger Wagner meldete sich gleich zu Anfang zu Wort. Er wolle seinem Mandanten, **Nonnenmacher**, empfehlen, ebenfalls mit dem Gericht zu sprechen - zusätzlich zur angekündigten, erneuten Stellungnahme.

Hartmut Strauß, Ex-Risikovorstand, sei ebenfalls grundsätzlich bereit, sich „einzulassen" - auch auf ein Gespräch mit dem Gericht, merkte dessen Anwalt an, allerdings mit Rücksicht auf Strauß' Gesundheit, die nicht so stabil sei. Ex-Kapitalmarktvorstand **Joachim Friedrich** überlege noch, so sein Verteidiger.

Was **Bernhard Visker** (Ex-Firmenvorstand) und **Peter Rieck** (Ex-Immobilienvorstand) diesbezüglich vorhaben oder ihre Anwälte Münchhalffen und Gatzweiler empfehlen, konnte ich akustisch nicht verstehen.

Montag, 24. März 2014

Tag 48: Strauß: „Einen Pflichtverstoß kann ich nicht erkennen.“

Ex-Risikovorstand Hartmut Strauß bat gleich am Anfang dieses weiteren Prozesstages um das Wort wie jemand, der etwas rasch hinter sich bringen möchte. Zwar hatte sein Verteidiger angekündigt, Strauß wolle sich persönlich äußern. Einlassen, wie es vor Gericht heißt. Für mich kam Strauß' Vorpreschen dennoch überraschend, allein schon deshalb, weil Hans Berger zum zweiten Mal zu den Vorwürfen gegen ihn Stellung beziehen und sich sogar den Fragen des Gerichts stellen wollte. Strauss kam zuerst dran, nach ihm Berger. Ich war gespannt, was die beiden Ex-Landesbanker zu sagen haben, nach all dem von den Zeugen Gehörtem.

Hartmut Strauß hatte die HSH 2008 aus persönlichen Gründen und auf eigenen Wunsch verlassen. In einer der größten Bankenkrisen, die die Welt verkraften musste, stand die HSH damit ohne Risikomanager da. Den Posten übernahm als „Zwischenlösung“ der damals noch als Finanzvorstand amtierende Dirk Jens Nonnenmacher.

Seine Sicht der Dinge

Strauß las vom Blatt ab. Es war ihm offensichtlich ein Bedürfnis, zum Gericht zu sprechen. Einleitend sagte er, er wolle seine „Sicht der Dinge“ und sein „Mitwirken an der Transaktion“ darlegen, trotz gegensätzlicher Empfehlung. (Strauß sprach leise und langsam und nahm immer mal wieder einen Schluck aus seinem Wasserglas.)

Zuerst teilte er aus, kritisierte Staatsanwaltschaft und Medien. Manche Aussage der Staatsanwaltschaft habe er als „empörend empfunden“ wie auch die teils hämische Berichterstattung in den Medien.

Verantwortlichkeiten

Strauß habe sich als Risikovorstand mit der Vorstandvorlage zu Omega55 am 17.12.2007 erstmalig und letztmalig befasst.[95] Was nicht überraschend sei, sondern normal, sagte er, denn die Anbahnung von Geschäften liege „in der Verantwortung der Ressortvorstände“. Sein Verantwortungsbereich erstreckte sich unter anderem auf die Überwachung von Kreditrisiken; seine Abteilung Kredit-Risiko-Management erstellte aber auch bei neuen Geschäften Analysen zu möglichen Kreditrisiken.

95 vergleiche Urteil LG Hamburg, vom 9.7.2014, S. 300ff

(Wie das „Second Risk Assessment“ für die Vorstandsvorlage zu Omega55.)

Ausführlich ohne Zeitdruck befasst

Mit den Omega-Unterlagen habe er sich „ausführlich befasst“. Er fühlte sich auch „nicht unter Zeitdruck“, erklärte Strauß. In der Bank sei er als „besonders kritischer Vorstand“ gesehen worden. Die Bedeutung der Transaktion sei ihm bewusst gewesen, das Eigenkapital der HSH sollte optimiert werden. Denn Ende 2007 war es kaum noch möglich, Kreditrisiken durch Verbriefungen oder Syndizierungen auszulagern.

Strauß sah es zum Jahreswechsel als erforderlich an, die Kapitalausstattung der Bank durch Geschäfte wie Omega55 zu verbessern. Dadurch sollten in einem Umfeld wachsenden Misstrauens die „Refinanzierungsmöglichkeiten der HSH“ erhalten werden. Strauß befürchtete, dass „diese sonst ernsthaft in Frage“ gestellt waren - die HSH also höhere Kosten bei der Beschaffung von Geld gehabt hätte. Die Einhaltung einer bestimmten Eigenkapitalquote war aber auch für den bevorstehenden Börsengang 2008 enorm wichtig gewesen, so Strauß. Die „Erlöse für die Bankeigentümer“ durften nicht gefährdet werden. Der Abschluss eigenkapitaloptimierender Geschäfte geschah zudem „im Einklang mit dem Aufsichtsrat“.

Komplex aber vertraut, Kreislauf der Risiken nicht erkannt

Strauß bezeichnete das Geschäft Omega55 selbst als „zwar komplex“, aber die Bestandteile daraus „waren ihm vertraut“ und sie wurden im Markt vielfach so benutzt; bei Omega waren sie „neu kombiniert“. Er sei davon ausgegangen, dass die Liquiditätsfazilität in Teil-B „nicht durch notleidende Kredite gezogen werden konnte“. So habe er es aus der Vorstandsvorlage herausgelesen. Einen Hinweis auf eine „Rückverlagerung des Risikos“ durch den B-Teil habe er der Vorlage nicht entnommen.

Prüfung durch Rechtsabteilung war vorgeschrieben

Strauß hob auch hervor, dass in der Vorlage zu Omega55 mehrfach stehe, die Rechtsabteilung habe das Geschäft geprüft. Das „war auch zwingend vorgeschrieben“, so Strauß. „Zweifel an der Kompetenz der Rechtsabteilung hatte ich nicht“. Und deshalb waren für ihn auch keine Nachfragen erforderlich. Allerdings habe Strauß im Prozess erfahren müssen, dass Zeugen bewusst versuchten, „Verantwortlichkeiten von damals zu leugnen oder zu verfälschen“. Namen nannte er nicht.

Konnte Risikoabteilung überhaupt ordnungsgemäß prüfen?

Strauß zitierte anschließend einen Satz aus einem der beiden Anhänge der Vorstandsvorlage: „The impact of a possible rejection by BaFin can not be assessed.“[96] Strauß habe bei seiner Prüfung unter anderem aus diesem Satz geschlossen: Seine Risikoanalysten haben sich eigenständig mit den aufsichtsrechtlichen Wirkungen von Omega55 beschäftigt.

(Laut Aussage des Risikoanalysten Andreas B. hatte dieser für die Prüfung nur ein Wochenende Zeit. Die wenigen Dokumente dazu - der Entwurf der Vorstandsvorlage inklusive vermutlich dem NPNM-Votum - landeten Freitag nachmittag auf seinem Tisch. Abgabedatum: Montag, 17.12.2007, also der Tag, an dem zuerst Peter Rieck und dann Hartmut Strauß die komplette Vorstandsvorlage zu Omega55 erhielten.)

Den Hinweis seiner Analysten, der Zeitrahmen für die Prüfung sei angesichts der hohen Komplexität des Geschäftes außergewöhnlich („extraordinary“) eng gewesen, bewertete Strauß aber nicht als „inhaltliche Einschränkung“, sondern als eine „übliche Vorsichtsklausel“ und als Ausdruck einer eher misslichen oder schwierigen Arbeitssituation. Zeitenge ließe sich nicht immer vermeiden, erklärte der Ex-Risikofachmann.

Strauß will auch die diversen Nebenabsprachen zum Geschäft nicht gekannt haben, weder den „unwind-letter“ (das Abwicklungsschreiben) noch den „nonreliance-letter“ (das Zusicherungsschreiben)[97].

Schlüssig und mit ausreichenden Infos

Die Vorstandsvorlage jedenfalls habe er für „schlüssig“ gehalten, sie enthielt „ausreichende, bankübliche Informationen“, und Strauß hatte „keine Bedenken“, obwohl Angaben fehlten, wie das ökonomische Eigenkapital. Es sei bei solchen Transaktionen aber „durchaus üblich“, dass noch nicht alles ausgehandelt war. Seine Analyse an diesem schicksalshaften 17. Dezember jedenfalls habe ein „sehr geringes Kreditrisiko der beschriebenen STCDO“ ergeben (die Verbriefung in Teil-B). Und er sei davon ausgegangen, dass in dieser STCDO keine Kredite oder Anleihen von Banken - „Finanzinstitutionen“ - („financials“) enthalten seien.

Gleichwohl hätten sich ihm Fragen gestellt, weshalb er mit Analyst Marc S. telefonierte, dem Koordinator der Vorstandsvorlage. (Marc S. hatte in seiner

96 Eigene Übersetzung: Die Konsequenzen einer möglichen Zurückweisung durch die BaFin können nicht beurteilt werden.

97 In dem Abwicklungsschreiben verpflichtete sich die HSH, die BNPP kostenfrei zu stellen, sollte die HSH Teil-B nicht bis zum 31.1.2008 abgeschlossen haben. Im Zusicherungsschreiben wiederum garantierte die HSH der BNPP, Omega55 bis zum 30.4.2008 der BaFin offen zu legen. Wenn im Strafverfahren der „side letter“ zur Sprache kam, ging es meist um das Zusicherungsschreiben. vergleiche auch Urteil LG Hamburg, vom 9.7.2014, S. 13

Vernehmung am 5. Verhandlungstag ebenfalls erwähnt, mit Strauß im Vorfeld über die Vorlage gesprochen zu haben.)

Vertretbare Entscheidung für günstiges Geschäft

Für Strauß war Omega55 eine „wirtschaftlich sehr günstige Möglichkeit", das Eigenkapital der HSH zu entlasten. Er habe auch aus heutiger Sicht mit seiner Unterschrift eine „gut vertretbare Entscheidung im Interesse der HSH Nordbank AG getroffen".

Nicht als Eilbeschluss gesehen - oder doch?

Eilbedürftig schien ihm der Vorgang nicht zu sein, deshalb hatte er die Vorlage - als er sie von Peter Rieck erhielt - auch nicht als „Eilbeschluss" an das nächste Vorstandsmitglied weitergegeben, sondern im üblichen Umlaufverfahren. Rieck hatte Omega55 als „Eilbeschluss" deklariert. Nächstes Vorstandsmitglied war Vorstandschef Hans Berger. Bergers Unterschrift datiert vom 19.12., also zwei Tage nachdem Strauss das Geschäft für gut befunden hatte.
(Berger, der nach Strauß sprach, hatte die Vorstandsvorlage allerdings als „Eilbeschluss" wahrgenommen. Dieser feine Unterschied schien in einer Verhandlungspause auf dem Flur zu hitzigen Diskussionen zu führen, zwischen Verteidigung und Angeklagten.)

Kein Pflichtverstoß

Die Bank zu schädigen, so wie das die Staatsanwaltschaft ihm und seinen fünf Kollegen vorwerfe - nichts habe ihm ferner gelegen, sagte Strauß am Ende seiner einstündigen Rede. „Einen Pflichtverstoß kann ich nicht erkennen." Zuvor hatte Strauß darauf verwiesen, ein Vorstand sei von Amts wegen verpflichtet, das Vermögen der Bank zu erhalten und zu mehren; ein „freiwilliger Verzicht auf ertragreiche Geschäfte" könnte deshalb auch als „gravierender Pflichtverstoß" gewertet werden.
(Eine interessante Logik in diesem Zusammenhang.)

Einer Befragung durch das Gericht setzte sich Hartmut Strauß nicht aus. Auch später wolle er keine Fragen beantworten.

Friedrich wird sich nicht erklären

Nein, hieß es auch aus dem Mund von **Strafverteidiger Prinzenberg**. Sein Mandant **Joachim Friedrich** wolle nicht aussagen und auch nicht auf die Fragen der Richter antworten. Friedrich schweigt damit weiterhin, wie Peter Rieck und Bernhard Visker.

Blog-Kommentar
2. April 2014 @ 7:40 von: Cap

Für mich klingt das doch sehr nach Organisationsversagen, wenn ein Vorstand erst durch einen Prozess zu erfahren scheint, dass die Unterabteilungen sich auf die Strategie des Vorstands verlassen, so dass der Vorstand sich dann im Prozess beklagen muss, dass sich ehemalige Mitarbeiter anscheinend nur 'herausreden'.
Einen Atemzug später benutzt derselbe Vorstand dieselbe Ausrede umgekehrt: (sinngemäß) 'Ich habe mich ja nur auf meine Untergebenen verlassen! Ist doch normal! Die werden auch gut bezahlt und sind kompetent und freundlich! Ich kann doch nicht alles selbst erledigen!'

Ob man das 'eilbedürftig' nennt oder nicht ist m E. unerheblich, wenn klar ist bei welcher Kürze der Zeit und mit welcher Arbeitsbelastung für Untergeordnete solche Entscheidungen vom Vorstand als ganz normal hingestellt werden. [...]

Tag 48

Berger: „Für mich ergaben sich keine Zweifel."

In freier Rede

Einer hat an diesem Montag bestimmt unter seiner Anwaltsrobe zumindest sinnbildlich ordentlich geschwitzt: der Verteidiger des Angeklagten Berger, Otmar Kury. Sein Mandant erzählte in freier Rede den Richtern von sich und der Omega-Vorstandsvorlage. Berger hatte bereits am zweiten Tag des Verfahrens mit leiser, brüchiger Stimme Stellung zum Untreue-Vorwurf genommen; damals las er ab. Acht Prozess-Monate später sprach er ohne Manuskript. Seine Stimme klang fester, fast angriffslustig.

Intensiv mit Omega55 beschäftigt

„Herr Vorsitzender, hohes Gericht", begann Berger kurz nach 11 Uhr. Er wolle erklären, wie er an die Vorstandsvorlage herangegangen war, als er sie am 19. Dezember auf seinem Tisch vorfand. Erst habe er sie sich „oberflächlich" angesehen, dann sich mit der Entscheidung der Risikoabteilung und den Empfehlungen der Neue-Produkte-Neue-Märkte Abteilung (NPNM) auseinandergesetzt, um „Bedenken und Empfehlungen zu entdecken", die er bei der „intensiven Beschäftigung" mit der Vorstandsvorlage berücksichtigen müsse.

HSH trägt Risiko nicht allein

Aus der Vorstandsvorlage habe sich für ihn klar das Ziel des Geschäftes ergeben. Es ging darum, das Eigenkapital um 128 Millionen Euro zu verbessern. Die Bausteine des Geschäftes seien ihm dabei bekannt gewesen, sagte Berger. Die Liquiditätsfazilität (in Teil-B) kam für Berger einer Eventualverbindlichkeit gleich, woraus sich für ihn die Frage stellte: Wer trägt zu welchem Zeitpunkt welches Risiko? Aus der Einschätzung der Risikoabteilung las er heraus: „Die HSH ist nicht alleinige Risikoträgerin."

Risikorückübernahme war nicht erkennbar

Für ihn war bei Teil-B „aus der Struktur heraus nicht erkennbar, dass Risiken zurückgenommen wurden".
(Gerichtsgutachter Hultsch hatte aus derselben Vorstandsvorlage das Gegenteil herausgelesen und Omega55 als Kreislaufgeschäft eingestuft. Die Strafkammer wird später schreiben, dass es sich hier um eine „Schutzbehauptung" von Hans Berger handele.)

Rechtsabteilung hat geprüft, sonst Verstoß

Der Ex-Vorstandschef hatte insgesamt „keinen Anlass an der Richtigkeit der

Aussagen" in der Vorlage zu zweifeln, vor allem nicht an den Hinweisen der Rechtsabteilung, dass sie den Deal geprüft habe. Welche Motivation sollten die Mitarbeiter auch haben, hier etwas Falsches wiederzugeben, fragte Berger rhetorisch. Er sah keinen Anlass, das „zu hinterfragen". Eine falsche Wiedergabe wäre „ein Verstoß gegen Bankregularien" gewesen. Für ihn erfüllte Omega55 das Ziel, das Eigenkapital zu verbessern. Außerdem schloss für ihn das NPNM-Votum Teil-B mit ein.

Die Bedingungen, die die Vorstände mit solchen Vorstandsvorlagen jedenfalls unterschrieben, „mussten dann später (von den Mitarbeitern) umgesetzt und die Verträge entsprechend abgefasst werden", so Berger.

Keine Zweifel an Kompetenz seiner Mitarbeiter

Seine Angestellte, die **Juristin Vera S.**, lobte Berger ausdrücklich. Vera S. galt als „kompetente Gesprächspartnerin", erklärte Berger fest. Und deswegen hatte er „keine Veranlassung, am Urteil der Rechtsabteilung zu zweifeln". Die Rechtsabteilung fiel organisatorisch unter das Ressort des Vorstandschefs und damit unter Bergers Führung.

(Während der Befragung von Vera S. und auch später im Prozess hatten manche Verteidiger versucht, die Juristin als unglaubwürdig hinzustellen. Sie hatte ausgesagt, dass sie nicht froh darüber gewesen war, was in der Vorstandsvorlage hinsichtlich der Rechtsprüfung gestanden habe, weil sie nach eigener Aussage Omega55 nicht untersucht hatte.)

Überschaubare Risiken

Für Berger betrug das Risiko aus Omega55 maximal 400 Millionen Euro - wegen der Liquiditätsfazilität für die Verbriefung in Teil-B, der STCDO. Für ihn war dieses Risiko „vertretbar und schlüssig" dargestellt, auch wenn die Angabe zum ökonomischen Eigenkapital fehlte. Das sollte aber erstens nachgeliefert werden, und zweitens war es durchaus üblich, dass diese Angabe fehlte, wenn noch wichtige Details verhandelt wurden.

Erträge übersteigen Kosten

Die Wirtschaftlichkeit von Omega habe Berger vor dem Hintergrund der „strategischen Zielsetzung" gesehen - der Freisetzung von Eigenkapital. Um zu beurteilen, ob sich das rechne, habe Berger wie folgt kalkuliert, sinngemäß: Bei den Margen der Immobiliensparte im Jahr von etwa einem Prozent und bei der Sparte Commodity/Finance von etwas über einem Prozent komme er aus dem zwei Milliarden Euro Kreditportfolio auf Erträge von rund 20 Millionen Euro. Diese gegen die „Verpackungskosten" gerechnet habe sich für ihn ein „positiver Ertrag" ergeben - für Teil-A.

Für Teil-B hat Berger über Zins-Näherungswerte den in der Vorlage genannten Ertrag von drei Millionen Euro überschlagen und für plausibel befunden.

Stundenlang Vorstandsvorlage geprüft?
Wie lange er zugebracht hat, die Vorstandsvorlage so zu studieren, wie er es jetzt den Richter berichtete, sagte Hans Berger nicht. Die Vorlage war aber in einem schwer zu verstehenden Englisch geschrieben, und Nachdenken wie Rechnen brauchen Zeit.

Omega55 sei Ende 2007 auch nur eine von mehreren parallel laufenden, kapitalentlastenden Geschäften der HSH gewesen, erinnerte sich Berger. Insgesamt seien es zehn gewesen, mit einem Gesamtvolumen über 17 Milliarden Euro. Außerdem habe die HSH zu dieser Zeit ihr Neugeschäft eingeschränkt, also weniger Kredite vergeben, um das Eigenkapital zu schonen. Die Finanzkrise, die 2008 immer schlimmer wurde, hätten sie alle „so nicht gesehen“.

Nach eineinviertel Stunden freier Rede stellte sich der 64-jährige den Fragen des Gerichts - „vollumfänglich“. Sein **Anwalt Otmar Kury** wirkte dabei angespannt und äußerst konzentriert.

Vorstände diskutierten Omega nicht untereinander
Der Vorsitzende Richter Tully nahm Bergers Angebot verhalten aber zielstrebig an. Was ihn „noch ein bisschen bewege“, begann der Richter, sei die bereits bewilligte Entlastungstransaktion „Ruby“. (Sie war mit der US-Investmentbank Lehman Brothers verhandelt worden; Lehman sprang aber überraschend im Herbst 2007 ab.) Ob der Nichtabschluss gegenüber dem Vorstand kommuniziert worden sei, interessierte Tully. Nein, der Nichtabschluss sei nicht an sie adressiert worden, antwortete Berger. Er sei auch nicht im Vorstand besprochen worden.

Wer bei solchen „Eigenkapitalmaßnahmen“ wie Omega überhaupt die Hauptverantwortung trage, war Tullys nächste Frage. Weil es dabei um Eigenkapital ging, gab es grundsätzlich eine Gesamtvorstandsverantwortung, erwiderte Berger. Im Vorstand sei Omega55 dabei nicht „konkret besprochen worden“. Es sei nicht Gegenstand von Vorstandssitzungen gewesen, sich über einzelne Geschäfte auszutauschen, so Berger sinngemäß.

Tullys Störgefühl
Worin er den Sinn des B-Teils gesehen habe, fragte Tully weiter. Es war ein „wirtschaftlich verbundenes Geschäft“, so Berger. Wobei Teil-B aus Sicht der BNP Paribas wohl „notwendig war“, um ihre STCDO zu platzieren. Auf die Frage, welches Risiko die BNPP mit Omega55 dann eingegangen sei, bekam

Tully keine für ihn zufriedenstellende Antwort. Bei dem Vorsitzenden Richter blieb ein „Störgefühl“ zurück, das er mit seinem Beisitzer Bruns gleich in der Mittagspause „besprechen werde“.

Berger pocht auf Eilbeschluss

Für den Ex-Vorstandschef war die Vorstandsvorlage jedenfalls ein „Eilbeschluss“, anders als für seinen Vorstandskollegen Strauß, der die Vorlage nicht als solches an Berger weitergegeben habe, wie er gesagt hatte.

Warum die Ursache des Debakels bei Omega55 nie im Vorstand thematisiert worden sei, fragte Tully dann nach der Mittagspause neben vielem anderen. Dass also in die Verbriefung in Teil-B doch Kredite und Anleihen von Banken, also „financials“, gepackt worden waren. (Einige davon fielen ab 2008 aus, was zwischenzeitlich zu hohen Verlusten in der HSH führte.) Er sei nicht davon ausgegangen, dass Omega55 auch „financials“ beinhaltete, sagte Berger, und er habe sofort, nachdem er davon erfahren hatte, die interne Revision beauftragt zu untersuchen, was da los war.

Die ominöse Liquiditätsfazilität

Anschließend löcherte Richter Tully den Banker mit Fragen zur Liquiditätsfazilität (Bestandteil von B-Teil), welchen Sinn sie hatte, wie sie wirkte, wo die Risiken lagen, wie lange sie lief … Berger hatte Mühe, darauf zu antworten. Und dann war die Zeit um und der Gerichtstag vorbei. Fortsetzung folgt. Wenn Berger will.

Gleichklang von Strauß, Berger und Parteigutachter

Wie Strauß und Berger an diesem 48. Tag ihr Herangehen an Omega55 beschrieben, klang an zahlreichen Stellen ähnlich, teilweise benutzten sie die selben Worte - dass die Vorstandsvorlage „schlüssig“ war, sie „keine Zweifel“ an den Aussagen zur Rechtsprüfung und keine „Bedenken“ hatten und „kein Grund zur Nachfrage“ bestand, dass das Geschäft notwendig und „günstig“ für die HSH war, sie eine Risikorückübertragung in der Vorlage nicht erkannten und das Risiko als „begrenzt“ einschätzten, auch ohne Angabe des ökonomischen Eigenkapitals. Sie waren „vertraut“ mit den Bausteinen des Deals und sie haben sich auf ihre Vorstandskollegen und Mitarbeiter „verlassen“.

So sehr es anzuerkennen ist, dass Hartmut Strauß und Hans Berger sich persönlich äußern. Ihre Aussagen erinnerten teilweise doch sehr an das, was **Parteigutachter** und IKB-Vorstand **Dieter Glüder** aus der Vorstandsvorlage herausgelesen hatte. Es klang bei beiden so, als hätten sie einige von Glüders Aussagen als Leitfaden für sich genutzt und gleichzeitig versucht, die deutlichen Worte des **Gerichtsgutachters**, des Wirtschaftsprüfers **Christoph Hultsch**, zu widerlegen. Hultsch hatte unzählige Widersprüche in der Vorlage entdeckt und befunden, die Vorstände hätten hier nachfragen müssen, um sorgfältig zu arbeiten und ihre Pflichten als Geschäftsleiter zu erfüllen.

Die vielen Seiten einer vermeintlichen Wahrheit

Ex-HSH-Chef Hans Berger hatte in seinem Eingangsstatement am 26. Juli 2013 sinngemäß gesagt, er habe die Vorstandsvorlage, als sie ihn erreichte, schon für einen „rechtsverbindlichen Beschluss" gehalten, weil vor ihm bereits die Vorstände Rieck und Strauß unterschrieben hatten. Nach den internen Regeln der HSH genügten zwei Unterschriften bei einem als „Eilbeschluss" gekennzeichnetem Geschäft, um es zu genehmigen. Für ihn war die Freigabe von Omega55 damit also „quasi erfolgt".

Auf mich hatte das den Eindruck gemacht, Berger habe die Vorstandsvorlage quergelesen, ein paar Fakten überdacht und unterschrieben. Acht Monate später erzählt Berger von einer detaillierten Prüfung, dass er den möglichen Ertrag überschlagen habe, die Wirtschaftlichkeit hinterfragte, im NPNM-Votum beide Teile abgebildet sah und überdachte und sich sogar Gedanken über die „financials" und „corporates" machte, obwohl diese nicht prominent in der Vorlage erwähnt sind.

Auf das alles hätte er auch zum Prozessauftakt eingehen können. Ist er aber nicht. Jetzt steht das Ende des Prozesses kurz bevor; der Vorsitzende Richter hat seine vorläufige Rechtsauffassung abgegeben, in der er der Rechtsabteilung bei Omega55 ein großes Gewicht beimaß.

Einflussreiche Landesbanker

Dieses Vorgehen wirkte auf mich - nach allem, was ich in den vergangenen acht Monaten im Prozess gehört hatte - wie Kleinreden und Rechtfertigen. Gerade die Landesbanker Berger und Strauß haben die HSH seit ihrer Gründung 2003 als Vorstände mit aufgebaut. Sie führten das Institut und bestimmten die Geschäftspolitik mit. Sie kannten die Vorgängerinstitute. Sie kannten deshalb auch nur zu gut die Mängel, die die BaFin im Sommer 2007 unter anderem am Risikomanagement und der Organisation der HSH beanstandet hatte. Und dennoch ließen sie sich auf solche und viele andere, schwer zu handhabende und überblickende Finanzgeschäfte wie Omega55 ein. Echte Erklärungen dafür wären wünschenswert gewesen, nicht Rechtfertigungsreden.

Durchgezogen

Hans Berger hat sich am **49. Tag**, Mittwoch, den 26. März, erneut gesprächsbereit gezeigt und mit den Richtern gesprochen. Ich war an diesem Tag wegen Urlaubs nicht im Gericht.

Blog-Kommentar
3. April 2014 @ 16:13 von: Reinzeichner
Wie Sie schreiben, stellte Gutachter Hultsch am 37. Verhandlungstag fest, dass das ökonomische Eigenkapital eine zentrale betriebswirtschaftliche Entscheidungsgröße zur Dimensionierung des Sicherheitspuffers darstellt und ein erster Anker ist, um Risiken beurteilen zu können. Beide jedoch, die Herren Berger und Strauß, konzedieren, dass in der Vorstandsvorlage Angaben zum ökonomischen Eigenkapital fehlten.

Im Risikobericht 2007 der HSH Nordbank (S.72ff.) wird der ökonomische Eigenkapitalbedarf als ein zentrales Instrument zur Steuerung der Risikotragfähigkeit der Bank im Rahmen eines Kapitaladäquanzprozesses beschrieben.

So wird der „ökonomische Eigenkapitalbedarf zur Absicherung der unerwarteten Verluste (Gesamtrisiko) regelmäßig der verfügbaren Risikodeckungsmasse (Risikodeckungspotenzial) gegenübergestellt." Erstaunlicherweise ist trotz wesentlicher Auswirkungen aus der Subprime- bzw. Finanzkrise auf die Ausfall-, Markt- und operationellen Risiken die ökonomische Risikotragfähigkeit der Bank 2007 auf ein Deckungspotenzial von 45% gestiegen – so der Risikobericht.

Wie kann ein Kreditrisikomanagement zur Bewertung und Überwachung der Krediteinzelrisiken, für welches der CRO verantwortlich war, funktionieren, wenn der Wertbeitrag (die primäre Steuerungskennzahl) von Omega 55 gerade keine Risiko- und ökonomischen Eigenkapitalkosten berücksichtigen konnte?

Interessant ist auch der Blick auf den folgenden Risikobericht 2008, der zeigt, dass der Risikodeckungspotenzial-Puffer auf 9% stürzte und damit wesentlich unter dem Zielpuffer von mindestens 41% blieb (S.87)!

Ebenso interessant, wie sich Ende 2007 bereits die Subprimekrise im Marktrisiko der Bank abbildete. Das Gesamt-Value-at-Risk der Bank erreichte am Jahresende sein absolutes Peak. Von der Bank wurden die Alarmzeichen im Risikobericht also selbst aufgezeigt.
Unter diesen Umständen scheint mir ein Verzicht auf die Entscheidungsgröße „ökonomisches Eigenkapital" im Vertrauen auf spätere Nachlieferung zumindest leichtsinnig.

Das Verfahren bleibt spannend.

In eigener Sache, 31. März 2014

Erfolgreich Rechtsmittel eingelegt: „Einstweilige Verfügung“ war nicht notwendig

Wie berichtet, hatten mich die Strafverteidiger **Norbert Gatzweiler** und **Gaby Münchhalffen** für zwei Berichte über den Prozess abgemahnt. Am 25. Februar hatte ich deswegen einige der strittigen Passagen überarbeitet und anschließend an den **Medienrechtsanwalt Ralf Höcker** eine eMail geschrieben. Ihn hatten die Verteidiger beauftragt. Höcker ist dabei nicht irgendein Jurist. Er betreibt seine Kanzlei wie die beiden Strafverteidiger in Köln und zählt zu den prominentesten seiner Zunft. Er ist Professor, Buchautor, Fernsehgast und offensiver Interviewgeber. Zu seinen Kunden gehörten Heidi Klum und Jörg Kachelmann.

Vergleichsverhandlungen ohne Rückmeldung

Ralf Höcker rief mich noch am 25. Februar an, nachmittags, nachdem er meine eMail erhalten hatte. Er schlug mir am Telefon einen außergerichtlichen Vergleich vor, der sehr weit in meine Berichterstattung eingegriffen hätte. Ich erbat Bedenkzeit bis zum Abend. Per eMail fragte ich abends nach, wie er sicherstellen werde, dass alle Ansprüche gegen mich erledigt seien, wenn ich auf den Vergleich einginge. Höcker antwortete darauf ebenfalls per eMail, dass eine Klärung dann erst „nach Karneval“ möglich sein werde. Ich wartete also auf Rückmeldung. Vergebens.

Stattdessen erreichte mich am 17. März vom Landgericht Köln eine Einstweilige Verfügung. Sie war am Aschermittwoch beantragt worden. Die Verfügung wurde für zwei Punkte betreffend Norbert Gatzweiler erwirkt - nicht für die von Gaby Münchhalffen wortreich beanstandeten Passagen.

Widerspruch gegen Kosten

Ich legte mithilfe des Hamburger Medienanwalts Jörg Nabert noch im März Rechtsmittel gegen die Verfügung ein, einen so genannten Kostenwiderspruch. Es lag damit beim Landgericht Köln, über die Notwendigkeit der Verfügung zu entscheiden; inhaltlich erkannte ich sie an.

Die rechtliche Auseinandersetzung um die Einstweilige Verfügung zog sich im Hintergrund über Monate hin. Mich konnte das nicht davon abhalten, weiter über das Strafverfahren gegen die Ex-Bankvorstände zu berichten. Die Entscheidung des Kölner Pressegerichts über die Einstweilige Verfügung erreichte mich schließlich an einem denkwürdigen Tag im HSH-Prozess, am 28. Mai. An diesem hielt die Staatsanwaltschaft ihr Plädoyer.

Urteil: Verfügung war nicht notwendig

Das Urteil der 28. Zivilkammer des LG Köln im Verfahren Gatzweiler gegen Parthum fiel letztlich zu meinen Gunsten aus: Die Einstweilige Verfügung vom März 2014 gegen mich war nicht notwendig. Ich habe dazu keine Veranlassung gegeben. Die Richter wiesen damit Strafverteidiger Norbert Gatzweiler und seinen Medienanwalt Ralf Höcker in die Rechtsschranken.

Die Hauptkosten der Verfügung trug das Zivilgericht Prof. Gatzweiler auf. Gewöhnlich müssen die Abgemahnten die Zeche von mehreren Tausend Euro zahlen. Gerade Blogger zwingt das finanziell leicht in die Knie. Ein Schelm, wer jetzt denkt, Anwälte könnten manches Mal aus diesem Grund Verfügungen beantragen. Ich jedenfalls hatte mich gegen die finanziellen Folgen gewehrt. Zu Recht.

In ihrem Urteil[98] „Im Namen des Volkes" schrieben die Presserichter zusammengefasst: Die Antragsgegnerin (ich) hat die Einstweilige Verfügung in der Sache sofort anerkannt und ihr Verhalten hat keinen Anlass zu der Annahme geboten, der Antragsteller (Gatzweiler) werde ohne gerichtliche Geltendmachung nicht zu seinem Recht kommen. Die Kammer begründete ihr Urteil damit, dass ich eine Einigung zu „keinem Zeitpunkt" abgelehnt und mich stattdessen vergleichsbereit gezeigt habe. Sie erkannte folglich meine Eidesstattliche Versicherung über das Telefonat mit Ralf Höcker am 25. Februar an, in dem es unter anderem um einen außergerichtlichen Vergleich ging, und bewertet meine eMails entsprechend. Außerdem durfte ich darauf vertrauen, dass sich der Medienanwalt noch einmal bei mir meldet. Denn in dem Telefonat hatte mir Höcker „eine Lösung ohne strafbewehrte Unterlassungserklärung in Aussicht gestellt, zu der sich weder er noch die Antragsgegnerin (also ich) abschließend geäußert hatten", so das Landgericht.

Schweigen bis zum Ende

Bis zum Prozessende hat Strafverteidiger Gatzweiler mit mir kein Wort zur Sache gesprochen, obwohl wir uns fast wöchentlich im Gerichtssaal sahen. Statt mich in einer Prozesspause beiseite zu nehmen, mahnte er mich gleich ab und schickte mir kurz darauf die Staatsgewalt ins Büro - wohl wissend, dass das Kosten von mehreren Tausend Euro nach sich zieht, also finanziellen Schaden anrichtet. Norbert Gatzweiler hätte auch zum Telefonhörer greifen können. Oder das seinen Medienanwalt Höcker erledigen lassen, um erst einmal kräftig zu drohen. „Journalisten-Bedrohung ist okay!" betitelte der beauftragte Anwalt Höcker so ein Szenario bei Vocer.org.[99]

---

98 zu finden unter http://drnounddieunschuldigen.de

99 siehe http://www.vocer.org/journalisten-bedrohung-ist-okay/, Stand: 25.3.2015

Strafverteidigerin **Gaby Münchhalffen** mied ebenso jedweden Kontakt mit mir. Eine Unterlassungserklärung forderte ihr Anwalt Höcker nicht ein. Denn wie ich später auf Anfrage beim Kölner Landgericht erfuhr, hatte Münchhalffen zeitgleich mit Verteidiger Gatzweiler auch eine „Einstweilige Verfügung“ gegen mich beantragt. Diesen Antrag nahm Höcker aber wieder zurück. Wie aus einer Aktennotiz hervorging, hatte das Gericht wohl Bedenken.

Verteidiger Münchhalffen und Gatzweiler beim Verlassen des Gerichtssaals.

Montag, 7. April 2014

Tag 50: Der 10 und 50-Millionen-Schaden zu Vertragsbeginn. Theoretisch.

Es war wieder eine Lehrstunde in Mathematik, in Finanzmathematik. Und **Staatsanwalt Maximilian Fink** brachte die Gemütslage der wohl meisten Prozessbeteiligten an diesem Verhandlungstag mit einem Satz ganz gut auf den Punkt: „Wenn *Sie* von einem einfachen Beispiel sprechen, kriege ich schon Angst.“ Mit „Sie“ meinte Fink den ihm gegenüber auf der Zeugenbank sitzenden **Prof. Martin Hellmich.**

Denn „einfach“ ist an den Erklärungen des Mathematikers nichts. Hellmich ist der zweite gerichtliche Sachverständige und lehrt als Mathematiker und Verbriefungsexperte an der **Frankfurt School of Finance**.

Rechnen statt nachsehen

Das Gericht hatte den Professor gebeten auszurechnen, ob die komplexe Verbriefung im B-Teil von Omega55 (die STCDO) zum Zeitpunkt der Genehmigung durch die Vorstände noch *den* Wert hatte, den die Vorstandsvorlage beschrieb. Oder sich bereits ein Verlust bei dem 400-Millionen-Euro-Wertpapier eingestellt hatte, wegen der größer werdenden Einschläge der Bankenkrise Ende 2007.

Um den Wert oder Preis der STCDO herauszufinden, musste das Gericht also extra ein Fachmann hinzuziehen. Den Risikokontrolleuren der HSH war es nicht möglich, den Wert der Verbriefung in ihren Unterlagen nachzuschlagen und den Richtern auszuhändigen. Der Wert wurde schlicht nicht überwacht. Sieht so ein funktionierendes Risikomanagement aus?

Und Martin Hellmich hat einen **Vermögensschaden** errechnet.

Signifikante Marktbewegungen Ende 2007

Der Mathematiker jonglierte beim Erklären seiner Rechenergebnisse wie schon am 46. Verhandlungstag munter mit Zahlen, Formeln und Fachbegriffen. Ihm zu folgen war schwierig bis unmöglich, obwohl sich der Professor redlich Mühe gab. Bei seinem ersten Termin hatte er die Methodik erklärt, mit der er den Wert der STCDO errechnen werde, mit der „gaussian-copula-function“. Alle Prozessbeteiligten hielten sein Vorgutachten in den Händen. Für das Publikum war erneut ein Projektor aufgebaut worden, der das Gutachten hinter Hellmich an die Saalwand warf.

Die Daten für seine Analyse hat sich Hellmich größtenteils vom US-Finanznachrichtendienst Bloomberg besorgt, tagesgetreu. Allein zwischen den entscheidenden Stichtagen im Dezember 2007 und Januar 2008 seien bei den 161 einzelnen Posten der Verbriefung „signifikante Marktbewegungen" zu beobachten gewesen, die umgerechnet auf Euro-Beträge viele Millionen Unterschied ausmachten, sagte Hellmich als Einstimmung auf das, was dann folgte.

Verluste in Millionenhöhe

Der Mathematiker hat letztlich vier Szenarien für die beiden relevanten Stichtage 21.12.2007 und 24.01.2008 durchgerechnet. Seine Ergebnisse:

Am **21.12.2007**, an dem der Vertrag zu Teil-A unterschrieben wurde, weist seine Rechnung einen „markt-to-market-loss" von -2,51 aus. Das entspricht 2,51 Prozent auf die 400-Millionen-STCDO und damit einem Verlust von rund **10 Millionen** Euro.

Zum **24.1.2008**, dem Vertragsabschluss von Teil-B und damit der Verbriefung, hatte sich der „markt-to-market-loss" bereits auf -12,64 ausgeweitet. Das entspricht in absoluten Zahlen einem Verlust von rund **50 Millionen** Euro. Zumindest theoretisch.

Ausgeprägte Modellfehler

Denn gleich, nachdem der fröhliche Hellmich die hohen Verlustzahlen nannte, schob er fragend hinterher, wie das 10-Millionen-Minus zum 21.12.2007 einzuschätzen sei? Als tatsächlicher Verlust? Zu dieser Behauptung würde sich Gutachter Hellmich „nicht versteifen", wie er sagte.

Man könnte vielleicht einen Verlust von 6 Millionen Euro annehmen, wenn bestimmte Kosten berücksichtigt würden. Und wenn dann noch Modellfehler zugunsten der HSH ausgelegt würden, ergebe sich für den Mathematiker zumindest zum 21.12.2007 ein Wert der Verbriefung, der „im Großen und Ganzen in-line" war, also durchaus marktüblich.

(Wobei ich mich fragte: Welche Bedeutung kann einer Rechenmethode bei der Risikobewertung im Bankgewerbe beigemessen werden, bei der Modellfehler von mehreren Millionen Euro toleriert werden?)

Vermögensschaden im Januar 2008 nicht wegzurechnen

Das errechnete Minus am 24.1.2008 dagegen bewertete der Mathematiker als tatsächlichen Verlust. Würden auch hier Modellfehler zugunsten der HSH berücksichtigt, bliebe immer noch ein Wertverlust der STCDO von rund 40 Millionen Euro zum Vertragstag. „Daran lässt sich nicht rütteln."

(Hätte der Vorstand sich angesichts des unsicheren Umfeldes zum Jahreswechsel 2007/8 also den Vorgang Omega55 nicht noch einmal auf Vorlage terminieren müssen, im Sinne der Sorgfaltspflicht? Schließlich lag ein Monat zwischen Genehmigung und Vertragsabschluss.)

Die Sache mit den „financials"

Nachdem Gerichtsgutachter Hellmich die Ergebnisse seines Vorgutachtens dargestellt hatte, sprach ihn der Vorsitzende Richter Tully erneut auf die Zusammensetzung der Single Tranche Collateralized Debt Obligation an, der STCDO, wie bei seiner ersten Befragung. Die Zusammensetzung scheint sich zu einem Punkt von besonderem Gewicht im Untreue-Prozess zu entwickeln.

In der Vorstandsvorlage steht, dass sich die STCDO ausschließlich auf Wertpapiere wie Anleihen und Kredite von Unternehmen und der öffentlichen Hand wie Kommunen oder Staaten beziehe. Im Bankerjargon waren das laut Vorstandsvorlage „corporates" und „sovereigns/governmental entities". Tatsächlich hat die BNP Paribas aber auch Papiere von Banken in die STCDO einsortiert, also „financials". Diese „financials" sorgten für die enormen Verluste bei Omega55.

Verbriefungsexperte Hellmich konnte die begriffliche Unschärfe aber nicht aufklären im Hinblick darauf, was denn üblich sei, in solche Verbriefungen einzupacken. Er meinte, dass in den meisten Vorstandsvorlagen die Rede von „corporates, financials *and* sovereigns" sei - also von allen dreien, nicht nur von zweien.

(Die Einschränkung auf „corporates and sovereigns/governmental entities" findet sich dabei an zwei Stellen in der 8-seitigen[100], eng beschriebenen Vorstandsvorlage zu Omega55; in den beiden Anhängen wird es an einer Stelle thematisiert, also nicht gerade prominent.)

Die **Angeklagten Berger** und **Strauß** beriefen sich in ihren persönlichen Erklärungen darauf, sie hätten für „corporates and governmental entities" unterschrieben, und *nicht* für „financials".

Keine STCDO ohne Banktitel

Hellmich habe in seiner langen Praxis als Konstrukteur von Verbriefungen aber selbst noch keine STCDO gesehen, die *ohne* Banken, also „financials", ausgekommen sei. Und er habe viele strukturiert und gehandelt, schob er hinterher. Auf Nachfrage von **Staatsanwalt Fink** sagte er, er könne zu 99 Prozent herausfinden, ob es STCDOs *ohne* „financials" gegeben habe. Grundsätzlich aber lasse sich freilich alles Mögliche strukturieren, so der Fachmann, und Ende 2007 wäre eine STCDO ohne den Bezug auf Banken für ihn jedenfalls nicht überraschend gewesen.

(Aus der Einschätzung Hellmichs ergibt sich für mich im Umkehrschluss eine weitere Frage: Hans Berger und Hartmut Strauß erklärten, sie kannten Verbrie-

---

100 siehe Anhang

fungen und damit STCDOs. Wenn solchen Verbriefungen aber *immer* Banktitel beigemischt waren, wie Hellmich sagte, hätten die Vorstände dann nicht wenigstens an diesem Punkt in der Vorstandsvorlage stutzig werden müssen? Denn dann wäre die Omega-STCDO etwas ganz besonderes gewesen.)

Tabelle nicht korrekt

Staatsanwalt Wegerich nahm sich bei seiner Befragung die Ratingtabelle mit den Ausfallwahrscheinlichkeiten von Finanzpapieren gemäß der Ratingagentur Standard&Poor's in der Vorstandsvorlage vor. Er fragte Gutachter Hellmich, wie er diese Tabelle wahrgenommen habe? Als auf die vorliegende STCDO bezogen, antwortete der Gutachter. (Dem aber war nicht so. Die Risikotabelle bezog sich auf Kredite einer Beispiel-STCDO, nicht auf die Omega55-spezifische; die hatte die BNP Paribas noch nicht fertig gepackt.)

Gewöhnlich würden die Ausfallwahrscheinlichkeiten speziell auf das zu verpackende Portfolio berechnet, sagte Hellmich. Sei dies nicht geschehen, sei die Tabelle „mit Vorsicht" zu genießen, denn hinter dem besten Risikorating von AAA kann man „verschiedene Risikoprofile" verstecken.

Man konnte viele Risiken in der Omega-Vorlage verstecken

Die Vorstandsvorlage für das Omega55-Geschäft charakterisierte der Gutachter im weiteren Gespräch mit Richter Tully und Beisitzer Bruns dann auch als „sehr weit gefasst". Als Strukturierer „könne man hier viele Risiken verstecken". In der Vorlage „wurde viel zugelassen". Hellmich hätte sich da „mehr Kriterien erwartet, auch hinsichtlich des Referenzportfolios" für die STCDO. Aber, auch das betonte der Gutachter, „im Ergebnis war die strukturierte STCDO nicht so schlecht". Er habe schon schlechtere gesehen.

Staatsanwaltschaft fragt und fragt

Vor allem die **Staatsanwälte Wegerich und Fink** und die Richter stellten an diesem Tag Fragen. Wegerich und Fink fassten bei der Herkunft und Zusammensetzung der Zahlen und ihrer Verwendung immer und immer wieder nach. Wegerich ungewohnt mild: „Ich habe es nicht verstanden." Bei einigen Verteidigern führten die Verständnisfragen zu Unruhe und Unmut, was sich in Stöhnen und Zwischenrufen äußerte. Die Staatsanwälte ließen sich davon nicht beirren. Von den Verteidigern wandten sich nur zwei an den Mathematiker, die Anwälte von Nonnenmacher und Strauß.

Zusatzauftrag an den Gutachter

Das Gericht entließ den Mathematik-Professor kurz nach 15 Uhr mit einem Ergänzungsauftrag: Wie sähe der Wert der STCDO aus, wenn *keine* „financials" mit verpackt worden wären, die STCDO also tatsächlich so konstruiert gewesen wäre, wie es in der Vorstandsvorlage rein wörtlich stand. Denn noch immer ist vor Gericht strittig, was in der HSH und allgemein unter „corporates“ verstanden wurde. Tatsächlich *nur* Unternehmen? Oder doch *auch* Banken. Oder liefen Banken *immer* separat als „financials“? Deshalb soll Martin Hellmich jetzt bis zum 16. April noch einmal neu rechnen und fiktiv die „financials“ der Omega-STCDO gegen Unternehmenstitel und Anleihen der öffentlichen Hand austauschen.

Befangenheitsantrag gegen Gerichtsgutachter Hultsch
Was noch los war? Der **Verteidiger** von Joachim Friedrich, **Prinzenberg**, will immer noch einen bestimmten Zeugen aus der Niederlassung London hören, **Steven P**. Er hat deswegen einen Beweisantrag gestellt. Dem schlossen sich die Verteidiger von Visker und Rieck an. Sie riefen keck „Anschluss“ dazwischen; beide hatten Steven P. am 47. Verhandlungstag als „wesentlichen Zeugen“ bezeichnet, den sie unbedingt persönlich hören möchten. Tully dazu: Das werden wir prüfen. **Heinz Wagner** lehnte im Auftrag seines Mandanten Nonnenmacher den Gerichtsgutachter Hultsch wegen Befangenheit ab und forderte das Gericht auf, sein Gutachten nicht zu verwertet. Einen ähnlichen Antrag hatte er bereits am Tag 37 gestellt.

Der Hinweisbeschluss der Strafkammer
Die 8. Große Strafkammer hat am 49. Verhandlungstag, dem 26. März, den Prozessbeteiligten in einem so genannten Hinweisbeschluss eine erste, gemeinsame rechtliche Einschätzung gegeben. Ausgerechnet an diesem Tag war ich im Urlaub.

Im späteren Verlauf des Prozesses floss der Hinweisbeschluss aber immer wieder in Beweisanträge der Verteidiger oder allgemein ins Verfahren mit ein. Daraus habe ich abgeleitet, dass die Strafkammer in diesem Hinweisbeschluss vorläufig wohl davon ausging, dass Omega55 sein Ziel - eine Eigenkapitalentlastung zum 31.12.2007 - nicht erreichen konnte. Und das es wohl nicht ausreiche, sich bei einem so komplizierten Finanzkonstrukt wie Omega55 und den damit verbundenen Risiken auf seine Mitarbeiter zu verlassen und sich belastbare Information nicht selbst zu beschaffen.

Blog-Kommentare
10. April 2014 @ 12:40 von: Reinzeichner
Wir haben ja gehört, dass STCDOs nicht börsennotiert sind. Den Tageskurs kann man eben nicht einfach ablesen und darauf handeln. Da müssen Spezialisten erst einmal schwer im Backoffice rechnen und - vielleicht - erhält man dann am nächsten Tag einen Bid auf das Package oder auch nicht.

Erhellend war für mich immerhin, dass man sich über die Bewertung und den Handel einer Art von Versicherungsprämien unterhält. Kompliziert wird es dadurch, dass hierbei Tranchen, Branchen, Portfoliozusammensetzungen, Konjunkturerwartungen und Zinsen etc. berücksichtigt werden müssen. CDOs sind eben keine fungiblen Produkte.

Abenteuerlich ist natürlich die „Zauberküche" des mark-to-market, aus der Prof. Hellmich berichtet. Offenbar hatte nicht nur ich Schwierigkeiten, ihm zu folgen. Den Vorständen muss es doch ähnlich ergangen sein, auch wenn sie behaupten, alles verstanden zu haben. Die Frage stellt sich, ob die Entscheidung des Vorstands „unter (derartiger) Unsicherheit" Teil der unternehmerischen Freiheit ist oder nicht. Wäre sie es, wäre der Fall eigentlich nicht justiziabel.

Da fällt mir schließlich nur noch Goethe ein:
Hat der alte Hexenmeister / Sich doch einmal wegbegeben!
Und nun sollen seine Geister / Auch nach meinem Willen leben.
Seine Wort' und Werke / Merkt ich und den Brauch,
Und mit Geistesstärke / Tu ich Wunder auch.

Und wenn dann noch die Finanzkrise kommt, heißt es:
Die ich rief, die Geister, Werd ich nun nicht los.

11. April 2014 @ 7:58 von: Dani

Der Zauberlehrling passt.
Für mich hat der massive Einzug kompliziertester Mathematik in die Banken ganz entscheidend die Denk-Kultur von Bankern verändert. Zum Schlechten. Das könnte korrigiert werden, denn niemand ist fehlerlos und Wirtschaften immer ein Such"spiel". Die Finanzkrise hat ein gleißendes Licht auf diesen gewachsenen Systemfehler geworfen. Das Licht ist mittlerweile verblasst, der Systemfehler geblieben.

13. April 2014 @ 19:23 von: bescheidwisser

Man kann darüber streiten, aber die mathematisch aufgerüsteten Produkte werden aus dem Bankgeschäft wohl nicht wieder verschwinden. Außerdem wurde es mE erst dann richtig gefährlich, als trotz ihrer Komplexität das Risikomanagement dieser Produkte immer noch möglich erschien und dabei die ganzen Annahmen und (vereinfachenden) Theorien dahinter vergessen worden sind. Ab dann war es nur ein Glücksspiel mit Einsatz auf das vermeintlich seltene Eintreten bestimmter Ereignisse.
Allerdings wurden auch nur so Ergebnisse wie die berühmten 25% Eigenkapitalrendite des Herrn Ackermann möglich.

Montag, 14. April 2014

Tag 51: Die überraschte Zeugin aus der Rechtsabteilung

Es war die Zeugin der Verteidigung, die das Gericht für 9:30 Uhr zu sich gebeten hatte: **Magdalena W., 37, Juristin**, zwischen Juni 2006 und November 2008 in der Rechtsabteilung der HSH in Kiel beschäftigt, zuständig unter anderem für aufsichtsrechtliche Fragen, gemeinsam mit Vera S. und Sascha E., die beide dem Gericht schon von ihren Erinnerungen erzählt hatten.

Sie kann sich nicht erinnern

Die Zeugin erklärte unumwunden, sie sei von der Vorladung des Gerichts überrascht gewesen. Denn bei dem Finanzgeschäft Omega55 klingele in ihrer Erinnerung nämlich „so gar nichts". Sie könne sich nicht erinnern, wie sie da eingebunden war. Sie habe zwar an kapitalentlastenden Geschäften mitgearbeitet, aber welche das namentlich waren, das wisse sie nicht mehr.

Sie berichtete, dass die meisten dieser „Strukturen" aus Kiel kamen und eher selten von den ausländischen Niederlassungen, und dass teilweise bei ausländischem Recht externe Anwälte eingeschaltet wurden. Von welchen Kanzleien, wollten die Richter daraufhin wissen. Es seien „namhafte Kanzleien" gewesen, schon, aber erinnern? Nein, ich „kann mich nicht erinnern". Auch eine eMail, die ihr Richter Tully vorlas, erkannte sie nicht. Und mit einem **Steven P.** aus der Londoner Filiale kommuniziert zu haben, daran erinnere sie sich auch nicht. (Steven P. hatte die Vorstandsvorlage zu Omega55 geschrieben.)

Die unzufriedene Vorgesetzte

Nach einer viertel Stunde hatten die Richter nichts mehr zu fragen. Die Verteidigung erhielt das Wort. Doch auch sie erfuhren nichts wesentlich Neues. Dennoch komplettierten die Erinnerungen der Juristin den Zustand, in dem sich die HSH Ende 2007 offenbar befand.

Magdalena W. erzählte, dass es zwischen den Anwälten in Kiel und Hamburg selten Treffen gegeben habe. Man telefonierte oder mailte. Und wenn sie mit der Prüfung eines Finanzgeschäfts fertig war, habe sie eine eMail geschrieben, „allein wegen der Dokumentation". Über Omega55 habe sie sich in der Presse informiert. Was sie noch wisse aus dieser Zeit? Ihre Chefin **Vera S.** sei unzufrieden über die Kommunikation mit der Londoner Niederlassung gewesen. Ob sich Vera S. darüber beispielsweise bei ihrem Vorgesetzten Gößmann beschwert hatte? Davon wisse sie nicht.

Die Verteidiger fragten die Zeugin nach verschiedenen Namen und eMails. Alles ohne Erfolg. „Ich kann mich nicht erinnern", so die 37-jährige immer wieder. Nach nicht einmal einer Stunde durfte die Juristin gehen.

Das war der Auftakt zum 51. Verhandlungstag. Spannend wurde es danach.

Tag 51

Zeuge P.: „Das muss übersehen worden sein.“

Die Beweisanträge der Verteidigung bestimmen zunehmend die Gerichtstage. Die wichtigsten Zeugen scheinen gehört zu sein. Beweisanträge aber sind eher langweilig. Sie werden verlesen, diskutiert und meistens abgelehnt. An diesem Tag aber entwickelten sich aus einem Beweisantrag des **Verteidigers Heinz Wagner** (von Nonnenmacher), zwei äußerst erkenntnisreiche Stunden.

Vernehmungsprotokoll bitte vorlesen

Heinz Wagner hatte kürzlich beantragt, das Protokoll der staatsanwaltschaftlichen Vernehmung von **Steven P.** verlesen zu lassen, damit das Gericht die Aussage des Analysten verwerten könne. Steven P. war Mitarbeiter der HSH in London und *der* Mann, der die Vorstandsvorlage tatsächlich geschrieben hatte. Koordinator Marc S., der erste Prozesszeuge, war P.s Gruppenleiter. Steven P. aber lebt im Ausland und kann nicht so ohne Weiteres vor ein deutsches Gericht zitiert werden. Das aber hätten die **Anwälte Münchhalffen** und **Gatzweiler**, Verteidiger von Visker und Rieck, gern. Für sie war P. ein „wesentlicher Zeuge“, der unbedingt gehört werden müsse.

Umständliche Entscheidungsfindung

Die Berufsrichter wiederum schienen sich von einer persönlichen Befragung nichts zu versprechen, berieten sich aber doch über eine Vorladung. In diesem Schwebezustand darf ein Vernehmungsprotokoll nicht als Urkunde, und somit offizielles Dokument, verlesen werden. Sondern nur, um eine strittige Frage zu klären. In diesem Fall: Ladung oder Lesung? Soll also der Zeuge vor Gericht erscheinen oder genügt das Verlesen seiner Vernehmung. Um das zu entscheiden, wird dafür das Vernehmungsprotokoll verlesen. Das Strafrecht ist da sehr akribisch.

Also machten sich die drei Berufsrichter bereit und lasen an diesem 51. Tag nacheinander und ziemlich schnell zwei Stunden das Protokoll der staatsanwaltschaftlichen Vernehmung von Steven P. von Ende 2011 vor. Was für die Strafverteidiger, Staatsanwälte und Richter eine langweilige Prozedur war, weil sie die Vernehmung freilich kannten, war für uns Beobachter eine spannende und einzigartige Erfahrung. Denn gewöhnlich werden solche Protokolle nicht öffentlich.

Soweit ich bei diesem Schnelllesemarathon per Hand mitschreiben konnte, scheinen mir folgende **Punkte aus der Vernehmung von Analyst Steven P.** wichtig zu sein:

1) Omega55 bedeutete für ihn vor allem die „STCDO", die Verbriefung in Teil-B. Dass über diesen B-Teil das Risiko in die HSH zurückkomme „war die Transaktion." Sein Vorgesetzter Marc S. hatte „viele Gespräche darüber geführt". Das „Neuverpacken und Recyceln" von Vermögenswerten war zu dieser Zeit „weit verbreitet", erinnerte sich P. Und: „Dass etwas hochriskant ist, kann man immer nur im Nachhinein sagen."

2) Von Anfang an seien beide Teile von Omega55, Teil-A *und* Teil-B, bekannt gewesen und diskutiert worden - von seinem Vorgesetzten Marc S. unter anderem mit den Vorständen Friedrich und Rieck, etwa in Telefonkonferenzen und per eMail-Korrespondenz. Damit „keine Verwirrung auftritt", habe er in der Vorstandsvorlage dann Teil-A *und* Teil-B „berücksichtigt". Seine Informationen habe er aus der Präsentation der BNP Paribas gezogen. Mehr Infos hatte er nicht. An spezielle Dokumente für Teil-B konnte er sich zumindest nicht erinnern. Für ihn sei auch klar gewesen, dass die STCDO sieben Jahre gehalten werde.

3) Die Transaktion sei sehr wichtig gewesen, wie andere zu dieser Zeit auch.

4) Die Rechtsabteilung sei von „Anfang an involviert" gewesen; sie hätte die Präsentation der Franzosen über Omega55 gehabt. Und obwohl Steven P. in der Vorstandsvorlage schrieb, die Rechtsabteilung hat die Transaktion „gründlich geprüft", gab er in der Vernehmung zu, dass er sich an keine eMail mit einer formalen Freigabe durch die Rechtsabteilung erinnere; das sei vielmehr ein „fortlaufender Prozess" gewesen.

5) Teil-A und Teil-B sollten eigentlich zeitlich zusammen abgeschlossen werden (wohl Ende 2007), aber dann war es „zeitlich zu eng". Deshalb wurden zwei „side letter" (Nebenabreden) verhandelt, die Teil-A und Teil-B verknüpften und die die BNP Paribas geschrieben hatte. Diese „side letter" wurden unter den Juristen der HSH „heftig" diskutiert und in Teilen geändert.[101]

6) Warum die wichtige Risikogröße des ökonomischen Eigenkapitals in der Vorstandsvorlage fehlte? Weil dazu das Portfolio der STCDO und das Rating beim Schreiben der Vorlage hätten bekannt sein müssen, waren sie aber nicht.

101 Diese „side letter" waren ein Abwicklungsschreiben („unwind letter") und ein Zusicherungsschreiben („non reliance letter"). Im „unwind letter" verpflichtete sich die HSH, die BNPP kostenfrei zu stellen, sollte die HSH Teil-B nicht bis zum 31.1.2008 abgeschlossen haben. Im „non reliance letter" sicherte die HSH der BNPP zu, Omega55 bis zum 30.4.2008 der BaFin offen zu legen. Wenn im Strafverfahren der „side letter" zur Sprache kam, ging es meist um das Zusicherungsschreiben. vergleiche Urteil LG Hamburg, vom 9.7.2014, S. 13

(Mit dem ökonomischen Eigenkapital beziffern Banken das mögliche Verlustrisiko eines Geschäftes. Erreicht das ökonomische Eigenkapital eine bestimmte Grenze, darf das Geschäft nicht getätigt werden. Es ist zu riskant.)

7) Auf der Vorstandsvorlage ist Omega55 nicht als Groß- oder Organkredit gekennzeichnet. „Das muss wohl übersehen worden sein", sagte Steven P. laut Vernehmung.
(Bei einem Großkredit hätte das ökonomische Eigenkapital zwingend berechnet werden müssen.)

8) Es habe ein Diskussion gegeben, ob Teil-A und Teil-B in zwei Vorstandsvorlagen dargestellt werden sollten; mit seinem Vorgesetzten Marc S. (Zeuge eins) habe er beschlossen, *eine* Vorstandsvorlage zu erstellen.

9) Manches Geschriebene in der Vorstandsvorlage habe er aus einer anderen Vorlage übernommen, sprich: kopiert. So habe sich ein fachlicher Fehler eingeschlichen, ein Fehler, den der Risikofachmann in seiner Einschätzung[102] zur Vorstandsvorlage auch benannte.
(In diesem fehlerhaften Satz und damit Sachverhalt will der Sachverständige der Verteidigung, Dieter Glüder, allerdings ein wesentliches Merkmal der Transaktion Omega55 erkannt haben.)

Vorstands-Lob für Omega55
Steven P. meinte auch sich zu erinnern, dass die Vorstände die Transaktion Omega55 „gelobt haben", weil sie so „riesig" war. Lob sei sonst eher unüblich gewesen.

Damit waren die drei Richter am Ende des Vernehmungsprotokolls angelangt. Weil es halb eins war, entließ Richter Tully alle in die Mittagspause.

Nach der einstündigen Pause teilte er den Entschluss der Großen Strafkammer mit: **Die Ladung von Steven P. als Zeuge wird zurückgewiesen**. Damit bliebe als Beweismittel nur die Verlesung der Vernehmung von Steven P. als offizielle Urkunde. Zwei Verteidiger erklärten sich mit einer Verlesung bereit, vier votierten dagegen. Eine Pattsituation. Denn um das Vernehmungsprotokoll offiziell als Urkunde deklarieren zu können, müssten alle Verteidiger und die Staatsanwaltschaft zustimmen.

102 dem „Second Risk Assessment", siehe Anhang

Blog-Kommentare

17. April 2014 @ 13:43 von: Reinzeichner

Das dürfte den Verteidigern aber nicht geschmeckt haben, dass der Zeuge erklärte, dass die Rückverlagerung des Risikos „die Transaktion war", insbesondere nicht den Verteidigern der Herren Rieck, Strauß und Friedrich. Wie Sie schreiben, wurden die beiden letzteren ja schon einmal durch die Aussage des Group Risk Managers im Dezember belastet. Mehr noch, die Vorstände Rieck und Friedrich scheinen sogar in die Überlegungen zur Strukturierung eingebunden gewesen zu sein. Damit hat der Londoner Zeuge die Analyse des Gutachters Hultsch („Omega 55 war ein Kreislaufgeschäft und eignete sich deshalb nicht dazu, das Eigenkapital bezüglich möglicher Verluste zu entlasten") nur bestätigt. Kein Wunder, dass die Verteidiger die Aussage des Gutachters verhindern wollten.

Unverständlich ist natürlich, dass bei der Fertigung der Kreditvorlage die Großkrediteigenschaft des Deals übersehen wurde. Allerdings meine ich, dass dies einem geschulten Vorstand hätte auffallen und wenigstens Rückfragen auslösen müssen. Damit wäre die Berechnung des ökonomischen Eigenkapitalbedarfs als Grundlage zur Kreditentscheidung Verpflichtung gewesen. So wie die Berücksichtigung des ökonomischen Eigenkapitals im Risikobericht (Geschäftsbericht 2007, S. 72) der HSH kommuniziert wird, ist dies in den Kreditrichtlinien der Bank verankert. [...]

Ich finde, es wird immer deutlicher, dass allein die Eigenkapitalentlastung im Fokus stand. Durch alles andere musste man sehenden Auges durch. Alles in Allem müsste sich ja jede Menge Stoff für eine kritische Befragung durch die Staatsanwälte angesammelt haben.

18. April 2014 @ 10:48 von: bescheidwisser

In meinen Augen ist jede Einlassung der Vorstände, dass sie von Teil B der Omega 55 (der Rückverlagerung der Risiken) nichts gewusst haben, vollständig unglaubwürdig. Darüber hat es unter den Vorständen mit Sicherheit Gespräche gegeben – wenn auch vielleicht nirgendwo schriftlich dokumentiert.

Zum Thema „mathematisch aufgerüstete Produkte": Verboten wurde zwar nichts, aber der Reformeifer hat sich bei den Verbriefungstransaktionen schon erheblich ausgetobt. Allerdings eher in die Richtung, die komplizierten Produkten mit noch komplexerer Regulierung begeben. Mehr Vorschriften, mehr Eigenkapital, ggf. auch mehr Transparenz. Ob die Probleme damit wirklich in den Griff zu bekommen sind, darüber kann man sicher streiten. Fast jeder Beitrag in diesem Blog belegt ja, dass bei der Omega 55 Transaktion schon die damals bestehenden Vorschriften missachtet worden sind.

Die Initiative "True Sale International" beklagt sich jedenfalls schon jetzt:

> *"[...] Die auf dem Tisch liegenden Vorstellungen zur Behandlung von Verbriefungen unter der Solvency II, den Baseler Vorstellungen zur Veränderung des Verbriefungsrahmenwerks sowie zur LCR tragen der Qualität von über 90 % der europäischen Transaktionen bislang in keinster Weise Rechnung; ganz zu Schweigen von den deutschen Auto-ABS."*

Bekanntlich war ja Herr Glüder Gründungsgeschäftsführer der True Sale International GmbH. Aber auch die aktuelle Besetzung ist interessant: Geleitet von einem KfW-Vorstand sitzen darin Vertreter der Bundesregierung und ein aktueller Vorstand der HSH Nordbank, Matthias Wittenburg […] Woher soll bei diesen Konstellation und bei Personen mit diesem Background der Wille kommen, irgendetwas anders zu machen ?

20. April 2014 @ 10:33 von: Reinzeichner

Ich kann mir vorstellen, dass das bewusst so gesteuert wurde. Wäre Teil B noch 2007 aktiviert worden, hätte man bilanziell wegen der Rückverlagerung schon aufsichtsrechtliche Gefahren gesehen. So aber (mit Closing 24.01.2008) konnte Teil B „guten Gewissens" dem Jahr 2008 zugeschrieben und abgewickelt werden. Skrupel müssen allerdings latent mitgespielt haben, s. Ausschnitt von Tag 30 (2.12.2013)[103]

> *"[...] Der promovierte Zeuge berichtete, dass in den Telefonkonferenzen dieser legale Bilanztrick als 'Bilanzkosmetik' eingestuft und 'die Idee nicht weiter verfolgt wurde'. Teilnehmer dieser Telefonkonferenzen waren [...] Risikovorstand Strauß, Kapitalmarktvorstand Friedrich [...] "*

---

103 URL: http://www.diedeutschenbadbanks.de/zeuge-belastet-hsh-vorstand-strauss-und-friedrich/, Stand: 26.3.2015

Tag 51

Verteidigung beantragt Vernehmung von Ex-BaFin-Chef Sanio

Verteidiger Wagner hat am Nachmittag die Prozessbeteiligten sichtlich überrascht. Wagner forderte in einem weiteren Beweisantrag das Gericht auf, den früheren Chef der Bankenaufsicht BaFin, Jochen Sanio, zu laden. Er wäre die erste, bundesweit bekannte Persönlichkeit im Zeugenstand. Sanio solle laut Wagners Antrag zu aufsichtsrechtlichen Fragen des Jahres 2007 gehört werden, also dem Jahr vor der Umstellung des Bankregelwerks von Basel I auf Basel II. Wagners Antrag schlossen sich einige Verteidiger an.

Rechtsabteilung bleibt im Fokus der Verteidiger

Heinz Wagner listete weitere Zeugenwünsche auf. Er wolle erneut die Kollegen der Rechtsabteilung befragen, die für bankenaufsichtsrechtliche Regeln zuständigen waren: die Juristen Vera S. und Sascha E. Und auch einen Mitarbeiter der BaFin wolle Wagner befragen. Doch damit nicht genug. Der Verteidiger beantragte ebenso, die Vorstandsvorlagen anderer Finanzgeschäfte der HSH in den Prozess einzuführen.

Damit wollte er offenbar belegen, dass **Nonnenmacher** gemäß der HSH-internen Kompetenzrichtlinien davon ausgehen durfte, als er die Vorstandsvorlage als fünfter am 19.12. unterschrieb, dass Omega55 längst genehmigt war. Denn vor ihm hatten schon vier Vorstandskollegen zugestimmt. Gemäß der Kompetenzrichtlinie der HSH wäre damit das Geschäft bereits verbindlich genehmigt gewesen, weil die Richtlinie bei Nicht-Großkrediten nur vier Vorstandsunterschriften verlangte, bei „Eilbeschlüssen" sogar nur zwei. Omega55 war aber ein Großkredit, nur fehlte an der entsprechenden Stelle ein Kreuz in der Vorstandsvorlage. Wagner blieb damit seiner bisherigen Verteidigungslinie treu, in der er Nonnenmacher als „Transaktionsbeteiligten" hinstellte und nicht als „Entscheider" und damit verantwortlichen Geschäftsleiter.

Mit einer Erklärung, plus Beweisantrag, wartete im Weiteren Verteidiger **Gatzweiler** im Namen seines Mandanten **Rieck** auf. Gatzweiler möchte, wie sein Kollege, erneut die Mitarbeiter der HSH-Rechtsabteilung befragen, **Heiko L.**, **Vera S.** und **Sascha E.**

Denn trotz der vielen Zeugenerinnerungen ist immer noch nicht zweifelsfrei geklärt, wie intensiv sich die Juristen Omega55 als Gesamtgeschäft angesehen haben und warum sich offenbar nirgendwo eine Dokumentation der Rechtsprüfung zu finden scheint, wenn sie denn stattgefunden hat.

Gutachter gegen Gutachter, Aussage gegen Aussage
Strafverteidiger Gatzweiler ließ es sich auch nicht nehmen, die Aussagen des von ihm bestellten Sachverständigen Dr. Dieter Glüder, IKB-Vorstand, in einer Erklärung gemäß § 257 Abs. 2 StPO abzubilden. In Erklärungen fassen Strafverteidiger die Ergebnisse einer Beweiserhebung zusammen, rein aus ihrer Sicht. Solche Erklärungen werden zu den Gerichtsakten genommen. Gatzweiler arbeitete unter anderem heraus, dass in der Vorstandsvorlage von Omega55 die Chancen und Risiken richtig dargestellt werden, sie aus Praktikersicht kurz und prägnant gehalten war aber vollständig die wesentlichen Sachverhalte wiedergab, die Bewertung der Rechtsabteilung ohne Zweifel und der defensive Charakter des Investments erkennbar war, der Vorstand wegen seiner Vorkenntnisse die Risiken der Verbriefung beurteilen konnte, und er ausreichend informiert war durch die Vorstandsvorlage.

Der Anwalt sieht insgesamt das Gutachten des IKB-Vorstands Glüder im Widerspruch zum Gutachten des Wirtschaftsprüfers Hultsch stehen, dem vom Gericht bestellten Sachverständigen. (Hultsch hatte die Vorlage fundamental kritisiert.) Als Begründung führte Gatzweiler unter anderem die für die Gutachten verwendeten Dokumente an. Hultsch habe seinem Gutachten Dokumente zugrunde gelegt, die die Vorstände nicht hatten, als sie ihre Unterschriften unter Omega55 setzten, erklärte Gatzweiler sinngemäß - wie die Verträge, die Nebenabreden („side letter") und das so genannte Term Sheet, eine Art Entwurf, der Omega55 in wichtigen Details skizzierte. Parteigutachter Glüder dagegen habe seinem Gutachten *nur* die Vorstandsvorlage zugrunde gelegt, so Anwalt Gatzweiler.

Große Verwunderung bei mir. Denn ich hatte das anders im Gericht verstanden und gelesen. (siehe Tag 38)

Gatzweiler und die Akteneinsicht für „seinen" Gutachter
Vor Gericht hatte Glüder selbst berichtet, er habe für die Erstellung seines Gutachtens neben der Vorstandsvorlage auch diverse Nebenabreden wie den „unwind letter" (das Abwicklungsschreiben) erhalten und gelesen, dazu die Verträge zum Geschäft, die er teilweise studiert hat, außerdem ein internes Papier der BNP Paribas und Teile der Ermittlungsakte. Glüder hatte offenbar auch Zugriff auf die streng gehüteten Gutachten der Kanzlei Freshfields und der Prüfungsgesellschaft KPMG.

Gatzweiler selbst hat bei der Einstweiligen Verfügung gegen mich - bei der es ebenfalls um die Akteneinsicht seines Sachverständigen ging - in einer Eidesstattlichen Versicherung vom 11.3.2014 bekundet, dass er an Dieter Glüder

„ca. vier Ordner“ mit Akten weitergeleitet habe, die für „die Erstellung des bei ihm in Auftrag gegebenen Gutachtens aus meiner Sicht unbedingt notwendig“ waren.

Die Vorstandsvorlage inklusive Anhänge bestand aber aus weniger als 15 Seiten.

Ich habe Anwalt Gatzweiler per eMail am 17.4.2014 gebeten, mir zu bestätigen, dass er in seiner Erklärung vor Gericht gesagt habe, IKB-Vorstand Glüder habe seinem Gutachten „ausschließlich die Vorstandsvorlage“ mit den beiden Anhängen „zugrunde gelegt“. Und wenn nicht, es bitte richtig zu stellen, auf welchen Dokumenten das Gutachten basiere.[104]

Medienanwalt droht: Berichterstattung „lieber unterlassen“

Statt von Gatzweiler erhielt ich am selben Abend überraschend eine eMail seines **Medienanwalts Ralf Höcker**. Dieser teilte mir darin mit, dass er mir auf meine Frage bis 20:30 Uhr antworten werde. 19:55 Uhr schrieb er dann erneut per Mail: „Sehr geehrte Frau Parthum, das Zitat stimmt nicht. Es ist falsch.“ Daraufhin mailte ich zurück, welches Zitat er meine? Denn in meiner Anfrage hatte ich auf den Sachverhalt abgestellt und nicht auf ein Zitat. Gleichzeitig reduzierte ich in dieser Rückmail den Sachverhalt tatsächlich auf ein Zitat „ausschließlich die Vorstandsvorlage“, um die Nachfrage zu vereinfachen und bat noch einmal freundlich um Klar- und gegebenenfalls Richtigstellung.

Medienanwalt Höcker hatte mich noch im Februar telefonisch darauf hingewiesen, als er mir im Auftrag der Anwälte Gatzweiler und Münchhalffen Abmahnungen zustellen ließ, bei Unklarheiten doch bei Prof. Gatzweiler anzufragen. Das hatte ich hiermit getan.

Statt die Sachlage aber klar zu stellen, antwortete Ralf Höcker um 22:46 Uhr per Mail, dass ich nicht erwarten könne, dass sein Mandant ihn dafür bezahle, meine „Verständnislücken“ zu schließen. Ich solle „einfach besser“ in der Verhandlung „aufpassen“. Und wenn ich mir nicht sicher sei, was ich verstanden habe, sollte ich die Berichterstattung doch im „eigenen Interesse lieber unterlassen“.

Zur Sache half mir diese Drohung nicht weiter.

Verteidigerin widerspricht Vernehmung von KPMG-Prüfern

Gaby Münchhalffen ergriff ebenso im Namen ihres Mandanten Visker das Wort. Sie widersprach der Vernehmung der für nächsten Mittwoch geladenen Zeugen, zwei Wirtschaftsprüfern der internationalen Prüfgesellschaft KPMG. Die Prüfer hatten 2009 vor allem die Kapitalmarktgeschäfte der HSH Nord-

104 Das Urteil des Landgerichts trifft dazu keine Aussage, welche Dokumente die Sachverständigen Hultsch und Glüder ihren Gutachten zugrunde gelegt haben.

bank des Jahres 2008 und davor und organisatorische Abläufe untersucht; ihre mehr als tausend Seiten umfassende Analyse - die eine ungeheure Vielzahl von Versäumnissen und Mängel in der HSH-Organisation aufdeckte - ist für die Öffentlichkeit bis heute offiziell nicht einsehbar.

Die beiden Wirtschaftsprüfer kommen auf Wunsch von Nonnenmachers Anwalt Wagner ins Gericht. Der Strafverteidiger reagierte denn auch „erstaunt" auf den Widerspruch der Kollegin.

Mittwoch, 23. April 2014

Tag 52: Ohne Sanio in den zähen Endspurt

Der Prozess geht dem Ende zu. Die Tage im Gericht werden kleinteiliger. Das juristische Neuland erweist sich als schwer zu beackernder Boden. Und als steiniger dazu. Am Anfang des Untreue-Verfahrens half noch ökonomischer Sachverstand, um sich mit dem Gericht dem Geschäft Omega55 zu nähern. Mit Blick auf das Ende aber gingen die Prozessbeteiligten intensiver zum rechtlichen Aufarbeiten und Bewerten des Gehörten und Gelesenen über, um herauszufinden, was Untreue, Pflichtverletzung, Bilanzfälschung, Vorsatz oder Fahrlässigkeit gewesen sein könnte oder war. Der Prozess erhielt dadurch mehr Tiefe aber auch Schwere. Mich ermüdete er zusehends. Durchhalten hieß es. Für alle. Die Unruhe unter den Angeklagten und Verteidigern nahm jedenfalls zu, genau wie die Lautstärke, wenn sich die Juristen stritten.

Gericht will Ex-BaFin-Chef Sanio nicht hören

Der 52. Verhandlungstag zählte zu den dicht gedrängten. Zur Einstimmung lehnten die Richter geschäftig mehrere Beweisanträge ab. Das Ansinnen von **Strafverteidiger Gatzweiler** (für Rieck) zum Beispiel ziele lediglich auf eine „Wiederholung der Beweisaufnahme" ab, so das Gericht. Die Zeugen seien umfassend befragt worden. Das Gericht erwartet sich keine neuen Tatsachen.

Den Beweisantrag von **Verteidiger Wagner** (für Nonnenmacher) wiesen die Richter ebenso zurück, den früheren Präsidenten der Bankenaufsicht BaFin, Sanio, zu befragen. Und den Widerspruch von **Verteidigerin Münchhalffen** (für Visker) gegen die Vernehmung der beiden KPMG-Wirtschaftsprüfer an diesem 23. April lehnten die Richter auch ab - als „unbegründet".

Karrieresprung für Richter Tully

Anschließend informierte der Vorsitzende Richter Tully die Anwesenden in eigener Sache. Er sei ab dem 1. Mai nicht mehr nur Vorsitzender Richter dieser 8. Strafkammer, sondern auch noch Richter am Hanseatischen Oberlandesgericht. Er sei versetzt worden. Deshalb bekleide er künftig zwei Stellen jeweils zu 50 Prozent. Ein Karrieresprung zu einer ungewöhnlichen Zeit. Einer der Verteidiger meldete sich denn auch und sprach wie zu sich selbst, über diese Neuigkeit müsse er noch nachdenken.

Neue Impulse für Rechtsdiskurs durch weiteres Gutachten

Dann kam die Stunde von **Verteidiger Reinhard Daum**, der Hartmut Strauß vertritt. Daum knüpfte an die rechtlichen Einschätzungen[105] der Richter an den

105 Hinweisbeschluss der Strafkammer vom 26.3.2014

vergangenen Hauptverhandlungstagen an und sagte, er wolle diesem rechtlichen Diskurs einen „neuen Impuls" hinzufügen. Den Impuls erhoffte er sich von einer Stellungnahme des Bank- und Kapitalmarktrechtsexperten Prof. Frank Schäfer. Ihn hatte der Verteidiger gebeten, sich die vertraglichen Bestandteile von Omega55 anzusehen und nachzuvollziehen, wer bei diesem Finanzgeschäft welche Rechte und Pflichten hatte. Daum las die Stellungnahme vor. Sie war äußerst dicht und technisch gehalten.

Zwei Fragen sollte Professor Schäfer klären, vereinfacht dargestellt:
Frage 1: Waren die vertraglichen Regelungen einschließlich der Nebenabreden geeignet, das durch so genannte Risk Weighted Assets gebundene Eigenkapital der HSH zum 31.12.2007 in einer Höhe von etwa 128 Millionen Euro freizusetzen. (Eigenkapital also, das durch Kreditgeschäfte gebunden war?)
Frage 2: Stehen einem wirksamen Risikotransfer zum 31.12.2007 bestimmte vertragliche Vereinbarungen entgegen?

Prof. Frank Schäfer kam nach Durcharbeiten der Vertragswerke, diverser Nebenabreden und Arbeitspapiere nach Aussagen von Anwalt Daum überblickshaft zu diesem Ergebnis:
Antwort 1: Teil-A führt zu einem wirksamen Risikotransfer hinsichtlich des Kreditportfolios der HSH auf die BNP Paribas zum Jahreswechsel 2007 und setzt damit Eigenkapital der HSH frei. An dieser Aussage änderten auch die vertraglichen Nebenabreden nichts wie der so genannte „unwind letter", so der Kapitalmarktrechtsexperte. Die Nebenabrede in diesem Abwicklungsschreiben („unwind letter") und andere Vertragsbestandteile bewertet Schäfer lediglich als „Kostenfaktoren" für die HSH, wenn die sich im Januar 2008 doch entschließen sollte, den B-Teil nicht wie vereinbart abzuschließen. Sie beeinträchtigen nicht die Rechtswirksamkeit der Risikotransfers und die damit verbundenen Entlastungswirkungen.
Antwort 2: Für das zentrale Risiko durch den B-Teil von Omega55 tritt gerade keine Rückverlagerung des Risikos von der BNP Paribas auf die HSH ein. Das heißt, „dass der Abschluss von Teil-B der Transaktion einem wirtschaftlich durch Teil-A der Transaktion vereinbarten Risikotransfer nicht entgegensteht".

Gelangweilt und hungrig
Dieser externen Rechtsexpertenlesart folgte eine kurze Diskussion, die allerdings Richter Tully jäh unterbrach. Der **Vorsitzende Richter** mochte der Aktion von Verteidiger Daum nur wenig abgewinnen. Er könne den „prozessualen Sinn nicht erkennen", in der Hauptverhandlung einen vorbereiteten Schriftsatz eines anderen Anwalts zu verlesen. Daum hätte den Inhalt des Gutachtens

doch mündlich vortragen können, um die „lebendige Struktur“ der Verhandlung nicht zu durchbrechen. Es sei „unglaublich langweilig“ etwas vorzulesen, was alle leise schneller lesen könnten, sagte Tully. **Verteidiger Prinzenberg** mischte sich daraufhin ein und wörtelte sich mit dem Richter. Der blieb gefasst und ordnete eine Pause an: Er wolle das jetzt nicht vertiefen, er habe Hunger.

Und so endete Tullys leichter Ärger darin, dass Verteidiger Daum nach vorn zu Richter Bruns ging, und er sich mit ihm bilateral über die Gutachteraussagen unterhielten, denn Bruns fand sie „inhaltlich sehr interessant“.

Missverständnis oder Bewertungsfrage

Nach der Pause und der sich ihr anschließenden Befragung der KPMG-Wirtschaftsprüfer Niels M. und Michael K., die die Strafkammer nicht warten lassen wollte, kommentierte **Richter Bruns** die Aussagen des Bankenexperten Schäfer weiter, dass zum Beispiel für einen wirksamen Risikotransfer die HSH Teil-A hätte ein Jahr lang laufen lassen müssen, so zumindest sahen es die Aufsichtsregeln Ende 2007 vor. Und nicht nur wenige Monate. (Wie die Vorstandsvorlage andeutete, wollte die HSH Teil-A im April 2008 kündigen.) So weit, so noch nachvollziehbar. Richter Bruns redete unbeirrt weiter. Er zerpflückte mit geradezu freudigem Eifer das soeben gehörte Expertenergebnis. Bruns sprach von „Verlustschutz der HSH“ durch die Verträge, den die Landesbank durch Teil-B verliere.

Mir schwirrte der Kopf. Wohl nicht nur mir.

Alles verstanden?

Anwalt Daum fragte dann auch vorsichtig in die Runde, ob man sich in dem Punkt einig sei, dass durch Teil-B das Risiko *nicht* zurückgenommen werde wegen der Vertragsdetails, Omega55 also *kein* Kreislaufgeschäft war? Geklärt wurde dieser Punkt nicht.

Das Gericht hatte aber früher schon einmal angedeutet, dass es Omega55 eher als aufsichtsrechtlich wirkungsloses Kreislaufgeschäft einordne, also die Bilanz zum Stichtag 31.12.2007 nicht entlaste. Letztlich sind es rechtliche Fragen, die Richter und Schöffen zu bewerten haben und die in das Urteil einfließen werden.

Staatsanwaltschaft wirft Vorständen Schutzbehauptung vor

Und auch dies sei noch erwähnt: **Staatsanwalt Fink** hatte zwischendrin aufgezeigt und die für das Verfahren wichtig gewordene Unterscheidung zwischen „financials“ und „corporates“ im Teil-B thematisiert. Die ausländische Adresse des **Zeugen Steven P.**, der die Vorstandsvorlage geschrieben hatte, sei der Staatsanwaltschaft jedenfalls bekannt, sagte Fink. Sie wolle ihn als Zeugen hören, genau wie die Verteidiger Gatzweiler und Münchhalffen. P. würde auch aussagen, so Fink. Und zwar, dass in der HSH unter „corporates“ tatsächlich *auch* „financials“ verstanden wurden, also Kredite und Anleihen von Banken, nicht nur Unternehmen. Die Behauptung der Ex-Vorstände Berger und Strauß, „corporates“ und „financials“ seien zwei unterschiedliche Dinge, seien Schutzbehauptungen, sagte der Staatsanwalt.

Zu guter Letzt stellte noch **Staatsanwalt Wegerich** den Beweisantrag, **Dr. Thomas Emde** von der **Kanzlei Freshfields, Bruckhaus, Deringer** zu laden und ihn zu genau diesen strittigen Begrifflichkeiten „financials“ und „corporates“ zu befragen. Freshfields erhielt 2009 den Auftrag, den HSH-Geschäftsbetrieb auf mögliche Managementfehler hin zu untersuchen. Entstanden ist dabei das schon oft im Prozess erwähnte, unter Verschluss gehaltene, so genannte Freshfields-Gutachten. Es weist drei der angeklagten Ex-Vorstände Pflichtverletzungen nach - Peter Rieck, Hartmut Strauß und Joachim Friedrich.

Das war der Auftakt und das Ende des 52. Tages. Der Hauptakt gehörte den Wirtschaftsprüfern von **KPMG, Niels M.** und **Michael K.** Und dieser war um Längen fesselnder.

Tag 52

KPMG-Prüfer: Die Bank war schlicht überfordert.

Es glich einem Krimi, was die Zeugen **Niels M.** und **Michael K.**, **Wirtschaftsprüfer bei KPMG**, an diesem Nachmittag erzählten.

KPMG war von der HSH Nordbank Ende 2008 beauftragt worden, erstmals ihren Jahresabschluss zu prüfen. Die HSH vollzog damit einen Wechsel von ihrer langjährigen Hamburger Prüfgesellschaft BDO hin zur international aufgestellten Wirtschaftsprüfungsgesellschaft KPMG, eine der so genannten Big4 der Branche. Aus dieser Abschlussprüfung des Jahres 2008 wurde letztlich eine der umfassendsten Prüfungen der Bank. Denn der Aufsichtsrat der HSH soll den Prüfauftrag um eine Vielzahl an Schwerpunkten wie der Prüfung der Wertpapierbestände, der Derivate und deren Bilanzierung sowie des Kreditersatzgeschäftes der Jahre 2000 bis 2008 erweitert haben. Im Herbst 2008 hat zudem die Bankenaufsicht BaFin die KPMG zusätzlich damit beauftragt, die von der Finanzmarktkrise betroffenen Kreditderivate und -produkte zu untersuchen. KPMG hat sich deshalb auch mit dem Finanzgeschäft Omega55 beschäftigt.[106] Daraus entstand ein mehr als tausend Seiten starkes Gutachterwerk.

Die Prüfer M. und K. waren auf Antrag der Verteidigung von Dirk Jens Nonnenmacher geladen. Den Widerspruch der Verteidigerin von Bernhard Visker, **Gaby Münchhalffen**, gegen die Befragung der beiden lehnte das Gericht unmittelbar vorher ab. Es konnte also losgehen.

Teil-B falsch gebucht und nicht überwacht
Richter Tully rief zuerst **Wirtschaftsprüfer Niels M., 47**, in den Saal und belehrte ihn, wie alle anderen Zeugen, vor Gericht müsse er die Wahrheit sagen. Und auch an diesen Zeugen stellte er seine Einstiegsfrage in die Vernehmung: An was erinnern Sie sich bei Omega 55? Daraufhin berichtete Niels M., dass er im November 2008 bei der HSH mit einer normalen Abschlussprüfung begonnen habe, kurz darauf in einem Gespräch mit Dirk Jens **Nonnenmacher** aber eine erweiterte Prüfung daraus wurde. (Nonnenmacher war Mitte November zum Vorstandschef der HSH ernannt worden.) Niels M. hatte bei dieser Prüfung die „Letztverantwortung“, wie er sagte.

Nonnenmacher habe ihn in diesem Gespräch informiert, es gebe ein „großes Bewertungsthema in der Bank“ und er werde ihn unverzüglich informieren, sobald er Bescheid wisse. Bei dem „Bewertungsthema“ handelte es sich vor allem um Omega55. Eine Woche nach diesem Gespräch habe dann der Auf-

106 vergleiche Bericht PUA Hamburgische Bürgerschaft, Drucksache 19/8300, S. 103ff

sichtsratsvorsitzende der HSH, Wolfgang Peiner, der KPMG den Auftrag erteilt, sich Omega55 intensiv anzusehen. Zeitweise sollen bis zu einhundert KPMG-Mitarbeiter an diesem Mandat gesessen haben. Und alle zwei Tage erstatteten die Prüfer dem Aufsichtsrat und dem Vorsitzenden des Risikoausschusses Bericht.

Bei der Aufarbeitung von Omega55 fiel dem Team auf, dass die 400-Millionen-Verbriefung in Teil-B als „normaler Kredit“ in den Büchern stand. Das aber sei „nicht ordnungsgemäß“ gewesen, erinnerte sich der 47-jährige, worauf er später noch genauer einging. Omega wurde auch von der Londoner Filiale aus gemanagt und nicht von der Zentrale in Hamburg. Dadurch habe die fortlaufende Überwachung gefehlt.

Zweifelhafte Risikokultur und eine schwer verständliche Vorlage

Überhaupt hatte der erfahrene Prüfer den Eindruck, dass die Abteilungen, die neue Geschäfte zu prüfen und bewerten hatten (wie NPNM und Kredit Risk Management), personell, technisch und zeitlich deutlich schlechter ausgestattet waren als die Kollegen, die sich die neuen Geschäfte ausdachten und diese verkauften. Dadurch sei es für die Verkäufer, die „Marktleute“, vergleichsweise einfach gewesen, große Risiken einzugehen, so Prüfer Niels M.

Und auch mit dem Rechnungswesen war der Prüfer unzufrieden. Die Zulieferung von Unterlagen habe „sehr lange gedauert“. Er habe sogar mahnen müssen, damit er die Belege zu Omega55 erhalte. M. erkannte auch, dass der Prüfprozess der Abteilung Neue-Produkte-Neue-Märkte hinsichtlich des Rechnungswesens nicht die Anforderungen erfüllte. Überhaupt musste man sich mit der Vorstandsvorlage „sehr intensiv beschäftigen“, damit man das versteht, sagte der Prüfer.

Verständnislücken bei Kapitalmarktvorstand Friedrich?

Mitte Januar 2009 sei es dann zu einem Zwiegespräch zwischen den Wirtschaftsprüfer und dem zuständigen **Kapitalmarktvorstand Joachim Friedrich** gekommen, damit die Wirtschaftsprüfer Niels M. und Michael K. auch dessen „Sichtweise auf das Geschäft“ zu erhalten. Die Prüfer protokollierten dieses Gespräch. An dieser Stelle fragte Richter Tully nach, ob er sich an das Ergebnis dieses Gespräches erinnere? Friedrich habe sich nicht gut von seinen Mitarbeitern informiert gefühlt, berichtete Niels M. Friedrich habe auch auf ihn den Eindruck gemacht, dass er Omega55 aufgrund der Unterlagen nicht vollständig verstanden habe. Was ihn zu diesem Urteil veranlasste, fragte das Gericht nicht.

(Friedrichs Verteidiger widersprach am nächsten Verhandlungstag der Verwertung der Aussagen über dieses protokollierte Gespräch.)

Was der Vorsitzende Richter Tully allerdings von Prüfer M. doch noch wissen wollte: Kommt es für Teil-A tatsächlich zu einer Eigenkapitalentlastung zum 31.12.2007? Nach seiner Erinnerung: „Nein", erwiderte M. Das hätten sie aber nicht geprüft, weil Omega55 im April 2008 gekündigt worden war und sie den Abschluss des Jahres 2008 zu prüfen hatten, und nicht den des Jahres 2007.

Finanzkrise ab Sommer 2007

Anschließend nutzte Staatsanwalt Wegerich sein Fragerecht nur kurz. Ob er das Gutachten selbst formuliert habe, war eine der wenigen Fragen. Niels M.: Der Prüfungsbericht sei ein Werk von vielen Wirtschaftsprüfern. Er habe als Auftragsunterzeichner aber die Letztverantwortung. Er selbst habe nur einige Kapitel bearbeitet, unter anderem die zu den vermuteten Gesetzesverstößen und den Prüfungsergebnissen zu Omega55. Wegerich wollte noch wissen, wie sich in seiner Erinnerung die Finanzkrise entwickelt habe. Für Niels M. begann sie mit den Problemen der IKB und der Sachsen LB im Sommer 2007[107].

Keine Heimlichtuerei, dafür Überforderung

Dann gehörte der Zeuge **Heinz Wagner**, dem **Verteidiger von Nonnenmacher.** Er hatte um diese Befragung gebeten. Zuerst aber krittelte Wagner an der bisherigen Befragung herum. Er habe damit ein bestimmtes Problem ... Welches blieb zumindest mir verborgen. Lange hielt er sich aber auch nicht an diesem Problem auf, sondern leitete über zum Gespräch zwischen Nonnenmacher und Niels M. Ob er dabei das Gefühl gehabt habe, sein Mandant wollte ihm etwas verheimlichen? Diesen Eindruck verneinte der Prüfer. Er habe sich bestmöglich durch den Vorstandschef informiert gefühlt; er sei immer „ansprechbar" gewesen. Der Wirtschaftsprüfer meine vielmehr: „Die Bank war schlicht überfordert."

Wagner fragte dann Kleinteiliges zum Jahr 2008, beispielsweise wie die Liquiditätssituation war und wer die Gespräche mit dem Soffin geführt hatte. Die anderen Verteidigern wirkten dabei unruhig.

Ausländische Niederlassungen in der Kritik

Wagner erkundigte sich dann über die Kommunikation zwischen den ausländischen HSH-Niederlassungen wie London und den Zentralen in Hamburg und Kiel. Ob es Schwierigkeiten gegeben habe? Die gab es, antwortete der Zeuge knapp. Die ausländischen Niederlassungen hätten eine enorme Bedeutung und Eigenständigkeit gehabt und seien mit „starken Persönlichkeiten" besetzt gewesen. Und es habe ein enormes Gefälle zwischen Markt und Marktfolge ge-

---

107 Im August 2007 droht der Sachsen LB der Zusammenbruch. Die IKB hatte bereits im Juli 2007 existenzbedrohende Zahlungsschwierigkeiten öffentlich gemacht.

geben. Hier sprach der Prüfer nochmals den NPNM-Prozess an, der nicht das an Informationen hervorgebracht habe, was er hervorbringen sollte.
(Bei dieser kritischen Aussage wurden die anderen Verteidiger erneut unruhig. Nur kurze Zeit später ordnete Tully eine zehnminütige Pause an.)

Nach der Pause wollte nur noch Verteidiger Daum etwas von KPMG-Prüfer Niels M. wissen.

Kein Blickkontakt des Zeugen
Der erfahrene Wirtschaftsprüfer schien sich als Zeuge nicht sonderlich wohl zu fühlen. Er antwortete langsam, überlegend und mit vielen Ähs. Und als die Verteidiger ihre Fragen an ihn richteten, sah er sie nicht an. Selbst beim Antworten blickte er gerade aus, sprach Richtung Fenster und Staatsanwaltschaft.

Das „andere", komplexe, nicht verstandene Geschäft
Dann Auftritt Wirtschaftsprüfer zwei der KPMG: **Michael K., 56**. Er habe von Omega55 erstmals im Gespräch mit Dirk Jens Nonnenmacher erfahren, berichtete er Richter Tully. Nonnenmacher habe gesagt, Omega55 gehöre nicht in das „gebuchte Kreditbuch". Michael K. fand, dass Omega55 „anders" als andere Geschäfte war und die Verbriefung darin, die STCDO, den „Kern" der Transaktion darstellte. (Ähnlich hatte sich in seiner staatsanwaltschaftlichen Vernehmung Steven P. geäußert, der die Vorstandsvorlage geschrieben hatte. Siehe Tag 51)

Diese 400-Millionen-Verbriefung habe ein „mehrdimensionales Risiko" gehabt und hätte eigentlich im Kreditersatzgeschäft gebucht und gemanagt werden müssen und keinesfalls im Kreditbuch.

Unverstanden
Und dann sagte er einen Satz zu dem fragenden Vorsitzenden Richter Tully, mit dem er ein wesentliches Abwehrargument der Angeklagten zurechtrückte: Ihm sei aufgefallen, dass die Entscheider bei Omega55 nichts von den Wirkungen und der Komplexität wussten.

Welche Entscheider er meinte, präzisierte der KPMG-Mann nicht.

Ressortverantwortlicher Vorstand kannte Teilvertrag nicht
Richter Tully lenkte den Zeugen dann auf den Gedankenaustausch mit Kapitalmarktvorstand **Friedrich**, von dem sein Kollege kurz zuvor erzählt hatte. An dieses Gespräch erinnerte sich Michael K. gut, in Teilen sogar „intensiv". Friedrich, so meinte sich der Wirtschaftsprüfer zu erinnern, war sich nicht die ganze Zeit über das Risiko im Geschäft „bewusst". Und er sei „verärgert über London" gewesen. An was er sich auch intensiv erinnere, sei eine „Unterlage"

zu Omega55 gewesen, geschickt von der BNP Paribas. Darin sei dargelegt worden, dass die HSH unter anderem das Geschäft verstanden habe und es aufsichtsrechtlich richtig behandelt. Dieser Vertrag sei Friedrich nicht bekannt gewesen.
(Der Zeuge meinte hier vermutlich die „Legal Opinion"[108], von der die Juristen der HSH-Rechtsabteilung bei ihrer Befragung am 45. Verhandlungstag sprachen. Kein Prozessbeteiligter konkretisierte aber, um welche Unterlage es sich exakt gehandelt habe, an die sich Prüfer K. so lebhaft erinnerte.)

Ob sich bei solchen Gesprächen mit den Vorständen im Nachgang zu Omega55 einer der Banker geärgert habe über die „financials" in der Verbriefung, fragte Tully noch. Das erinnere er nicht, antwortete der Wirtschaftsprüfer. Wie seinen Kollegen Niels M. zuvor fragte Richter Tully auch Michael K., ob für 2007 die Eigenkapitalentlastung für Omega55 eingetreten sei? Wir haben den Jahresabschluss 2008 geprüft, sagte der Befragte, nicht 2007.

Nonnenmachers Reputation
Die Staatsanwaltschaft hatte keine Fragen an den Zeugen, dafür erneut **Verteidiger Wagner**. Er wollte auch mit ihm die Kooperationsbereitschaft und Offenheit seines Mandanten, des damaligen Vorstandschefs, Nonnenmacher herausarbeiten. Michael K. hatte, wie zuvor sein Kollege, nicht den Eindruck, dass etwas vertuscht werden sollte. Wenn dem so gewesen wäre, hätte er den Abschlussvermerk unter die Jahresabschlussprüfung 2008 „nicht erteilt". Er war dankbar für die direkten Gespräche mit dem Vorstandschef.

Zankapfel Gesprächsprotokoll zwischen Prüfern und Vorstand
Am Ende der Zeugenbefragung bat Richter Tully Michael K., ob er dem Gericht das Protokoll des Gesprächs zwischen ihm, seinem Kollegen und Joachim Friedrich zuschicken könnte, vorausgesetzt, KPMG habe keine Einwände. Friedrichs **Verteidiger Prinzenberg** widersprach diesem Ansinnen sofort. Das Gesprächsprotokoll sei ein persönliches Protokoll und er müsse das erst mit seinem Mandanten besprechen.

Die Anwälte Münchhalffen und Gatzweiler äußerten ebenso Bedenken, das Protokoll als Beweismittel heranzuziehen.

108 siehe auch Urteil LG Hamburg, vom 9.7.2014, S. 136

Blog-Kommentar

5. Mai 2014 @ 21:32 von: bescheidwisser

Die Aufnahme von Omega 55 als normalen Kredit mit 400 Millionen „in die Bücher" bedeutet, dass die ganzen Berechnungen, die Prof. Hellmich für die Bestimmung des Wertes der Transaktion vorgenommen hat - und die offenbar zu laufenden Schwankungen des Wertes geführt hätten -, für die Darstellung der Transaktion innerhalb der HSH keine Rolle gespielt haben. Ein laufendes Risikomanagement kann so nicht möglich gewesen sein.

Montag, 28. April 2014

Tag 53: Verteidigung fordert Verschwiegenheit von KPMG-Prüfern

Des einen Freud, des anderen Leid. So lassen sich die Aussagen der Wirtschaftsprüfer der KPMG, **Niels M. und Michael K.**, vom 52. Verhandlungstag auf den Punkt bringen. Während die Verteidigung von Dirk Jens Nonnenmacher die für seinen Mandanten entlastenden Aussagen der Prüfer am Anfang dieses Verhandlungstages in einer Erklärung nochmals unterstrich, widersprach die Verteidigung von Joachim Friedrich der Verwertung mancher Aussagen, die wiederum für seinen Mandanten belastend waren.

Heinz Wagner arbeitete in seiner Erklärung heraus, dass die Prüfer Niels M. und Michael K. seinen Mandanten **Nonnenmacher** „offen und authentisch" erlebt haben, und er sie über Omega55 informiert habe. Sonst hätten sie dem Jahresabschluss 2008 das Abschlusstestat nicht erteilt, wie einer der beiden gesagt hatte. Die Wirtschaftsprüfer bestätigten darüber hinaus, dass Nonnennmacher nichts verschleiern wollte. Das schien Verteidiger Wagner wegen des zweiten Anklagevorwurfs gegen seinen Mandanten wichtig zu sein.

Nonnenmacher ist nicht nur gemeinsam mit den anderen fünf Ex-Vorständen der schweren Untreue angeklagt, sondern auch der Bilanzfälschung, zusammen mit Joachim Friedrich.

Anwalt Wolfgang Prinzenberg wiederum wollte einige Aussagen der Prüfer über seinen Mandanten **Joachim Friedrich** der Bewertung durch die Berufsrichter und der Schöffen entziehen. Beide Wirtschaftsprüfer hatten vor Gericht ein Gespräch mit Friedrich aus dem Januar 2009 geschildert. In diesem habe sie der Kapitalmarktvorstand über das Geschäft ins Bild gesetzt. Dabei sollen persönliche Worte und Einschätzungen gefallen sein, die die Prüfer in einem Protokoll dokumentierten. Der damalige Vorstand soll sich zum Beispiel über die Londoner Niederlassung geärgert und sich von seinen Mitarbeiter nicht gut informiert gefühlt haben. Auch soll er einen wichtigen Untervertrag nicht gekannt haben. Dabei war Friedrich der ressortverantwortliche Vorstand für Kapitalmarktgeschäfte. (siehe Tag 52)

Verteidiger Prinzenberg führte nun an, das Gespräch sei vertraulich geführt worden und darauf müsse sich sein Mandant auch heute noch verlassen dürfen. Gesprächsinhalte dürften nur verwendet werden, wenn sein Mandant zustimme. Friedrich aber wolle die Wirtschaftsprüfer nicht von ihrer Verschwiegenheitspflicht entbinden, erklärte Verteidiger Prinzenberg. Und deshalb widersprach er auch nicht nur der Verwertung der Zeugenaussagen zu diesem „vertraulichen“ Gespräch, sondern er widersprach auch dem Ansinnen der Richter, die gesamte Mitschrift des Gespräch der drei Männer von Anfang 2009 im Prozess zu verwerten.

Die Richter hatten KPMG gebeten, ihnen das Gesprächsprotokoll der Prüfer Niels M. und Michael K. auszuhändigen.

Und auch **Verteidiger Norbert Gatzweiler** brachte sich ein, nannte die von der Staatsanwaltschaft beim vorherigen Termin beantragte „Beweiserhebung“ von **Dr. Thomas Emde** von der **Kanzlei Freshfields, Bruckhaus, Deringer** „unzulässig“. Es gebe ein Recht zu Schweigen. Seine Kanzleikollegin Münchhalffen widersprach dem Antrag der Staatsanwaltschaft im Auftrag ihres Mandanten ebenfalls.

Tag 53

Entscheidet kreative Finanzmathematik über Urteil?

Prof. Martin Hellmich ist eine Frohnatur. Der als zweiter Gutachter vom Gericht bestellte **Mathematiker** von der Frankfurt School of Finance wehte an diesem Tag um etwa eine Stunde verspätet gegen 10:30 Uhr mit Elan in den Gerichtssaal. Die Richter hatten ihm einen Zusatzauftrag anvertraut.

Ohne „financials" bitte!

Der Zusatzauftrag lautete sinngemäß: Wie sähe der Wert der 400-Millionen-Verbriefung in Teil-B von Omega55 aus, die STCDO, wenn *keine* „financials" drin gesteckt hätten, also Kredite und Anleihen von Banken. 2009 fielen viele davon aus, weil Banken in der Finanzkrise in Konkurs gingen. Die Verbriefung von Omega55 sollte aber - so könnten die in der Vorstandsvorlage verwendeten Begriffe gedeutet werden - so konstruiert sein, dass sie *keine* Bankwerte enthielt, sondern nur Kredite oder Anleihen von Unternehmen und Staaten, also „corporates and sovereigns". Tatsächlich beinhaltete die Omega-Verbriefung aber doch Bankanlagen.

Strittig blieb dabei der Begriff „corporates". Was wurde darunter in der HSH verstanden? Ausschließlich Unternehmen oder auch Banken? Oder liefen Banken immer separat als „financials"? Allein der Umstand, dass die HSH-Banker nicht dieselben Fachbegriffe für eine Sache nutzten, lässt den Grad der Desorganisation in der Landesbank erahnen.

Hellmich hatte für den 50. Verhandlungstag den Wert der Verbriefung zu den Stichtagen 21.12.2007 und 24.1.2008 neu ermittelt. Auf den 21.12. datierte der Vertragsabschluss für Teil-A; am 24.1. wurde der Vertrag zu Teil-B unterzeichnet. Für den Ergänzungsauftrag nahm Hellmich aus der 400-Millionen-Verbriefung entsprechend Banken, Versicherungen und Finanzmakler heraus. Das waren von 161 „Titeln" immerhin 50. Dafür sortierte er ausgewählte 50 Firmen- und Staatentitel hinein.

Auch ohne „financials" Millionenverlust

Seine neuen Ergebnisse unterscheiden sich - wenn ich das richtig verstanden habe - vor allem beim zweiten Stichtag vom ursprünglichen Mix der Verbriefung. Nicht zum ersten:

Für den **21.12.2007**, Abschluss Teil-A, weist die neue Rechnung einen **Verlust von etwa 10 Millionen Euro** aus, wie bei der ersten Rechnung.

Zum **24.1.2008** aber, Abschluss Teil-B, wäre der **Verlust niedriger** ausgefallen als bei der Rechnung mit den Banktiteln. Da hatte Hellmich 50 Millionen Euro Verlust kalkuliert. Aber auch der „niedrigere“ Betrag entspricht in absoluten Zahlen immerhin noch einem geschätzten **Wertverlust** von **27 Millionen Euro**.

Zumindest wiederum theoretisch.

Durchaus marktüblich

Denn auch bei dieser Rechnung gelte, was bei der ersten galt: Lege man die Fehler des Rechenmodells zugunsten der HSH aus, ergebe sich zum **21.12.2007** für Verbriefung ein Wert, der „im Großen und Ganzen in-line“ gewesen sei. So hatte es der Sachverständige bei seiner ersten Einschätzung ausgedrückt. Was das genau bedeutet, bleibt Auslegungssache.

Der **Verlust zum 24.1.2008** aber sei und bleibe ein **unverrückbarer Verlust**. Mathematiker Hellmich betonte dazu ungefragt, dass bei einem Derivat über 400 Millionen ein Verlust von 27 Millionen „nicht viel“ sei. Den hätte eine Bank „durchgetragen“ in bessere Zeiten.

Ob das allerdings eine Rolle spielt in einem Untreue-Verfahren, ob ein Verlust „viel“ oder „nicht viel“ und damit ein großer oder kleiner Vermögensschadens eingetreten ist? Schaden bleibt immer noch Schaden.

Risiko ging schon 2007 auf HSH über

Auf Nachfrage eines Verteidigers ergänzte Hellmich, dass seiner Ansicht nach das wirtschaftliche Risiko von Omega55 als Gesamtgeschäft zum 21.12.2007 bei der HSH entstanden sei, auch für die komplexe Verbriefung.

Die Ironie des Zahlenwerks

Am Ende von Hellmichs Vortrag und Rechenjonglage schienen Angeklagte und Verteidiger durchaus heiterer Stimmung zu sein, wie der Gutachter selbst. Nachvollziehen konnte ich das nicht. Bei mir blieb eher ein schales Gefühl zurück. Denn: Dieselbe Finanzmathematik, die Hellmich locker dem Gericht präsentierte, hat die Bankenkrise erst in ihrem Ausmaß möglich werden lassen. Ohne die fortgeschrittene Finanzmathematik und den unbeirrbaren Glauben der Banker an sie wäre es nicht zur Finanz- und Bankenkrise gekommen, die seit 2008 grassiert. Und damit auch nicht zum Beinahkollaps der HSH Nordbank, der Milliardenrettung durch die Bürger Norddeutschlands und nicht zu diesem Untreue-Prozess gegen die früheren HSH-Vorstände - ganz abgesehen von den Schäden, die die Krise weltweit verursacht hat. Banken beziffern sie bis jetzt auf bis zu acht Billionen Euro weltweit.[109]

---

109 vergleiche DIE WELT, URL: http://www.welt.de/wirtschaft/article119813280/Deutschland-ist-einer-der-groessten-Verlierer-der-Krise.html, Stand: 27.3.2015

Und dann stellt sich ein besonders intelligentes Exemplar dieser sich selbst augenscheinlich unkritisch sehenden Mathematikdisziplin - das in seiner aktiven Bankerzeit sicher viel schwierigere Finanzkonstrukte kreiert hat als Omega55 - in einem Gerichtsprozess hin und sagt: Ja, es habe rechnerisch einen Vermögensverlust in Millionenhöhe gegeben. Weil die Rechnung aber auf einem Modell fuße und Modellen Fehlern innewohnten, seien diese herauszurechnen, ebenfalls in Millionenhöhe. Und dann falle ein modellhaft errechneter Vermögensverlust eigentlich nicht mehr wirklich ins Gewicht.

Hexenküche statt Präzision

Vager geht es kaum. Dabei ist Mathematik eine exakte Wissenschaft. Am Ende einer langen Formel steht hinter dem Gleichheitszeichen eine Zahl. Unverrückbar. Unbestechlich. Eindeutig. Die heutigen mathematischen Finanzjongleure produzieren aber Modellzahlen, die aus einer Hexenküche zu stammen scheinen. Können solche groben Aussagen wirklich Mitgrundlage eines Urteils sein? Müsste ein Vermögensschaden, der zum Tatbestand der Untreue zwingend gehört, nicht exakt beziffert werden?

Er muss nicht.

Die Frage nach dem Vermögensschaden

Läge darin nicht vielleicht auch schon ein Vermögensnachteil, wenn im Zeitpunkt eines Vertragsabschlusses die Entscheider den Wert des Finanzgeschäfts nicht kennen? Und auch nicht danach fragen? Und wieso muss ein Vermögenswert eines überaus komplexen „Wertpapiers", also sein Preis, in einem funktionierenden Risikomanagementsystem auch erst *errechnet* werden? Nach meinem Verständnis müssten solche Werte täglich gebildet und dokumentiert werden und wären demzufolge aus dem Controlling-Archiv abrufbar. Sind sie im Omega-Fall aber nicht.

Fragen über Fragen. Das Gericht hatte jedoch kaum noch eine an den Gutachter. Die Verteidiger winkten ebenfalls dankend ab. Die eine Seite will die Ergebnisse vielleicht nicht detailliert durchgehen, die andere braucht es nicht. Es bleibt ein facettenreicher und intellektuell anspruchsvoller Wirtschaftsstrafprozess - für die Angeklagten und ihre Verteidiger ein nervenaufreibender dazu.

Zum Abschluss bedankte sich der Vorsitzende Richter bei Martin Hellmich für die „für einen Strafprozess durchaus unterhaltsamen Ausführungen".

Blog-Kommentare

5. Mai 2014 @ 21:25 von: bescheidwisser

Ehrlich gesagt finde ich den Fokus des Gerichts auf die Frage „Corporates gleich (auch) Banken" oder „Corporates ungleich Banken weil Financials" ein wenig am Ziel vorbeigeschossen, wenn man mal schaut, welche Berge an Versäumnissen der Prozess ansonsten aufgedeckt hat. Aber wahrscheinlich ist es der Versuch, ausgehend von der Vorstandsvorlage ein dem Vorstand zurechenbares Versäumnis zu belegen.

Die Vorstellung, die Mathematik würde auch für den Bereich der Bewertung komplexer Finanzderivate so exakte Lösungen liefern wie die Gleichung 2+2=4 in etwa, ist zwar verlockend, aber irreführend. Grundregel für die Bewertung ist, dass der heutige Marktwert dem abgezinsten Wert zukünftiger Cashflows (=Geldzuflüsse) entspricht. Nur - woher weiss man, welche Cashflows zukünftig fliessen? Darüber kann man nur Schätzungen mit Hilfe der Wahrscheinlichkeitsrechnung anstellen. Dieses Teilgebiet der Mathematik heisst passenderweise Stochastik (="Kunst des Vermutens", „Ratekunst") und zeigt in der Übersetzung damit schon, worum es geht. Falls am Ende dann doch eine Zahl ausgeworfen wird, dann wird schnell vergessen, auf welcher Pyramide von Annahmen das Ganze balanciert. Hauptsache die Zahl ist da.

Die Bewertung von Konstrukten wie Omega 55 bewegen sich dabei in den Randbereichen, was die Modelle überhaupt hergeben. Vergleichspreise sind nicht frei verfügbar und falls doch, bilden sie nur wenige und vermutlich nicht vergleichbare Transaktionen ab. Insofern liegt Prof. Hellmich richtig, wenn er auf diese Unsicherheiten hinweist. Sie sind bei dieser Art von Finanzprodukten Teil des Geschäftes (gewesen), was man angesichts der Aussicht auf Rendite alles hingenommen hat.

6. Mai 2014 @ 8:16 von: Dani

Ich hatte in der Tat gehofft, die unbestechliche Mathematik bringt mal eine „einfache" Aussage in diesen komplexen Prozess.

Tag 53

Gericht nähert sich den Plädoyers

Der Prozess neigt sich dem Ende. Gut so.

Mit der Vernehmung des dritten Sachverständigen Martin Hellmich sei die Kammer mit der Beweiserhebung fertig, sagte der Vorsitzende Richter Marc Tully in den letzten Minuten des 53. Verhandlungstages. Schon jetzt dauert das Strafverfahren neuneinhalb Monate. Angesetzt war ein halbes Jahr, etwa 40 Verhandlungstage.

Noch aber fehlt dem Gericht ein Zeuge. Er solle gehört und dazu eine weitere Urkundenliste zusammengestellt werden. Und dann würde Tully gern die Schlussvorträge der Staatsanwaltschaft und der Verteidigung „entgegennehmen“. Sprich: die Plädoyers.

Die meisten der sechs Verteidiger erklärten nach dieser Ankündigung, sie verzichteten auf weitere Beweisanträge. Einige Anwälte überlegten noch. Die bereits gestellten, noch offenen Beweisanträge will die Strafkammer rasch entscheiden, wie den Antrag über die Verlesung der staatsanwaltschaftlichen Vernehmungen von Steven P. und Paul D., zweier Mitarbeiter aus London.

Ob das Gericht die Schlussvorträge zeitlich eingrenzen könne, fragte ein Verteidiger noch. Tully wog ab und schlug vor: Die Staatsanwaltschaft könnte am 14. Mai plädieren, die Woche darauf die Verteidiger mit ihren Plädoyers beginnen, also ab dem 19. Mai. Das Urteil könnte dann an einem der folgenden Termine fallen, vielleicht schon im Juni.

Mittwoch+Montag, 7.+12. Mai 2014

Tag 54+55: Kammer urteilt vor Sommerpause

Die Verhandlungstage werden kürzer. Statt halb fünf oder halb sechs am Nachmittag endeten sie in diesen Tagen oft schon vor der Mittagspause. Offene Beweisanträge wurden entschieden; Anwälte und Staatsanwaltschaft diskutierten mit dem Gericht, welche sie eventuell noch zusätzlich stellen werden, welche Urkunden sie kurz vor Schluss noch einbringen möchten; es gab Widersprüche und Erklärungen. Außerdem beantwortete Ex-Vorstandschef **Hans Berger** noch die letzten Fragen der Richter und Staatsanwälte. Als Rausschmeißer sagte der Vorsitzende, er wolle den Prozess nicht über den Sommer hinausziehen.

Tully habe ein „dringendes Bedürfnis", das Urteil im Juli zu sprechen, vor den Ferien. Das hieße: in der ersten Juliwoche. Denn sowohl im Mai als auch im Juni konnte das Gericht nur sehr wenige Verhandlungstage ansetzen. Einige Verteidiger hatten Urlaub, manche machten anderweitige Verpflichtungen geltend und es stand dazu noch Pfingsten an.

Erstes Plädoyer Ende Mai

Marc Tully wollte eigentlich an diesem Mittwoch, den 14. Mai, das Plädoyer der Staatsanwaltschaft hören. Darauf mussten die Prozessbeteiligten und die Öffentlichkeit aber verzichten und sich bis zum 28. Mai gedulden.

Der letzte Zeuge

Zum Abschluss des Verfahrens hat die Große Strafkammer für Montag, den 19. Mai, noch einen brisanten Zeugen mit gewisser Prominenz geladen: **Dr. Thomas Emde.** Emde ist Rechtsanwalt der internationalen Großkanzlei Freshfields, Bruckhaus, Deringer, der Leib-und-Magen-Kanzlei der HSH. Sie hatte 2009 ein Sondergutachten über die Lage der HSH Nordbank erstellt. Federführend: Dr. Thomas Emde.

Nonnenmacher äußert sich noch mal

Nach dem Freshfields-Anwalt will dann auch doch noch mal **Dirk Jens Nonnenmacher** für etwa eine halbe Stunde Stellung zu den Vorwürfen nehmen - wie zuvor **Hans Berger und Hartmut Strauß**. Die drei anderen Mitangeklagten **Joachim Friedrich, Bernhard Visker** und **Peter Rieck** ziehen es dagegen weiter vor zu schweigen.

Organisatorisches prägte also diesen kurzen Tag. Manches machte den Eindruck, den Prozess in die Länge ziehen zu wollen.

Tag 55

Wird Vorwurf der Bilanzfälschung fallen gelassen?

Die Sprache der Juristen

Juristen haben vor Gericht ihre eigene Art zu sprechen und Schriftliches zu formulieren. Subjekt, Prädikat, Objekt. So nachvollziehbar die deutsche Grammatik aufgebaut ist, so selten scheinen sich Anwälte ihrer zu bedienen. Einige Anwälte bilden ellenlange Nebensätze, nicht einen, nicht zwei, sondern ordentlich mehr. Sie lieben zu substantivieren und verehren Worte mit -ung, -heit und -keit. Gelassen argumentieren sie dazu in Rechtskonstrukten wie unsereins über Spielzüge des Lieblingssportvereins. Dabei streuen sie wie nebenbei Paragraphen plus Absatz plus Satz plus Nummer ein und kniffige Urteilszusammenfassungen und Gesetzeskommentare. Beobachter müssten dann schon manches Mal in eine Glaskugel sehen, um zu erahnen, was die Herren Juristen - und die eine Juristin - im Plenarsaal des Landgerichts wohl gerade gemeint haben könnten. Könnten, wohlgemerkt.

Am 55. Tag war es mal wieder soweit.

Ein Blick in die Glaskugel

Da schlängelte Nonnenmachers **Verteidiger Wagner** einige Sätze Richtung Gerichtspodest, die der Vorsitzende Richter Tully freundlich aufnahm. Die folgende Antwort durchwebte dann vorsichtig den Saal. Beim letzten Wort nahm **Staatsanwalt Wegerich** den Gedankenfaden auf und spann ihn weiter, weich und bedacht. Um was die Herren handwerkten? Um den **Vorwurf der Bilanzfälschung**. Diesem Vorwurf müssen sich Nonnenmacher als Ex-Finanzvorstand und Friedrich als Ex-Kapitalmarktvorstand zusätzlich stellen. Die mögliche Fälschung der Bilanz zum 31.03.2008 und in einer Pressemitteilung vom 20.06.2008 wird ihnen zur Last gelegt. Die Bilanzfälschung spielte im Prozess bei der Zeugenbefragung nur am Rande eine Rolle. Jetzt, kurz vor den Plädoyers, packte Verteidiger Wagner das Thema zurück auf den Tisch - und ich die Sätze der Juristen in eine imaginäre Glaskugel, wirbelte sie am Schreibtisch durcheinander und blickte erwartungsvoll hinein.

Das, was die Juristen untereinander in nur wenigen Minuten intonierten, erschien mir vage und im besten Juristendeutsch formuliert. Es klang aber in meinen Ohren fast so, als würde der Vorwurf der Bilanzfälschung fallen gelassen werden. Womöglich wird sich die Kammer ihm aber vor allem durch Rechtsauslegung nähern.

Die Glaskugel hat mir also nichts eindeutiges verraten. Kein Wunder. Der Vorwurf wurde nicht fallen gelassen, aber durch Rechtsauslegung geklärt.

Mittwoch, 14. Mai 2014

Tag 56: Gutachter: Regulatorische Trades ändern Risiko nicht

Schwere Untreue. Das ist der Hauptvorwurf im Strafprozess gegen die sechs früheren HSH-Vorstände. Untreue bezüglich Geld und/oder Vermögen. Für die Staatsanwaltschaft steht fest: Durch die Genehmigung von Omega55 wurde Ex-Vorstände ein Gesamtschaden von knapp 160 Millionen Euro verursacht. Die Vorstände hätten damit nach Ansicht der Staatsanwälte Vermögen „veruntreut", durch vorsätzliches und pflichtwidriges Handeln. Bewertet das Gericht die Umstände aber genauso?

In welcher Höhe beim Omega-Deal tatsächlich ein Vermögensschaden für die HSH entstanden war, sollte **Professor Martin Hellmich** herausfinden. Der Sachverständige benutzte dazu eine finanzmathematische Annäherungsformel und berechnete tatsächlich einen Schaden: mindestens 10 Millionen Euro bei Vertragsabschluss Ende Dezember 2007. Seine Ergebnisse hatte Hellmich wortgewandt im Gerichtssaal hergeleitet und sie erklärt. Siehe Tag 50 und 53.

Nochmal rechnen, ohne Pleite von Lehman Brothers

Zwar hatte der Vorsitzende Richter Tully den gut gelaunten Gutachter bereits unvereidigt entlassen. Die Staatsanwaltschaft aber verspürte noch ein dringendes Bedürfnis nach mehr Klarheit. Sie bat das Gericht von Hellmich zusätzlich die Frage klären zu lassen, ob der zweite Teil von Omega55, die komplexe Verbriefung in Teil-B, auch *dann* verlustreich gewesen wäre, wenn die US-Investmentbank Lehman Brothers im Herbst 2008 nicht untergegangen wäre. Hellmich wurde also nochmals beauftragt.

Auch ohne Lehman-Pleite hätte HSH draufgezahlt

Und deshalb stand der fröhliche Mathematiker wieder im Landgericht statt in Frankfurt im Hörsaal. Und er zog unter vielen Annahmen den Schluss: Auch ohne die verhängnisvolle Lehman-Pleite wären vermutlich Kosten in Millionenhöhe für die Verbriefung bei der HSH angefallen - maximal rund 3,4 Millionen Euro, minimal weniger als eine Million. Weniger als eine Million Euro Kosten als eventueller Vermögensschaden? Das klingt für eine Großbank wie es die HSH 2007 war, nach nicht viel. Um Kategorien wie „viel" oder „wenig" Vermögensschaden geht es wohl aber nicht in einem Untreue-Strafverfahren.

Höhe des Vermögensschaden wohl nicht entscheidend

Der Vorsitzende Richter **Tully** hatte zu Beginn der neuerlichen Vernehmung Hellmichs eines zurecht gerückt: Wenn die Tatbestandsmerkmale der Untreue im verhandelten Fall bejaht würden, dann wäre die Höhe des Vermögensschadens „strafrechtlich nicht so entscheidend“. Das aber hieße im Grunde nichts anderes als: Auch ein kleiner Schaden könnte die Merkmale der Untreue erfüllen. Eine deutliche Rechtseinschätzung des Richters.

Die Verteidiger nahmen Hellmichs Ergebnisse und Tullys Worte gelassen hin. **Bergers Anwalt Otmar Kury** lobte den Mathematiker sogar ausdrücklich als einen „wirklich sachkundigen Sachverständigen“. „Wir haben schon andere erlebt“, sagte Kury. Ein Seitenhieb sicher auf Gerichtsgutachter Hultsch, der Omega55 als von vornherein unvorteilhaft für die HSH bezeichnet und unzählige Mängel benannte hatte. Als das Fragerecht schließlich **Staatsanwalt Karsten Wegerich** erhielt, kam der Gutachter ins Plaudern und ließ bei einer Antwort tief in die Abgründe von Bankvorständen blicken.

Hellmichs ignorante Vorgesetzte

Hellmich verbrachte selbst Jahre als Rädchen im Maschinenraum von Großbanken, zum Beispiel bei Barcleys und der DekaBank. Er entwickelte dabei auch vielschichtige Verbriefungen, ähnlich wie Teil-B von Omega55. Aus dieser Zeit erzählte er. Und sagte vor den Richtern, dass Anfang 2007 „im Markt“ in der Tat das Risiko zum Beispiel bei den irischen Banken gesehen wurde, aber man habe „nicht mit einem Ausfall“ gerechnet - zumindest sah das der „Marktdurchschnitt“ nicht so, schob Hellmich hinterher. Er, als Spezialist, sei 2007 beim Strukturieren von Derivaten vorsichtiger gewesen. Er habe viel von dem gesehen, was sich im Markt tat. Seine damaligen Vorstände teilten seine Sicht aber nicht, plauderte Hellmich.

Ein typisches Verhalten für Bankvorstände? Auch in der HSH sollen einige Mitarbeiter und Führungskräfte schon seit 2006 vor riskanten Geschäften gewarnt haben, gehandelt wurde nicht.

Bloß nicht noch mehr fragen!

Schließlich schickte sich **Norbert Gatzweiler**, **Verteidiger** von Ex-Immobilienvorstand Rieck, an, Fragen zu stellen. Sein Reden aber schien Ex-Risikovorstand **Strauß** gar nicht zu behagen. Strauß saß in der gleichen Bankreihe wie Rieck und Gatzweiler - in der zweiten. Strauß gestikulierte hinter den Stuhllehnen und Gatzweilers Rücken für seine Verhältnisse außergewöhnlich resolut mit den Händen, um seinem Ex-Kollegen Rieck anscheinend zu verstehen zu geben, sein Verteidiger möge doch bitte aufhören zu fragen! Rieck nickte nach meiner Beobachtung unauffällig und legte wenig später seine Hand auf den Unterarm seines Verteidigers. Was Gatzweiler wissen wollte von Hellmich? Er fragte etwas zum „Gesamtgeschäft“ Omega55 und wie es zu bewerten sei.

Risiko bleibt Risiko in der Bilanz
Hellmich erwiderte auf diese Frage immer noch im Plauderton, dass „regulatorische Trades“[110], „teuer“ seien und sie „nicht den Geist des Risikos in der Bilanz ändern“. (!)
(Was der Gutachter damit meinte, war wohl nichts anderes als: Geschäfte wie Omega55 sind Bilanztricks und verschleiern in der Bilanz das Risiko eines Institutes, ohne es abzuschwächen.)
Für solche „Trades“ hätten Marktteilnehmer „viel bezahlt“, erzählte Hellmich frei heraus. Die Teams, die in Banken diese Entlastungsgeschäfte konstruierten, waren jedenfalls „hochprofitabel“.

Brisantes Statement des Gutachters
Ein brisanter Einblick durch den einstigen Banker, der die Aussagen anderer Zeugen stützte. Diese hatten geschlussfolgert, die Verbriefung in Teil-B könne als „Preis“ gedeutet werden, den die BNP Paribas als „Entschädigung“ für Teil-A von der HSH verlangte. Ein Risiko-Tauschgeschäft zugunsten der Franzosen. In Teil-A sorgte die BNPP dafür, dass die HSH Ende 2007 ein höheres Eigenkapital ausweisen konnte. In Teil-B wiederum nahm die HSH der BNPP Verlustrisiken ab.

Welche Unwägbarkeiten waren die HSH-Vorstände also bereit einzugehen, und welchen Preis bereit zu zahlen, um mit ihrer Börsenaspirantin gut dazustehen Ende 2007? Einen zu hohen. Die Angeklagten haben sich bisher selbst nicht vor Gericht dazu geäußert, warum sie Teil-B so leichtfertig unterschrieben, obwohl sie nur Teil-A brauchten. **Hans Berger** wich in seiner Befragung den Richtern in diesem Punkt immer wieder aus.

Interessant an den Aussagen des Gutachtes Hellmich, Mathematiker und früheren Tüftler von strukturierten Anlagepapieren, war aber noch etwas anderes: Er äußerte sich zu Fragen, die von seinem Gutachterauftrag weit weg schienen. Das Gericht hatte ihn lediglich damit beauftragt, den Wert der STCDO in Teil-B zu errechnen - und damit den Risikogehalt der von der HSH eingegangenen Liquiditätsfazilität gegenüber der Omega-Zweckgesellschaft.

---

110 Als „regulatorischer Trade“ wird auch das „Optimieren“ des Eigenkapitals einer Bank bezeichnet, wie es durch Teil-A von Omega55 versucht wurde.

zwischendrin

„financials“ oder „corporates“: Ist das wirklich die Frage?

Gabe es in der HSH einen Unterschied zwischen den Begriffen „financials“ und „corporates“? Diese Frage nahm einen immer größeren Raum ein. Im Laufe des Prozesses bestanden die Angeklagten Berger und Strauß darauf, sie seien davon ausgegangen, dass für den zweiten Teil von Omega55, die Verbriefung (STCDO), nur Staatsanleihen zusammengestellt wurden sowie Anleihen und Kredite von „corporates“, also Unternehmen. Nur das hätten sie unterschrieben. Auf keinen Fall wollen sie Anleihen und Kredite von „financials“, also von Banken, legitimiert haben.

So steht es in der Vorstandsvorlage

Die Sachlage stellte sich als anders heraus. Die BNP Paribas hatte in der STCDO doch jede Menge Bankanleihen und -kredite zusammengefasst und zu den Staats- und Kommunalanleihen („sovereigns“) sortiert, wie verschiedenfarbige Gummibärchen in eine Tüte. Die Banktitel verursachten letztlich die hohen Verluste im Omega-Geschäft.

Schutzbehauptungen der Vorstände

Die Rechtfertigungen der Vorstände brandmarkte die Staatsanwaltschaft als Schutzbehauptung.[111] Um ihren Standpunkt zu belegen, forderten die **Staatsanwälte Wegerich und Fink** per Beweisantrag das Gericht auf, **Dr. Thomas Emde**, Anwalt der internationalen Anwaltskanzlei Freshfields, als Zeugen zu vernehmen. Freshfields untersuchte 2009 im Auftrag des HSH-Aufsichtsrats den Geschäftsbetrieb der Landesbank auf mögliche Managementfehler hin. Emde streifte dabei das Omega-55-Engagement. Auch den im Ausland lebenden (Ex)-HSH-Mann **Steven P.** führten die Staatsanwälte als Beweis für ihre Schutzbehauptungs-These an. P. würde bekunden, so Staatsanwalt Fink, dass zu den „corporates“ sehr wohl „financials“ gehörten, zudem stützten diverse Dokumente aus der HSH diese Aussage.

ISDA-Definitionen wie Bibel für Derivate

Es wäre nicht verwunderlich, denn eine Blitzrecherche ergab: Die Musterverträge der ISDA sehen das genauso vor. Die ISDA ist die International Swaps and Derivatives Association. Die Deutsche Bundesbank bezeichnet sie als eine

111 Letztlich konnte die Große Strafkammer nicht klären, wie die Angeklagten die Begriffe verstanden. Siehe auch Urteil LG Hamburg, vom 9.7.2014, S. 255f, S. 343ff

Vereinigung, die sich dafür einsetzt, den außerbörslichen Handel mit Derivaten - und dazu zählen Verbriefungen wie die STCDO - sicherer und transparenter zu machen. Die Standardverträge der ISDA liegen fast allen weltweit gehandelten Derivaten zugrunde, wie eine Art Fibel. Warum also sollte ausgerechnet für das Derivat in Omega55 kein ISDA-Mustervertrag verwendet worden sein?

Nur Staaten und Nicht-Staaten

Die ISDA aber unterscheidet nicht zwischen „corporates" und „financials". Sie unterscheidet in ihren „Credit Derivates Definitions 2003" (Abschnitt 2.1.) lediglich „sovereigns" und „non sovereigns", die Derivaten zugrunde liegen. Also Anleihen und Kredite an Staaten und Nicht-Staaten. Mit Nicht-Staaten meint die ISDA generell Unternehmen, zu denen gleichwohl Banken zählen.

Dass in der Vorstandsvorlage von Omega55 „financials" nicht extra erwähnt werden, könnte also daran liegen, dass sich die Londoner HSH-Kollegen an die Gepflogenheiten der Branche hielten, an die Standards der ISDA, als sie Teil-B von Omega55 aufs Papier brachten.

Nach eigener Aussage waren die Vorstände mit Derivaten wie Teil-B von Omega55 bestens vertraut. Damit wäre davon ausgehen, dass sie die Definitionen der ISDA kannten.

Selbst der letzte Zeuge des Verfahrens schaffte es aber nicht, die widersprüchlichen Begrifflichkeiten um „financials" und „corporates" zu entwirren.

Montag, 19. Mai 2014

Tag 57: Der letzte Zeuge - ein Anwalt von Freshfields

Das Urteil rückte näher. In eineinhalb Monaten werden die sechs Angeklagten wissen, wie die Richter über ihr Handeln Ende 2007 denken und wie sie es rechtlich bewerten. Nervosität breitete sich wohl auch deshalb schleichend im Gerichtssaal aus und erstickte die Klassentreffen-Atmosphäre der vergangenen Monate. Der Vorsitzende Richter hat jedenfalls angekündigt, die Beweisaufnahme beim nächsten Termin abzuschließen. Für die Staatsanwaltschaft war es diesmal also die letzte Gelegenheit, einen wichtigen Zeugen zu hören. Und dieser letzte Zeuge hatte es in sich: **Dr. Thomas Emde, Anwalt der internationalen Kanzlei Freshfields, Bruckhaus, Deringer**.

Gefürchteter Anwalt

Emde war der federführende Anwalt beim Ausarbeiten des so genannten „Freshfields-Gutachten" von 2009. Für das Gutachten hat Emde mit einem Team von Juristen unter anderem das Risikomanagement der HSH, das Kreditersatzgeschäft und auch das Finanzgeschäft Omega55 untersucht. In der Analyse ist vom Verdacht auf Pflichtverletzungen einzelner Vorstände die Rede. Der SPD-Obmann im Parlamentarischen Untersuchungsausschuss zur HSH Nordbank in Hamburg, Thomas Völsch, sprach offensiver von „einem unterentwickelten Risikomanagement, von unklugem Verhalten und von Dilettantismus."[112] Der Aufsichtsrat der HSH trennte sich wegen der Erkenntnisse aus dem Gutachten im November 2009 von Kapitalmarktvorstand Friedrich und Immobilienvorstand Rieck. Beide waren zuständige Ressortvorstände bei Omega55.

Widerspruch der Verteidigung zwecklos

Die **Verteidiger** von Peter Rieck und Bernhard Visker, **Gatzweiler und Münchhalffen**, hatten der Vernehmung des Anwalts vehement widersprochen und sie als „unzulässig" bezeichnet. Das Gericht lehnte die Widersprüche ab. Auch der Widerspruch der Verteidiger von Rieck, Visker und Friedrich gegen die Aussagen der KPMG-Wirtschaftsprüfer vom 52. Tag sahen die Richter als unbegründet an. Die Aussagen der Prüfer und ihr Gesprächsprotokoll mit dem Angeklagten Friedrich seien sehr wohl verwertbar.

---

112 siehe URL: http://www.spd-fraktion-hamburg.de/aktuelles/presseerklaerungen/b/18634.html, Stand 26.3.2015

Reingeplatzt für wenige Fragen

Damit war zehn Monate nach Vernehmung des ersten Zeugen der Weg frei für den letzten Zeugen dieses Mammut-Verfahrens. Schon dessen Auftritt geriet besonders. Der 63-jährige Rechtsanwalt platzte gegen 10 Uhr, eine halbe Stunde nach Beginn der Verhandlung, unaufgefordert in den Saal: ein geschäftig wirkender, eher kleiner Mann im feinen Zwirn mit Brille auf der Nase. Statt innezuhalten setzte er sich zielstrebig auf die Zeugenbank, während das Gericht mit Staatsanwalt Wegerich über einen Beweisantrag kontrovers diskutierte. Dem Gericht schien die Unverfrorenheit des Zeugen nicht gegen den Strich zu gehen, der Verteidigung schon. Norbert Gatzweiler wies die Richter darauf hin, worauf sie die Diskussion beendeten und mit der Befragung anfingen.

Der Vorsitzende Richter ließ den Zeugen gleich wissen, dass er „nur wenige Fragen" an ihn habe und das der Strafkammer eine wirksame Entbindung von der Verschwiegenheitspflicht vorliege. Ihn interessierten vor allem die Gespräche des Anwalt, die dieser mit den anwesenden Ex-Vorständen zur Struktur der Verbriefung in Teil-B von Omega55 geführt habe, und ob die Differenzierung „corporates" und „financials/financial institutions" dabei auch besprochen wurde.

Kein Unterschied zwischen „financials" und „corporates"

Das Thema „financials" habe in den Gesprächen mit den „nachgeordneten" Mitarbeitern der HSH eine Rolle gespielt, erklärte der Anwalt. Auf „breiter Front" hatte er versucht, das Verständnis der Mitarbeiter zu den Begrifflichkeiten zu „ergründen". Auch mit Vorstand Rieck habe er das erörtert, ob er aber auch die anderen Vorstände dazu befragt habe, wusste er nicht mehr sicher. Auf Tullys Nachfrage, was die Mitarbeiter denn gesagt haben, antwortet der Freshfields-Anwalt: Aus seiner Erinnerung heraus nutzten die Kollegen in London, die das Finanzgeschäft Omega55 initiiert hatten, den Begriff „financial institutions" eher in einem „technischen" Sinn und ordneten ihn unter den Begriff „corporates".

(Diese Antwort bedeutete für mich: Die Londoner unterschieden nicht zwischen Banken („financials") und Unternehmen („corporates"). Für sie war es ein und dieselbe Kategorie. Entweder „corporates" oder „sovereigns", so, wie es in den Definition des internationalen Derivateverbandes ISDA steht.)

Antwort der Londoner Kollegen „nicht schlüssig"

Was die Londoner Mitarbeiter erklärten, schien Anwalt Emde aber „nicht schlüssig"; es deckte sich nicht mit seinen „semantischen Vorstellungen". Zudem hätten letztlich alle anderen befragten HSH-Mitarbeiter zwischen den Begriffen „coporates" und „financials" differenziert. Deshalb schlussfolgerte er:

In London wurde „der Versuch unternommen", keinen Unterschied zwischen den Kategorien zu machen.

Wie er zu diesem unterstellenden Fazit gekommen war, erläuterte er nicht.

Widersprüche nicht beseitigt
Mit seiner Antwort hat der Zeuge die widersprüchlichen Angaben also auch nicht beseitigen können, die in Bezug auf das Derivat in Omega55 im Gerichtssaal kursierten. **Staatsanwalt Wegerich**, der um die Ladung des Anwalts gebeten hatte, vertiefte das Thema auch nicht weiter und hatte im Folgenden nur noch ein paar Fragen.

Wegerich konzentrierte sich dabei vorrangig auf die Vorstände, unter anderem auf Ex-Immobilienvorstand Peter **Rieck**. Der hatte den Schriftsatz zu Omega55 zum Eilbeschluss erhoben. Emde berichtete Wegerich aus der Erinnerung, dass Rieck zwischen den beiden Teilen von Omega55 unterschieden habe. Für Teil-A, die Entlastung des Eigenkapitals, habe Rieck im Gespräch mit ihm die Verantwortung übernommen, für Teil-B nicht. Für Teil-B sah er den Kapitalmarktvorstand Friedrich in der Pflicht.

Mitgegangen, mitgefangen
Wegerich zitierte dann munter aus den Befragungsprotokollen, die Emde für das Gutachten angefertigt hatte. Danach soll **Peter Rieck** nur für Teil-A einen Eilcharakter bejaht haben, nicht aber im technischen Sinne eines „Eilbeschlusses". Denn bei einem Eilbeschluss könnten gemäß der internen HSH-Regeln zwei Vorstände allein ein Geschäft freigeben, sonst wären vier Vorstandsunterschriften beziehungsweise bei Großkrediten alle Unterschriften nötig gewesen. Wegerich las Anwalt Emde auch Statements von **Hans Berger** und **Dirk Jens Nonnenmacher** vor, die für beide nicht vorteilhaft waren, weil sie Wissens- beziehungsweise Informationslücken in Bezug auf die Vorstandsvorlage zu Omega55 ausdrückten und die Emde teils aus der Erinnerung bestätigte.

„Verblüffend" offener Vorstandschef
Die **Verteidiger** von Berger und Nonnenmacher, **Otmar Kury** und **Heinz Wagner**, wollten das, was Staatsanwalt Wegerich vorlas, nicht auf ihren Mandanten sitzen lassen. Sie fragten Emde daher unter anderem, wie er ihre Mandanten bei seiner Untersuchung erlebt hatte. Als „offenen Gesprächspartner", sagte Emde über Berger. Er wollte an der „Aufklärung mitwirken". Und über Nonnenmachers „Unvoreingenommenheit" sei Emde sogar „verblüfft" gewesen, zum Beispiel darüber, wie offen er über die Mängel der HSH gesprochen habe, ohne Rücksicht auf eigene Interessen zu nehmen.

Die organisatorische „Schrottbank“

Nach einem kurzen, später folgenden Wortgemenge zwischen Verteidiger Wagner, Staatsanwalt Wegerich und Richter Tully merkte Anwalt Wagner leicht verärgert an, die Staatsanwaltschaft habe versucht, den Einruck zu erwecken, die HSH sei eine organisatorische „Schrottbank“. Das brachte Wagner prompt Gelächter auf den diesmal gut gefüllten Publikumsplätzen ein. Dort hatten sich Presse- und Agenturjournalisten versammelt, um zu hören, was Wagners Schützling, Ex-Vorstandschef Nonnenmacher, so kurz vor Prozessende noch sagen möchte. Seit Monaten war dieses zweite Statement angekündigt. Die Journalisten mussten nicht mehr lange warten. Nur kurz nach der Lachvorlage erteilte Tully Nonnenmacher das Wort für dessen Erklärung.

Blog-Kommentare

21. Mai 2014 @ 20:12 von: bescheidwisser

Der Zeuge Dr. Emde ist laut Eigenwerbung ein „brillanter Anwalt im Aufsichtsrecht“ Aber auch unabhängig? (siehe: www.freshfields.com/profiles/Ernst_Thomas_Emde/?Region=global&language=de)

Der Spiegel schrieb am 20.06.2011

> *„Gutachter im Zwielicht*
> *(...) Womöglich habe sich Freshfields für lukrative Aufträge in der Vergangenheit erkenntlich gezeigt. Thomas Emde, Leiter der Frankfurter Freshfields-Niederlassung, hat diesen Verdacht stets zurückgewiesen. Es gebe keinen Interessenkonflikt, weil neben dem Gutachtenauftrag keinerlei Mandatsverbindung der Freshfields-Filiale zur HSH bestehe. Die Hamburger Staatsanwaltschaft fand jedoch bei ihren Ermittlungen ein 27-seitiges 'Memorandum', das zwei Frankfurter Anwälte der Sozietät im März 2008 über die Absicherung von Schiffskrediten verfasst hatten. Freshfields-Anwalt Emde erklärt, das Papier zum Zeitpunkt der Mandatierung nicht gekannt zu haben. [...]“*
> *http://www.spiegel.de/spiegel/print/d-79051515.html*

21. Mai 2014 @ 21:10 von: bescheidwisser

Offenbar hat Freshfields darüber hinaus sowohl die Bundesregierung bei der Einrichtung des SOFFIN, als auch die HSH bei der Beantragung der SOFFIN-Mitteln beraten - Interessenkonflikte sind vermutlich auch für „brillante Anwälte im Aufsichtsrecht“ nicht zu erkennen, siehe: https://lobbypedia.de/wiki/Freshfields_Bruckhaus_Deringer

Tag 57

Nonnenmacher hat sich auch am Prozessende nichts vorzuwerfen

Er wirkte unerwartet nervös, als er endlich dran war und noch einmal seine Sicht auf das umstrittene Bankgeschäft Omega55 dem Gericht nahe bringen konnte, der groß gewachsene, herabblickende Dirk Jens Nonnenmacher, Ex-Vorstandschef der HSH.

Nonnenmacher wählte seine Worte vorsichtig

Als ihm der Vorsitzende das Wort erteilte, stolperte der Mathematiker unbeholfen mit dem Satz „Ich glaube, jetzt bin ich gefordert." in seine vorbereitete Rede[113] hinein. Seine Worte wählte er diesmal behutsam, nicht so markig wie beim ersten Mal im September des vergangenen Jahres. Da hatte er die Vorwürfe gegen ihn noch als „absurd und lebensfremd" bezeichnet.

Kurz gefasst geht Nonnenmacher nach 56 Prozesstagen von Folgendem aus:

> Er sei damals davon ausgegangen, dass die beiden Teile von Omega55 „zeitgleich" mit der BNP Paribas abgeschlossen werden sollten und nicht, wie geschehen, zeitversetzt, Teil-A 2007 und Teil-B 2008.
>
> Er habe selbst nachwirkend keine Zweifel an der Wirksamkeit des A-Teils, mit dem die HSH ihr Eigenkapital vor möglichen Verlustrisiken schützen und entlasten wollte. Solche Risikoauslagerungen, die Regulierungslücken ausnutzten, seien von der Aufsichtsbehörde BaFin „akzeptiert oder zumindest toleriert" worden.
>
> Für Nonnenmacher bewegte sich die 2,4 Milliarden-Transaktion auch nicht in einer „ungewöhnlich hohen Größenordnung" - bezogen auf die Geschäfte der HSH.
>
> Zuständig für die Würdigung der aufsichtsrechtlichen Wirksamkeit sei für ihn zudem die Rechtsabteilung gewesen. Er hatte „keinerlei Hinweise", dass sie nicht ordentlich gearbeitet habe. Und wenn die „Eckdaten" von Omega55 nicht erfüllt worden wären, hätte der Vorstand damit erneut befasst werden müssen, so Nonnenmacher sinngemäß.

---

113 Sie finden diese Rede auf der Website zum Buch: http://drnounddieunschuldigen.de

Von den so genannten „unwind letter“ und „side letter“ hatte er bis zum Strafverfahren „keinerlei Kenntnis“.

Er verstehe nicht, wie das Landgericht die regulatorische Unwirksamkeit von Omega55 rückwirkend begründen möchte. Dies könnte höchstens aus den englischen Vertragsdokumenten hergeleitet werden, die er aber bei seiner Unterschrift nicht kannte und auch nicht heranziehen musste.

Er findet, die bisherige Beweiserhebung habe bestätigt, dass er persönlich weder in die Vorbereitung, die Ausgestaltung, die Umsetzung noch die Überwachung der Transaktion eingebunden war.

Er sei bis heute davon überzeugt, dass er an der Kreditentscheidung „nicht mitgewirkt“ habe.

Einen möglichen Schaden für die Bank habe Nonnenmacher nicht „ansatzweise erkennen können, auch nicht erkannt und schon gar nicht billigend in Kauf genommen“.

Seine 23-minütige Erklärung beendete der Professor mit einem Angebot: Wenn das „Hohe Gericht“ noch Fragen habe, werde er sie „entgegen nehmen“. Das Gericht hatte keine Fragen.

Nonnenmacher wies in seiner Erklärung, wie zuvor die beiden Mitangeklagten Hans Berger und Hartmut Strauß, erneut den Vorwurf der schweren Untreue zurück. Auf die ihm und Joachim Friedrich angekreidete Bilanzfälschung ging er nicht ein.

Nonnenmacher überzeugte nicht

Der Ex-Vorstandschef blieb sich damit seiner bisherigen Verteidigungslinie treu. Er war, wie sein Verteidiger im gesamten Verfahren nicht müde wurde zu betonen, nur „Transaktionsbeteiligter“, nicht „Entscheider“. Er habe lediglich das Geschäft mit seiner Unterschrift zur Kenntnis genommen. Verantwortlich für die Genehmigung waren die zuständigen Ressortvorstände Rieck und Friedrich. Nonnenmacher wich damit auch nicht von seinem Standpunkt zu Prozessbeginn ab, als hätte er die vielen Zeugen nicht gehört. Und als könnte er sich nicht mehr an das erinnern, was er vor den Parlamentarischen Untersuchungsausschüssen in Hamburg und Schleswig-Holstein gesagt hatte.

Im Abschlussbericht[114] des Kieler Landtags zum Parlamentarischen Untersuchungsausschuss HSH Nordbank steht zum Beispiel auf S. 177 diese Einschätzung Nonnenmachers zur Organisation der HSH:

> *„Schon nach wenigen Wochen und Monaten in der Bank sei ihm klar geworden, dass im Bereich des Risikomanagements 'ungeheurer Weiterentwicklungsbedarf' bestanden habe. So sei ihm sofort aufgefallen, dass die Bank beispielsweise kein Kreditkomitee und kein von den Aufsichtsbehörden freigezeichnetes internes Marktrisikomodell hatte."*

Obwohl ihm die Schwächen seines neuen Arbeitgebers demzufolge längst aufgefallen waren und er selbst bemerkt hatte, dass das Risikomanagement bis Ende 2007 wohl noch nicht angemessen organisiert war, nahm er das Milliardengeschäft Omega55 inklusive hoch riskanter Verbriefung mit seiner Unterschrift nur „zur Kenntnis". Weltweit brannte zu dieser Zeit schon im Finanzzirkus die Hütte, gerade bei Derivaten und Verbriefungen. Und dennoch vertraute Neu-Vorstand, Blitzdenker und der Doktor der Mathematik Nonnenmacher auf die Mitarbeiter der provinziellen HSH Nordbank?

Blog-Kommentare

20. Mai 2014 @ 8:43 von: Reinzeichner

Ich hätte erwartet, dass Prof. Nonnenmacher seine Kenntnisse/Erkenntnisse schon längst bei Aufkommen erster Zweifel an der Wirksamkeit der RWA-Entlastungstransaktion Omega 55 genutzt hätte. Die HSH war 2007 Spezialist im Ankauf von STCDOs. [...] Ein Mathematiker von der Qualifikation Prof. Nonnenmachers hätte schon bei seinem Einstieg in die Bank (und aus Gründen des Selbstschutzes) Berechnungen zur Bewertung der STCDOs durchführen müssen. [...]
Wer so selbstbewusst spricht, muss eigentlich genau gewusst haben, wie man den Wert der STCDOs berechnet und man konnte erwarten, dass er deren Kurswert auch jederzeit kannte. [...]

21. Mai 2014 @ 9:23 von: Reinzeichner

Da bleibt nach all diesen Imponderabilien immer noch die Frage nach der Motivation. Warum musste Omega 55 so eilig abgeschlossen werden? Sie hatten es in Ihrem Blog zum 30. Tag angesprochen: die Boni. Im ganzen Prozess hat es hierzu keine Fragen oder Aussagen gegeben, obwohl der PUA Kiel bereits in seinem Bericht vom 15.08.2011 (S. 250) zur Motivsuche folgendes festgestellt hatte:

> *„Es ist somit festzuhalten, dass den durchgeführten RWA-Entlastungstransaktionen keine entscheidende Bedeutung für die HSH Nordbank insgesamt zukam. Deshalb liegt die Schlussfolgerung nahe, dass die Durchführung der Transaktionen vorrangig dem Interesse der einzelnen Vorstandsmitglieder entsprach, in deren Verantwortungsbereich die vergebenen und nicht syndizierten Kredite zu einer Verletzung von*

114 Bericht PUA Schleswig-Holsteinischer Landtag, Drucksache 17/1675 vom 15.8.2011, S. 177

Bereichsvorgaben geführt hätten. Da von der Einhaltung dieser Zielvorgaben die Höhe der persönlichen Bonuszahlung für die Vorstandsmitglieder abhängig war, ergibt sich hieraus ein plausibles und nicht zu vernachlässigendes Motiv zur Durchführung von Transaktionen, selbst wenn diese für die Gesamtbank irrelevant oder sogar nachteilig waren."

Warum wird die Frage der Motivation ausgeklammert?

22. Mai 2014 @ 10:18 von: Reinzeichner

[...] Je mehr man sich mit CDOs befasst, umso fassungsloser wird man, dass erst gegen Ende des Strafprozesses ein Fachmann wie Prof. Hellmich den Wert des Teils-B von Omega 55 unter allerlei rückwirkend geltenden Annahmen errechnen konnte. Dieser Wert hätte zu jedem Zeitpunkt den Verantwortlichen sofort zur Verfügung stehen, bekannt sein müssen und jederzeit genannt werden können. Es ist wie mit dem Wertpapierdepot, dessen Wert man auch jederzeit zu Kurswerten berechnen kann. Wie will man sonst Risk Management betreiben, wie will man beispielsweise Insolvenzverschleppung glaubhaft widerlegen können? Allein in diesem Versäumnis muss man schon eine Pflichtverletzung erkennen.

Aufschlussreich ist der Beitrag von Christian Bluhm und Christoph Wagner „Valuation and Risk Management of Collateralized Debt Obligations and Related Securities" in Annual Review of Financial Economics 2011. 3:193–222. Alle Bullets, die diese dort zu „5.1. Risk Management at the Buy Side" nennen, sind beachtenswert, aber ganz besonders der Folgende (S. 216):

> *"CDO investments require daily monitoring and regular reporting. An institution investing in such assets, therefore, needs an infrastructure where CDOs can be booked, monitored, and the portfolio of CDOs can be reported."*

Wie kann man ohne dieses Instrumentarium behaupten, dass man einen möglichen Schaden für die Bank nicht habe erkennen können und schon gar nicht billigend in Kauf genommen habe?

DIE PLÄDOYERS

Mittwoch, 28. Mai 2014

Tag 58: Für Staatsanwälte war es Untreue und Bilanzfälschung

Sie waren die Hauptpersonen an diesem Mittwoch im großen Saal des Landgerichts Hamburg. Und sie kamen als letzte: die **Staatsanwälte Karsten Wegerich** und **Maximilian Fink**. Kurz vor halb zehn strebten sie ohne Eile in den Saal, Wegerich holte noch rasch zwei Flaschen Wasser. Er wusste: Es wird ein großes Schlusswort am Ende dieser langen 57 Hauptverhandlungstage. Etwa viereinhalb Stunden sollten Wegerich und Fink plädieren - und am Ende mit einer Überraschung aufwarten.

Doch bevor es soweit war, musste der Vorsitzende Richter Tully noch Förmlichkeiten erledigen. Tully erklärte, dass Gerichtsgutachter Hultsch nicht alle Vorversionen seines Gutachtens offenlegen müsse, dass keine Verfahrensabsprachen vorlägen und die Beweisaufnahme abgeschlossen sei. Letzteres wollte Reinhard Daum, Verteidiger von Hartmut Strauß, aber aufschieben. Er bat um Abschriften diverser Dokumente, wollte Einsicht in das eMail-Fach von Ex-Chefjustiziar Gößmann nehmen und stellte einen neuen Beweisantrag. Richter Tully lehnte alles ab.

Nonnenmachers Mini-Einkommen

Dann meldete sich Staatsanwalt Karsten Wegerich mit einem „Anliegen“: Die Einkommensverhältnisse von Ex-Finanzvorstand **Nonnenmacher** beschäftigten ihn. Alle Angeklagten mussten im Laufe des Verfahrens der Strafkammer erklären, wie viel sie im Jahr verdienen. Im Fall des angeklagten Mathematikers war es wohl so, dass dieser dem Gericht ein Jahreseinkommen von 12.000 Euro gemeldet hatte. Diese Angabe hielt Staatsanwalt Wegerich bereits am 57. Tag für „zu rudimentär“ angesichts der Millionenabfindung, die der Ex-HSH-Vorstand bei seiner Entlassung erhalten hatte. Wegerich forderte Nachbesserung, denn das Einkommen wäre wichtig für die Höhe der Geldstrafe.

Den Seitenhieb des Staatsanwalts schrieben die diesmal zahlreich im Publikum sitzenden Medienvertreter zuverlässig mit, und sie zitierten Wegerich später genüsslich in ihren Berichten: „Herr Nonnenmacher ist nicht zu behandeln wie ein Hartz-IV-Empfänger.“

Der Vorsitzende Richter Tully verstand Wegerichs „Ansinnen“ aber nicht, wie er kurz angebunden sagte, „weder im Ansatz noch im Detail“. Man müsse nicht prüfen, ob ein Gehalt für die Geldbuße reiche. Ausgerechnet Nonnenmachers **Verteidiger Wagner** setzte dem Ganzen aber die Krone auf. Er erklärte sinngemäß, sein Mandant ginge zurzeit keiner Berufstätigkeit nach und bei der Summe handele es sich nicht um Vermögen, sondern um laufendes Einkommen. Und man wisse ja, wie die Zinsen derzeit stehen, schob er leise hinterher.

Welch' interessanter Einblick! Denn daraus ließe sich schlussfolgern: Die 12.000 Euro Jahreseinkommen könnten Zinsen sein. Würde man einen Zinssatz von eineinhalb Prozent unterstellen, könnte Nonnenmacher irgendwo etwa 800.000 Euro geparkt haben. Nonnenmacher hatte bei seinem Weggang von der HSH rund 4 Millionen Euro an Abfindung und Prämien erhalten.

Bilanztricks, Finanzkrise und 50-Millionen-Schaden

Nachdem Wegerich den Journalisten also schon mal etwas Schreibfutter geliefert hatte, begann 20 Minuten nach 10 Uhr **Staatsanwalt Maximilian Fink** mit der Einleitung. Er beschrieb das Umfeld der HSH ab 2005, wie die Vorstände dann 2007 intern auf die Finanzkrise reagierten, wie das Geschäft Omega55 funktionierte, dass es ein regulatorisches Arbitrage- und dazu ein Kreislaufgeschäft war, mit dem sich die Gegenpartei BNP Paribas risikofrei gestellt habe, dass kein Rechtsgutachten für das Gesamtgeschäft dokumentiert sei, und dass bereits zum Vertragsabschluss im Januar 2008 ein Vermögensschaden von mehr als 50 Millionen Euro zu Buche geschlagen war.

Ein zahmer Staatsanwalt und ein klares Urteil

Kurz vor 11 Uhr gab Staatsanwalt Fink das Wort an seinen Kollegen **Karsten Wegerich**. Zuerst fasste Wegerich das zusammen, was die Angeklagten Berger, Nonnenmacher und Strauß dem Gericht in persönlichen Statements gesagt hatten. Um dann sein Fazit zu ziehen: Den Angeklagten sei durch Urkunden, Zeugen und die Gutachter eine gemeinschaftliche Untreue nachgewiesen worden, den Angeklagten Nonnenmacher und Friedrich zudem die unrichtige Darstellung der Bilanz.

Vernachlässigte Sorgfaltspflichten

Seine Begründung begann Wegerich mit den Sorgfaltspflichten von Vorständen gemäß § 93 Aktiengesetz (siehe S.16). Diese Pflichten hatten die sechs Angeklagten nicht eingehalten. Sie haben auf einer „unzureichenden Informationsgrundlage“ die Entscheidung für Omega55 getroffen. Omega hätte überhaupt „nicht genehmigt werden dürfen“, weil die Vorstandsvorlage „Widersprüchliches und Unzulänglichkeiten“ enthalten habe, außerdem „Hinweise“ der beteiligten Mitarbeiter. Insgesamt wurde die Darstellung in der Vorstandsvorlage dem Risiko von Omega55 „nicht gerecht“.

Nicht nachgefragt

Alles das haben die Vorstände „bewusst ignoriert“. Dabei hätten sie „nachfragen müssen“, sie hätten alle Informationsquellen zur Risikoabschätzung ausschöpfen müssen. Das wäre „pflichtgemäß gewesen“, da mache sich Wegerich die Aussagen des **Gerichtsgutachters Christoph Hultsch**, Wirtschaftsprüfer bei Ernst&Young, „zu eigen“. Eine Plausibilitätsprüfung allein genüge nicht. Aber auch das Rechtsprinzip der so genannten „Business-Judgement-Rule“[115] verlange von Managern, dass sie unternehmerische Entscheidungen auf Basis „angemessener Informationen“ träfen, sonst handelten sie pflichtwidrig.

Am **Gutachter** des Verteidigers Gatzweiler, IKB-Vorstand **Dieter Glüder**, bemängelte Wegerich, es habe nicht zu dessen Glaubwürdigkeit beigetragen, dass er auf die Fragen des Gerichts oft ausweichend geantwortet habe. Er sehe auch einen „Interessenskonflikt“ bei dem „fürstlich entlohnten“ Banker. Nach Glüders Verständnis sei ein Vorstand ein „Wünschender“, der Eckpunkte festlege, die die Mitarbeiter dann auszufüllen hätten, aber nicht ein „verantwortlicher Entscheider“, so Wegerich.

Der Staatsanwalt bejahte auch die Großkrediteigenschaft von Omega55 und damit die Gesamtverantwortung aller Vorstandsmitglieder.

Dann war erst einmal Mittagspause.

Untreue: Blindflug statt entscheidungsreifer Situation

Nach der einstündigen Pause wandte sich Staatsanwalt Wegerich der **Begründung der schweren Untreue** zu. Die von den Vorständen gewünschte Entlastung des Eigenkapitals der HSH sei „objektiv nicht“ eingetreten. Das ergebe sich aus den rechtlichen Vorgaben der Bankenaufsicht BaFin, ihren Rundschreiben. Omega habe im Gegenteil das Eigenkapital der HSH zusätzlich belastet, durch die Verbriefung in Teil-B des zweiteiligen Finanzgeschäfts, die Single Tranche Collateralized Debt Obligation, kurz STCDO.

Im Verfahren sei auch kein Nachweis erbracht worden, dass Omega55 als Gesamtkonstrukt den intern vorgeschriebenen Prüfprozess durch die Abteilung Neue-Produkte-Neue-Märkte NPNM durchlaufen habe. Dort wurde sich nur Teil-A angesehen. Außerdem fehle eine Dokumentation der aufsichtsrechtlichen Prüfung, die ebenfalls zwingend vorgeschrieben war.

Damit lag für die Staatsanwaltschaft „keine entscheidungsreife Situation“ vor. Die Vorstände hätten die Transaktion folglich „im Blindflug“ genehmigt. Und das auch noch auf Grundlage einer Vorstandsvorlage, in der das „Risiko nicht hinreichend nachvollziehbar dargestellt“ war, weil unter anderem nur eine Beispiel-Verbriefung für die tatsächliche STCDO in der Vorstandsvorlage

115 vergleiche § 93 Abs. 1 Satz 2 AktG

angegeben war, weil die Schwächen von Ratings 2007 bekannt waren und sich die Vorstände bei ihrer Entscheidung auf das AAA-Rating der Beispiel-CDO stützten. Außerdem fehlten wichtige Angaben zu Erträgen und Kosten. „Know your cashflows" habe Gerichtsgutachter Christoph Hultsch als wesentlich für Vorstandsvorlagen bei Geschäften dieser Art bezeichnet. Der ökonomische Vorteil für die HSH sei nicht erkennbar gewesen, so Wegerich weiter.

Londoner Niederlassung - persönlich unzuverlässig?

Wegerich sprach auch die unkritische Haltung der Vorstände gegenüber der Niederlassung London an. Die für Omega55 federführende Niederlassung konzipierte gewöhnlich keine Eigenkapital-Entlastungstransaktionen. Das war eigentlich Aufgabe der Kieler. Die Vorstände hätte diese Tatsache dazu veranlassen müssen, genauer hinzusehen. Die Banker wussten auch, dass die internen Revision der HSH gegen den Leiter der Londoner Niederlassung, Luis Marti Sanchez, wegen des Verdachts der Bereicherung ermittelte, sagte Wegerich.[116] Sie hätten deshalb Grund gehabt, ihm nicht zu vertrauen.

Der 50 Millionen Euro Schaden der Frühstücksdirektoren

Wegerichs Fazit: Ohne inhaltliche Befassung haben die angeklagten Vorstände im Blitzverfahren entschieden - wie „Frühstücksdirektoren". Mit diesem Verhalten haben sie fremde Vermögensinteressen verletzt und „kausal" einen Vermögensschaden von rund 50 Millionen Euro im Zeitpunkt des Vertragsabschlusses Ende 2007 „kausal herbeigeführt". Das hatten die Rechnungen des zweiten Gerichtsgutachters Prof. Martin Hellmich ergeben.

Damit sei der Tatbestand der Untreue erfüllt, weil auch von Beginn an bei Omega55 ein Schaden eingetreten sei.[117]

Bedingter Vorsatz

Dass die Vorstände dabei vorsätzlich gehandelt haben, daran ließ Karsten Wegerich keinen Zweifel. Er unterstellte den Angeklagten aber nur „bedingten Vorsatz", nicht direkten, obwohl er dazu ausführlich Stellung bezog.

Den Vorsatz leitete Wegerich unter anderem davon ab, dass die Vorstände gegen eigene, interne Beschlüsse verstießen, als sie Omega55 genehmigten. So hatten sie Mitte 2007 erkannt, dass Geschäfte wie Teil-B von Omega eine Art Ummantelung von Risiken und damit Bilanzkosmetik seien, und davon wollte man die Finger lassen. Den Vorständen war auch die turbulente Marktentwick-

---

116 Am 31.12.2009 berichtet DIE WELT, dass die Interne Revision der HSH „keine Beweise für eine Pflichtverletzung von Herrn Sanchez" ergeben hatte. vergleiche URL: http://www.welt.de/welt_print/wirtschaft/article5685076/Ehemaliger-HSH-Manager-will-nicht-der-Suendenbock-sein.html, Stand: 28.3.2015

117 vergleiche Bundesgerichtshof, Urteil des 3. Strafsenats, vom 13.8.2009 - 3 StR 576/08

lung im Jahr 2007 nicht entgangen; sie hatten deshalb beschlossen, das Kreditersatzgeschäft nicht weiter auszubauen, weil es zur Bedrohung werden könnte. Teil-B aber zählte zur Kategorie Kreditersatzgeschäft.

Dass etwa Ex-Vorstandschef **Hans Berger** davon ausgegangen sei, dass im B-Teil keine Anleihen und Kredite von Banken einsortiert waren, sondern nur von Unternehmen und Staaten, sei als Schutzbehauptung widerlegt, sagte der Staatsanwalt. Denn wenn dem so gewesen wäre, wäre die Vorstandsvorlage widersprüchlich gewesen. Und das hätte Nachfragen auslösen müssen. Ex-Kapitalmarktvorstand **Joachim Friedrich** bescheinigte der Staatsanwalt sogar Verschleierung und das Unterdrücken von Transparenz, worin sich Friedrichs pflichtwidriges Verhalten zeige: Er habe die Nebenabreden (das Zusicherungs- und Abwicklungsschreiben) zu Omega55 nicht offen kommuniziert und dabei geholfen, die Meldung an die BaFin zu manipulieren.

Alles nur wegen des Börsengangs?

Dennoch haben am Ende die Vorstände Omega55 genehmigt und in Kauf genommen, dass ein Schaden entstehe. Warum? Die Angeklagten wollten den geplanten Börsengang der HSH „herbeiführen", war sich Wegerich sicher. Davon hätten die Vorstände auch mittelbar persönlich profitiert, etwa durch Tantiemen und höhere Grundgehälter. (Das Verfahren hat diese möglichen, persönlichen Vorteile für die Angeklagten allerdings nicht thematisiert.)

Aber nicht nur die Untreue sah der Staatsanwalt als erwiesen an, sondern auch die **Bilanzfälschung**, die Dirk Jens **Nonnenmacher** und Joachim **Friedrich** vorgeworfen wird.

Nonnenmacher und Friedrich hätten eingreifen müssen

Teil-B war zum 31.3.2008 fehlerhaft bilanziert worden, wodurch die HSH im ersten Quartal 2008 mit einem 81-Millionen-Euro-Gewinn dastand, statt mit einem 31-Millionen-Verlust. Das sah besser aus, so kurz vor dem geplanten Börsengang und der sich zuspitzenden Finanzkrise. Und das vermarktete die HSH auch so in ihrer Pressemitteilung: „ ...hat wie erwartet das 1. Quartal mit einem Gewinn abgeschlossen ..." Diese Aussage habe eine „erhebliche Bedeutung" in der Finanzkrise für die Eigentümer der Bank gehabt, für die Länder Hamburg und Schleswig-Holstein, so Wegerich. Die Bilanz zeigte die Ertragskraft der HSH Nordbank. Wegerich fand, die beiden Vorstände hätten das bewusst so dargestellt. Denn beide wussten von der internen Einschätzung, dass Verbriefungen wie Teil-B von Omega55 „Bilanzkosmetik" seien.
(Friedrich trifft der Vorwurf der Bilanzfälschung, weil er als zuständiger Kapitalmarktvorstand die Einzelheiten von Omega55 kannte und Nonnenmacher war als Finanzvorstand für die Bilanzierung er HSH zuständig.)

Mit Dirk Jens Nonnenmacher habe ein Umdenken in der Bank Einzug gehalten, hatte ein Zeuge ausgesagt. Nonnenmacher war also „sensibilisiert" für das Thema, so der Staatsanwalt. Er hätte korrigierend eingreifen müssen. Außerdem sei Nonnenmacher kompetent. Deshalb hat Wegerich „keinen Zweifel, dass Herr Nonnenmacher die fehlerhafte Bilanz erkannte". Und auch Vorstand Friedrich war am Diskurs beteiligt, hatte selbst in Telefonkonferenzen „intensiv" über dieses Thema diskutiert, erklärte der Staatsanwalt.

Fazit: Beide kannten die Problematik und griffen nicht ein.

Friedrich und Rieck als Hauptschuldige

Nach vier Stunden war es dann so weit: Staatsanwalt Wegerich wandte sich dem „Strafmaß" zu. Augenblicklich waren wieder alle Journalisten wach, manche konnten sich zwischendrin kaum noch gegen zufallende Augenlieder wehren. Ein geschäftiges Gemurmel durchflog den Saal. Wegerich spannte die Journalisten aber noch ein wenig weiter auf die Folter. Musste er, denn bevor ein Staatsanwalt das Strafmaß fordern darf, muss er die Umstände abwägen.

Als strafverschärfend sehe Wegerich unter anderem den

- zweistelligen Vermögensschaden von 50 Millionen Euro an,
- die ungeheuerliche Summe der Transaktion,
- das hohe Maß an Pflichtwidrigkeit,
- diverse Verstöße gegen die Business-Judgement-Rule und
- die unangemessene Informationslage.

Überraschenderweise brachte der Staatsanwalt dann eine viel längere Liste an strafmildernden Gesichtspunkte zu Gehör:

- dass hier ein untypischer Fall von Untreue vorliege,
- keine unmittelbare Bereicherung festgestellt werden konnte,
- die Tat sechs Jahre zurückliege,
- die Vorstände mit bedingtem Vorsatz gehandelt haben,
- die Banken das Ausmaß der Finanzkrise nicht vorhersehen konnten,
- Nonnenmacher erst kurz als Finanzvorstand in der HSH arbeitete,
- es ein sehr komplexer Sachverhalt sei,
- dass statt eines Schadens von rd. 145 Mio. Euro ein hypothetischer Marktpreis/Schaden von rd. 50 Mio. vorliege,
- drei der Angeklagten vor Gericht ausgesagt hatten
- und die unrichtige Darstellung in der Bilanz in absoluten Zahlen keine erhebliche Abweichung darstellte.

Maximal drei Jahre Bewährung und bis zu 150.000 Euro Geldbuße

Und dann benannte Wegerich das von der Staatsanwaltschaft geforderte Strafmaß für die Angeklagten, abgestuft nach ihrer strafrechtlich relevanten Verantwortung. Er forderte nur Bewährungsstrafen.

Joachim Friedrich:
1 Jahr und 10 Monate Haft, ausgesetzt zur Bewährung von 3 Jahren und einer Geldbuße von 100.000 Euro
Peter Rieck:
1 Jahr und 6 Monate Haft, ausgesetzt zur Bewährung von 3 Jahren und einer Geldbuße von 75.000 Euro
Hartmut Strauß:
1 Jahr und 3 Monate Haft, ausgesetzt zur Bewährung von 2 Jahren und einer Geldbuße von 60.000 Euro
Dirk Jens Nonnenmacher:
1 Jahr und 3 Monate Haft, ausgesetzt zur Bewährung von 3 Jahren und einer Geldbuße von 150.000 Euro
Hans Berger:
1 Jahr Haft, ausgesetzt zur Bewährung von 2 Jahren und einer Geldbuße von 50.000 Euro
Bernhard Visker:
10 Monate Haft, ausgesetzt zur Bewährung von 2 Jahren und einer Geldbuße von 40.000 Euro

Strafe mit Augenmaß?

Die Hauptverhandlung hat die Anklageschrift bestätigt und teilweise präzisiert. Zum Beispiel musste die Staatsanwaltschaft die Höhe des Vermögensschadens korrigieren, von rund 145 Millionen auf rund 50 Millionen Euro. Sonst aber hat sich nach meiner Beobachtung nichts Wesentliches geändert. Und dann fordern die Staatsvertreter Bewährung?

Vielleicht konnten Wegerich und Fink in der Gesamtbetrachtung nicht anders. Sie zeigten jedenfalls „Augenmaß" mit ihrer Strafforderung, sagte der Staatsanwalt am Ende seines Plädoyers. Und: Sie haben keine „Hexenjagd" veranstaltet. Wollte Wegerich mit diesen letzten Worten ein versöhnliches Signal senden? Die Frage wäre, an wen? Denn er beließ es nicht bei diesem Satz, sondern setzte Richtern und Zuhörern als Letztes noch ein Zitat von Gerichtsgutachter Christoph Hultsch ins Ohr:

„Es ist erstaunlich, dass so eine Entscheidung zustande gekommen ist."

Zahme Staatsanwaltschaft

Bei seiner Rede war Staatsanwalt Wegerich zu meinem Erstaunen sitzen geblieben; sicher, das Plädoyer dauerte Stunden. Bei Wegerichs körperlicher Größe aber hätten seine Worte, stehend gesprochen, gewichtiger gewirkt. Die Anklageschrift im Juli hatte er im Stehen verlesen - und mit Kampfgeist. Diese Haltung blitzte beim Plädoyer nur selten durch. Wegerich sprach ruhig, analysierend und verzichtete fast vollständig auf Polemik. Wo war seine Angriffslust geblieben?

Unbeantwortete Fragen

„*Dr. No ist kaum zu fassen*“ überschrieb später der NDR seinen Kommentar zu dem analytischen, aber zahm gefassten Plädoyer des Staatsanwalts. Eine treffende Titelzeile. Selbst Tage später fragte ich mich, was die Staatsanwälte bewogen haben mochte, derart viele strafmildernde Umstände aufzulisten, von denen ich zumindest einige nicht als strafmildernd empfinde und von denen die Staatsanwaltschaft Hamburg einige von Anfang an kannte.

Eine falsche Bilanz ist beispielsweise auch dann falsch, wenn nur ein Cent nicht richtig gebucht wurde. Zumindest unter Wirtschaftsprüfern. Und gerade *weil* es ein komplexer Sachverhalt ist, stehen die Banker vor Gericht. Nicht wegen einer einfachen Sache. Und ab welcher Anwesenheitsdauer ist ein Vorstand denn ein Vorstand, der in der Pflicht steht? Nach zwei Monaten offenbar noch nicht, siehe Nonnenmacher.

Unverständlich auch, warum die Staatsanwälte nicht als strafverschärfend ansahen, dass die Länder Hamburg und Schleswig-Holstein seit 2008 die HSH mit einer zehn-Milliarden-Bürgschaft am Leben halten und das Eigenkapital der HSH seit 2008 um rund 4,5 Milliarden Euro aufgestockt haben. Nicht zu vergessen die Risiken, die in der Landesbank liegen.

Die vielfach von Zeugen geschilderte Zeitnot - eMails um Mitternacht, drei Tage Durcharbeiten, Risikoprüfung am Wochenende, Personalengpässe - und die damit verbundene Fehlerhaftigkeit der Prüf- und Organisationsprozesse hätten die Staatsanwälte im Plädoyer auch dazu veranlassen können, auf ein „Organisationsverschulden“ abzustellen. Denn die Angeklagten waren als verantwortliche Geschäftsleiter dazu verpflichtet, die Bank personell und sachlich so zu organisieren, dass die gesetzlichen Vorschriften eingehalten werden.

Mittwoch, 4. Juni 2014

Tag 59: Hans Berger kann „nicht verantwortlich“ gemacht werden

Am Ende wird in Strafprozessen plädiert. Erst redet die Staatsanwaltschaft, dann die Verteidigung. Für Zuschauer eine spannende Erfahrung. Gerade beim Plädoyer können Verteidiger alle Register ihres Könnens ziehen und auch ihren Mandanten zeigen, wie überzeugend sie sind und rhetorisch versiert. Als erster Verteidiger sprach **Otmar Kury**.

Er vertrat damit Hans Berger selbst im Schlusswort standesgemäß, denn Berger führte die HSH viele Jahre als Vorstandschef und war damit ihr Repräsentant. Verteidiger Kury hatte sich freiwillig als Erster gemeldet. Er ist bekannt für seine feine Gedankenführung und wertende Redekunst (Kury rechts im Bild, mit Berger).

Zehn Kapitel für Hans Bergers Unschuld

Fast zwei Stunden nahm sich der Anwalt Zeit, um auf das Plädoyer der Staatsanwaltschaft zu antworten, die er in bester Verteidigermanier als „entfesselte Verdächtigungsrede“ gebrandmarkt hatte.

Er zerpflückte auch die rechtliche Einschätzung des Gerichts - den Hinweisbeschluss - und stellte fest: Sein Mandant Hans Berger kann „nicht verantwortlich gemacht werden“ im Sinne der Anklage, weil er über kein tatbezogenes Sonderwissen verfügte, ihm keine anzufordernden Informationen bei seiner Unterschrift fehlten und Berger auch insbesondere keine Verpflichtung hatte, die Rechtsabteilung aktiv zu konsultieren. Er durfte auf die Mitarbeiter vertrauen.

Für dieses Fazit arbeitete er sich in zehn „Kapiteln“ durch rechtliche, wirtschaftliche und fallbezogene Aspekte. Er hatte sich extra ein Pult auf den seitlich an der Wand stehenden Tisch stellen lassen, an dem die Zeugen Platz genommen hatten. So konnte er im Stehen reden und sich allen Prozessbeteiligten leicht zuwenden.

Eigenkapital „entlasten“ ist kein verschleiern

Kury begann damit, das Ziel von Omega55, das Optimieren des Eigenkapitals, umfangreich zu rechtfertigen - unter anderem als „Kernanliegen jeder Bank“

und zulässiges Instrument, das keine Manipulation darstellt. Die HSH hatte so ein Bilanzinstrument zum „Verbessern der Kapitalquote" Ende 2007 auch dringend nötig, so Kury. Sie hätte sonst womöglich hohe Refinanzierungskosten verkraften müssen. Da genügten schon zehn „Basispünktelchen" beim Zins, wie Kury mit spitzen Lippen formulierte, um „enorme Auswirkungen" zu haben.

Untreue scheidet aus

Strikt schloss der Verteidiger bei seinem Mandanten Untreue aus. Seine Unterschrift unter Omega55 sei eine unternehmerische Entscheidung im Sinne des Aktiengesetzes und der „Business-Judgement-Rule" gewesen. Das Bundesverfassungsgericht habe im Juni 2010[118] gefordert, den Untreue-Paragraphen auf „klare und deutliche" Pflichtverletzungen zu beschränken. Das bedürfe keiner weiteren Untersuchung, sagte Kury schneidig. Er griff in seiner weiteren Argumentation zum Untreue-Tatbestand die Worte des Vorsitzenden Richters Tully zum Prozessauftakt auf. Kury habe mit „sorgenvoller Aufmerksamkeit" gehört, dass das Gericht „Neuland" betreten wolle. Wenn das Gericht damit eine Verschärfung der strafrechtlichen Haftung eines Vorstands oder Geschäftsleiters meinte, durchbreche sie eine Grenze und schaffe „neues Recht", so Kury. „Das hätte dramatische Konsequenzen" für unternehmerische Entscheidungen und sei auch nicht notwendig.

Omega war kein Kreislaufgeschäft

Zum Finanzgeschäft Omega55 selbst erklärt Kury unter anderem, dass die Transaktion das Eigenkapital der HSH wirksam von Verlustrisiken entlastet habe und er nicht davon ausgehe, dass die HSH das Risiko zurückgenommen habe, es also kein Kreislaufgeschäft war, wie es Gerichtsgutachter Christoph Hultsch ausgesagt hatte und auch Mitarbeiter der Rechtsabteilung. Für Kury wurde die „Entlastung bewirkt". Hans Berger habe das Geschäft als Entlastungstransaktion wahrgenommen mit Vermögenswerten, die erstklassig und der HSH bekannt waren. Das Risiko war also ein „begrenztes". Auch mit der komplexen Verbriefung in Teil-B, der STCDO, sei Berger vertraut gewesen.[119]

Hans Berger durfte Mitarbeiter vertrauen

In Kurys Interpretation fand sich in der Vorstandsvorlage zu Omega55 - vor allem auch im NPNM-Votum - kein Hinweis darauf, dass die Verbriefung in Teil-B nicht vorschriftsmäßig geprüft worden sei, sondern nur Teil-A. Berger durfte auf seine Mitarbeiter vertrauen, argumentierte Kury im Sinne der Recht-

118 vergleiche Bundesverfassungsgericht, Beschluss vom 23.6.2010 - 2 BvR 105/09
119 vergleiche Beweiswürdigung Urteil LG Hamburg vom 9.7.2014, S. 291ff

sprechung, weil er als Nicht-Ressortvorstand nicht über „tatbezogenes Sonderwissen“ verfügte. Berger wusste als Chef der Rechtsabteilung auch, dass sie aus zuverlässigen Mitarbeitern bestand. Kury sieht jedenfalls seinen Mandanten nicht in der Verpflichtung, der Rechtsabteilung bei Omega55 Fragen zu stellen. Die Mitarbeiter in London, die sich Omega55 ausgedacht und koordiniert hatten, seien auch keine „Hasardeure“ gewesen.

Zeitdruck? Überall herrscht Zeitdruck!
Den Zeitdruck, den die HSH-Mitarbeiter im Zeugenstand um die Jahreswende 2007/8 geschildert hatten, wies Anwalt Kury als „rhetorische Frage“ zurück. Die gesamte Gesellschaft klage über Zeitdruck. Wenn Zeit fehle, sage man das als Mitarbeiter.

Sachverständige waren unflexibel, hilfreich, intellektuell
Gerichtsgutachter Christoph Hultsch, Wirtschaftsprüfer bei Ernst&Young, bekam ebenso sein Fett weg. (Hultsch hatte die Vorstandsvorlage zu Omega55 fundamental kritisiert und das Geschäft als nachteilig bewertet.) Dieser Gutachter verfüge nicht über die „Flexibilität“, die ein Sachverständiger vor Gericht benötige; er konnte wiederholt nicht auf Fragen antworten, so Kury. Das habe ihn „irritiert“. Die Aussagen des Gutachters der Verteidigung von Peter Rieck, IKB-Vorstand Dr. Dieter Glüder, fand der Anwalt dagegen „hilfreich“. Seine Sachkunde stehe für Kury „nicht in Frage“. (Glüder bezeichnet Omega als vorteilhaft.) Den zweiten Gerichtsgutachter, den Mathematikprofessor Martin Hellmich, lobte Kury als „intellektuell bestechend“.

Berger hat pflichtgemäß gehandelt - deshalb Freispruch
Zusammengefasst steht für Kury fest: Die Vorstandsvorlage wies keine Mängel auf, die sein Mandant Hans Berger hätte erkennen können; er hat plausibilisiert und geprüft. Eine pflichtwidrige Handlung sei Berger nicht anzulasten. Ihm fehlten auch keine Informationen für seine Entscheidung. Dem Verteidiger gingen deshalb die rechtlichen Erwägungen des Gerichts zu weit. Hans Berger könne deshalb nicht verantwortlich gemacht werden im Sinne der Anklage. Der Angeklagte sei **freizusprechen**.

Die Staatsanwaltschaft hat für Ex-HSH-Chef Berger ein Jahr Haft gefordert, ausgesetzt auf Bewährung von zwei Jahren, dazu als Auflage eine Geldbuße von 50.000 Euro.

Zum Schluss ein Brötchen

Nach Kurys leidenschaftlichem, teils polemischem und mit Spitzen gegen Staatsanwaltschaft und Gericht gewürztem Plädoyer ordnete der Vorsitzende Richter eine viertel Stunde Pause an. Kury nutzte sie, um sich in der Gerichtskantine rasch zu stärken. Denn dass die Plädoyers selbst für gestandene Strafverteidiger etwas besonderes und aufregendes sind, ließ Heinz Wagner erkennen, der nach Kury sein Schlusswort für seinen Mandanten Dirk Jens Nonnenmacher hielt.

Tag 59

Dirk Jens Nonnenmacher war „nicht beteiligt"

Selbst für erfahrene Anwälte haben es Schlussworte in einem Strafprozess in sich. Sonst ruhig und gefestigt auftretend, wirkte Strafverteidiger **Heinz Wagner** in den ersten Minuten seines Plädoyers für Ex-Finanzvorstand Nonnenmacher kurzatmig und unerwartet aufgeregt. Seine spürbare Nervosität stand in spannungsvollem Gegensatz zum Habitus seines Mandanten.

Brüchige Indizienkette der Ankläger

Wagners erste Sätze galten der Staatsanwaltschaft. Sie habe sich einer Vernehmung seines Mandanten verweigert und damit dessen Rechte verletzt. Außerdem enthalte die „Indizienkette" der Staatsanwälte „keine tragfähigen Glieder".

Kein Entscheidungsträger, kein Großkredit

In seinem Schlusswort skizzierte Wagner noch einmal den beruflichen Werdegang Nonnenmachers und seine Aufgaben in der HSH, um zum wiederholten Male zu schlussfolgern: Nonnenmacher war als (neuer) Finanzvorstand an „normalen" Kreditentscheidungen „nicht beteiligt". Er musste nur an Entscheidungen bei „Groß- oder Organkrediten" mitwirken. Nonnenmacher jedenfalls sei bei Omega55 nicht von einem Großkredit ausgegangen. Und deshalb habe er „subjektiv und objektiv nicht als Entscheidungsträger gezeichnet". Selbst wenn es ein Beschluss des Gesamtvorstandes gewesen wäre, träfe Nonnenmacher als Finanzvorstand höchstens eine geringe Verantwortung, so Wagner.

Nonnenmacher durfte zudem auf die Angaben der Mitarbeiter vertrauen, das habe die Beweisaufnahme im Verfahren ergeben, sagte Wagner weiter.

Argumente ziehen bei Nonnenmacher nicht

Die ersten, rechtlichen Einschätzungen des Gerichts im Hinweisbeschluss wies Wagner ebenso zurück wie zuvor Bergers Verteidiger Kury. Die Kammer beziehe sich unter anderem auf die Verträge zu Omega55. Die aber dürften bei seinem Mandanten nicht herangezogen werden, sagte Wagner sinngemäß, weil die Verträge Nonnenmacher beim Unterschreiben nicht vorgelegen hätten. Den Vorwurf einer möglichen Pflichtverletzung, die sich daraus ergeben könnte, dass sich die Vorstände Teile der Rechtsprüfung nicht haben vortragen lassen, ließ Wagner nicht gelten. Einer der HSH-Juristen habe schließlich (per eMail) einen aufsichtsrechtlichen Kommentar abgegeben. Außerdem konnten die Vorstände aus der Vorstandsvorlage entnehmen, dass die Rechtsabteilung Omega55 geprüft habe. Ergo: keine Pflichtverletzung, da ausreichend informiert.

Ziel der Kapital-Entlastung doch erreicht

Außerdem sei es „absurd“, was die Staatsanwaltschaft behaupte, die Entlastung des Eigenkapitals durch Omega55 (in Teil-A) sei nicht eingetreten. Sie habe bis heute Bestand, rief Wagner aus. Die Bankenaufsicht BaFin habe der HSH Nordbank keine Bedenken mitgeteilt und deshalb dürfe der Vorstand von der Wirksamkeit ausgehen.

Eigenwillige Lesart von Teil-B

Für mich wurde Wagners Plädoyer an der Stelle absurd, als er auf die Einschätzung der wichtigen Abteilung Neue-Produkte-Neue-Märkte, kurz NPNM, einging. Wagner erklärte, das erteilte NPNM-Votum in der Vorstandsvorlage „schließe die Prüfung von Teil-B mit ein“. Begründung: weil über dem Votum „hedge“ stehe.

Risikoangaben bei riskanten STCDOs nicht nötig

Und noch eine bemerkenswerte Sicht auf die Dinge offenbarte Rechtsprofessor Wagner in seinem Plädoyer. Die Vorstandsvorlage für Omega55 brauchte für Teil-B, für die STCDO, keine Risikoangaben zu enthalten, wie das beanspruchte ökonomische Eigenkapital, den Marktwert oder aktuelle Ratingeinschätzungen. Risikoangaben seien „überflüssig“, weil die Vorstände solche Verbriefungen kannten und tägliche Marktreports erhielten, erklärte Wagner.

Den Vorwurf der Bilanzfälschung streifte der Anwalt nur kurz und mit Seitenhieben auf die Staatsanwälte. Welche Argumente Heinz Wagner dabei *für* Nonnenmacher in die Waagschale warf und welche *gegen* die Anklage, war für mich nicht fassbar.

Nichts falsch gemacht, deshalb Freispruch

Schlussendlich hat Verteidiger Wagner keine Zweifel daran, dass sein Mandant nach der Hauptverhandlung vom Vorwurf der Untreue und Bilanzfälschung freizusprechen sei. Er beantragte nach einer Stunde und 20 Minuten **Freispruch**.

Die Staatsanwaltschaft hatte für Ex-Finanzvorstand Nonnenmacher ein Jahr und drei Monate Haft gefordert, ausgesetzt auf Bewährung zu drei Jahren und einer Geldbuße von 150.000 Euro.

Es ist das vierthöchste Strafmaß im Prozess.

Was der Verteidiger ausließ

Heinz Wagner wiederholte in seinem Schlusswort einige Argumente, die sein Mandant Nonnenmacher schon vor Gericht vorgetragen hatte. Zum Beispiel von der Entlastung des Eigenkapitals der HSH zum Stichtag 31.12.2007. Sie habe bis heute Bestand, wiederholte Wagner im Plädoyer. Die Bankenaufsicht BaFin habe der HSH keine Bedenken mitgeteilt und deshalb dürfe der Vorstand von der Wirksamkeit ausgehen. Über diese seltsame Deutung von Aussagen und Schriftstücken der BaFin habe ich mich schon bei Tag 42 gewundert; damals hatte sich Verteidigerin Münchhalffen in ähnlicher Wahrheitsdeutung geübt. Ende 2007 wusste die BaFin aber noch nichts von Omega55. Wie hätte sie dann Bedenken mitteilen sollen? Zudem hatten sich die Referentinnen der Bankenaufsicht - Deutsche Bundesbank und BaFin - klar geäußert in dem Stil: Hätte die HSH vollständig an sie über Omega55 berichtet, hätten sie eine risikoentlastende Wirkung wohl nicht akzeptiert. (siehe Tag 27 und 32)

Außen vor ließ Strafverteidiger Wagner, dass Nonnenmacher in den Parlamentarischen Untersuchungsausschüssen in Kiel und Hamburg Prozessschwächen der HSH Nordbank offen benannte. Schwächen, die er beim Eintritt in die Bank erkannt hatte. Dennoch will Nonnenmacher vertraut haben, er wollte keine Kosten wissen und keinen aktuellen Marktwert der Verbriefung.

Und dann war da noch die Sache mit dem NPNM-Votum, das die Prüfung von Teil-B mit einschließe. Wagners Begründung: weil über dem Votum „hedge" stehe. Über dem Votum steht: „RWA Hedge BNPP". RWA steht für Risk Weighted Assets. Hedge bedeutet so viel wie absichern. Ich übersetze das mit: Absichern von Risikogewichteten Vermögensteilen wie die zwei Milliarden Kredite in Teil-A. Von einem Derivat wie der STCDO in Teil-B oder der Liquiditätsfazilität steht nichts in dieser NPNM-Einschätzung. Außerdem hatten mehrere Zeugen ausgesagt, die Zeit habe nicht ausgereicht, um den B-Teil für das NPNM-Votum auch noch zu prüfen. (siehe Tag 14 und 24)

Verhandlungspause bis 25. Juni

Bevor die nächsten Strafverteidiger plädierten, pausierte das Gericht für 20 Tage. Urlaubszeit. Ginge es nach dem Vorsitzenden Richter müssten anschließend Wolfgang Prinzenberg für Friedrich reden, Norbert Gatzweiler für Rieck, Reinhard Daum für Strauß und Gaby Münchhalffen für Visker. Und das an einem Tag! Kaum vorzustellen. Wer von den Vieren anfängt und ob tatsächlich alle an diesem Tag ihr Schlusswort halten können, blieb offen. Keiner meldete sich freiwillig. Richter Tully terminierte den Verhandlungstag vorsorglich bis abends halb sechs, eine Stunde länger als sonst. Ein neuer Marathontag.

Mittwoch, 25. Juni 2014

Tag 60: Hartmut Strauß hat seine Pflichten nicht verletzt

Sechs Angeklagte bedeuten sechs Schlussvorträge. Ein wahrer Argumenten-Langlauf. Wie der gesamte Prozess. Zwar präsentierten die Verteidiger ihre Einwände anders gewichtet und auf ihre Mandanten gemünzt. Die Kernaussagen aber ähnelten sich, waren teils identisch. Bei zweistündigen Plädoyers eine streckenweise ermüdende Angelegenheit.

Reinhard Daum ergriff nun nach der Urlaubspause als Erster das Schlusswort. Er stellte sich wie seine Vorredner Kury und Wagner rechts neben das Gericht an ein Rednerpult, dort, wo die Zeugen vernommen wurden, und plädierte auf unschuldig im Sinne der Anklage.

Hartmut Strauß (l.) mit seinem Verteidiger Reinhard Daum

Daum forderte wie Kury und Wagner ebenso **Freispruch** für seinen Mandanten **Strauß**, den Ex-Risikovorstand der HSH. Mit einer Verurteilung würde Strauß Unrecht geschehen, sagte Daum am Ende seines über zweistündigen, klug strukturierten Vortrags. Eine fall-technisch gehaltene Prozessabrechnung, in dem nur der Anfang polemisch geriet.

Daums Kernaussagen: Omega55 war unternehmerisch vertretbar, Strauß habe geprüft, es habe keinen Anlass der Nachfrage gegeben, Strauß habe deshalb nicht gegen seine Pflichten verstoßen, er fühlte sich auch ausreichend informiert und durfte den Mitarbeitern vertrauen, Sonderwissen könne ihm nicht angelastet werden.

Die Bank am Pranger
Verteidiger Daum wählte als Einstieg eine Medienschelte. Die Zeit Ende 2008, als sich die Finanzkrise mit aller Gewalt ihren Weg durch die Geldhäuser schlug, skizzierte Daum als „Endzeitstimmung". Das mediale Klima sei zu dieser Zeit gewesen: „Steckt die Banker ins Gefängnis." Als Beleg dafür führte er den NDR Film „Die Zockerbank" an. Er kritisierte in diesem Atemzug seinen Hamburger Kollegen, den Strafverteidiger Gerhard Strate, ohne dessen Namen zu nennen.[120]

In diesem Klima habe die Staatsanwaltschaft ermittelt und sogar einmal ihr Ermittlungsteam ausgetauscht, weil ihr wohl die Ermittlungsergebnisse nicht gefallen haben, formulierte der Verteidiger. Heute hätten sich die Wogen geglättet und die Verluste aus dem Omega55-Geschäft wären aufgeholt.

Gutachten als Argumentationsgerüst für Wirksamkeit
Daum nahm im Plädoyer zwei Argumente der vorläufigen Rechtsauffassung der 8. Großen Strafkammer aufs Korn, wonach das Eigenkapital der Bank durch Omega55 *nicht* „entlastet" wurde und ein Pflichtverstoß der Vorstände darin liegen könnte, dass sie sich nicht über die Rechtsprüfung informiert hatten. Beiden Richterauffassungen trat Daum entgegen.

Seine Sicht stützte er dabei im Wesentlichen auf ein Gutachten des Bank- und Kapitalmarktrechtsexperten Prof. Frank Schäfer. Dieses hatte er am 25. Verhandlungstag in Teilen vorgelesen. (Kern dieses Gutachtens ist sinngemäß die Aussage: Teil-A von Omega55 hat das Eigenkapital der HSH wirksam entlastet und durch Teil-B wurde das abgegebene Risiko nicht zurückgenommen. Omega55 erreichte folglich sein Ziel.)

Nur englisches Recht anwendbar
Daum bezog sich immer wieder auf Vertragsdetails, auf Rechte und Pflichten der Partnerbanken. Eine rechtliche Einordnung ließe sich hier letztlich nur „verlässlich" durch die „Anwendung der *englischen* Rechtssätze tätigen", sagte er, weil die Verträge nach englischem Recht gestaltet seien. Daum sehe sich zu so einer Beurteilung aber nicht in der Lage und für das Gericht bezweifelte er das auch.

„Rechtsirriges" Gericht
Daum blieb bei aufsichtsrechtlichen Fragen. Er bescheinigte dem Gericht eine „rechtsirrige Auffassung", weil die Richter offenbar davon ausgingen, dass der in Teil-B steckende „Dispo" der HSH an die BNP Paribas (die Liquiditätsfazi-

---

120 Gerhard Strate hatte die sechs HSH-Vorstände im März 2009 angezeigt und später Kontakt zu dem umstrittenen Leiter der Londoner Niederlassung Luis Marti Sanchez.

lität für die Verbriefung, die STCDO) die „Qualität eines Derivates" habe und damit Eigenkapital binde. Der „Dispo" bei Daum binde kein Eigenkapital und deshalb sei auch keine Belastung der Kapitaldecke der HSH durch Omega55 eingetreten.

Statt pflichtwidriges, unternehmerisches Handeln

Sein Mandant habe auch nicht pflichtwidrig gehandelt. Die Tathandlung und das Schadensereignis aber müssten „unmittelbar verknüpft sein" für eine Pflichtwidrigkeit. Die Vorstände hätten die STCDO in Teil-B unter „Investmentgesichtspunkten" geprüft. Und das beinhalte nunmal „Risiken für Marktpreisschwankungen". Omega55 war, gemäß Daum, „unternehmerisch vertretbar" und zur „Stärkung" der HSH getätigt worden.

Teil-B ohne Genehmigung des Vorstandes

Der Strafverteidiger versteifte sich dann auf einen Aspekt, den Parteigutachter Glüder, IKB-Vorstand, aufgeworfen hatte. Teil-B erfolgte „ohne die Genehmigung des Vorstandes". Der Vorstand „hätte nochmal damit befasst werden müssen", weil zwischen der Unterschrift unter die Vorstandsvorlage Ende 2007 und dem Abschluss von Teil-B am 24.1.2008 Marktpreisverluste aufgelaufen waren.

Pflichtwidrigkeit sei auch nur gegeben, sagte Daum, wenn sie „klar und evident" sei. Im Fall von Hartmut Strauß sei das nicht der Fall. Sein Mandant hatte „keinen Anlass", die Rechtsprüfung der Vorstandsvorlage anzuzweifeln und aktiv mit einer „eigenrechtlichen Prüfung" zu hinterfragen. Denn in der Vorstandsvorlage stand: Die Rechtsabteilung hat umfassend geprüft. Strauß durfte auf die Integrität seiner Mitarbeiter vertrauen, und dass sie ihn nicht täuschen wollten. Prüfungspflichten seien nicht abstrakt zu sehen, wandte sich Daum an die Richter.

Die Lügen der Rechtsabteilung

Selbst wenn sein Mandant Strauß bei den zuständigen Juristen der Rechtsabteilung nachgefragt hätte, also bei Vera S. und Sascha E., hätte er die Einschätzung erhalten, dass die Kapitalentlastung erreicht werde. An den Juristen der HSH ließ der Verteidiger im Folgenden kein gutes Haar. Im Prozess habe er bei den Mitarbeitern der Rechtsabteilung eine „auffällige Absetzbewegung" gesehen, die in der Aussage des Leiters der Rechtsabteilung, Wolfgang Gößmann, gipfelte.

„Grobe Unwahrheit" nannte der Verteidiger die Aussage Gößmanns, dass er „nicht mit Omega55 befasst gewesen" sei, obwohl viele eMails der Mitarbeiter über das „CC" auch an ihn adressiert waren. Die Bekundungen der verantwortlichen Juristen Vera S. und Sascha E. waren ebenfalls „unwahr", dass sie sich

Omega nur oberflächlich angesehen haben. Sie haben vielmehr das Produkt Omega55 „freigegeben". Zum Beweis zitierte der Verteidiger eMails.

Schon gar nicht könne dem Ex-Risikovorstand Hartmut Strauß „Sonderwissen" angelastet werden. Das hatte er nicht. Er sei nur ein Mal mit Omega befasst gewesen, und die Nebenabreden[121] des Deals kannte er auch nicht.

Kein „Augen zu und durch"
Am Ende sezierte der Verteidiger den bedingten Vorsatz, den die Staatsanwaltschaft den Angeklagten vorhält. Es gebe bei Strauß keine Anhaltspunkte, dass er gegen seine Prüfpflichten verstoßen habe.[122] Er habe die Vorstandsvorlage geprüft, erklärte Daum. Strauß fühlte sich ausreichend informiert. Ein „Augen zu und durch" habe es bei Strauß nicht gegeben, also einen bedingten Vorsatz für die Tat.

Freispruch gefordert
Ex-Risikovorstand Strauß würde mit einer Verurteilung Unrecht geschehen. Mit diesem Satz beendete Strafverteidiger Daum sein ebenfalls fast zweistündiges Plädoyer. Er forderte **Freispruch** für seinen Mandanten.

Die Staatsanwaltschaft hatte für Hartmut Strauß ein Jahr und drei Monate Haft gefordert, ausgesetzt auf Bewährung zu zwei Jahren und einer Geldbuße von 60.000 Euro.

Es ist die dritthöchste Strafe nach Peter Rieck und Joachim Friedrich.

Was der Verteidiger ausließ
Strafverteidiger Hartmut Daum hat in seinem Plädoyer etwas gesagt, dass bei den Verteidigern immer mal wieder im Verfahren angeklungen war: Die Verluste aus dem Omega-55-Geschäft wären heute längst aufgeholt. Daum übersieht bei diesem Argument, dass die HSH Nordbank ohne die Zehn-Milliarden-Euro-Garantie von Hamburg und Schleswig-Holstein und der Kapitalaufstockung durch sie in Milliardenhöhe längst Geschichte wäre - seit 2008 - und von einem „aufholen" überhaupt nicht mehr zu reden wäre.

Nach dem Plädoyer ging das Gericht in die Mittagspause.

---

121 Das Zusicherungs- und Abwicklungsschreiben - „non reliance letter" und „unwind letter"
122 Risikovorstand Strauß hatte Omega-Koordinator Marc S. kurz angerufen, bevor er am 17.12.2007 die Vorstandsvorlage unterschrieb.

Tag 60

Einundsechszig Currywürste?

Nicht nur die Richter gingen nach den Plädoyers zu Tisch in die Gerichtskantine. Auch die Angeklagten und ihre Verteidiger - und wir Prozessbeobachter. Und wie so oft schnurstracks allen voran: Dirk Jens Nonnenmacher.

Kurze Zeit später in der Kantine ...
... sahen wir ihn dann lächeln.

Ihn, der gewöhnlich von oben herab und durch unsere Berufsgruppe hindurch blickt. Er grinste tatsächlich meinen Kollegen und mich an. Nonnenmacher ist dafür bekannt, Journalisten wie kaum ein Zweiter beflissentlich zu ignorieren, selbst wenn wir uns erlauben, ihn zu grüßen.

Doch dieses Mal zog Nonnenmacher die Mundwinkel nach oben. Nicht, um uns zu begrüßen. Sondern, weil wir in der Gerichtskantine vorn an der Essens-Ausgabe auf unsere Bestellung warteten. In diesem Moment rief die Köchin laut in den Raum, zwei Teller mit Currywurst balancierend: „Currywurst Pommes!“

Und da kam er, der hochgewachsene, blassgesichtige Mann, schnellen Schrittes herbeigeeilt. Und lächelte uns, die wir im Angesicht seiner dampfenden Currywurst standen, verständnissuchend an und nahm die vollen Teller fast entschuldigend entgegen.

Jedes Mal, wenn ich in den Prozesspausen in der Kantine zu Mittag aß, hatte sich der einstige Top-Manager Currywurst bestellt. Eine stolze Currywurst. Inmitten vieler, vieler Pommes. Beides extra zubereitet. Es wurden am Ende tatsächlich wohl 60 Currywürste, die Dr. No während des Strafverfahrens gegessen hat. An jedem Verhandlungstag mit Mittagspause eine.

Das zumindest ist ein heiterer Aspekt dieses Strafverfahrens.

Tag 60

Joachim Friedrich hat sich mit Entscheidung „wohl gefühlt"

Und weiter: Nach der Currywurst-lastigen Mittagspause kurz nach 13 Uhr sagte Richter Tully in einen überraschten Saal: Man wolle jetzt **Anwalt Prinzenberg** für Ex-Kapitalmarktvorstand Joachim Friedrich hören und dann „den Prozess erschöpft unterbrechen". Eigentlich sollten vier Verteidiger ihre Plädoyers halten. Den langen, komplexen Reden Wort für Wort, Gedanken für Gedanken zu folgen, ist offenbar auch für trainierte Juristen anstrengend, für Nichtjuristen wie mich ist es das ohnehin.

Joachim Friedrich mit Anwalt Wolfgang Prinzenberg (r.)

Es geht um Rechtsfrieden, nicht um Gerechtigkeit

Also trat Strafverteidiger Wolfgang Prinzenberg ans Rednerpult. Er hatte sich sogar einen Beamer hinstellen lassen. Zur Einstimmung wählte er eine Analogie zu Filmdrehbüchern „Wie alles begann": Das jedenfalls, was die Richter in der Verhandlung gehört haben, sei nur der Vorspann zum Film gewesen. Der Hauptfilm, die Finanzkrise, habe fast nichts mit dem „Geschehen Ende 2007" zu tun.

Prinzenberg rechnete als erstes mit den staatsanwaltschaftlichen Ermittlungen ab. Die Staatsanwaltschaft habe nach einer Stellungnahme ihrer Ermittlungsgruppe diese ausgetauscht. Haben wir es hier also nicht mit einer objektiven Bewertung von Ermittlungsergebnissen zu tun, fragte Prinzenberg rhetorisch? Er unterstellte den Staatsanwälten einen „interessengeleiteten Vortrag" und eine Anklage, von der „fast nichts übrig geblieben ist".

Und er belehrte die beiden Ankläger: Vom Strafrecht würden „besonders sozialschädliche Verhaltensweisen" belangt, es gehe nicht um Gerechtigkeit, sondern um Rechtsfrieden.

Die beste Bank der Welt - trotz Rekordstrafe

Prinzenberg arbeitete anschließend die fachliche Kompetenz von Joachim Friedrich heraus, dass er 16 Jahre in Banken gelernt und Entscheidungen getroffen habe. Das Gericht solle das wissen, damit es beurteilen könne, worauf sich Friedrich verlassen „durfte und musste", so der Anwalt. Er trumpfte damit auf, Friedrich habe vor seiner HSH-Zeit unter anderem bei der „besten Bank der Welt" mit dem „besten Risikomanagement der Welt" gelernt und gearbeitet - bei der US-Bank J.P.Morgan.[123]

Bestens informiert

Außerdem habe Joachim Friedrich ein HSH-internes Komitee geleitet, das sich wöchentlich mit der Risikoorganisation und -steuerung beschäftigt habe. Friedrich war folglich darüber informiert, was in der Sparte Kapitalmarkt los war und welche Finanzgeschäfte anstanden. Die HSH fühlte sich außerdem „sicher" mit Verbriefungen wie den Teil-B von Omega55, der Single Tranche Collateralized Debt Obligation. Sie bot sogar ihren Kunden solche Verbriefungen an. Kurz: Friedrich brauchte keine weiteren Informationen, um die Vorstandsvorlage von Omega55 zu verstehen, die im übrigen sichtlich umfangreich, informativ und verständlich für Friedrich war, erklärte der Verteidiger.

Bestens geprüft

An dieser Stelle wandte sich Prinzenberg der Vorstandsvorlage direkt zu. Er warf mithilfe des Projektors einzelne Textpassagen hinter sich an die Wand, um zu beweisen, dass die Rechtsabteilung und die Risikofachleute den Deal umfassend und intensiv geprüft hatten. Als Beleg für den intensiven Check der Risikoabteilung führte er auch den umrahmten Satz an - siehe Bild. Dieser weist darauf hin, dass die Risikoabteilung in der Vorstandsvorlage einen Fehler gefunden hatte, auf Seite 5.

---

123 Dass ausgerechnet J.P.Morgan 2013 eine Rekordstrafe von 13 Milliarden US-Dollar zahlen musste, weil sie 2006 Geschäfte getätigt hatte, die die Finanzkrise mit verursacht haben, focht den Verteidiger offenbar nicht an.

> The timeframe for the second risk assessment was extraordinary tight and with respect to the complexity and the applied amount inadequately short.

> On page 5 the text refers to a Senior Facility (SF). The SF was part of an earlier stage of the transaction but is not part of the current structure.

(Der Satz[124] *über* dieser Fehlernotiz berichtet dagegen von etwas ganz anderem. Der Zeitrahmen für die Prüfung sei extrem eng („extraordinary tight“) und unzureichend kurz („inadequately short“) gewesen, steht dort. Diesen Satz erwähnte Prinzenberg nicht, obwohl er im Saal zu lesen war.)

Bestens vorbereitet

Friedrich hätte bei Omega55 eingreifen müssen, hatte die Staatsanwaltschaft in ihrem Plädoyer gesagt. Prinzenberg nahm diesen Vorwurf auf und fragte rhetorisch, warum sein Mandant das Geschäft nicht gestoppt habe, obwohl er das als verantwortlicher Marktvorstand gekonnt hätte. Er hatte als letzter die Vorstandsvorlage unterschrieben. Friedrich habe sich auf informierter Basis mit der Entscheidung „wohl gefühlt“, beantwortete Prinzenberg seine eigene Frage. Er sah die Erfassung und Überwachung des Geschäfts als „gesichert“ an.

Um Friedrichs Informationsstand zu begründen, projizierte der Anwalt zuerst eine eMail vom 27. November 2007 an die Wand. In dieser hatte der für Omega55 mit zuständige Jurist Sascha E. eine vorläufige aufsichtsrechtliche Einschätzung niedergeschrieben. Prinzenberg nutzte die eMail als Beleg, dass die Rechtsabteilung detailliert Kenntnisse vom *Gesamtgeschäft* Omega hatte.

Prinzenberg zitierte weiter aus eMails der Rechtsabteilung, um zu beweisen, dass keiner der HSH-Juristen je „Zweifel an Omega55 geäußert“ hatte. Was also hätte Joachim Friedrich die Rechtsabteilung fragen sollen, stellte der Strafverteidiger in den Raum. Außerdem habe die regulatorische Entlastung zum 31.12.2007 „bis heute Bestand“.

Klagerunde mit Marktwert für Staatsanwälte

Überhaupt gäbe es einiges im Verfahren „zu beklagen“, leitete Prinzenberg den Schlussteil seines Plädoyers ein. Er kritisierte, dass der Zeuge Steven P. aus London nicht gehört worden war, die Übersetzung der englischsprachigen Vorstandsvorlage fehlerhaft gewesen sei, die Verträge nach englischem Recht ausgelegt werden müssten, und das Friedrich wegen des Prozesses Zeit seines Lebens als „angeklagt wegen Bilanzfälschung“ gebrandmarkt werde. Und warum das alles? Weil die Staatsanwaltschaft nicht ordentlich gearbeitet habe. Prinzenberg bezeichnete die Anklage als unbegründet und wünschte sich, es gebe einen „Marktwert für Staatsanwälte, die unbegründete und schlechte An-

124 siehe Anhang und Website http://drnounddieunschuldigen.de

klagen stellen".

Falschdarstellung der Bilanz war nicht wesentlich
Die falsche Darstellung eines Teils des Geschäftes in der Bilanz zum 1. Quartal 2008, als die HSH deshalb einen Gewinn statt eines Verlustes herzeigen konnte, bezeichnete Prinzenberg als „nicht wesentlich". Friedrich sei auch bis November 2008 „völlig arglos" wegen der Bilanzierung der Liquiditätsfazilität für die Verbriefung in Teil-B von Omega55 gewesen, der STCDO. Friedrich habe keinen Anlass gehabt, falsch zu bilanzieren.

Am Ende seines Plädoyers schwang Prinzenberg die Keule Richtung Journalisten. Es gehe hier nicht um „Lug und Trug" und nicht um den Auslöser der Finanzkrise. Hier habe nichts der Allgemeinheit einen Schaden zugefügt.

Nicht leichtfertig gehandelt, deshalb Freispruch
Welches Motiv also sollte Friedrich gehabt haben, uniformiert dem Finanzgeschäft Omega55 zuzustimmen, fragte Prinzenberg zugespitzt. Es bestehe nicht der „Hauch eines Verdachtes, Joachim Friedrich Leichtfertigkeit bei Omega55 zu unterstellen".

Prinzenberg war sich jedenfalls sicher, dass das Gericht finden werde, dass Joachim Friedrich nicht zu verurteilen, sondern **freizusprechen** sei.

Für den Angeklagten Friedrich forderte die Staatsanwaltschaft die höchste Strafe: ein Jahr und zehn Monate Haft, auszusetzen auf Bewährung von drei Jahren und einer Geldbuße von 100.000 Euro.

Die Staatsanwaltschaft sieht in Joachim Friedrich den Hauptverantwortlichen nach Ressortzuständigkeit der Vorstände. Friedrich war Kapitalmarktvorstand, seine Mitarbeiter haben Omega55 initiiert.

Was der Verteidiger ausließ
Es ist schon erstaunlich, zu welchen Winkelzügen Verteidiger in ihren Plädoyers greifen, um ihre Mandanten aus der Schusslinie zu ziehen. Um zu beweisen, dass die Risikoabteilung Omega55 intensiv geprüft hatte, zitierte Verteidiger Prinzenberg einen Satz aus dem Risikovotum, der auf einen Fehler in der Vorstandsvorlage hinweist. Einen Satz darüber schrieb der Risikofachmann aber auch, dass der Zeitrahmen für seine Analyse extrem eng und unzureichend kurz war. Die Freshfields-Gutachter bewerteten gerade diesen Satz als eine Warnung. Denn wie kann eine Prüfung intensiv sein, wenn Zeit fehlte? Einer der Strafverteidiger schien nicht glücklich mit diesem Vorgehen Prinzenbergs zu sein, denn er drehte sich zu einem Kollegen um und zog kaum wahrnehmbar die Augenbrauen hoch.

Auch die eMail des Juristen Sascha E., der am 27. November 2007 eine vorläufige Einschätzung der geplanten Eigenkapital-Entlastung abgegeben hatte, interpretierte Prinzenberg als Beleg dafür, dass die Rechtsabteilung über die *Gesamttransaktion* Omega55 im Bilde war. In dieser eMail aber wird nur Teil-A behandelt, von Teil-B ist darin nicht die Rede.[125]

Prinzenbergs Bemerkung, dass hier nichts der Allgemeinheit ein Schaden zugefügt habe, sollen die Fakten gegenübergestellt werden: Seit 2008 halten die Bürger von Hamburg und Schleswig-Holstein die HSH mit Steuergeldern in Milliardenhöhe am Leben. Zehn Milliarden Garantie plus rund 4,5 Milliarden zusätzliches Eigenkapital seit 2008. Sie zahlen auch jährlich über ihre Haushalte einige zehn Millionen Euro, um die Beteiligung an der HSH zu finanzieren. Vermutlich werden sie mehr als vier Milliarden Euro nie wiedersehen. Und das soll kein Schaden der Allgemeinheit sein?

Urteil schon am 2. Juli?

Eigentlich wollte das Gericht an diesem Tag sämtliche Plädoyers hören. Die Zeit reichte letztlich nur für zwei, weil die Verteidiger länger redeten als angekündigt. Deshalb ist der nächste Verhandlungstag, der 30. Juni, für die beiden letzten Plädoyers für die Angeklagten Peter Rieck und Bernhard Visker reserviert. Danach hätte das Gericht freie Bahn und könnte schon am Mittwoch, den 2. Juli, das Urteil verkünden. Oder am Montag, 7. Juli, um die Plädoyers noch etwas sacken zu lassen.

125 vergleiche Urteil LG Hamburg, vom 9.7.2014, S. 128ff

Montag, 30. Juni 2014

Tag 61: Peter Rieck war „nicht ressortverantwortlich“

Es wäre ein zweideutiges Foto vom Vorsitzenden Richter Marc Tully geworden, wären an diesem Gerichtstag Kameras im Gerichtssaal erlaubt gewesen. Einige Minuten nach halb zehn öffnete er die Tür vom Richterzimmer aus zum Gerichtssaal leicht und lugte in den Saal. Fragend. Ungläubig blickend. Es fehlten ein Angeklagter und sein Anwalt. Sie waren zehn Minuten über der Zeit. Es vergingen weitere Minuten. Noch immer keine Spur von Dirk Jens Nonnenmacher und Heinz Wagner. In die Stille hinein mutmaßte ein Prozess-Beobachter: Nonnenmacher sei vielleicht mit Roberto Blanco auf der Flucht. An diesem Tag wurde in der Boulevardpresse kolportiert, der Unterhaltungskünstler werde per Haftbefehl gesucht. Gekicher.

Als hätte es Ex-Banker Nonnenmacher gehört, eilte er kurz darauf in den Saal, ohne Gel im Haar und mit seinem Anwalt im Schlepptau, sich entschuldigend. Dann konnte Richter Tully und die Kammer Platz nehmen, Tully eröffnete die Sitzung und Verteidiger **Gatzweiler** begann mit seinem **Plädoyer für Peter Rieck, Ex-Immobilienvorstand**.

Peter Rieck auf dem Weg in den Gerichtssaal.

Nichts falsch gemacht

Der Strafverteidiger legte ausführlich dar, dass sein Mandant Peter Rieck als Vorstand der Immobilien- und Schifffahrtssparte für diesen Fall keine einschlägige Ressortverantwortung trug, kein Sonderwissen hatte, keine Eigeninteressen, er keine Zweifel an der ordnungsgemäßen Organisation der HSH zu haben brauchte, er sich auf die Mitarbeiter verlassen durfte, voll informiert war und sorgfältig hat entscheiden können; Omega war zudem wirksam und kein existenzgefährdendes Geschäft für die HSH.

Kritik am Untreue-Paragraphen

Als Einleitung wählte **Gatzweiler**, der sich wegen seiner Körpergröße etwas zum Rednerpult herunterbeugen musste, einen rechtsgeschichtlichen Exkurs zum Untreue-Paragraphen 266 Strafgesetzbuch. Er kritisierte die Tatbestände. § 266 StGB war unter den Nationalsozialisten 1933 verändert worden, was laut Gatzweiler verfassungsrechtlich fragwürdig sei. Er zitierte Gerichtsurteile und Kommentarquellen, ein Vorgehen, das sich durch sein gesamtes Plädoyer zog.

Der Verteidiger führte unter anderem die „Berliner Bankentscheidung“ an, wonach das Bundesverfassungsgericht 2010 eine Grundsatzentscheidung[126] getroffen habe, wie der Paragraph zur Untreue auszulegen sei. Gatzweiler konstatierte trocken: Die vorläufige Rechtsauffassung der Kammer lasse sich mit der aktuellen Rechtsprechung des Bundesverfassungsgerichts „nicht in Einklang bringen“. Ein Argument, das noch zu einiger Prominenz kommen sollte.

Trocken lobte der Verteidiger das Gericht für seine offene Diskussion, die er zumindest „teilweise begrüßt“ habe. Intransparent seien aber die Gespräche mit dem Gerichtsgutachter gewesen, dem Wirtschaftsprüfer Christoph Hultsch, die erst später für die Verteidiger zugänglich waren. Hultschs Gutachten sei durch viele Köpfe und Hände gegangen. Das war aus Sicht der Verteidiger „unbefriedigend“. Und es sei eine „wesentliche Entlastungsbeweisführung“ durch das Gericht „abgeschnitten worden“, weil es zwei englischsprachige (Ex)HSH-Mitarbeiter der Londoner Niederlassung nicht als Zeugen geladen hatte - Paul D. und Steven P.

„Eilbeschluss“ im Sinne von eilt und zügig, mehr nicht

Die „personelle Verantwortung“ seines Mandanten verneinte der Verteidiger. Er sei nicht ressortverantwortlich gewesen, wie die Staatsanwaltschaft das sieht, weil die Kredite für Omega55 überwiegend aus Riecks Vorstandsressort stammten. „Ressortverantwortlich“ waren vielmehr der Kapitalmarkt- und der Risikovorstand, und damit Joachim Friedrich und Hartmut Strauß.

Auf der Vorstandsvorlage waren zudem vier Unterschriften vorgesehen, eine besondere Verantwortung von Rieck sei damit schon „optisch“ nicht zu sehen; es war eine Entscheidung des Gesamtvorstandes.

Dass Rieck die Vorlage als „Eilbeschluss“ deklarierte, sei auch nicht als Eilentscheidung im Sinne der HSH-internen Zuständigkeitsrichtlinie zu bewerten. Solche Eilentscheidungen könnten nur von zwei „anwesenden“ Vorständen ge-

126 BverfG, Beschluss vom 23.6.2010, Az. 2 BvR 105/09, 2 BvR 2559/08, 2 BvR 491/09

troffen werden, sagte Gatzweiler. Omega55 aber wurde im „Umlaufverfahren“ genehmigt, also „in Abwesenheit“ der Vorstände. Das Wort „Eilbeschluss“ sollte dabei nur darauf hinweisen, dass die Vorstände „zügig“ unterschreiben im Sinne von „eilt“. Mehr nicht. Rieck sei auch nicht in die Nebenabreden eingebunden gewesen; deshalb hatte er „kein Sonderwissen“.

Sorgfältig gehandelt, keine Untreue des tadellosen Herren

In der „strafrechtlichen Bewertung“, also der Verletzung der Sorgfaltspflichten, seines Mandanten bezüglich seiner Unterschrift ergebe sich ein „zwingender Freispruch von Herrn Rieck“. Rieck hatte nur „Überwachungs- und Kontrollpflichten“; an ihn sei ein geringerer Pflichtenmaßstab anzulegen als an die zuständigen Ressortvorstände. Rieck war zudem „voll informiert“, habe ohne eigene Interessen gehandelt, und es bestand durch Omega55 keine Existenzgefährdung der HSH; der Vorstand handelte also sorgfältig innerhalb seines unternehmerischen Ermessensspielraums. Rieck durfte sich auch darauf verlassen, dass das Risikomanagement der Bank ordnungsgemäß organisiert war und die Rechtsabteilung Omega55 ausreichend geprüft hatte. Schließlich gab es zuvor keine Zweifel an den jeweiligen Mitarbeitern. Die Juristen Vera S. und Sascha E. galten als „ausgewiesene Experten“. Die Gerichtsverhandlung habe das „eindrucksvoll belegt“, so der Verteidiger. Die Juristin Vera S. habe aber im Prozess durch „falsche Tatsachenbehauptungen versucht, sich aus der Affäre zu ziehen“. Rieck habe folglich seinen Pflichten genügt und deshalb greife der Tatbestand der Untreue nicht.

Dass die Staatsanwaltschaft die früheren Vorstände in ihrem Plädoyer als „Frühstücksdirektoren“ bezeichnet hatte, fand Gatzweiler als Verunglimpfung der „tadellosen Herren“. Gatzweiler sprach die ganze Zeit von Herren, nicht von Angeklagten.

Kein Schaden, alles aufgeholt 2014

Ein „Nein“ setzte Strafverteidiger Gatzweiler auch hinter den Vorwurf des Vermögensschadens. Diesen sieht er als nicht erfüllt an. Denn: Der Tatbestand des Vermögensschadens trifft nur zu, wenn das Sinken eines Vermögenswertes im Zeitablauf *unmittelbar* mit der Tathandlung zusammenhänge. Diesen Gedanken begründete der Anwalt sinngemäß und in aller Kürze so: Teil-B von Omega55 sollte sieben Jahre bestehen, also bis zum Jahr 2014. In diesem Jahr aber seien die Marktwertverluste des Jahres 2010 längst aufgeholt worden. Folglich: kein Vermögensschaden für die HSH, keine Untreue für Rieck.

Soll Gericht nachsitzen?
Und dann holte Gatzweiler, wie zuvor seine Kollegen, weit aus, um dem Gericht zu beweisen, dass das Eigenkapital der HSH durch Teil-A von Omega55 doch wirksam entlastet worden war. An dieser Stelle stützte einer der Berufsrichter sein Kinn in die Hand wie jemand, der sich etwas schon zu oft anhören musste und dessen leicht überdrüssig ist. Gatzweiler zitierte davon unberührt Verteidiger Daum und dessen Gutachten von Frank Schäfer; er führte die Bankenaufseher BaFin und Bundesbank an, den Gerichtsgutachter Martin Hellmich und seinen eigenen Sachverständigen Dieter Glüder. Die Gutachten stünden gegen die vorläufige Rechtsauffassung der Kammer, die davon ausgehe, dass das Eigenkapital der HSH in der Bilanz nicht „entlastet" wurde.

Wegen dieser gegenteiligen Ansichten sei die Kammer daran gehindert, zu Lasten der „angeklagten Herren" von einer nichtwirkenden Entlastung auszugehen, sagte Gatzweiler. Denn: Die Verträge zu Omega55 seien nach englischem Recht auszulegen und nicht nach deutschem. Es klang, als spräche er den Berufsrichtern die Fachkompetenzen ab. Im Zweifel sei *für* die Angeklagten zu entscheiden, sagte der Verteidiger.

Interessanterweise diskutierte der Verteidiger mit Professorentitel an dieser Stelle noch die Rechtsverbindlichkeit der von der Bankenaufsicht BaFin aufgestellten Regeln wie die Grundsätze und Verlautbarungen an die Banken. Er zog ihren bindenden Charakter in Frage und ob sie so zu behandeln seien wie Gesetze.

Rüsten für Verurteilung
Gatzweiler stellte anschließend einen **Hilfsbeweisantrag**. Darin forderte er ein weiteres Rechtsgutachten ein und schlug gleich jemanden vor - Prof. Holger Fleischer vom Max-Planck-Institut für ausländisches und internationales Privatrecht. Dieses Gutachten werde zeigen, dass die Vertragsdokumente der Kapitalentlastung zum 31.12.2007 „nicht entgegenstehen".

Vom Gesamtnutzen der Bank gedacht
Dann arbeitete sich Strafverteidiger Gatzweiler zum bedingten Vorsatz vor, dem „subjektiven Tatbestand" der Untreue. Die Vorstandsvorlage enthalte über 200 Einzelinformationen. So habe es der von Gatzweiler engagierte Gutachter, IKB-Vorstand Dieter Glüder, herausgearbeitet. Sein Mandant Rieck konnte also „sorgfältig entscheiden" und hat keine Risiken billigend in Kauf genommen (wie Juristen beim bedingten Vorsatz annehmen). Rieck habe vom „Gesamtnutzen der Bank" her gedacht und auf „subjektiv ordnungsgemäßer Prüfung ein unvertretbares Risiko verneint". Dass es dann 2008 zu so einer krisenhaften Entwicklung kam, war zum 21.12.2007 nicht vorhersehbar.

Die schwierige Suche nach der Wahrheit
Zum Schluss hob er noch einmal den Zeigefinger Richtung Gericht, natürlich nur verbal. Er brachte ein Zitat zu „richterlichen Fehlentscheidungen“ und, dass Strafrichter auf der Suche nach der Wahrheit sein sollten. Seinem Mandant könne jedenfalls ein „strafbarer Verstoß“ weder „objektiv noch subjektiv“ zur Last gelegt werden. Er forderte **Freispruch**.

Die Staatsanwaltschaft forderte für Peter Rieck ein Jahr und sechs Monate Haft, ausgesetzt auf Bewährung von drei Jahren und einer Geldbuße von 75.000 Euro.

Das wäre die zweithöchste Strafe hinter Joachim Friedrich; die Staatsanwälte sehen Peter Rieck als einen der Hauptverantwortlichen an.

Was der Verteidiger ausließ
Wie unterschiedlich Verteidiger doch dieselben Umstände bewerten! Norbert Gatzweiler ordnete die Genehmigung von Omega55 als eine Entscheidung des „Gesamtvorstandes“ ein. Denn in der Vorstandsvorlage waren vier Unterschriften-Felder angelegt. Daraus schlussfolgerte der Verteidiger: Eine besondere Verantwortung seines Mandanten Rieck scheide damit schon „optisch“ aus. Gatzweiler sieht die Verantwortung der Angeklagten damit diametral anders als der Verteidiger von Nonnenmacher, Heinz Wagner. Dieser hat bis zuletzt seinen Mandanten, der als fünfter unterschrieben hatte (siehe Tag 3), als „Transaktionsbeteiligten“ hingestellt und nicht als Entscheider.

Dass Peter Rieck als erster Unterzeichner die Vorstandsvorlage zum „Eilbeschluss“ erhob, sollte laut Gatzweiler nur darauf hinweisen, dass die Vorstandskollegen bitte „zügig“ unterschreiben im Sinne von „eilt“. Mehr nicht. Der erste Zeuge des Verfahrens, Marc. S., hatte aber die mit dem Eilbeschluss verbundene Absicht etwas anders dargestellt. Die Vorstandsvorlage zum „Eilbeschluss“ zu machen, sei sein Vorschlag gewesen, weil er wusste: Wenn Eilbeschluss draufsteht, können zwei Vorstände das Geschäft genehmigen. Er wollte nach eigener Aussage die Prozedur beschleunigen, weil noch vor Jahresende 2007 viele Unterlagen für Omega55 zu prüfen gewesen seien.

Und dass Peter Rieck ein vitales Interesse an Teil-A hatte, weil die Kredite dafür aus seiner Sparte kamen und ihm halfen, seine internen Kapital-Kennziffern zu verbessern, sprach Gatzweiler ebenso nicht an. (siehe S. 146ff, Motivsuche)

Richter mit Pokerface und Zettelchen
Die Berufsrichter notierten sich während des zweistündigen Plädoyers von Norbert Gatzweiler kaum etwas. Nur selten verrieten ihre Gesichter, was sie

gerade dachten; Pokerface beherrschen alle drei, aber auch den beiden Laienrichtern war nicht anzusehen, was in ihnen vorging.

Ab und an rollte einer der Berufsrichter mit den Augen, unterdrückte ein Stöhnen, schüttelte kaum wahrnehmbar den Kopf. Und manchmal schoben sie sich Zettelchen zu.

Tag 61

Wer ist eigentlich Herr Visker?

Außergewöhnlich sei dieses Strafverfahren. Mit diesem Satz leitete **Verteidigerin Gaby Münchhalffen** ihr Plädoyer für Ex-Firmenvorstand Bernhard Visker ein. Sie war die Letzte im Bunde.

Verteidigerin Münchhalffen mit Bernhard Visker

Außergewöhnlich, weil sich ein gesamter Bankvorstand für ein einzelnes Geschäft verantworten müsste. Andere Verfahren hatten viele Transaktionen zum Gegenstand gehabt oder den Erwerb einer ganzen Bank. Der Prozess sei auch deshalb außergewöhnlich, weil die staatsanwaltschaftliche Ermittlungsgruppe zuerst zu dem Ergebnis gekommen sei, keinem HSH-Vorstand sei ein „strafrechtlicher Vorwurf zu machen". Der Austausch der Gruppe eröffne für Münchhalffen die Frage - die bis heute ungeklärt sei - ob dazu „politischer Druck" geführt habe. Die Verteidigerin warf die Frage auf, warum die 8. Große Strafkammer kein Zwischenverfahren angeregt hatte, um mittels eines Gutachtens die Vorstandsvorlage zu beurteilen. Damit wäre den Beteiligten vielleicht ein langes, zähes Verfahren erspart geblieben.

Das zur Klage stehende Finanzgeschäft Omega55 nannte sie „nicht alltäglich, aber durchaus ein normales Geschäft".

Wer ist eigentlich Herr Visker?

Diese Frage stellte die Verteidigerin ihren Gedanken zur personellen Verantwortung ihres Mandanten voran. Das Verfahren habe gezeigt, dass Herr Visker namentlich dabei nicht vorkomme, ausgenommen bei der Aussage von Hans Berger und als Name in der Vorstandsvorlage. Sie schilderte Visker als „Gewächs der Hamburgischen Landesbank“ und, dass er nicht verantwortlich für die Geschäfte des Kapitalmarktes war; er also keine Ressortverantwortung trug. Er verantwortete als Vorstand unter anderem die Firmenkunden, war Ansprechpartner für die Sparkassen und die Niederlassung in Luxemburg. Unzweifelhaft sei, dass Visker weder in die Vorbereitung von Omega55 eingebunden war, noch Kenntnisse von den Vertragsdokumenten hatte. Er verfügte nicht über Sonderwissen, so Münchhalffen. Und deshalb durfte sich Visker auf die federführenden Ressortvorstände verlassen. „Nicht jeder Entscheider muss alles wissen“, zitierte Münchhalffen sinngemäß aus einem Urteil.

Bernhard Visker habe nur dann die Verpflichtung ein Geschäft zu stoppen gehabt, wenn die Kompetenz der Ressortvorstände in Frage stehe oder das Risiko zu groß sei. Beides traf bei Omega55 nicht zu, so die Verteidigerin. Deshalb könne Visker ein strafrechtlich relevantes, pflichtwidriges Verhalten nicht angelastet werden. Vorsätzliches Verhalten scheide aus.

Informiert, geprüft, zweifelsfrei: Freispruch
Weitere Kernaussagen des Plädoyers: Visker war „umfänglich und zutreffend von den Mitarbeitern informiert“ worden; die Vorstandsvorlage war nicht erkennbar mangelhaft; Visker hatte keinen Anlass, Nachfragen zu stellen, auch deshalb, weil in einer Vorstandsvorlage das Ergebnis des Prüfprozesses der Fachbereiche stehe; das Gutachten von Wirtschaftsprüfer Christoph Hultsch könne wegen der offensichtlich zutage getretenen „fehlenden Fachkenntnis“ nicht vom Gericht herangezogen werden; Visker durfte auch darauf vertrauen, dass die Risikofachleute der Bank Omega55 ordnungsgemäß prüfen und es abgelehnt hätten, wenn es „geschäftsschädigend“ gewesen wäre.

Münchhalffen forderte nach eineinhalb Stunden **Freispruch**.

Die Staatsanwaltschaft hatte für Bernhard zehn Monate Haft, ausgesetzt auf Bewährung von zwei Jahren und einer Geldbuße von 40.000 Euro.

Es war das geringste, geforderte Strafmaß.

Urteil oder Antrag
Gaby Münchhalffen brachte in ihrer Verteidigungsrede keine neuen Aspekte. Die Rede ähnelte im Aufbau und in der Argumentationslinie der ihres Vorredners und Kanzleikollegen Gatzweiler.

Zu guter Letzt, nachdem sie für ihren Mandanten Freispruch gefordert hatte, stellte die Verteidigerin drei **Hilfsbeweisanträge** für den Fall, dass das Gericht vorhabe, ihren Mandanten zu verurteilen. Sie beantragte, den Bruder ihres Mandanten als Zeugen zu vernehmen, um zu beweisen, dass Bernhard Visker nicht wusste, dass „financials", also Anleihen oder Kredite von Banken, im Teil-B von Omega55 einsortiert waren. Und sie will als Zeugen die früheren HSH-Mitarbeiter Paul D. und Steven P. vernehmen lassen.[127]

Fällt Urteil am 9. Juli?

Als Schlusspunkt der Plädoyers gab das Gericht die Streichung der Termine für den 2. und 7. Juli bekannt und legte den nächsten Verhandlungstag auf den 9. Juli, dem Mittwoch vor den Sommerferien in Hamburg. Dann also könnten die Richter ihr Urteil verkünden. Könnten. Denn ob tatsächlich lasse sich nicht vorhersagen, teilte die Gerichtspressestelle später mit, weil manche Verteidiger am Ende ihrer Plädoyers Hilfsbeweisanträge für neue Zeugen und ein weiteres Sachverständigengutachten gestellt hatten. Allein Gaby Münchhalffen reichte drei Hilfsbeweisanträge für den Fall ein, dass die Kammer vorhabe, ihren Mandanten zu verurteilen.

Über diese Hilfsbeweisanträge muss die Große Strafkammer zuerst entscheiden, also *vor* einem Schuldspruch. Hält sie die Angeklagten wirklich für schuldig im Sinne der Anklage, würde die Beweisaufnahme am 9. Juli fortgesetzt und *kein* Urteil gefällt.

So aber kam es nicht.

127 Steven P. soll allerdings der Staatsanwaltschaft gegenüber geäußert haben, dass in der HSH unter „corporates" auch „financials" verstanden wurden. Bliebe er vor Gericht dabei, würde das Ansinnen der Verteidigerin implodieren.

Tag 61

Das letzte Wort: Keine Reue. Kein Bedauern. Keine Fehler.

Am Ende jedes Strafprozesses, bevor das Urteil fällt, steht den Angeklagten das „letzte Wort“ zu. Eine bedeutungsvolle Geste. Darin können Angeklagte noch einmal zur Tat etwas sagen, sich entschuldigen oder sogar gestehen. Juristen sehen in einem gut bedachten „letzten Wort“ die allerletzte Chance, sich zu verteidigen und besonders bei den Laienrichtern Eindruck zu hinterlassen, den Schöffen. Im HSH-Prozess summierte sich das „letzte Wort“ nur bei Joachim Friedrich und Dirk Jens Nonnenmacher auf mehr als einen Satz. Am meisten sagte Ex-Kapitalmarktvorstand Friedrich. Es klang Frust und Bitternis aus seinen Sätzen.

Joachim Friedrich begann mit einer rhetorischen Frage an die Richter. Was soll ich Ihnen nach einem Jahr Prozess noch sagen? Vielleicht nur dies: Dass er, Friedrich, bevor die HSH ihn im November 2009 gemeinsam mit Peter Rieck abberief, zwei Jahre extrem hart gearbeitet habe. Mit der Entlassung sei es für ihn von 200 Prozent runter auf Null gegangen. In den vergangenen vier Jahren habe er sich aus dieser Situation herausgearbeitet, trotz der Ermittlungen und des langen Verfahrens. Er zahle dazu die Kosten seines Anwalts selbst. Und: Er habe die Entscheidung zu Omega55 „verantwortlich“ getroffen. Er schließe sich des weiteren den Ausführungen seines Verteidigers an.

Dirk Jens Nonnenmacher erklärte kurz gesagt, er habe sich „umfangreich und wahrheitsgemäß“ geäußert, er durfte zu Recht von einer Entlastung des Eigenkapitals der HSH durch Omega55 ausgehen. Er habe sich „nichts vorzuwerfen“. Nonnenmacher blieb damit bei den Aussagen seiner beiden verlesenen Erklärungen im Prozess.

Hans Berger schloss sich den Ausführungen seines Verteidigers an und verwies auf das, was er in seinen beiden Erklärungen und bei der Befragung durch das Gericht vorgebracht hatte. **Peter Rieck** schloss sich den Ausführungen seines Verteidigers Gatzweiler an. Ein Satz. Und **Bernhard Visker** hatte den Ausführungen seiner Verteidigerin „nichts hinzuzufügen“. **Hartmut Strauß** wiederum wollte ebenfalls den persönlich vorgetragenen Erläuterungen vor Gericht nichts weiter hinzufügen.

Es ist üblich, dass sich Angeklagte den „Ausführungen“ ihrer Verteidiger im Plädoyer anschließen. Die meisten folgen diesem juristischen Rat. Im Fall der früheren Landesbanker finde ich, hätten sie ihn ignorieren sollen. Ihren „letzten Worten“ fehlte etwas Entscheidendes. Ein Bedauern. Und Mut.

Es fehlten Mut und Einsicht

Natürlich ist es nur allzu menschlich, sich vor einem Strafgericht zu rechtfertigen und sich möglichst gut darzustellen. Öffentlich mögen sich die Angeklagten im Rückblick auf ihre Zeit als Vorstände und bei Omega55 nichts vorzuwerfen haben. Für sich selbst werden sie sicher wissen, wo sie Fehler begangen haben. Das ist das eine. Etwas anderes sind die Fakten und ihre öffentliche Wahrnehmung. Die Öffentlichkeit nimmt wahr: Die Hamburger und Schleswig-Holsteiner schossen seit 2008 der HSH mehr als 4,5 Milliarden Euro Eigenkapital zu, dazu garantieren sie seit 2009 mit zehn Milliarden für ihre Landesbank, und ihre Haushalte werden jährlich durch zweistellige Millionen-Zahlungen wegen der kreditfinanzierten Beteiligungen der Länder an der HSH belastet. Würden die Bürger das alles nicht auf sich nehmen, wäre die HSH längst ein Fall für die Insolvenzverwalter.

Dass nur die Finanzkrise für diese desaströse Lage verantwortlich sein soll, ist Humbug. Die verantwortlichen Vorstände in den Landesbanken Hamburg und Kiel, die 2003 zur HSH Nordbank fusionierten - unter ihnen Berger, Strauß und Rieck - haben Fehler und Versäumnisse begangen. Die Parlamentarischen Untersuchungsausschüsse in Hamburg und Schleswig-Holstein sowie diverse Gutachten belegen das; dort ist unter anderem von mangelhaftem Risikomanagement und unsachgemäßer Organisation die Rede. Und dann heißt es bei der rechtlichen Aufarbeitung eines zugegeben sehr kleinen Ausschnitts aus dem Alltag der Bankvorstände: nicht beteiligt, nicht verantwortlich, nichts vorzuwerfen?

Ein Wort des Bedauerns, dass die HSH die Bürger belastet, oder ein Wort der Reue, so etwas nicht gewollt zu haben, oder so ähnlich, auch nur angedeutet, ganz abgesehen von Omega55, wäre ein versöhnliches Signal gewesen. Jeder macht Fehler, Verantwortliche machen Fehler. Manche geraten groß, andere klein. Verzeihen geht fast immer und Eingeständnisse erleichtern einen Neuanfang. Ich hätte mir von den Ex-Vorständen Mut gewünscht, sich an uns Bürger zu wenden, selbst wenn die Angeklagten das Gefühl haben, von der Justiz und/oder den Medien falsch und unfair behandelt worden zu sein - und zu werden - und durch das Verfahren genug Strafe erfahren zu haben.

Hans Berger hatte schon einmal Mut bewiesen, als er sich im März den Fragen der Richter stellte, frei redend, nicht in schriftlich vorbereiteten Sätzen. Das war sicher eine Tortur auch für seinen Anwalt, denn als Betroffener redet man sich ja schnell mal um Kopf und Kragen. Berger hat diesen Schritt dennoch gewagt, was Respekt verdient, auch wenn er sich überwiegend rechtfertigte. Und Hartmut Strauß hatte zum Prozessauftakt angedeutet, dass er bei seiner Arbeit als Vorstand auch Fehlentscheidungen getroffen habe. Daran hätten die Männer bei ihrem „letzten Wort" anknüpfen können. Es hätte demonstriert, dass Banker bereit sind zu lernen und Fehler zu korrigieren.

Blog-Kommentar
2. Juli 2014 @ 21:45 von: Bescheidwisser

Der damalige Vorstand der HSH sollte aus einer Landesbank eine börsennotierte, international wettbewerbsfähig aufgestellte Geschäftsbank machen. Wenn man sich auf diesen Gedanken erst einmal eingelassen hat, war es sicher klar, dass dies nur unter Inkaufnahme außergewöhnlicher Risiken (die Finanzkrise noch ausgeklammert) möglich war. Und auch mit erheblichen persönlichen Arbeitseinsatz.

Wenn die Autosuggestion, dass dies alles gut und richtig ist und irgendwann reich belohnt wird, dann gut funktioniert hat, dann gab es aus damaliger Sicht an Omega 55 nichts zu bemängeln und wenn die Verdrängung auch gut funktioniert, dann hat man sich auch nichts vorzuwerfen.

Die besten Sprüche aus 61 Verhandlungstagen

sinngemäß wiedergegeben

Haben Sie herausbekommen, welche Kammer zuständig ist?
Richter Tully zu Anwalt Gatzweiler nach dessen 1,5-stündiger Besetzungsrüge. Gatzweiler: **Nein.**

Im Eiltempo geht hier nichts. Tully zum Prozessauftakt

Ich überlege gerade, ob ich hier meine persönliche Meinung sagen soll …
die NPNM-Koordinatorin auf die Frage, worin der Sinn ihrer Arbeit bestehe

Rufen Sie bitte nicht dazwischen, nur weil Sie sich langweilen!
Staatsanwalt Wegerich zu Verteidigerin Münchhalffen. Darauf Verteidiger Prinzenberg: **Sie behandeln die Verteidiger wie eine Bande sich im Dreck suhlender Kinder!**

Jetzt kommt die nächste intellektuelle Hürde.
Mit diesem Satz leitete Gerichtsgutachter Hellmich gern seine mathematischen Erklärungen ein.

Ich kann mich nur an Dinge erinnern, an die *ich* mich erinnere!
Die NPNM-Koordinatorin auf die Frage von Verteidigerin Münchhalffen, wer sich richtig erinnere: Sie oder ihr Vorgesetzter?

Ich lasse mir nicht einfach was auf den Tisch setzen. Punkt!
Ex-Chefjustiziar Gößmann ereiferte sich, weil er bei Omega55 in eMails in „CC" gesetzt wurde, sich aber an nichts erinnern konnte. Oder wollte.

Sie brauchen nicht laut zu werden. Das ist nicht altersgerecht.
ein Staatsanwalt im hitzigen Wortgefecht mit einem Verteidiger

Ich war sehr erschöpft. Ich hatte drei Tage durchgearbeitet.
Marc S., Koordinator der Omega55-Vorstandsvorlage und anderer Milliarden-Deals zur gleichen Zeit

Sie sitzen wohl auf einer „Wahrnehmungsinsel"!
Staatsanwalt Wegerich zu Anwältin Münchhalffen als sie sich darauf versteifte, Gerichtsgutachter Hultsch stütze sein Gutachtern *allein* auf die *Verträge* zu Omega55

Es ist erstaunlich, dass so ein Geschäft unter Kaufmännern zustande gekommen ist!
Gerichtsgutachter Hultsch

Und jetzt habe ich mich genug aufgeregt.
Richter Tully nach einer kontrovers geführten Diskussion

DAS URTEIL

Richter will Angeklagte „nicht in die Pfanne hau'n"

Vor dem Urteil, dessen Begründung es in sich haben wird, möchte ich an manche Worte des **Vorsitzenden Richters** der 8. Großen Strafkammer des Landgerichts Hamburg, **Marc Tully**, erinnern - vom Prozessauftakt im Juli 2013.

Die Berufsrichter: Volker Bruns, Marc Tully, Malte Wellhausen (v.l.)

Beim Durchblättern meiner Notizen der ersten Prozesstage sind mir einige Gedanken von ihm ins Auge gesprungen. Er sagte zu den Angeklagten, er wolle sie „nicht in die Pfanne hauen", sondern den Sachverhalt um Omega55 klären und ihn rechtlich einordnen. Untreue müsse auch gar nicht „eigennütziger Natur" sein, und er finde, komplexe Finanzgeschäfte dürften nur auf „informierter Tatsachengrundlage" unterschrieben werden, nachdem sie umfänglich geprüft wurden.

Tully wollte wissen, was sich die Angeklagten „dabei gedacht haben", als sie Omega55 unterschrieben, ihre Gedanken erfahren. Er strebe ein „authentisches Verfahren" an. Deshalb lud er die Angeklagten und ihre Verteidiger immer wieder zu einem „offenen Dialog" ein. Denn: Das Gericht müsse sich bei diesem juristischen Neuland ja entscheiden, sagte Tully.

Die alles entscheidende Frage im Prozess sei: War das zweiteilige, komplexe Bankgeschäft Omega55 wirklich banküblich und eine unternehmerisch vertretbare Entscheidung oder sind die sechs Ex-Vorstände damit vorsätzlich ein (zu) hohes Risiko eingegangen und haben einen Vermögensschaden billigend in Kauf genommen.

Mittwoch, 9. Juli 2014

Tag 62: Freisprüche trotz Pflichtverletzung

Andrang vor Saal 300 im Hamburger Landgericht. Dort, wo sich während der 61 Verhandlungstage des Untreue-Verfahrens meist nur wenig Beobachter verloren, fand sich diesmal die Hamburger Presse fast vollzählig ein. Und was sie an diesem letzten Prozesstag zu hören bekam, war ein Scoop.

Der **Vorsitzende Richter** der 8. Großen Strafkammer, **Marc Tully**, fackelte auch nicht lang, als er um 10 Uhr mit seinen Kollegen und den beiden Schöffen vom Richterzimmer aus den Saal betrat. Zügiger als sonst. Kurz zuvor, auf dem Weg ins Richterzimmer, hatte ihn fast niemand bemerkt, weil sich die Presse auf der anderen Seite des Saaleingangs postiert hatte, wo der Zuschauerraum ist. Trug Tully das Urteil da schon in der Hand? Im Gerichtssaal ließ er die Fotografen und Kameramänner ihren Job erledigen. Sie nahmen noch schnell ein paar Eindrücke der Gesichter der Angeklagten auf. Er dankte ihnen freundlich und bat sie hinaus. Kaum war die Saaltür geschlossen, stand der Richter auf - und alle hastig mit ihm - und sagte ohne Umschweife: Die Angeklagten werden vom Vorwurf der Untreue in einem besonders schweren Fall beziehungsweise der Bilanzfälschung freigesprochen.

Ich war verblüfft und tauschte mit der Kollegin neben mir ungläubige Blicke aus. Sie eilte gleich darauf aufgeregt nach draußen, weil Mobiltelefone im Gerichtssaal nicht benutzt werden dürfen, und twitterte die Nachricht in die Welt: Freisprüche im HSH-Prozess!

Kammer entscheidet anders als Berufsrichter

Drinnen machte Tully Schlag auf Schlag mit der Begründung dieses Urteils weiter. Seine Stimme klang energischer als sonst. Und gleich zu Beginn sagte er vielleicht den entscheidenden Satz des Urteilstages: Dass die *Berufsrichter* mit der Eröffnung der Klage 2013 die Vorwürfe der Staatsanwaltschaft hinreichend bestätigt sahen, dass die *Kammer* aber jetzt, nach der Hauptverhandlung, es anders sehe. Der Richter unterschied sprachlich zwischen den Berufsrichtern und der Kammer, der bekanntlich noch die beiden Schöffen als ehrenamtliche Laienrichter angehören.

Ein Versehen? Dafür ist Tully zu präzise. Sollte es also ein Hinweis an Fachkundige sein, wie das Urteil zustande gekommen war? Möglich wäre es, denn über das Urteil stimmen *alle fünf* Richter *gleichberechtigt* ab. Dabei gilt gemäß § 263 Strafprozessordnung eine Zwei-Drittel-Mehrheit. Für eine Verurteilung sind bei einer Großen Strafkammer also vier Richterstimmen erforderlich. Berufsrichter allein können somit niemanden verurteilen. Es könnte aber auch sein, dass der Vorsitzender Richter lediglich die Rechtslage abbildete, weil er ein genau arbeitender Mann ist. Denn ob ein Gerichtsverfahren eröffnet wird oder nicht, darüber entscheiden die Berufsrichter allein - ohne die Schöffen.[128]

Mit der Urteilsbegründung las der Vorsitzende Richter jedenfalls den gerade Freigesprochenen - und auch der HSH Nordbank - kräftig die Leviten; er zählte ihnen auf, was sie alles falsch gemacht hatten beim Finanzdeal Omega55. Nämlich so ziemlich alles. Und wie mangelhaft die HSH organisiert war.

Die Selbstüberschätzung der Landesbanker und -politiker

Um die Zuhörer in die Materie einzustimmen, begann der Vorsitzende Richter mit der Zeit um das Jahr 2007, und was sie für die Landesbank von Hamburg und Schleswig-Holstein mit sich brachte. Nicht nur die Finanzkrise. Die HSH bereitete sich auf den Börsengang vor und wollte zu den Top 10 (!) der Geldwelt aufsteigen. Retrospektiv gesehen war dieser Plan, so Richter Tully mit strengem Blick auf die Angeklagten, wohl ein „*Ausfluss einer nicht unerheblichen Selbstüberschätzung*" - auch bei den Eigentümern Hamburg und Schleswig-Holstein beziehungsweise ihren verantwortlichen Politikern. Die HSH befand sich damals schon in einer schwierigen Lage. Omega55 sollte als Eigenkapital-Entlastungstransaktion diese Situation mildern helfen, konstatierte Tully trocken.

Um gleich darauf klar zu stellen:

---

128 siehe § 76 Abs. 1 S. 2 GVG (Gerichtsverfassungsgesetz)

Gesamtvorstand trug Verantwortung

Für die Genehmigung von Omega55 waren „*sämtliche Vorstandsmitglieder zuständig*“, die Angeklagten trugen eine „*gemeinsame Verantwortung*“.[129] Die Gesamtvorstandsverantwortung leitete die Strafkammer aus der Art des Kredites ab. Es war ein *Großkredit*, dem die Vorstände zustimmten, „das liegt so auf der Hand“. Und das sei auch allen Vorständen klar gewesen, dass sie „*nicht nur zur Kenntnis nehmen*“, sondern „genehmigen“, erklärte Richter Tully mit kräftiger Stimme.

Haben sie aber nun pflichtwidrig gehandelt?

Dazu betonte der Richter, dass die Sorgfaltspflichten und Verantwortlichkeiten von Vorstandsmitgliedern durch die so genannte „Business-Judgement-Rule“ eingeschränkt werden. Die Regel findet sich in § 93 Aktiengesetz. Danach muss es haftungsfreie Handlungsspielräume für Unternehmer geben, damit sie Chancen und Risiken abwägen können. Diese Spielräume ergeben sich, wenn zum Beispiel ein Vorstand bei einer Entscheidung „vernünftigerweise“ annehmen darf, auf der Grundlage „angemessener Information zum Wohle der Gesellschaft zu handeln“. Es stellt sich deshalb bei den Ex-HSH-Vorständen die Frage: Waren sie *angemessen informiert*, um die Chancen und Risiken abzuwägen?

Nicht ausreichend informiert …

Haben die Angeklagten also auf Basis angemessener Information gehandelt? *Nein*, stellte die Kammer fest. Zumindest für den ersten Teil von Omega55, für Teil-A, haben sich *die Vorstände nicht ausreichend informiert*. Sie haben sich weder von der Rechts- noch von der Risikoabteilung unterrichten lassen, ob mit Omega55 eigentlich das erreicht werde, was beabsichtigt war: nämlich das Eigenkapital „aufzubessern“.

… bei den Risikofachleuten

Die Einschätzung des Risikofachmanns der Bank, der für seine Analyse nur ein Wochenende Zeit hatte, sah das Gericht als „*völlig unzureichend*“ an. Darin wurde nur das Verlustrisiko untersucht, nicht aber die rechtlichen Folgen oder Auswirkungen auf das Rechnungswesen der HSH Nordbank. Das heißt für die Strafkammer: Die Vorstände haben sich „*förmlich unzureichend* informieren lassen“ im Sinne des 4-Augen-Prinzips.

---

129 Ex-Finanzvorstand Nonnenmacher hatte stets geltend zu machen versucht, mit seiner Unterschrift das Geschäft lediglich „zur Kenntnis“ genommen zu haben.

... bei den Kollegen von Neue-Produkte-Neue-Märkte
Auch an der Analyse der Kollegen der Abteilung Neue-Produkte-Neue-Märkte NPNM übte der Richter Fundamentalkritik. Daraus sei nicht zu erkennen, dass sich die Mitarbeiter mit beiden Teilen von Omega55 auseinandergesetzt haben. Der Vorstand habe sich folglich auch hier *formell* unzureichend informieren lassen, ob die beabsichtigte Entlastung des Eigenkapitals eintrete. Bezogen auf die Business-Judgement-Rule wurden die Chancen des Geschäfts danach „*unsorgfältig geprüft*".

Und die Vorstände *wussten*, dass sie unzureichend informiert waren, folgerte Marc Tully knapp.

Ziel von Omega55 nicht erreicht
Die Strafkammer ist sich zudem sicher, dass Teil-A das Eigenkapital der HSH *nicht* aufgebessert habe, es also zu keiner wirtschaftlichen Entlastung kam, wie Strafverteidiger Daum in seinem Plädoyer mithilfe eines Extragutachtens argumentiert habe. Das eigentliche Ziel von Omega55 sei nicht erreicht worden, weder wirtschaftlich noch aufsichtsrechtlich. Und die Vorstände nahmen diesen Umstand *billigend in Kauf*, so Richter Tully.

Risiken kamen in die HSH zurück
Der Kammervorsitzende arbeitete sich dann zu der Frage vor, was Teil-B eigentlich bilanziell für ein Geschäft war. Eine „Kreditzusage", wie es die HSH bilanzierte und die Vorstände erklärt hatten? Oder war es doch ein „Derivat", also ein abgeleitetes Wertpapier? Teil-B war ein *Derivat*, postulierte Tully. Das aber muss in der Bilanz anders erfasst werden, als es die HSH 2008 getan hatte. Und: Teil-B war ein „Konstrukt, dass die Risiken auf die HSH zurückleitete" - Omega55 damit ein Risiko-Kreislaufgeschäft.

Omega55 war sinn- und nutzlos für die HSH
Und so fällte der Strafrichter zusammenfassend ein vernichtendes Resümee: Das Geschäft Omega55 war objektiv für die HSH „sinnlos, wertlos und nutzlos" - in etwa so, wie der Kauf einer Heizdecke auf einer Butterfahrt, formulierte Tully charmant sarkastisch.

Vermögensschaden von etwa 44 Millionen Euro
Auch den letzten Tatbestand der Untreue, den Vermögensschaden, sahen die Richter als erfüllt an. Den Vermögensschaden in der Anklageschrift bezeichnete Richter Tully als „irrelevant". Entscheidend sei vielmehr ein möglicher Schaden im Zeitpunkt der „Vermögensverfügung". Das sei für den A-Teil der 21.12.2007 und für den B-Teil der 24.1.2008 gewesen. Der Schaden finde sich dabei in Teil-B, der STCDO. Für den 24.1.2008 habe der zweite Gutachter im

Prozess, der Wirtschaftsmathematiker Hellmich, einen Wertverlust in Höhe von etwa 30 Millionen Euro errechnet. Das Gericht schloss sich in diesem Punkt seinem Gutachten an. Und es konstatierte: Insgesamt sei ein „untreuerelevanter Vermögensschaden“ in Höhe von rund 44[130] Millionen Euro eingetreten. Diesen Vermögensnachteil hätten die Angeklagten *billigend* in Kauf genommen.

Die Diskussion um „financials“ oder „corporates“ in Teil-B beendete das Gericht mit einem „im Zweifel für die Angeklagten“. Es seien letztlich Zweifel geblieben, was in der HSH darunter verstanden wurde. Selbst ohne Bankanleihen oder -zertifikate, den „financials“, habe sich zum 24.1.2008 ein Wertverlust in Millionenhöhe summiert.

Nur schwerwiegende, evidente Pflichtverletzungen zählen

An dieser Stelle angelangt hielt Tully inne, hob den Blick in den voll besetzten Saal und fragte in die Runde: „Warum dann Freispruch? Wo doch *jeder* Untreue-Tatbestand erfüllt ist?“

Stille.

In die Stille hinein argumentierte Tully dann mir der höchstrichterlichen Rechtsprechung. Danach müssten „Untreue-Tatbestände auf klare und deutliche Fälle pflichtwidrigen Handelns beschränkt werden“. Das habe 2010 das Bundesverfassungsgericht entschieden. Der Bundesgerichtshof engte kurze Zeit später Verurteilungen wegen möglicher Untreue zusätzlich ein und beschränkte sie auf Fälle von „gravierenden, schwerwiegenden“ Pflichtverletzungen. Glück für die Angeklagten.

Nicht evident wegen Rating und Hinweisen

Evident - und damit deutlich - seien die nachgewiesenen Pflichtverletzung der Ex-HSH-Vorstände deshalb *nicht*, weil bei Omega55 von hervorragenden Ratings die Rede war, von Bestnoten, bei denen sie nicht von einem Totalausfall ausgehen mussten. Gegen einen „schwerwiegenden Pflichtverstoß“ spreche zudem, dass die Vorstandsvorlage zu Omega55 „jedenfalls Hinweise“ enthalten habe, dass sich die Rechtsabteilung mit dem Geschäft „beschäftigt hat“.

„In dubio pro libertate.“

Letztlich entschied die Kammer bei ihrer rechtlichen Abwägung, dass „die Pflichtverstöße der Angeklagten *nicht hinreichend schwerwiegend* waren“. Das aber bedeute nicht, im Zweifel für die Angeklagten, hob Tully hervor. Sondern im Zweifel für die Freiheit, „In dubio pro libertate.“ Die Fehlentschei-

130 Die höhere Summe ergibt sich durch Kosten für die Anbahnung der Transaktion und diverser Vertragsbedingungen. vergleiche Urteil LG Hamburg, vom 9.7.2014, S. 288f

dungen der Angeklagten hätten die „Grauzone in Richtung Strafbarkeit" nicht überschritten.

Da war doch noch was ... ach ja: Bilanzfälschung!
Den Vorwurf der Staatsanwaltschaft, Joachim Friedrich und Dirk Jens Nonnenmacher hätten vorsätzlich die Bilanz zum 31.3.2008 falsch dargestellt, streifte Tully zum Ende hin nur noch kurz und für mich wenig plausibel.

Urteil ohne Rechtsfrieden wegen fehlender Demut
Am Ende der eineinhalbstündigen Urteilsbegründung wandte sich der Kammervorsitzende an die Angeklagten, blickte vom Skript auf und sah sie an. Ein Jahr habe er mit ihnen zweimal pro Woche zusammengesessen und sich immer wieder anhören müssen, die Vorstandsvorlage zu Omega55 sei makellos gewesen, umriss der Richter sein Erleben - und dehnte die Worte. Abschließend deshalb noch Folgendes:

„**Der Rechtsfrieden wäre eher hergestellt worden, wenn Sie größere Demut und Einsicht in die Unzulänglichkeit ihrer Arbeit gezeigt hätten**."

Tullys Satz knallte wie ein Peitsche durch den Saal.

Distanzierter Richter
Überhaupt ließ mich der Eindruck nicht los, dass der Vorsitzende Richter nicht hinter den Freisprüchen zu stehen schien. Die Urteilsbegründung hatte er in einem Tonfall vorgetragen wie jemand, der etwas sagen muss, von dem er nicht überzeugt ist. Er wirkte leicht verärgert und fixierte die Angeklagten mehrfach scharf. Allein mit den für die Begründung der Freispruchargumente gewählten Worten schien Tully auf Distanz zum Urteil zu gehen. Mich ließ das nachdenklich werden. Zu guter Letzt bedankte sich Tully bei den Beteiligten für ein „höchststreitiges Verfahren, das viel Zeit, Geld und Nerven" gekostet habe. Die Kosten des Verfahrens trage die Staatskasse und die den Angeklagten dabei entstandenen notwendigen Auslagen.

Dann gingen Tully und seine Kammerkollegen ohne Aufhebens zurück ins Richterzimmer hinter ihnen, so, als wäre gerade nichts Außergewöhnliches geschehen. Zurück blieben eifrige Journalisten, Kopf schüttelnde Zuschauer und verloren wirkende Freigesprochene.

Kein Triumph bei den Ex-Bankern
Die Angeklagten reagierten unterschiedlich auf ihre neue Freiheit. Keiner triumphierte nach außen hin sichtbar. Wie auch bei dem Missmanagement und den Verfehlungen, die ihnen das Strafgericht gerade vor aller Welt attestiert hatte. Da die Angeklagten wie immer mit dem Rücken zum Publikum standen, waren ihre Reaktionen auf den Urteilsspruch nicht in ihren Gesichtern abzule-

sen. Auch körperlich kaum Sichtbares. Keiner sackte kurz aufatmend zusammen oder tippte freudig seinen Verteidiger an. Nur Heinz Wagner, der Anwalt von **Dirk Jens Nonnenmacher**, klopfte seinem schlaksigen Mandanten spontan zwischen die Schulterblätter, als wollte er ihm zu verstehen geben, ist doch alles gut gegangen, Junge! Ein kleiner Moment der Vertraulichkeit und ein kurzer Augenblick, der ahnen lässt, was es bedeutet, Angeklagter in einem viel beachteten Strafprozess zu sein.

Als die Richter den Saal verlassen hatten, fing sich ausgerechnet Nonnenmacher am schnellsten. Er lächelte verhalten siegesbewusst. Ex-HSH-Chef Hans **Berger** blickte ernst, Bernhard **Visker** schien mit zusammengepressten Lippen erleichtert und Joachim **Friedrich** - dem die Staatsanwaltschaft die Hauptverantwortung angelastet hatte - sah erschöpft aus, seine Augen waren leicht gerötet. Ex-Risikovorstand Hartmut **Strauß** lächelte vorsichtig. Nur Peter **Rieck**, Ex-Immobilienvorstand, standen keine Gefühle im Gesicht. Er ging, wie er gekommen war, an jedem Prozesstag, so auch an diesem Urteilstag: reglos und eilend.

Staatsanwaltschaft schweigt nach Urteil
Die Staatsanwälte Karsten Wegerich und Maximilian Fink nahmen das Urteil gefasst auf. Sie ließen sich nicht anmerken, was sie über den eben gehörten juristischen Eiertanz der Strafkammer dachten. Sie wollten sich nach dem Urteil nicht äußern, ob sie in Revision gehen.

Neue Prozesse?
Die juristische Aufarbeitung der Vorstandsvergangenheit ist mit den Freisprüchen allerdings nicht beendet, denn das Gericht hat den Ex-Vorständen grundsätzlich nachgewiesen, dass sie ihre Pflichten als Geschäftsleiter verletzt haben. Die HSH führt bereits nach eigener Auskunft gegen Peter Rieck, Joachim Friedrich und Hartmut Strauß Schiedsgerichtsverfahren. Sie fordert darin Schadenersatz. Wie die Bank noch am Nachmittag des Urteilstages mitteilte, halte sie sich offen, wie sie mit eventuellen Schadenersatzansprüchen gegen die drei anderen früheren Vorstände umgehe. Schiedsgerichtsverfahren aber werden hinter verschlossenen Türen verhandelt, ohne Öffentlichkeit.

Fehlerhafte Pressemitteilung zum Urteil
Die in der mündlichen Urteilsbegründung kaum vorgekommene Bilanzfälschung griff später die Pressemitteilung des Landgerichts auf - ebenfalls sparsam getextet. Die Abweichung habe sich angesichts des Gesamtumfangs der Geschäfte der HSH im Volumen von etwa 250 Milliarden Euro als von „untergeordneter Bedeutung“ erwiesen, stand dort zu lesen. Für eine Verurteilung müsste aber eine „erhebliche Abweichung“ im Sinne des § 400 AktG eingetre-

ten sein. Ab welcher Größenordnung die fehlerhafte Bilanz der HSH „erheblich“ gewesen wäre, konkretisierte die Pressemitteilung aber ebenso wenig.

Sie musste zudem nachträglich korrigiert werden. Die erste Presseinformation zum Urteil hatte den Geschäftsumfang der HSH nicht mit rund 250 Milliarden Euro angegeben, sondern fälschlicherweise mit 2,5 Milliarden Euro.

Tag 62

Freisprüche dritter Klasse - eine Notiz

Für mich sind es Freisprüche dritter Klasse. Nicht zweiter Klasse, also aus Mangel an Beweisen oder im Zweifel *für* die Angeklagten. Es sind Freisprüche aus Rücksicht auf eine Rechtsprechung des Bundesverfassungsgerichts und des Bundesgerichtshofs. Im Zweifel deshalb für die Freiheit, formulierte Richter Marc Tully. Als Jurist wählte er freilich die lateinische Version: „***In dubio pro libertate.***“

Der Kammervorsitzende zitierte damit nicht nur eine unter Juristen strittige höchstrichterliche Rechtsprechung; er verband sie zudem mit einem verfassungsrechtlichen Rechtsgrundsatz, der beim Nachschlagen in der Literatur Spannendes zu Tage fördert: Der zitierte Grundsatz - „In dubio pro libertatet.“ - wird offenbar unter Rechtsgelehrten überwiegend abgelehnt. Er räume zu verallgemeinernd der Freiheit den Vorrang gegenüber staatlicher Strafverfolgung ein, heißt es in Kommentaren.[131]

Was wäre „evident und schwerwiegend“ gewesen? Vieles bleibt offen

Richter Tully nannte Omega55 ein „nutzloses, wertloses“ Geschäft für die HSH Nordbank, bei dem die Vorstände als verantwortliche Geschäftsleiter ihre gesetzlichen Pflichten verletzt haben. Warum aber dann Freisprüche, wo doch jeder Untreue-Tatbestand erfüllt sei, hatte Tully provozierend gefragt und fast klang es so, als fragte er sich das selbst.

In seiner Antwort klärte der scharfsinnige Richter die Zuhörer aber leider nicht auf, welche Pflichtverletzung, welcher Vermögensschaden und welche Bilanzfälschung in Geldhäusern schwerwiegend, evident und erheblich wären, um sie strafrechtlich zu ahnden. Dabei empfinde ich das als grundlegend, um dieses Urteil zu verstehen. So bleibt Erstaunen. Denn wer entscheidet auf welcher Basis, was schwerwiegend, evident und erheblich ist, wenn schon versierte Landesrichter es nicht tun? Die Bundesverfassungsrichter? Die Richter am Bundesgerichtshof? Verkommt damit der Untreue-Paragraph bei Verfehlungen angestellter *Bank*vorstände zu einer Hülle?

Urteil widersprüchlich und distanziert

Das Urteil und seine Begründung jedenfalls werfen Fragen auf, viele Fragen. Zum Beispiel auch die: Warum ziehen Richter strittige, höchstrichterliche Urteile heran und einen ebenso strittigen Rechtsgrundsatz (der mit der Freiheit), um ihre Freisprüche zu begründen? Mehr Distanz zum eigenen Urteil scheint

131 Der Rechtsgrundsatz wird vor allem bei Entscheidungen Freiheit versus Sicherheit herangezogen, vgl. z.B.: Kammeier, Heinz (Hrsg.) Maßregelvollzug, 3. Aufl.

fast nicht möglich.

Für mich als Ökonomin - und Bürgerin - ist die Begründung der Freisprüche jedenfalls in sich nicht stimmig. Sie zeigt mir: Strafrecht und Strafrichter stoßen bei komplexen Bankgeschäften von zweifelhaftem Zweck als Ergebnisse von Entscheidungen angestellter Manager an ihre Grenzen. An die des Richterrechts und Rechtsbetriebs. Vielleicht sogar an persönliche Grenzen. Können bei nachgewiesenen Pflichtverletzungen von *Bank*vorständen also nur Zivilgerichte eine Art Rechtsfrieden herstellen, indem Schadenersatzansprüche geltend gemacht werden? Denn welches Signale sendet ein Urteil in die Bankhäuser und zu Managern aus, das strafrechtliche Verfehlungen angestellter Bankvorstände bestätigt, sie aber nicht ahndet?

Urteil widersprüchlich und distanziert

Juristen werden das diskutieren, Compliance-Beauftragte und sicher auch Politiker hinter verschlossenen Türen. Sie haben auf das Urteil des Hamburger Landgerichts gewartet und werden auf die nächste Instanz, den Bundesgerichtshof, erwartungsvoll blicken. Denn das Urteil des Landgerichts, und der folgende Beschluss des Bundesgerichtshofs, wird maßgeblich werden für die Rechtsprechung zu Untreue-Tatbeständen von Bankvorständen im Zusammenhang mit spekulativen, komplexen Finanzgeschäften - und damit für die Aufarbeitung der Finanzkrise in Deutschland.

Blog-Kommentare

9. Juli 2014 @ 17:33 von: Neutraler Beobachter

Ich habe gerade gesehen, dass Sie den Ausgang des Verfahrens bereits dokumentiert bzw. bewertet haben. Haben Sie sich da nicht ein wenig verrannt? Haben Sie wirklich eine Verurteilung erwartet? Dieser Prozess, bzw. die Anklage ist aus meiner Sicht völlig ungeeignet gewesen, einen Schuldigen zu finden. Omega 55 eignet sich nicht, den Angeklagten Untreue nachzuweisen. Hier hat man aus meiner Sicht auf die falsche Transaktion gesetzt und dazu noch mit einer noch unpassenderen Anklage agiert...
Untreue bedeutet auch, dass man sich bereichert hat... Hier wurden Fehler gemacht, da stimme ich ihnen und dem Richter zu. Aber Untreue? Dann müsste ja jeder Angestellte angeklagt werden, der mal eine falsche Entscheidung getroffen hat...

11. Juli 2014 @ 19:18 von: Bescheidwisser

„Untreue bedeutet auch, dass man sich bereichert hat“ - Das stimmt nicht.
§266 StGB (Untreue) setzt anders als der §263 (Betrug) keine Eigen- oder Fremdbereicherungsabsicht voraus. Das sieht man schnell, wenn man den Wortlaut beider Paragraphen vergleicht.

12. Juli 2014 @ 8:34 von: Rechtsanwender

[...] In einem Strafverfahren kann es tatsächlich auch mal zu einer Verurteilung kommen. Die rhetorische Fragen „Haben Sie sich da nicht ein wenig verrannt? Haben Sie wirklich eine Verurteilung erwartet?“ sind also wohl fehl am Platz.

Hier sei zur Sache nochmals auf die Eröffnung des Verfahrens als Entscheidung durch das LG Hamburg selbst verwiesen. Denn die Eröffnung eines Verfahrens hat strafrechtliche Voraussetzungen: Nach §203 StPO gilt „Das Gericht beschließt die Eröffnung des Hauptverfahrens, wenn nach den Ergebnissen des vorbereitenden Verfahrens der Angeschuldigte einer Straftat hinreichend verdächtig erscheint.“ Es gab also - mindestens anfänglich - einen hinreichenden Tatverdacht.

Wenn das Gericht nun im Verfahren zur Ansicht gelangt ist, es sei die Pflichtverletzung bei den Bilanzdarstellungen in Banken nicht hinreichend „schwerwiegend“, „evident“ und „erheblich“ und damit keine Straftat gegeben, so kann man wohl diese Maßstäbe und die Begründung selbst hinterfragen.
Die Staatsanwaltschaft und die Kommentatoren der Gerichtsentscheidung haben als gute Gründe, nochmals nachzufragen.

Staatsanwälte können Urteil nicht nachvollziehen. Revision

Die **Staatsanwälte Karsten Wegerich** und **Maximilan Fink** mussten nicht lange überlegen. Einen Tag nach den Freisprüchen der 8. Großen Strafkammer will die Staatsanwaltschaft Hamburg das Urteil vom Bundesgerichtshof überprüfen lassen. Die Behörde legte sofort am 10. Juli Revision ein. Die Revisionsbegründung reichte sie fristgerecht Ende Januar 2015 beim BGH ein, nachdem das schriftliche Urteil des Landgerichts Hamburg Ende Dezember 2014 der Staatsanwaltschaft vorlag.

Die Staatsanwälte widersprechen durch das Einlegen der Revision der Einschätzung der Richter, die Pflichtverletzungen der angeklagten Ex-HSH-Vorstände seien nicht gravierend gewesen. „Diese Bewertung ist für uns nicht nachzuvollziehen", sagte ein Sprecher nach dem mündlichen Urteil. Das Verfahren habe gezeigt, dass die Ex-Vorstände ihre Pflichten verletzt hätten. Deshalb komme es auf die rechtliche Bewertung der Verfehlungen an, hieß es aus der Behörde.

Außerdem habe die Große Strafkammer bis kurz vor Schluss des Prozesses noch Beweise über die Höhe des Vermögensschadens erhoben. „Das wäre völlig unnötig gewesen, wenn sie die Anklage sowieso an der gravierenden Pflichtverletzung scheitern lassen wollte", erläuterte die Anklagebehörde. Diese Widersprüchlichkeiten hätten die Staatsanwaltschaft dazu bewogen, in Revision zu gehen.

Für ihre Revisionsbegründung prüften die Staatsanwälte zweierlei: Ob die Richter bei der Bewertung aller Beweismittel materielles Recht verletzt haben oder in der Hauptverhandlung Verfahrensfehler begangen wurden.

Blog-Kommentare
11. Juli 2014 @ 13:23 von: Achim Dörner
Ich bin sehr gespannt, ob der BGH auch zu den Schlussfolgerungen zur Bilanzfälschung Stellung beziehen wird! So lapidar, wie das Hanseatische OLG[132] *hier entschieden hat, geht das wohl nicht. Wenn man nur auf die Bilanzsumme schaut, dann muss man in einer Bank schon viel unternehmen, um Bilanzfälschung zu betreiben. Richtig wäre ein Abstellen auf Ergebnis-Kennzahlen und „weiche" Elemente wie die „Kernbotschaft des Abschlusses". Der Empfängerhorizont des Abschlussadressaten ist entscheidend!*
http://bilanzbetrug.org/2014/07/11/hsh-warum-sind-110-millionen-euro-nicht-genug/
Vielen Dank, Frau Parthum für Ihre tolle Arbeit!!!

132 Richtigerweise war es das Landgericht Hamburg; Hinweis der Autorin

12. Juli 2014 @ 9:05 von: Rechtsanwender

(1) Das Problem der gravierenden Pflichtverletzung

Laut einem Kommentar zum StGB (Fischer) sollen auch der 1. und 3. Strafsenat des BGH inzwischen für Fälle der risikobehafteten unternehmerischen Entscheidungen nicht mehr wesentlich auf das Gewicht der Verstöße bzw. genauer: der eingetretenen Folgen abstellen. Dort heißt es u.a., es sei ausreichend für die Annahme einer Pflichtverletzung, wenn die äußersten Grenzen unternehmerischer Entscheidungsfreiheit überschritten und damit eine Hauptpflicht gegenüber dem betreuten Unternehmen verletzt werde.

Damit ist schon mal eine Anklage gegen „alle Angestellten, die mal eine falsche Entscheidung getroffen haben" ausgeschlossen: Nur wer die Unternehmensentscheidungen als Hauptpflicht in seinem („Arbeits-")Vertrag hat, kann durch falsche Unternehmens-(!)-Entscheidungen überhaupt strafrechtlich Untreue begehen. Die meisten Angestellten haben diese Entscheidungsbefugnis überhaupt nicht. Wer also mit Verallgemeinerungen auf alle Angestellte hier eine falsche Panikmache betreibt, verkennt die Probleme des vorliegenden Falles.

(2) Und die Urteilsbegründung ...?

Richtig ist, dass man wohl nicht (allein) nach dem „entstandenen Schaden" die Untreue beurteilen kann. Zwar muss ein Vermögensnachteil überhaupt eingetreten sein. Warum sollte sonst ein Strafverfahren begonnen werden? Doch der Eintritt eines Vermögensnachteils des Geschädigten muss rechtlich strikt von der Feststellung der Pflichtverletzung durch den Beschuldigten getrennt werden (so genanntes Verschleifungsverbot; Fischer zu § 266, Rz. 64).

Doch was waren in diesem Fall die Pflichten der Beschuldigten? Was stand im Vertrag zwischen Geschädigtem (HSH-Nordbank) und Beschuldigten? Hier fehlen (bislang !?) die wohl entscheidenden Informationen und diesbezüglichen Entscheidungsgründe und Entscheidungen des Gerichts zur Strafbarkeit.

NACHWORT

Dienstag, 12. August 2014

Urteilskritik: Freispruch-Argument ist Floskel

Im Namen des Volkes ergehe folgendes Urteil, sagte der **Vorsitzende Richter der 8. Großen Strafkammer**, **Marc Tully**, bevor er verkündete: Die Angeklagten werden vom Vorwurf der Untreue in einem besonders schweren Fall beziehungsweise der Bilanzfälschung freigesprochen.

Seit diesem Richterspruch am 9. Juli 2014 frage ich mich: Welche Motive und Maßstäbe haben die Richter herangezogen, um die Pflichtverstöße wie gehört zu bewerten? Und: Warum blieb es nach der Urteilsbegründung so still in der Öffentlichkeit. Wohlgemerkt: *Begründung*! Denn es handelt sich bei dem Urteil keineswegs um ein gewöhnliches. Wir haben eine richtungsweisende Entscheidung von möglichem, strafbarem Vergehen von *Bank*vorständen vor und während der Finanzkrise im Umgang mit spekulativen Finanzgeschäften gehört. Auch deshalb staune ich über die Ruhe.

Die öffentliche Ruhe nach dem Urteil

Haben sich in der gedruckten Presse Juristen, Politiker, Banker oder gar Verbandsvertreter mit einer einordnenden Meinung oder Analyse gemeldet? Oder Rechtswissenschaftler? Ich habe nichts gelesen. Nur der Steuerzahlerbund Hamburg[133] kritisierte die Signalwirkung des Urteils, allerdings ohne die Begründung zu würdigen. Liegt es an der Urlaubszeit oder den Kriegsherden in der Welt? Oder haben wir uns daran gewöhnt, zu vieles nicht zu verstehen und dieses Unverständnis im Alltagsrauschen untergehen zu lassen?

Die WELT[134] fasste thematisch einen Monat später im August nach und auf den Seiten von risknet.de[135] findet sich ein einordnendes Interview mit Josef Scherer, Professor für Compliance und Risikomanagement an der TU Deggendorf. Sonstige mediale Reflexion in den überregionalen Zeitungen von den Top-Vertreter der Branche? Keine. Dabei stellen sich so viele Fragen.

---

133 http://www.steuerzahler-hamburg.de/Urteil-im-HSH-Nordbank-Verfahren-Der-Steuerzahler-bleibt-wie-so-oft-auf-den-Verlusten-sitzen/61871c71685i1p2105/index.html Stand: 28.3.2015

134 URL: http://www.welt.de/print/die_welt/wirtschaft/article130962033/Im-Zweifel-fuer-den-Banker.html, Stand: 28.3.2015

135 URL: https://www.risknet.de/themen/risknews/straf-und-zivilrechtliche-haftung-fuer-missmanagement/3c60eff295c0d7ee7bf54adbddee675a/, Stand: 28.3.2015

Evidenz entscheidet über Freiheit

Dass die Ex-Vorstände ihre Sorgfaltspflichten als Geschäftsleiter verletzt haben, sahen die Richter durch die Verhandlung als erwiesen an. Sie haben das „sinnlose, nutzlose“ Finanzgeschäft Omega55 in gemeinsamer Verantwortung genehmigt, obwohl sie sich nicht angemessen über die Chancen und Risiken des Geschäfts informiert hatten, was den Vorständen laut Gericht auch bewusst gewesen war. Keiner hat bei einem der vorbereitenden Mitarbeiter nachgefragt. Die sechs Ex-Vorstände haben damit gegen Gesetze und Verordnungen verstoßen und bei der HSH Nordbank einen Vermögensschaden von fast 44 Millionen Euro angerichtet - bedingt vorsätzlich. Präzise arbeitete der Vorsitzende Richter Tully das in seinem Urteilsvortag mit prägnanten Worten heraus. Jeden Tatbestand der Untreue sahen die Richter als erfüllt an.

Ratings und Rechtshinweise hauen Banker raus

Aber: Die Pflichtverletzungen seien „nicht evident“ gewesen, schränkte der Richter ein. Und deswegen waren sie auch nicht gravierend, was Pflichtverletzungen von Managern sein müssen, um sie zu bestrafen. Warum die Verletzungen nicht evident waren, erklärte Tully an zwei Argumenten. *Erstes*: Es habe in der Vorstandsvorlage „jedenfalls Hinweise“ gegeben, dass sich die Rechtsabteilung mit Omega55 „beschäftigt hat“. *Zweitens*: Die Angeklagten brauchten wegen der „hervorragenden Ratings“ nicht mit einem Totalausfall von Omega55 zu rechnen (der STCDO in Teil-B).

Und deshalb waren die Pflichtverstöße nicht hinreichend schwerwiegend, also gravierend.

Fragwürdige Argumente

Diese Argumentationslinie verteidigte Richter Tully mit der Rechtsprechung des Bundesverfassungsgerichts aus dem Jahr 2010. **Bernd Schünemann**, entpflichteter **Rechtsprofessor** der **Ludwig-Maximilians-Universität** in München, kritisierte im Gespräch[136] mit mir diese Begründung grundlegend. „Das Argument, dass eine Pflichtverletzung gravierend sein muss, ist eine Floskel, die der Bundesgerichtshof längst mit Recht verworfen hatte und die das Bundesverfassungsgericht in seiner Entscheidung aus dem Jahr 2010 wiederbelebt hat.“[137] *Strafwissenschaftlich* sei die Floskel *unbrauchbar*, sagte Schünemann. Sie gebe Richtern einen Freibrief zum Freispruch.

Bernd Schünemann gehört zu den renommiertesten Rechtswissenschaftlern der Republik. Seine Arbeitsschwerpunkte: Wirtschaftskriminalität, insbesondere der Untreue-Paragraph. Er war selbst ein Beschwerdeführer in dem Verfah-

136 Telefonat vom 8.8.2014

137 Stichwort Mannesmann-Verfahren

ren vor dem Bundesverfassungsgericht, das 2010 zu dem von der Strafkammer zitierten Urteil führte.

Auch ein anderer Rechtsprofessor stutzte bei der Urteilsbegründung aus meinen Prozess-Notizen, die ich mit ihm telefonisch besprach[138] - **Hans Kudlich, Professor für Strafrecht** an der **Universität Erlangen-Nürnberg**. „Wenn die Manager wussten, dass sie unzureichend informiert waren und hätten nachfragen müssen (wie es der Richter gesagt hat), dann kann auch darin schon das 'schwerwiegend' liegen."

Kudlich forscht zu ausgewählten Gebieten des Wirtschaftsstrafrechts und der Methodenlehre und ist Dozent für Fachanwaltsausbildung.

Was dabei ebenso irritiert: Wie die Kammer das straffreistellende Argument des Bundesgerichtshofs von einer „gravierenden" Pflichtverletzung im Fall Omega55 unterfütterte: mit „Hinweisen" auf eine Rechtsprüfung und „Top-Ratings" der Beispiel-STCDO in Teil-B von Omega55.

Ohne Rechtsprüfung keine Vorlage, kein Geschäft

Wie die Große Strafkammer feinsinnig herausgearbeitet hatte, hätten sich die Vorstände vor einer Freigabe über das Finanzgeschäft informieren müssen - vor allem, ob es das aufsichtsrechtlich angestrebte Ziel überhaupt erreicht. Das unterließen die Vorstände, was aber nicht so schlimm sein soll, weil sich in der Vorstandsvorlage „jedenfalls Hinweise" auf eine Prüfung durch die Abteilung Recht fanden. Diese „Hinweise" standen aber auch schon bei Eröffnung des Verfahrens in der Vorlage zu Omega55. Außerdem: Hätte in der Vorlage der Textbaustein zur Rechtsprüfung gefehlt, wäre sie unvollständig gewesen. Sie hätte die Entscheider deswegen nie erreicht, weil die rechtliche Analyse neuer Investments von der Bankenaufsicht vorgeschrieben ist.

Wie stellt sich folglich die Logik des Gerichts dar? Die Vorstände haben nicht nachgefragt und damit ihre Pflichten verletzt. Das aber wiegt nicht so schwer, weil in der Vorlage gesetzlich vorgeschriebene Informationen zu einer Rechtsprüfung zu finden waren?

Verlass auf Top-Ratings, obwohl rundum alles zusammenbricht?

Die Richter gelangten ferner zu der Ansicht: Die Angeklagten brauchten wegen des Top-Ratings der STCDO in Teil-B nicht mit einem Totalausfall der Verbriefung zu rechnen.

Wenn ich das richtig verstanden habe, ist ein Pflichtverstoß *dann* evident, wenn während der Handlung „von außen" quasi zu erkennen ist, dass hier ein Beurteilungsspielraum überschritten wird. Im Fall von Omega55 wäre das

138 Telefonat vom 8.8.2014

wohl in etwa so: Hätte in der Vorstandvorlage das Rating BB gestanden und nicht die Top-Note AAA, wäre für die Vorstände klar *zu sehen* gewesen, das Geschäft könnte riskant sein. Denn bei Papieren mit BB geht das Investment häufiger schief. Papiere mit AAA dagegen gelten als bombensicher.

Folgt man diesem Gedanken, könnte man jeden auf den Vorstandsposten einer Bank setzen. Fachkompetenz, um Chancen und Risiken gestützt durch Erfahrungen abzuwägen - hier die Folgen von Ratingmeinungen - würde nicht benötigt. Steht AAA drauf, kann „von außen" nicht erkannt werden, dass das Investment womöglich doch eine Luftnummer ist.

Völlig außer acht bleibt bei dieser Denkart, in welcher desolaten Situation sich die Welt der schillernden Ratings Ende 2007 befand - und die HSH Nordbank gleich mit.

Außerdem bezog sich das Rating in der Vorstandsvorlage nach übereinstimmenden Zeugenberichten lediglich auf die Ausfallwahrscheinlichkeiten einer Beispiel-STCDO und nicht auf die tatsächlich von der BNP Paribas zusammengestellte STCDO in Omega55. Die Vorstände verließen sich folglich auf ein Standard- oder Modellrating, das den Risikogehalt der eigentlichen, von ihnen genehmigten, STCDO gar nicht abbildete.

Ratings jenseits verlässlicher Aussagekraft

Bereits im Zwischenbericht 2007 schreibt die HSH auch selbst von der Finanzkrise, die die HSH „nicht verschont" und „hohe Wertkorrekturen" im Kreditersatzgeschäft erforderlich macht; diese Korrekturen gingen 2007 in die Milliarden. Von Börsenfähigkeit kein Wort mehr.

Ratingagenturen aktualisieren ihre Noten zudem nur halbjährlich oder jährlich. Sie hatten außerdem Mitte 2007 aufgrund einer immer stärker werdenden, öffentlichen[139] Debatte über mögliche Unzulänglichkeiten bei der Bewertung strukturierter Wertpapiere durch die Ratingagenturen damit begonnen, Derivate herabzustufen, also solche Papiere wie in Teil-B von Omega55. Selbst die BaFin hatte in ihrem „Journal" im September 2007 berichtet, dass die Rolle der Rating-Agenturen bei der Krise im US-Hypothekenmarkt untersucht werde. Vorsicht und Achtsamkeit wäre also geboten gewesen.

Keiner der Vorstände aber wollte in dieser prekären Lage wissen, aus welchem Monat oder Jahr die (Beispiel-)Ratings für den STCDO stammten.

Und in dieser unübersichtlichen Konstellation durften die Vorstände im Verständnis der Großen Strafkammer von „hervorragenden Ratings" einer Beispiel-Verbriefung als verlässliche Entscheidungsgrundlage für ein 2,4 Milliarden Finanzgeschäft ausgehen?

---

139 vergleiche FAZ: Leichen im Keller des Verbriefungsmarktes, 4.6.2007

Die Einwände und Fakten werden die Berufsrichter sicher kennen. Den Vorsitzenden Richter Tully, aber auch Richter Bruns, habe ich als sehr sachkundig erlebt; das juristische Niveau des Prozesses war entsprechend hoch. In seinem mündlichen Vortrag ging Tully aber mit keinem Wort darauf ein, wieso die Richter dem Vertrauen auf (Modell- oder Standard-)Ratings bei einem konkreten Finanzgeschäft derart viel Gewicht beimessen, ohne auf die damaligen Umstände einzugehen, und die gesetzlich verbindliche Rechtsprüfung nur vage erwähnt zu sein braucht, damit begangene Pflichtverletzungen verpuffen.

Mir als Ökonomin erscheinen diese Erklärungen holprig, nahezu unlogisch und an den Haaren herbeigezogen, wenigstens aus Sicht von Praktikern realitätsfern. Grotesk daran: Ausgerechnet Ratings, die die Finanz- und Bankenkrise nachweislich mitverursacht haben, hauen die Banker mit raus.

Wirklich uneigennützig gehandelt?

Gravierend seien die Pflichtverletzungen aber auch deshalb nicht, weil die Angeklagten bei Abschluss von Omega55 „uneigennützig" gehandelt und „wichtige, strategische Ziele der HSH" verfolgt haben. Auch dieses Argument führte der Vorsitzende Richter knapp an.

Zum Prozessauftakt[140] hatte Richter Tully die im Gerichtssaal Versammelten noch wissen lassen: Der Straftatbestand der Untreue müsse nicht eigennütziger Natur sein, sondern greife auch bei uneigennützig getroffenen Entscheidungen. Dieser Aspekt wurde im Verfahren meiner Beobachtung nach aber überhaupt nicht geklärt. Die wahren Motive für Omega55 blieben bis zum Schluss unausgesprochen. (siehe oben S. 144ff)

Woher kam dann Tullys Sinneswandel?

Auffallend jedenfalls war für mich, wie kurz Marc Tully auf die Freispruch-Argumente „nicht gravierend" und „nicht evident" einging. Nur wenige Minuten in seinem eineinhalbstündigen Vortrag. Dabei sind *sie* die entscheidenden Gedanken im Urteil.

Bilanzfälschung ist niemals unerheblich

Einig waren sich die von mir befragten Rechtsprofessoren auch bei der von der Kammer lapidar abgetanen Bilanzfälschung. Die Staatsanwaltschaft hatte sie Ex-Finanzvorstand Nonnenmacher und Ex-Kapitalmarktvorstand Friedrich vorgeworfen. Das Gericht stimmte zwar zu, die Quartalsbilanz zum 31.3.2008 habe einen „falsch berechneten" Überschuss von 81 Millionen Euro ausgewiesen, statt eines Verlustes von 31 Millionen Euro. Für mich erkannte sie damit den Bilanzfehler an. Nur: Die Differenz von 110 Millionen Euro sei keine „er-

---

140 siehe S. 24

hebliche Abweichung" und deshalb strafrechtlich nicht zu ahnden, hieß es im mündlichen Urteil.

„Diese Begründung ist mir unverständlich", sagte **Strafrechtsprofessor Bernd Schünemann** im Gespräch mit mir. Bilanzfälschung sei niemals unerheblich. „So einen Rechtsmaßstab gibt es nicht." Eine falsche Bilanz sei ein „gravierendes Delikt". **Rechtsprofessor Hans Kudlich** drückte es so aus: „Das ist angesichts der Summen auf den ersten Blick erstaunlich - aber man muss den Einzelfall genauer kennen, um das korrekt einschätzen zu können."[141]

Vorsichtige Juristen und desinteressierte Rechtsgelehrte

Warum aber bleibt es auch unter Rechtsgelehrten so still, wenn sich Freisprüche in einem einjährigen, viel beachteten und womöglich beispielgebenden Strafverfahren gegen Bankvorstände auf eine „Floskel" und zweifelhafte Argumente stützen? Juristen warten gewöhnlich das schriftliche Urteil ab, bevor sie sich öffentlich äußern; sie sind vorsichtige Menschen. Die Strafwissenschaft gehe mit der Aufarbeitung der Finanzkrise aber ohnehin stiefmütterlich um, schrieb 2012 Strafverteidiger Gerhard Strate in einem Aufsatz. Sie sei dabei „zahnlos" und die strafrechtsrelevanten Zusammenhänge seien nicht annähernd erforscht. Als Ursprung dieser Ignoranz vermutet der Anwalt „mangelnde Bereitschaft, den für Bankvorstände bestehenden Pflichtenkanon genauer zu analysieren sowie das ökonomische und (aufsichts-)rechtliche Umfeld der damaligen Entscheidungsträger in genaue Sicht zu nehmen."

Und was ist mit den Richtern, der Justiz?

Justiz fehlt Entschlossenheit bei Verfolgung der Hochfinanz

Kann die Justiz die Banker wirklich nicht fassen? „Sie sind nicht zu fassen, wenn man sie nicht fassen *will*", bringt **Rechtsprofessor Schünemann** seine Erfahrungen auf den Punkt. In der Intensität der Verfolgung von Wirtschaftskriminalität gebe es „Haltungsunterschiede" bei der Justiz. Bei Auslandskorruption lege sie eine „große Entschlossenheit der Verfolgung" an den Tag, bei der Hochfinanz aber fehle der Justiz die letzte Entschlossenheit, die Verantwortlichen „zu kriegen". Die Rechtsprechung sei auch sprunghaft und habe bei Untreue-Verfahren äußerst verschieden geurteilt, bei Firmen-Managern scharf, bei Bankern milde, so der Jurist.

141 Lesenswert dazu auf Bilanzbetrug.org: „*Warum sind 110 Mio. nicht genug?*"

Gern würde ich das Richterteam fragen, wie es zu seiner Urteilsbegründung gekommen ist, ob sich die Berufsrichter womöglich dem Veto eines Schöffen beugen mussten - wegen der Zwei-Drittel-Mehrheit bei einer Verurteilung. Interviews aber sieht der Gerichtsbetrieb nicht vor und die Abstimmung über das Urteil bleibt geheim.

Ob die 8. Große Strafkammer des Landgerichts Hamburg im Fall des spekulativen Bankgeschäfts Omega55 die Gesetze richtig ausgelegt hat, entscheidet jetzt der Bundesgerichtshof, eine der fünf obersten Rechtsinstanzen.

A N H A N G

Die wichtigsten Zeugen

Insgesamt 32 Zeugen haben die Richter in diesem einjährigen Prozess befragt, darunter drei Gutachter, zwei Wirtschaftsprüfer und zwei Bankenaufseherinnen - aber keinen einzigen 2007 amtierenden HSH-Aufsichtsrat. Die für die Beweiserhebung maßgeblichen Zeugen sind gemäß ihres Auftretens vor Gericht und ihrer damaligen beruflichen Aufgabe gelistet; viele Zeugen haben die HSH längst verlassen - per Aufhebungsvertrag oder Kündigung. Aus Persönlichkeitsgründen werden nur die Zeugen mit vollem Namen genannt, bei denen es sich um Personen der Zeitgeschichte handelt oder um bereits öffentlich benannte, ehemalige Führungskräfte der HSH Nordbank.

1. Zeuge: Marc S.

Bankkaufmann, Financial Institutional Group FIG London

FIG initiierte Omega55, Marc S. koordinierte die Vorlage und forderte die Stellungnahmen aus den Fachabteilungen an; warum er schrieb, dass die Rechtsabteilung umfassend geprüft habe, lesen Sie auf Seite 40f.

2. Zeuge: Dr. Michael S.

Jurist, Gruppenleiter Immobiliensparte „Real Estate“

stellte mit seinen Mitarbeitern die Immobilienkredite für Omega55 zusammen, die die BNP Paribas in Teil-A gegen Verluste absicherte; war in den Genehmigungsprozess wenig eingebunden; wie er Teil-B fand, schilderte er am 11. Tag, siehe Seite 71.

3. Zeugin: Sirka H.

Betriebswirtin, Neue-Produkte-Neue-Märkte NPNM

H. hatte als Koordinatorin in der Abteilung in Abstimmung mit diversen Abteilungen zu bewerten, ob Omega55 handhabbar für die HSH ist, Rechtsverordnungen erfüllte und zu empfehlen sei; wie NPNM Omega55 einstufte, dazu die Zeugin ab Seite 80.

5. Zeugin: Vera S.

Juristin, Rechtsabteilung

zuständig für aufsichtsrechtliche Fragen bei Omega55; die Wiedergabe ihrer Aussagen und Bewertungen, ob Omega55 aufsichtsrechtlich funktioniert hat, finden Sie auf den Seiten 97ff.

6. Zeuge: Michael M.

Jurist, Financial Institutional Group FIG London

hatte sicherzustellen, dass die gesamte rechtliche Dokumentation zu Omega55 vollständig, richtig und verbindlich nach britischem Recht ist, ab Seite 104.

7. Zeuge: Dr. Sascha E.
Jurist, Rechtsabteilung in Kiel
war ein Mitarbeiter von Juristin Vera S., zuständig ebenfalls für aufsichtsrechtliche Fragen; der Jurist hat Omega55 in einer ersten Einschätzung wirksam befunden, welche Einschränkung er aber auch machte, lesen Sie auf Seite 107.

8. Zeuge: Andreas B.
Bankkaufmann und Volkswirt, Kredit Risiko Management
musste innerhalb eines Wochenendes prüfen, ob die Risiken im Konstrukt Omega55 für die HSH vertretbar sind; zu welchem Schluss er kam finden Sie ab Seite 111.

11. Zeuge: Kai R.-U.
Controller für Handelsrecht und Bilanzfragen, Rechnungswesen
sollte einschätzen, wie Omega55 in der Bilanz abzubilden ist; was ihm für diese Prüfung vorlag, schilderte er am 24. Verhandlungstag, ab Seite 120.

12. Zeuge: Dr. Wolfgang Gößmann
Jurist, Leiter Rechtsabteilung der HSH
wieso er als Chef der Rechtsabteilung von Omega55 erst erfahren habe, als die Verträge unterschrieben waren, schilderte er am 25. Tag, nachzulesen ab Seite 125; der Chefjurist entließ später die für Omega zuständige Juristin (Zeugin 5) fristlos, S. 128.

13. Zeugin: Ruth B.
Juristin, Bundesanstalt für Finanzdienstleistungsaufsicht BaFin
will von Teil-B erst Ende 2008 Kenntnis erhalten haben; ihre Aussage, wonach die BaFin wohl keine aufsichtsrechtliche Wirkung von Omega55 akzeptiert hätte, lesen Sie ab Seite 135

16. Zeuge: Dr. Martin v.G.
Mathematiker, Leiter Group Risk Management
warum Finanzkonstrukte wie Omega55 bereits Mitte 2007 intern als Bilanzkosmetik eingestuft und nicht weiter verfolgt werden sollten, erzählt der Zeuge ab Seite 142 und er erklärte in seiner Aussage die Bilanzierung von STCDOs - ab Seite 143.

18. Zeugin: Dr. Regina E.
Wirtschaftsmathematikerin, Deutsche Bundesbank Hamburg
laut ihrer Aussage hat die Bundesbank Omega55 nachträglich auch *nicht* geprüft; sie hatte dennoch eine Meinung zu Omegas aufsichtsrechtlicher Wirkung, siehe Seite 152.

20. Zeuge: Sachverständiger Christoph Hultsch
Wirtschaftsprüfer, vom Gericht bestellt, Partner bei Ernst&Young
„Es ist erstaunlich, dass so ein Geschäft unter Kaufmännern zustande gekommen ist!" Was den Sachverständigen zu dieser Aussage veranlasste, lesen Sie auf den Seiten 162ff, 185

21. Zeuge: Partei-Sachverständiger Dr. Dieter Glüder

IKB-Vorstand, von Verteidiger Gatzweiler beauftragt

wieso er die Vorstandsvorlage für Omega55 für vollständig und eindeutig hielt, finden Sie Seiten 168, 176, 185 und 189.

27. Zeuge: Sachverständiger Prof. Martin Hellmich

Mathematiker, vom Gericht bestellt

berechnete die Millionen-Vermögensverluste von Omega55 zum Zeitpunkt der Vertragsunterschriften, Seiten 233, 262 und 269.

29. Zeuge: Niels M.

Wirtschaftsprüfer bei KPMG, prüfte den HSH-Jahresabschluss 2008

welchen Eindruck der Wirtschaftsprüfer vom Vorstand hatte, und wie die HSH mit der Situation Ende 2008 umzugehen schien, schildert der Zeuge ab Seite 254

30. Zeuge: Michael K.

Wirtschaftsprüfer bei KPMG, prüfte den HSH-Jahresabschluss 2008

was schief lief mit Omega55 intern in der HSH und welches Verständnis unter den Entscheidern geherrscht habe, darüber berichtet der Zeuge auf Seite 257.

32. Zeuge: Dr. Thomas Emde

Jurist, Kanzlei Freshfields Bruckhaus Deringer

erstellte im Auftrag der Bank 2010 ein Gutachten über das Risikomanagement der HSH Nordbank und entwickelte dadurch eine eigene Meinung über die Vorstände, nachzulesen ab Seite 274ff

Auszüge aus dem Urteil

Das Urteil[142] ist 355 Seiten lang. Auf 241 Seiten erklärt die Kammer, worin sie die Pflichtverletzungen der Vorstände und ihre persönlichen Verantwortlichkeiten sieht, auf 9 Seiten würdigt sie dann rechtlich die Pflichtverletzungen, um sie als nicht gravierend und evident einzustufen. Die Bilanzfälschung wird knapp gehalten.

Das Urteil beginnt mit einleitenden Worten; es folgt eine Darstellung der Angeklagten und die Kurzfassung der Klageschrift. Anschließen beschreibt die Strafkammer auf 72 Seiten Omega55 und seine Folgen. Auf den nächsten 176 Seiten stellt die Kammer das fest, was die Hauptverhandlung für sie ergeben hat: Wie Omega55 vorbereitet wurde, unter welchen Umständen die Vorstände zustimmten, welche Mängel und Unzulänglichkeiten die Vorstandsvorlage aufwies und welche Vermögenseinbußen die HSH deswegen hinzunehmen hatte. Ab Seite 291 beginnt die Beweiswürdigung, wobei zuerst auf die „Einlassungen" von Hans Berger, Hartmut Strauß und Dirk Jens Nonnenmacher eingegangen wird. Die Rechtliche Würdigung folgt ab Seite 346.

Der geplante Börsengang der HSH im krisenhaft sich zuspitzenden Umfeld Ende 2007 - und damit einhergehender Handlungsmotive der Vorstände - berücksichtigt die rechtliche Würdigung nicht.

Zusammenfassung ausgewählter Argumente

Zum Vorwurf der schweren Untreue

Der Ex-HSH-Vorstand sei über die aufsichtsrechtlichen Risiken und Wirkungen der Transaktion unzureichend informiert und den Angeklagten sei das im Zeitpunkt ihrer Zustimmung zu Omega55 auch bewusst gewesen. Sie hätten sich hinreichend vergewissern müssen, um ihren Pflichten als Vorstände nachzukommen. Sie haben sich auch keine hinreichenden Informationen über die Kosten und Erträge der Transaktion beschafft, was aber eine Selbstverständlichkeit für einen Vorstand darstelle. Sie haben damit ihre Sorgfaltspflichten als Geschäftsleiter verletzt.

Die **Rechtsabteilung** habe die (aufsichts-)rechtlichen Wirkungen von Omega55 nicht geprüft und auch keine Freigabe erteilt. Den Vorständen sei bei Zeichnung des Geschäfts aber bewusst gewesen, dass sie unzureichend über die rechtlichen Folgen informiert waren.

Das **Risikovotum** erläuterte zudem ausdrücklich, dass Teil-B dem Schutz der BNPP dient und sie die Laufzeitfazilität über 2,4 Milliarden Euro in An-

142 LG Hamburg, 8. Große Strafkammer, Urteil vom 9.7.2014, AZ: 608 Kls 12/11 u. 5550 Js 4/09

spruch nehmen kann. Das habe damit für die Vorstände auf der Hand gelegen, dass die HSH das Verlustrisiko aus dem 2 Milliarden Kreditportfolio nicht an die BNPP abgab, sondern dieses Risiko weiterhin trug. Das Gericht bejaht damit den Kreislaufcharakter von Omega55.

Das **NPNM-Votum** sei für die Vorstände offensichtlich insgesamt unzulänglich gewesen, weil es keinerlei Aussagen über den B-Teil treffe, insbesondere auch keine der für diesen Teil maßgeblichen Zweckgesellschaften oder Schlüsselbegriffe verwende, wie „Repo-Fazilität", „Liquiditätsfazilität" oder „STCDO", obwohl der B-Teil in der Vorstandsvorlage beschrieben werde.

Insgesamt rechneten die Angeklagten damit und haben es **billigend in Kauf genommen** - damit vorsätzlich -, dass mit Omega55 keine aufsichtsrechtliche Eigenkapitalentlastung erzielt werden würde. Damit aber sei die Transaktion wirtschaftlich nachteilig und sinnlos für die HSH gewesen. Die Angeklagten haben damit Vermögensnachteile mindestens in Höhe der durch Omega55 verursachten Kosten billigend in Kauf genommen.

Zum Vorwurf der Bilanzfälschung

Der Vorwurf der unrichtigen Darstellung erfülle die Voraussetzungen des § 400 Abs. 1 AktG nicht, weil nur „wesentliche" oder „erhebliche" *Abweichungen* als Tatbestände in Frage kommen. Das Gericht befand, dass die vorliegende Abweichung von 112 Millionen Euro zum 31.3.2008 weder wesentlich noch erheblich im Vergleich zur damaligen Bilanzsumme der HSH von knapp 204 Milliarden Euro stand.

Zitate aus der „Beweiswürdigung"

Zum Kreislaufcharakter von Omega55

„Darüber hinaus hat der Sachverständige Dr. Glüder auch bekundet, dass aus seiner Sicht schon aus der in der Kreditvorlage vom 14. Dezember 2007 enthaltenen skizzenhaften Darstellung des Gesamtgeschäfts (Seite 3 des Originals, Seite 5 der Übersetzung) hervorgehe, dass die HSH Nordbank AG die im ersten Transaktionsteil ausgelagerten Risiken im zweiten Teil 'zurücknahm'. Die diesbezüglichen Angaben des Sachverständigen Dr. Glüder sind glaubhaft. [...][143] An der fachlichen Kompetenz des Sachverständigen Dr. Glüder hat die Strafkammer keine Zweifel. Im Übrigen erschien der Sachverständige Dr. Glüder zwar im Rahmen seiner gerichtlichen Vernehmung zuweilen bemüht, aus seiner Sicht für die Angeklagten günstig erscheinende Umstände besonders hervorzuheben. Der Glaubhaftigkeit seiner vorliegend relevanten, die Interpretation des Hinweises der Kreditvorlage vom 14. Dezember 2007 auf die für

143 Die eckigen Klammern kennzeichnen von mir vorgenommene Kürzungen.

'notleidende' Vermögenswerte nicht in Anspruch zu nehmende Liquiditätsfazilität betreffenden Aussagen, die sich für die Angeklagten erkennbar nicht günstig auswirken, steht dies nicht entgegen." (S. 322f)[144]

Zur Rechtsprüfung
„Soweit die Angeklagten sich dahingehend eingelassen haben, sie seien von einer abschließenden Prüfung und 'Freigabe' der Transaktion 'Omega 55' hinsichtlich der Erreichung der damit bezweckten RWA-Entlastung durch die Rechtsabteilung ausgegangen, hat die Strafkammer dies ebenfalls als - widerlegte - Schutzbehauptung gewertet." (S. 323)

Zum Persönlichen Mitwirken der Angeklagten
„Die Strafkammer ist ebenfalls überzeugt, dass keiner der Angeklagten aufgrund einer eigenen Plausibilisierung der aufsichtsrechtlichen Wirkungsweise der Transaktion 'Omega 55' subjektiv zu der Gewissheit gelangte, dass durch die in den Vorstandsunterlagen präsentierte Struktur die in den Unterlagen geschilderte RWA-Entlastung eintreten werde. [...] Im Übrigen erlaubten die Vorstandsunterlagen aber auch eine solche oberflächliche Plausibilisierung der Frage, auf welche Weise die Transaktion, obwohl sie im Ergebnis das wirtschaftliche Risiko aus dem zunächst im A-Teil abgesicherten Kreditportfolio bei der HSH Nordbank AG beließ, gleichwohl die RWA-Entlastung erreichen sollte, nicht, da es an diesbezüglichen inhaltlichen rechtlichen Erläuterungen fehlte." (S. 326)

„Die Strafkammer ist überzeugt, dass die Angeklagten erkannten, dass es sich bei der Transaktion 'Omega 55' um ein Geschäft handelte, das zu seiner Freigabe zum verbindlichen Vertragsschluss eine Entscheidung des Gesamtvorstandes und damit sämtlicher Angeklagter erforderte und das daher auch sämtlichen Angeklagten bewusst war, dass der Vertragsabschluss - im Sinne eines ursächlichen Zusammenhangs - auch von ihrer Zustimmung abhing und sie in diesem Sinne für das Zustandekommen der Transaktion jeweils auch persönlich verantwortlich waren." (S. 328)

Zu den Kosten der Transaktion
„Die Strafkammer ist überzeugt, dass den Angeklagten bewusst war, dass sie von den Kosten und Erträgen der Transaktion 'Omega 55' eine unzureichende Vorstellung hatten. [...] Dies ergibt sich bereits daraus, dass namentlich hinsichtlich des die Kosten der Gesamttransaktion potentiell maßgeblich beein-

---

144 In den runden Klammern gebe ich im Folgenden die Seitenangaben aus dem Urteil der 8. Großen Strafkammer wieder, Urteil vom 9.7.2014

flussenden Wertes des STCDO beziehungsweise der darauf bezogenen Liquiditätsfazilität in den Vorstandsunterlagen aufschlussreiche Informationen gänzlich fehlten." (S. 330)

Zur Aussagekraft des NPNM-Votums
„Die Strafkammer ist ferner überzeugt, dass die Angeklagten bei Erteilung ihrer Zustimmung zur Transaktion 'Omega 55' damit rechneten und es billigend in Kauf nahmen, dass das ihnen vorgelegte NPNM-Votum vom 14. Dezember 2007 inhaltlich unvollständig war, insbesondere den B-Teil der Transaktion 'Omega 55' nicht erfasste, und dass sie zumindest damit rechneten und auch dies billigend in Kauf nahmen, dass eine NPNM-Prüfung und entsprechende Hinweise in dem NPNM-Votum auch für diesen Teil erforderlich gewesen wären." (S. 333)

„Im Übrigen ist die Strafkammer auch überzeugt, dass den Angeklagten bewusst war, dass es auch für den B-Teil der Durchführung eines NPNM-Prozesses bedurfte. Das ergibt sich zunächst schon daraus, dass es sich bei der Transaktion 'Omega 55' um eine individuell angepasste und in diesem Sinne 'einzigartige' Struktur handelte, was als solches für die Angeklagten bereits offensichtlich war und im Übrigen auch in der Kreditvorlage vom 14. Dezember 2007 unter Ziff. 5.1 [...] ausdrücklich erwähnt wurde." (S. 334f)

Zu „corporates" und „financials" in der STCDO
„Nach alledem konnte die Strafkammer sich keine dahingehende Überzeugung bilden, dass die Angeklagten unter dem Begriff 'corporates' auch Finanztitel verstanden. Da sich bei einer Berechnung des Wertes des STCDO unter Verzicht auf Finanztitel eine für die Angeklagten günstigere Wertberechnung ergab, war zugunsten der Angeklagten davon auszugehen, dass diese von einem STCDO-Portfolio ohne Finanztitel ausgingen." (S. 346)

Zitate aus der „Rechtlichen Würdigung"[145]

Zum Vorwurf der Untreue nach § 266 Abs. 1 StGB
„Die Angeklagten haben sich nicht der Untreue nach § 266 Abs. 1 StGB schuldig gemacht. Zwar haben Sie durch ihre auf nicht hinreichender Informationsgrundlage erteilte Zustimmung zum Abschluss der Transaktion 'Omega 55' ihre Pflichten aus § 93 Abs. 1 AktG in mehrfacher Hinsicht verletzt und hierdurch auch einen Vermögensnachteil der HSH Nordbank AG bewirkt. Dabei haben sie auch mit mindestens bedingtem Vorsatz gehandelt. Gleichwohl liegt

145 Hervorhebungen nicht im Original; Zitate teils eingekürzt, um Lesbarkeit zu erhöhen

keine die Tatbestandsvoraussetzungen des § 266 Abs. 1 StGB erfüllende Verletzung einer Vermögensbetreuungspflicht vor, da die Pflichtverletzungen der Angeklagten sich weder einzeln noch bei einer Gesamtbetrachtung als 'offensichtlich' oder 'gravierend' darstellen." (S. 346)

„Nach § 93 Abs. 1 AktG haben die Vorstandsmitglieder einer Aktiengesellschaft bei ihrer Geschäftsführung die Sorgfalt eines ordentlichen und gewissenhaften Geschäftsleiters anzuwenden. [...] Die sich hieraus ergebenden, die Vermögensbetreuung der Aktiengesellschaft umfassenden Pflichten eines Vorstandsmitglieds haben die Angeklagten verletzt [...]. Insbesondere durften Sie wegen des ihnen bewussten mangelnden Informationsstandes auch nicht im Sinne der in § 93 Abs. 1 Satz 2 AktG verankerten sog. 'business judgement rule' davon ausgehen, 'auf der Grundlage angemessener Informationen' zu handeln." (S. 347)

„Nach der Rechtsprechung des Bundesverfassungsgerichts hat die Auslegung des Tatbestands des § 266 Abs. 1 StGB von Verfassungs wegen das Ziel zu verfolgen, die Anwendung des Untreuetatbestandes auf, worauf es hier besonders ankommt, Fälle klarer und deutlicher (evidenter) Fälle pflichtwidrigen Handelns zu beschränken, [...] und den Charakter des Untreuetatbestands als eines Vermögensdelikts zu bewahren. **Die (Fort-)Entwicklung geeigneter dogmatischer Mittel zu diesem Ziel obliegt in erster Linie den Strafgerichten und hier vornehmlich den Revisionsgerichten.** [Hervorhebung D.P.] [...] Tatbestandsbegrenzende Funktion kommt ebenfalls der Rechtsprechung zu, die eine Pflichtverletzung im Sinne des § 266 StGB nur dann bejaht, wenn sie gravierend ist (BVerfGE 126, 170 ff. Rz. 110)." (S. 347f)

„Gravierende Pflichtverletzungen wiederum werden sich nur dann bejahen lassen, wenn die Pflichtverletzung evident ist (BVerfG aaO. Rn. 111)." (S. 349)

„Auf dieser Grundlage hat die Strafkammer sämtliche festgestellten, für die Beurteilung der Pflichtverletzung der Angeklagten maßgeblichen Umstände gegeneinander mit dem Ergebnis abgewogen, dass eine 'gravierende' und 'evidente' Pflichtverletzung hier noch nicht vorliegt. [...]

Gegen eine gravierende Pflichtverletzung sprach insbesondere, dass die Angeklagten bei Abschluss der Transaktion 'Omega 55' uneigennützig und in Verfolgung wichtiger strategischer Ziele der HSH Nordbank AG und damit im - insofern allerdings falsch verstandenen - Interesse der Bank handelten." (S. 349)

„Ihre Informationspflichten haben die Angeklagten [...] unzureichend wahrgenommen. Indes ist das Maß der Vernachlässigung dieser Pflicht wiederum nicht sehr schwerwiegend. [...] Angesichts dieser Informationslage rechneten die Angeklagten zwar einerseits mit der Möglichkeit der Nichterreichung der aufsichtsrechtlichen Transaktionsziele, konnten dieses rechtliche Risiko aber andererseits wegen der durch sämtliche Voten bestätigten Beteiligung der Rechtsabteilung an der Transaktionsvorbereitung für gering halten." (S. 349f)

„Hinsichtlich des erheblichen mit der Transaktion eingegangenen finanziellen Risikos für die HSH Nordbank AG war zu berücksichtigen, dass den Angeklagten zwar keine verwertbaren Informationen über den [...] Wert der auf den STCDO bezogenen Liquiditätsfazilität zur Verfügung standen, wohl aber mit der in der Kreditvorlage vom 14. Dezember 2007 ausgewiesenen 'AAA'-Bewertung des STCDO sowie der Tabelle über die in die Zukunft projizierten Ratingszenarien unter Berücksichtigung von Ausfällen im Referenzportfolio eine - wenn auch auf externen Ratings beruhende und von den Angeklagten nicht hinterfragte - Aussage über die Ausfallwahrscheinlichkeit der Tranche getroffen wurde." (S. 350)

„Schließlich war auch zu berücksichtigen, dass in sämtlichen drei den Angeklagten zur Verfügung gestellten Voten - trotz der darin enthaltenen unzureichenden Informationen - im Ergebnis der Abschluss der Transaktion 'Omega 55' empfohlen wurde." (S. 351)

„Der Ermittlung des [...] entstandenen Vermögensnachteils war der Zeitpunkt der Vermögensverfügung, [...] zugrunde zu legen. Da dieser Vertragsschluss für die zwei Vertragsteile (A und B) zu zwei unterschiedlichen Zeitpunkten erfolgte, war der Nachteil als Saldo der vermögenswerten Rechte und Pflichten der HSH Nordbank AG aus dem jeweiligen Teilvertragswerk zum Zeitpunkt seines jeweiligen Abschlusses zu ermitteln, mithin für den A-Teil auf den 21. Dezember 2007 und für den B-Teil auf den 24. Januar 2008." (S. 351)

Zum Vorwurf der unrichtigen Darstellung gem. §400 Abs. 1 AktG
„Im Hinblick auf den [...] erhobenen Vorwurf [...] fehlt es an der Verwirklichung des objektiven Tatbestandes, da die Abweichung der im Quartalsbericht zum 31. März 2008 und der zugehörigen Pressemitteilung dargestellten Ertragslage von der sich bei richtiger Verbuchung der auf den STDCO bezogenen Liquiditätsfazilität aus der Transaktion 'Omega 55' ergebenden Ertragslage nicht erheblich war." (S. 352)

„Der Tatbestand des § 400 Abs. 1 Nr. 1 AktG bedarf vor dem Hintergrund der Weite seines durch den Begriff des 'unrichtigen Wiedergebens' der Verhältnisse der Gesellschaft und unter Berücksichtigung seines Schutzzwecks dahingehend der einschränkenden Auslegung, dass im Hinblick auf Art. 103 Abs. 2 GG[146] nur erhebliche Abweichungen zwischen der unrichtigen Angabe der gesellschaftlichen Verhältnisse und der tatsächlichen Unternehmenssituation den Tatbestand erfüllen.

Seinem Schutzzweck nach dient § 400 AktG sowohl dem Schutz der Aktionäre als auch dem Schutz dritter Personen wie Gesellschaftsgläubiger oder Arbeitnehmer, die zu der Aktiengesellschaft in rechtlicher oder wirtschaftlicher Beziehung stehen oder in eine solche Beziehung treten wollen und deshalb an dem Vermögensstand, den Gesellschaftsverhältnissen und der Vertrauenswürdigkeit der Gesellschaft interessiert sind." (S. 352)

„Die Erheblichkeit ist vielmehr daran zu messen, ob die Abweichung im Hinblick auf das von der unrichtigen Darstellung betroffene Unternehmen abstrakt geeignet ist, die Entscheidung des vom Schutzzweck erfassten Personenkreises über die Gestaltung ihrer rechtlichen oder wirtschaftlichen Beziehungen zu dem Unternehmen zu beeinflussen." (S. 353)

„Ein quantitativer Vergleich der Abweichung [...] ergibt, dass die Abweichung im Hinblick auf die Bilanzsumme einen Anteil von ca. 0,0549% und im Hinblick auf das Geschäftsvolumen einen Anteil von 0,0444% ausmacht. [...] Vor diesem Hintergrund ist die Unrichtigkeit der Darstellung im vorliegenden Falle aus der Perspektive eines vernünftigen Beobachters bei seiner Entscheidung über das Eingehen rechtlicher oder wirtschaftlicher Beziehungen zur HSH Nordbank AG nicht von Bedeutung und damit im vorgenannten Sinne nicht 'erheblich' oder 'wesentlich'." (S. 354)

„Bei vernünftiger Betrachtung ergibt sich für die Erheblichkeit der unrichtigen Darstellung der Ertragslage kein Unterschied daraus, dass diese zu einem Wechsel vom Gewinn- in den Verlustbereich führt. Andernfalls könnte jede auch noch so geringe Falschdarstellung [...] zur Erheblichkeit der unrichtigen Darstellung führen." (S. 354)

146 „Bestimmtheitsgebot", Art. 103 (2) GG: „Eine Tat kann nur bestraft werden, wenn die Strafbarkeit gesetzlich bestimmt war, bevor die Tat begangen wurde."

Vorstandsvorlage für Omega55 (credit application)

- 8 Seiten

Credit application

HSH NORDBANK

14/12/2007 | BU: FMD / Real Estate / Commodity Finance
OE: Structured Credit Analysis, London Branch | New | Competence Level 1

1. Borrower Data

Borrower, Bearer of economic Risk (TWR)

A BNP Paribas sponsored SPV of a name to be determined ("NewCoSPV")

Relationship since n/a

Strategy Compliant x

Opportunistic

Rating HSH Nordbank LCR [TBA]

Borrower Unit, TWR-Group, (if necessary: Internal Risk Unit)

NewCoSPV

External Rating n/a

Großkredit ☐

Organkredit ☐

Industrial Sector

Special Purpose Vehicle ("SPV")

Risk Country

Ireland

Risk Provision
[EUR m]

Essential notes

The transaction contemplated with NewCoSPV reflects HSH's desire for optimisation of its Risk Weighted Assets. Recourse will be limited to the assets held by NewCoSPV. The KYC process of the London branch in co-operation with the Compliance Officer will commence upon receipt of credit approval for this transaction. However as NewCoSPV is an SPV sponsored by BNP Paribas no problems are immediately foreseen.

2. Economic equity requirement

as per	Economic Equity (EUR million) Existing	New	Total	LGD	Comment
Borrower / TWR	0	TBA	TBA	TBA	
Borrower Unit/TWR-Group	0	TBA	TBA	TBA	

all amounts in EUR million

3. Application

Credit Type	Amount	Sec. acc. to Guidelines	Maturity	Purpose
Liquidity Facility	2400		364 days	Standby Liquidity
Sum	2400			

Collateral	MW	BLW	Terms

Other details regarding the application

Implicit interest, currency and/or liquidity components of an option	Yes ☐	No ☐	(see 5.1)
Loan contract includes "syndication clause"	Yes ☐	No ☐	

4. Commitment Summary

all amounts in EUR million

a) Borrower/TWR HSH Nordbank AG incl. application

as per 02/11/2007

Credit Type		Prior Line	New Line	Sec. acc. to Guidelines	External lines	Outstanding
Credits (current accounts, loans)	up to 1 y	0	2400			
	for 1 y and up to 5 yrs					
	for more than 5 yrs					
Guarantees, Letters of Credit						
Trading Lines						
Netting Lines						
Individual decision trading activities						
General Credit Lines						
Participations						
Commitment Foreign Branches						
	Sum prior to Syndication		2400			
	./. Share for Syndication					
	Sum		2400			
Settlement Lines						

Guarantee Commitment — Amount
Tenant/ Charterer Commitment — Amount

b) Borrower Unit/TWR-Group HSH Nordbank-Group incl. application

as per 02/11/2007

Credit Type		Prior Line	New Line	Sec. acc. to Guidelines	External lines	Outstanding
Credits (current accounts, loans)	up to 1 y		2400		2400	
	for 1 y and up to 5 yrs					
	for more than 5 yrs					
Guarantees, Letters of Credit						
Trading Lines						
Netting Lines						
Individual decision trading activities						
General Credit Lines						
Participations						
Commitment Foreign Branches						
Commitment Subsidiaries						
	Sum prior to Syndication		2400		2400	
	./. Share for Syndication					
	Sum					
Settlement Lines						

Guarantee Commitment — Amount
Tenant/ Charterer Commitment — Amount

Other information

Whilst BNPP will be providing CDS protection via a HSH Subsidiary, lines will be required for BNPP which are essential for this transaction. A separate credit application is being submitted for BNPP.

5. Analysis

5.1 Notes on the application/ object/ project

Global Head Book
London

London Branch has been working with BNP Paribas ("BNPP") on structures to optimise HSH's Risk Weighted Asset ("RWA") exposure. Based on the result of this work, this credit application seeks approval for a solution that reduces RWA on a HSH portfolio of Real Estate and Commodity Finance assets of up to €2bn (the "Portfolio"), whilst providing a segregated backstop liquidity facility to a BNPP sponsored SPV, NewCoSPV. Importantly this transaction has received approval from Legal and Compliance Department in Kiel that it meets the BaFin requirements for Basel I.

In order to reduce the current 100% RWA of the Portfolio, a HSH subsidiary ("HSH Sub") will purchase Credit Default Swap protection on the Portfolio from BNPP (rated AA+/Aa1/AA by S&P/Moody's/Fitch respectively) until the maturity of the underlying assets with credit events of insolvency and failure to pay (the "CDS"). As HSH Sub is a consolidated subsidiary of HSH, HSH will benefit from the 20% risk weighting of BNPP.

The actual assets that will form the Portfolio have not been finalised as yet. Therefore detailed analysis including the weighted average rating, spread, expected loss and economic capital requirement cannot be included in this application. However, in view of the tight timeframe for approval, documentation and execution, and the fact that this application requires Competence 1 level approval anyway, it is proposed that once the Portfolio has been finalised (and the aforementioned calculations made) this information be confirmed to KRM.

In a separate transaction, NewCoSPV will purchase into a legally segregated structure a portfolio of €4bn Credit Linked Notes ("CLNs"). The CLNs will be new assets issued by BNPP which will reference the existing Portfolio as well as new highly defensive highly rated assets. In order to finance itself NewCoSPV BNPP will provide a €4.82bn Repo Facility ("RF") to support the day to day funding requirements. NewCoSPV also has access to a 364 day €4.82bn Backstop Liquidity Facility ("BLF") to support itself if certain pre-defined events occur where the RF is unable to provide financing. BNPP will provide €2.42bn and HSH €2.4bn of the BLF. The BLF will be structured to obtain a 0% RWA under Basel I. The transactions can be summarised and represented via the following structure diagrams:

A

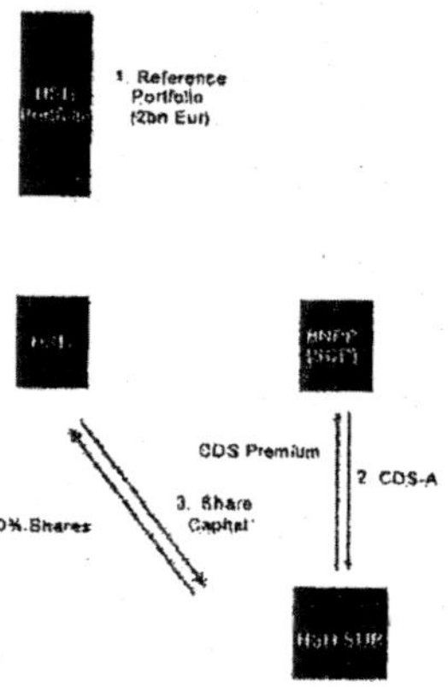

B

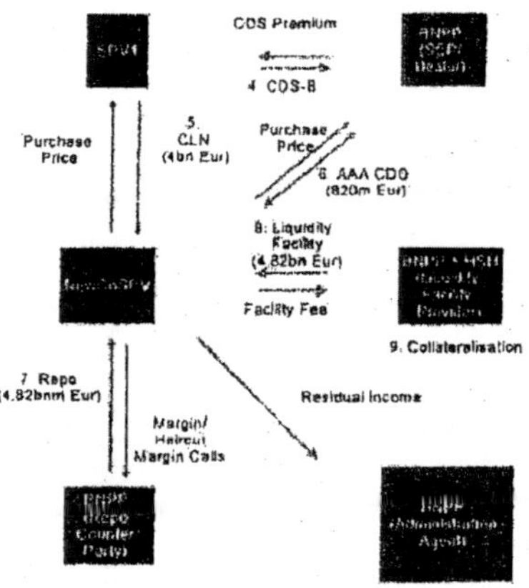

The transaction as considered above has been reviewed and approved as acceptable by NPNM (see attached NPNM vote). NPNM notes that some components of the structure such as the value of the HSH Sub Preference Shares subscribed to by HSH cannot be accurately valued. The NPNM process has largely resolved the items identified as outside HSH's usual operating procedures via the use of manual workarounds. Given the unique nature of the transaction an element of operational risk needs to be accepted as part of the transaction.

Whilst BNPP will be providing CDS protection via HSH Sub, lines will be required for BNPP which are essential for this transaction. A separate credit application is being submitted for BNPP, however the quantum has yet to be determined but this will be completed in co-operation with Group Risk Management.

5.2 Notes on the borrower / TWR

NewCoSPV is a bankruptcy remote SPV incorporated in Ireland (or other suitable location) sponsored by BNPP. NewCoSPV is not a new SPV and has been used previously to transact in BNPP sponsored business activities. However the documentation of NewCoSPV specifically allows BNPP to take separate exposure in a segregated fashion in accordance with the transactions contemplated in this credit application. The appropriateness of the legal documentation and the segregation will be reviewed and verified by HSH legal counsel before any transaction with NewCoSPV is executed. NewCoSPV will not be explicitly rated.

5.3 Legal Situation

As previously documented the transactions that NewCoSPV executes with HSH will be legally ring-fenced and also bankruptcy remote from BNPP. HSH internal legal counsel will review the documentation. In addition Legal Department in Kiel have reviewed the transaction term-sheets and confirmed that the Basel I RWA treatment described within this application is appropriate.

5.4 Industrial Sector / Market / Evaluation Portfolio Management

The financing of NewCoSPV is to be in the form of the RF from BNPP and potentially other suitable market counterparties with a rating of at least A-1 / P-1 short term as rated by S&P and Moody's respectively. Due to the well respected nature of BNPP and the fact that RF is to be fully funded at inception, minimal risk is foreseen for this element of the transaction. It is expected that NewCoSPV will be financed by the RF throughout the duration of the transaction.

As discussed HSH's ultimate recourse will be to the assets of NewCoSPV via the BLF. €4bn of the assets that NewCoSPV purchases, whilst new, will contain reference entities that HSH are familiar and comfortable with (as these form part of the initial Portfolio). The additional new assets that HSH is not familiar with, will be €820mn highly defensive AAA rated Single Tranche CDO ("STCDO") referenced to an underlying portfolio of corporate and governmental entities. Obviously any such HSH exposure to the STCDO will be limited to its share of the BLF i.e. ~50%. HSH will be involved in the asset selection process and will have right of veto on all initial assets. Ongoing HSH will be appointed as an Investment Advisor to NewCoSPV in respect of the STCDO. BNPP will not manage any of the assets and therefore there will be no conflicts of interest. Whilst the STCDOs are highly rated and defensively arranged these asset classes do offer the potential for rating volatility. Therefore these assets are analysed in greater detail in Section 5.5.

Pursuant to the RF NewCoSPV may be required to post collateral in respect of mark to market movements on the value of the STCDO. As in itself NewCoSPV has limited access to funds to the extent required it will draw down upon the BLF as provided by BNPP and HSH on a pro rata and pari passu basis. It is expected that such monitoring and margining will take place on a weekly basis. A threshold amount will be set after which collateral will be required to be posted. Initially it might be agreed for both BLF providers to post an amount of collateral to be agreed between the parties to obviate additional operational burden. Based on initial discussions this could require HSH positing approximately €60mn. This is a feature of the transaction.

HSH SUB will be an SPV incorporated in Jersey. HSH will purchase preference shares in the vehicle which it will subscribe to overtime. The value of the subscriptions will equal the future CDS premiums to be paid. As a result of the preference share subscription HSH will consolidate the vehicle and therefore benefit from the CDS protection purchased.

The CDS will be structured so that the HSH SUB retains the right to call the structure. In the event that HSH SUB does indeed call the structure it is likely that NewCoSPV itself will be restructured. Whilst the BLF will be structured as a 364 day commitment, HSH must be prepared to enter into this transaction at inception in the knowledge that an exit before the maturity of the STCDO within NewCoSPV, whilst possible, could 1) require a fee payment that is unquantifiable at present as it will be based on the mark to market valuation of the assets at that time or 2) require a longer risk exposure period via a term out – potentially until the 7 year maturity date of the assets. In view of this fact the BLF has been structured mindful of the requirements of both Basel I and Basel II, the latter of which is explored in greater detail in Section 5.5.

5.5 Economic Situation

The main driver for the transactions contemplated is to optimise HSH's Basel I capital charge. As a result of executing the transactions HSH stands to make significant Basel I capital savings as follows:

Description	Risk Weight	Capital Ratio	Basel I Capital
Existing €2bn Portfolio as currently booked	100%	8%	€160,000,000
BNPP Protected Portfolio	20%	8%	€32,000,000
NewCoSPV BLF	0%	8%	€0
	Maximum Total Basel I Capital "Saving" to HSH		**€128,000,000**

As the Portfolio remains to be finalised the weighted average spread of the Portfolio is unknown but via the structure will continue to accrue and be payable for the benefit of HSH. The cost of wrapping the Portfolio under the CDS will be less than the margin on the Portfolio. The margin on the BLF is also as yet unknown as it will depend on market conditions at the time of execution. However, from discussions with BNPP and based on current market conditions it is projected that HSH will enjoy additional income of approximately €3mn per annum.

The BLF will provide backstop financing support to NewCoSPV in the event that the financing rate pursuant to the RF exceeds a trigger rate to be calculated by BNPP pursuant to their role as Administration Agent. Importantly the BLF will not be available to be drawn to fund defaulted assets and can only be drawn to the extent that the SF has been fully drawn first.

Whilst the CDS is subject to a HSH SUB call option the NewCoSPV transaction is not and therefore the ability to be able to characterise the BLF as a Basel II Eligible Liquidity Facility at some point in the future will be highly beneficial to HSH. It is therefore likely that if the CDS is called during the course of 2008, the NewCoSPV transaction will be restructured by BNPP. This is considered likely as otherwise the elements of the CLN's referencing the existing Portfolio will be removed and BNPP would be unlikely to be able to purchase the underlying assets meaning that BNPP did not have a hedge but would still be obligated to pay HSH the appropriate margin under the BLF thus providing an incentive for BNPP to restructure NewCoSPV.

Finance department have previously confirmed that subject to review of final documentation that an Eligible Liquidity Facility under Basel II will be favourable to HSH. This is due to i) the restructured BLF will be treated as a contingent 364 loan facility and will attract a credit conversion factor of 20% and a risk weighting of 12%, ii) the restructured BLF will be treated as a loan pursuant to IAS-37 the BLF will not require mark to market accounting treatment, and iii) BNPP bear the majority of the economic risks and benefits HSH will not have to consolidate NewCoSPV. NPNM have previously approved Eligible Liquidity Facilities.

As documented previously, whilst NewCoSPV will purchase a new portfolio of CLN's some will be referenced to existing transactions from the Portfolio and are therefore well known to HSH. The reference entities that HSH have not previously had an exposure to i.e. the STCDO are therefore considered.

To ensure, as far as possible, consistency with existing procedures the STCDO will be broadly in line with HSH's approved policy for investing in the asset class. For analysis purposes BNPP have provided an indicative AAA rated STCDO using S&P criteria.

Whilst the final composition is subject to change the sample STCDO can be compared to HSH's approved criteria as follows:

Criteria	Policy	Actual	Compliant
Minimum rating of tranche at inception	A-	AAA	Yes
Minimum number of rating entities	75	161	Yes
Maximum weighting per underlying name	2%	0.67%	Yes
Minimum weighted average rating	BBB	A-	Yes
Maximum % of the total reference portfolio with split IG / non IG rating	5%	0%	Yes
Tranche rated by S&P or Moody's		S&P	Yes
Maximum tranche size	€200mn	€400mn	No
Entities have to be corporates or sovereigns			Yes
Maximum entity CDS trading spread	500		Yes
No extraordinary structural features (CDO^2, coupon linked to indices)			Yes
Minimum credit events withstood 2:1.5yrs, 3:3.5yrs, 4:5.5yrs, 5:>5.5yrs			Yes
Subordinated debt can only be referenced to financial institutions			Yes

As can be demonstrated from the above the STCDO is significantly in excess of the major requirements of HSH's criteria for investing in STCDOs with the exception of the maximum size being exceeded. However it should be noted that the previously submitted Ruby Finance Limited transaction which approved the exposure to €400mn total of similar assets will not be executed. Further this is a pre-requisite feature of the transaction. Initial analysis of the proposed STCDO shows that the structure has been defensively arranged to protect against both defaults and reference entity downgrades:

At inception	# 1-notch Downgrades										
# of Defaults	0	10	20	40	60	80	100	120	140	160	180
0	AAA	AA+	AA	AA-	A+	A-	A-	A-	A-	A-	A-
1	AA+	AA	A+	A-	A-	BBB+	BBB+	BBB+	BBB	BBB	BBB
2	AA-	A	A-	BBB+	BBB	BBB	BBB-	BBB-	BBB-	BBB-	BBB-
3	A-	BBB+	BBB	BBB-	BBB-	BBB-	BBB-	BBB-	BBB-	BBB-	BBB-
4	BBB	BBB	BBB-	BBB-	BB+	BB	BB	BB	BB	BB	BB

After 1 year	# 1-notch Downgrades										
# of Defaults	0	10	20	40	60	80	100	120	140	160	180
0	AAA	AAA	AAA	AA+	AA	AA	AA-	AA-	AA-	A+	A+
1	AAA	AA+	AA	AA-	A+	A	A-	A-	A-	A-	A-
2	AA+	AA	A+	A-	BBB+	BBB+	BBB+	BBB+	BBB+	BBB+	BBB+
3	AA	A	BBB+	BBB+	BBB	BBB	BBB	BBB-	BBB-	BBB-	BBB-
4	A-	BBB+	BBB	BBB-	BBB-	BBB-	BBB-	BBB-	BBB-	BBB-	BBB-

After 2 years	# 1-notch Downgrades										
# of Defaults	0	10	20	40	60	80	100	120	140	160	180
0	AAA	AAA	AAA	AAA	AAA	AA+	AA+	AA+	AA+	AA	AA
1	AAA	AAA	AAA	AA+	AA	AA	AA	AA-	AA-	AA-	AA-
2	AAA	AAA	AA	AA	A+	A	A	A-	A-	A-	A-
3	AA+	AA	A+	A-	A-	BBB+	BBB+	BBB+	BBB+	BBB+	BBB+
4	AA	A-	BBB+	BBB+	BBB	BBB	BBB	BBB-	BBB-	BBB-	BBB-

After 3 years	# 1-notch Downgrades										
# of Defaults	0	10	20	40	60	80	100	120	140	160	180
0	AAA	AAA	AAA	AAA	AAA	AAA	AAA	AAA	AAA	AAA	AAA
1	AAA	AAA	AAA	AAA	AAA	AAA	AAA	AA+	AA+	AA+	AA+
2	AAA	AAA	AAA	AA+	AA+	AA	AA	AA	AA	AA	AA
3	AAA	AAA	AA	AA	AA-	A+	A	A	A	A	A
4	AA+	AA	A+	A-	A-	BBB+	BBB+	BBB+	BBB+	BBB+	BBB+

After 4 years	# 1-notch Downgrades										
# of Defaults	0	10	20	40	60	80	100	120	140	160	180
0	AAA	AAA	AAA	AAA	AAA	AAA	AAA	AAA	AAA	AAA	AAA
1	AAA	AAA	AAA	AAA	AAA	AAA	AAA	AAA	AAA	AAA	AAA
2	AAA	AAA	AAA	AAA	AAA	AAA	AAA	AAA	AAA	AAA	AAA
3	AAA	AAA	AAA	AA+	AA+	AA	AA	AA	AA	AA	AA
4	AAA	AA+	AA	AA	AA	A+	A+	A+	A+	A	A

The above analysis assumes that defaults are applied to the entities with the lowest rating and the highest spread first with downgrades in the same order. As can be seen from the analysis the proposed STCDO is extremely robust at the outset of the transaction and has the ability to significantly improve over time and is therefore viewed as an acceptable risk.

5.6 Commitment Strategy

This transaction is consistent with HSH's desire to optimise its Basel I RWA within an efficient framework.

5.7 Other essential notes

5.8 Summary

5.8.1

Opportunities/Strengths

- This transaction meets HSH requirements to optimise its RWA at little to no incremental cost within an efficient framework.

Risks/Weaknesses

- Execution: Risk of BNPP not completing the transactions as contemplated or in time.
- Mitigants: BNPP is a trusted counterparty that Originations has a successful relationship with. Main economic and structural terms have already been agreed.

	14/12/2007

5.8.2	- The transaction has been approved by Legal & Compliance Department as BaFin compliant.	- Additional asset exposure: Via the BLF HSH will be exposed to assets from within the existing Portfolio and new structured credit assets. - Mitigants: HSH are actively involved in the asset selection process and are comfortable with the risk as a result of the analysis process.
5.8.3	- Respected arranger in BNPP.	- Repo pricing: Drawings under the BLF are largely dependant on non transparent repo prices provided by BNPP. - Mitigants: Presently BNPP have no economic incentive to draw the BLF other than in the event of a downgrade of i) HSH or ii) the structured credit assets below BBB.
5.8.4	- Reference entity risk is to assets that HSH have already assessed or are defensively arranged and very highly rated.	- Basel I to Basel II framework: After 2007 HSH will primarily need to comply with Basel II. - Mitigant: HSH retains a call option and the transaction has the flexibility to be re-structured in the future as a Basel II compliant Eligible Liquidity Facility.
5.8.5	- This provides premium income to HSH projected to be approximately €3mn per annum within an efficient framework.	- HSH Downgrade risk: In the event that HSH is downgraded below A- / A3 then HSH will be drawn under the BLF. - Mitigant: understood risk, considered unlikely.

First Risk Assessment

Aggregate Appraisal

The transaction is supported as:

- It achieves HSH's desire to reduce its RWA exposure within an efficient framework;
- The additional risk assumed is acceptable, can be adequately managed and monitored, and going forward will be in a form that will be suitable to HSH's requirement to report under Basel II; and
- The structure has been vigorously reviewed and ultimately approved by Legal and Compliance.

Conditions

Approval is subject to:

- Satisfactory legal review of documentation;
- Satisfactory final review of structured credit assets; and
- Completed analysis by Real Estate of Portfolio and Commodity Finance, including expected loss.

Originator	**Name of Voteur Market-BU**	**UB Real Estate / Commodity Finance**	**Global Heads**
Steve P[redacted]	Luis[redacted] General Manager London Branch	Michael S[redacted]	Paul D[redacted] Head of Originations
Marc S[redacted]		Lars [redacted]	
Structured Credit Analysis		[redacted]	

Votum Risikoabteilung: „Second Risk Assessment“

- lag der Vorstandsvorlage bei, trägt Unterschriften der Vorstände, 3 Seiten

Borrower: BNP Paribas sponsored SPV	Date: 17.12.2007

Second Risk Assessment Credit Risk Management

[redacted]

FMD London Branch jointly structured a transaction with BNP Paribas, which will result in significant Basel I equity savings of roughly EUR 128 million on a portfolio of Real Estate and Commodity Finance assets of up to EUR 2 bln. The transaction has a legal maturity of 364 days. However, a prolongation of up to seven years has to be expected. Since the desired equity saving as outlined in the application is structured with respect to the Basel I regulation a restructuring in 2008 is considered likely. However, parts of the transaction were already structured in view of the new Basel II regulation.

The proposed transaction, for which a liquidity facility of EUR 2.400 bln is applied for (economic equity / rating could not be determined yet), consists of two parts:

1. In order to reduce the 100% RWA on the portfolio a HSH subsidiary will purchase CDS protection on the portfolio from BNP Paribas. Since the subsidiary will be a fully consolidated subsidiary, HSH Nordbank will benefit from the 20% risk weight for the protection provider BNP Paribas.

This first part of the transaction transfers the credit risk to BNP Paribas and leads to the desired equity saving under Basel I.

The second part of the transaction constitutes a legally separate structure. This part of the transaction provides protection for BNP Paribas arising from the underlying portfolio.

2. NewCoSPV, a BNP Paribas sponsored and already existing SPV, is going to purchase Credit Linked Notes (CNL) up to an amount of EUR 4 bln, referencing the aforementioned portfolio. NewCoSPV is improving the average credit quality of its portfolio by additionally purchasing EUR 820 million highly defensive Single Tranche CDOs (STCDO) (overall portfolio = EUR 4.82 bln).

3. The funding for the overall portfolio of NewCoSPV will be provided via a EUR 4.82 bln Repo Facility by BNP Paribas. Additionally, HSH Nordbank and BNP Paribas will jointly provide a EUR 4.82 bln Backstop Facility for the NewCoSPV (HSH Nordbank 2.4 bln, BNP Paribas 2.42 bln). The Backstop Facility is structured to obtain a 0% risk weight under Basel I. According to the Repo Facility agreements the NewCoSPV might be required to post collateral in respect of the mark to market movements of the portfolio (CLN and STCDO). In case collateral is required due to a deterioration of the credit quality, the NewCoSPV will draw upon the Backstop Liquidity facility on a pro rata and pari passu basis. Currently it is discussed with BNP Paribas that initial collateral is posted for the Repo Facility. The contributions of BNP Paribas and HSH Nordbank to this initial collateral are not defined yet. Based on current indications the initial collateral could require HSH Nordbank to post approximately EUR 60 million.

The transaction term sheet has been checked by BU Legal and Compliance. Furthermore, BU Finance and BU Group Risk Management are involved regarding the Basel I and Basel II requirements. These aspects are out of BU CRM's scope. Hence, we only focus on the credit risk borne by the transaction.

Borrower: BNP Paribas sponsored SPV	Date: 17.12.2007

a) in accordance with the market-BU

- Despite the already undertaken due diligences of various BU's of HSH Nordbank a certain risk, that the banking authorities do not accept the transaction as a Basel I equity saving instrument, remains. The impacts of a possible rejection by BaFin can not be assessed.
- The proposed transaction shows a rather high grade of complexity and thus is deemed to be exposed to significant operational risks. NPNM state explicitly that given the unique nature of the transaction elements of operational risk have to be accepted.
- The credit risk that occurs under the first part of the transaction is counterparty risk arising from the obligations of BNP Paribas under the Credit Default Swap. A separate credit application for BNP Paribas addressing the required lines for the CDS is submitted.

  For the second part of the transaction, the following aspects have to be considered:

  a) HSH Nordbank is exposed to credit risk via the Backstop Liquidity Facility, i.e. via the collateral requirements for the Repo Facility in respect of the m-t-m development of the portfolio. Drawings under the Backstop Liquidity Facility are dependent on the repo prices provided by BNP Paribas. However, BNP Paribas would be affected in the same way as HSH Nordbank since the Backstop Liquidity Facility is structured pari passu.

  b) HSH Nordbank takes new credit risk with respect to the Single Tranche CDO (STCDO), which contains corporate and governmental risks. The assets of the STCDO were not selected yet. However, the risk criteria for the STCDO portfolio are more conservative than the criteria applied for the STCDO already in HSH Nordbank's portfolio (e.g. initial rating of AAA vs. A, maximum weighted average rating of A- vs. BBB-, better granularity). We draw additional comfort from the fact that HSH Nordbank is involved in the asset selection process for the STCDO (including a veto right) and will be appointed as investment advisor for the NewCoSPV with respect of the STCDO.

- From our point of view, it is not assessable, whether the structure will be profitable for HSH Nordbank due to its uncertain duration and its dependence on market situation.

b) In disagreement with/in addition to the market-BU

a) in accordance with market-BU

- The new credit risk incurred under the transaction is related to rather high quality assets on AAA rated level and HSH Nordbank will be actively involved in the selection process of these assets.
- Condition by FMD London: A satisfactorily legal review of the documentation by BU Legal and Compliance is required.

b) In disagreement with/in addition to the market-BU

As outlined above, we deem the credit risks under the transaction acceptable and hence support the transaction. Nevertheless, we like to mention that in the course of the restructuring the transaction (which is expected to take place in 2008), costs which can currently not be calculated might arise.

Borrower: BNP Paribas sponsored SPV	Date: 17.12.2007

[redacted]

--

[redacted]

[redacted]

The timeframe for the second risk assessment was extraordinary tight and with respect to the complexity and the applied amount inadequately short.

On page 5 the text refers to a Senior Facility (SF). The SF was part of an earlier stage of the transaction but is not part of the current structure.

CRM will receive an overview of the final portfolio. This overview will have an ex post character and is not intended as final portfolio reconciliation.

Credit Risk Management **Rating/Votierung** **OE 3816 Real Estate**	(Torsten B[redacted], ext. [redacted])	(Andreas B[redacted], ext. [redacted])

[redacted]

☐ not approved

☒ approved based on the conditions imposed by market-BU and non-market BU CRM

☐ with the following exceptions [1]:

☐ the following recommendations are converted to conditions:

☐ additional conditions:

Mr. Friedrich: 20/12

Mr. Berger: 19/12.

Mr. Rieck: 17.12.

Mr. Strauß: 17/12.

Visker 19/12.

N 19/12

EILBESCHLUSS!

[1] Cancellation of conditions that are imposed by the non-market Business Unit (BU CRM) are solely to be decided within the scope of the escalation procedure pursuant to the Competence Guideline. Thereby, to make the decision in line with the escalation procedure, the involvement of the Head of BU CRM ("M1-Leitung") is required at competence level 4 respectively the involvement of HSH Nordbank AG's CRO at Competence Levels 2 and 3 is required.

NPNM-Votum: „RWA Hedge BNPP"

- lag ebenso der Vorstandsvorlage bei, 2 Seiten

NPNM – Votum zwecks Genehmigung eines strukturierten Produktes im Rahmen der Anweisung „Neuartige Produkte / Neue Märkte"

Hier: NPNM 07/113 RWA Hedge BNPP

Für das oben genannte Produkt wurde der NPNM – Prozess gemäß der Anweisung „Neuartige Produkte / Neue Märkte" durchlaufen. Alle von den relevanten Fachbereichen adressierten Punkte wurden aufgenommen und werden entsprechend vor Handelsstart abgearbeitet.
Aufgrund der Dringlichkeit des Antrages und der sehr kurzfristig zu erfolgenden Umsetzung erstellen wir dieses Votum auf Basis von noch nicht final vorliegenden Dokumenten. Der Dokumentationsprozess wird in Abstimmung mit dem UB Recht bis zum Handelstag abgeschlossen.

NPNM-relevante Risiken

- Aufgrund der nötigen manuellen Tätigkeiten in der Meldewesenanrechnung entstehen zusätzliche, jedoch vertretbare operationelle Risiken. Derartige manuelle Tätigkeiten werden ebenfalls bei den besicherten Verbriefungstransaktionen vorgenommen.
- Die Rechtsrisiken wurden durch die Unterstützung des UB Recht minimiert.
- Sofern eine Ausgestaltung des CDS gemäß IFRS als Finanzgarantie nicht möglich ist, kann voraussichtlich keine Fair Value-Bewertung des CDS erfolgen. Dies würde zu einem nicht IFRS konformen Ausweis im Konzernabschluss der HSH Nordbank führen.
- Unter Zugrundelegung der Annahme, dass die HSH Nordbank die Mehrheit der Shares (und damit verbunden der Stimmrechte) an der SPV0 hält, besteht unseres Erachtens eine Pflicht zur Vollkonsolidierung der SPV0 nach IFRS. Grundlage für diese Einschätzung ist das Bestehen eines Control-Verhältnisses im Sinne des IAS 27 sowie die Erfüllung des Kriteriums SIC-12.10 (a). Eine Erfüllung auch der anderen SIC-12-Kriterien kann unter Umständen erreicht werden, lässt sich allerdings erst nach detaillierter Prüfung der Struktur im Nachgang beurteilen.

Restriktionen / Hinweise an den initiierenden Bereich:

1. Folgende Voraussetzungen müssen vor Geschäftsabschluss bzw. in Abstimmung mit den jeweiligen OEs unverzüglich nach Geschäftsabschluss erfüllt werden:
   - Die Stellungnahme der OE 0827 Accounting / Grundsatzfragen zur Bilanzierung, GroMikV und aufsichtsrechtlicher Behandlung muss schriftlich bei NPNM vorliegen.
   - Die Stellungnahme aus der OE 0240 Bankrecht muss schriftlich bei NPNM vorliegen.

- Die Stellungnahmen werden keine geschäftsstoppenden Kriterien aufweisen.
- Die Würdigung erfolgt vorbehaltlich einer abschließenden Prüfung und Verifizierung der getroffenen Aussagen im Nachgang auf Basis sämtlicher finaler Unterlagen. Es wird darauf hingewiesen, dass die Notwendigkeit einer Änderung der ursprünglich getroffenen Aussagen aufgrund der Analyse der letztendlichen Vertragsdokumente nicht ausgeschlossen werden kann. Des Weiteren wird explizit darauf hingewiesen, dass der initiierende Marktbereich für die fristgerechte, eine Konsolidierung ermöglichende Bereitstellung der in den Reporting-Packages spezifizierten Daten verantwortlich ist.

2. Die Erfassung der Teilkomponenten hat wie im separat von NPNM zur Verfügung gestellten Produktkonzept zu erfolgen.
3. Vier Wochen vor Beendigung der Struktur ist die OE 3691 NPNM schriftlich zu informieren, um im Rahmen des NPNM – Prozesses die entsprechenden Schritte abzustimmen.
4. Eine vollständig korrekte Bewertung der Transaktion würde bedeuten, dass alle Einzelkomponenten und Ereignisse vollständig in den Systemen der HSH abgebildet und bewertet werden müssten. Dies ist zum einen technisch und prozessual nicht möglich, zum anderen kann der Portfolio CDS der HSH Sub, welcher sich im Wert der Shares widerspiegelt, nicht korrekt bewertet werden. Vor dem Hintergrund der kurzen Laufzeit der Transaktion (bis Mitte April 2008) wird eine darstellbare Abbildung gewählt, die das Marktrisiko bestmöglich repliziert.
5. Dieses Votum ist dem KRM -Votum beizufügen und bindet die Herrn Roth und Strauß ein. Eine separate Vorstandsvorlage wird nicht erstellt.

Empfehlung:

Wir empfehlen die Freigabe dieses Geschäfts auf Basis einer Einzelgeschäftsgenehmigung. Jede weitere Struktur dieser Art muss, auch bei nur geringfügigen Änderungen der Struktur oder der Komponenten, aufgrund der hohen Komplexität des Gesamtkonstrukts den NPNM – Prozess erneut durchlaufen.

Mit freundlichen Grüßen

OE 3691 Sirka B[redacted]	OE 3691 D[redacted]
14.12.07	14.12.07

Ein Dankeschön

Ohne die großzügige Hilfe Anderer wäre auch dieses Buch nicht entstanden. Ich danke deshalb herzlich für Mitarbeit, Kritik und Beistand: Peter Brand, Janine Albrecht, Gisela Roos, Ute Nöth, Jörn Iken und meinem Büro, Bettina Mittelacher, Julia Witte, Peter Hornung und dem DJV. Besonders danke ich Gerhard Strate, Siegfried Exner und Werner Marnette. Den größten Dank zolle ich meinen geduldigen Lieben Sven und Ellen.

Dani Parthum

Jahrgang 1969, Wirtschaftsjournalistin, Diplom-Ökonomin. Will wie Goethes Faust wissen, was die Welt im Innersten zusammenhält. Wuchs in der DDR auf, nähte dort Polo-Shirts im Akkord. Haute 1990 in den Westen ab, volontierte, studierte, lebte - auch im Ausland. Wäre fast Wirtschaftsprüferin geworden. Reporterin, Autorin, Moderatorin für die ARD-Hörfunkwellen. Finanz-Bloggerin. Verweilt gern dort, wo der Himmel weit ist, wie an der schottischen Küste.

Dani Parthum ist in Hamburg zuhause.